刑法総論講義案
（四訂版）

は　し　が　き

　この講義案は，当研修所養成部第二部研修生に対する刑法の講義に使用するため作成したものである。実務家を養成するための教材として，学説の細かな紹介・検討よりも，むしろ判例・実務の基本的動向を理解させることに重点を置いて，記述を展開している。そのため，重要な判例に関しては，できるだけ事案を紹介した上，判例の原文をそのまま引用することに努めた。
　本書は，杉田宗久教官が第二部38期，39期，40期に対する講義の際に使用した講義レジュメを基に刑事教官室において検討を加えた上，その検討結果を反映させて同教官が最終的に原稿にまとめるという方法により作成された。本書にはいまだ不十分な点が少なくないが，今後なお研究の上，完成を期したい。

平成2年3月

裁 判 所 書 記 官 研 修 所

　平成7年法律第91号「刑法の一部を改正する法律」の施行に伴う修正を加え，判例を補充する等の改訂を行った。

平成10年3月

裁 判 所 書 記 官 研 修 所

　前回の改訂後の法改正に伴う修正を加え，判例を補充する等の改訂を行った。また，平成16年4月に裁判所書記官研修所が家庭裁判所調査官研修所と統合され，裁判所職員総合研修所が創設されたことに伴い，新たな研修教材番号を付した。

平成16年8月

裁 判 所 職 員 総 合 研 修 所

はしがき

　前回の改訂後の法改正に伴う修正を加え，判例を補充する等の改訂を行った。

平成１９年１月

裁 判 所 職 員 総 合 研 修 所

　前回の改訂後の法改正に伴う修正を加え，近時の学説の展開を踏まえつつ，判例を補充する等の改訂を行った。

平成２７年１０月

裁 判 所 職 員 総 合 研 修 所

参 考 文 献

1 教科書

　井田　良・講義刑法学総論〔平成20年〕

　大塚　仁・刑法概説（総論）（第4版）〔平成20年〕

　大谷　實・刑法講義総論（新版第2版）〔平成19年〕

　川端　博・刑法総論講義（第3版）〔平成25年〕

　小林　充・刑法（第4版）〔平成27年〕

　佐伯仁志・刑法総論の考え方・楽しみ方〔平成25年〕

　曽根威彦・刑法総論（新版補正版）〔平成9年〕

　団藤重光・刑法綱要総論（第3版）〔平成2年〕

　中野次雄・刑法総論概要（第3版補訂版）〔平成9年〕

　中山研一・刑法総論〔昭和57年〕

　西田典之・刑法総論（第2版）〔平成22年〕

　平野龍一・刑法総論Ⅰ〔昭和47年〕，Ⅱ〔昭和50年〕

　福田　平・全訂刑法総論（第3版）〔平成8年〕

　藤木英雄・刑法講義総論〔昭和50年〕

　前田雅英・刑法総論講義（第6版）〔平成27年〕

　山口　厚・刑法総論（第2版）〔平成19年〕

2 注釈書

　大塚　仁＝河上和雄＝佐藤文哉＝古田佑紀編・大コンメンタール刑法（第2版）第1巻～5巻〔平成11年〕

　団藤重光責任編集・注釈刑法(1)～(3)〔昭和39年～44年〕，補巻(1)(2)〔昭和49年，51年〕

参考文献

　　西田典之＝山口　厚＝佐伯仁志編・注釈刑法第1巻〔平成22年〕

3　判例解説書など

　　最高裁判所判例解説（刑事篇）昭和29年度～

　　山口　厚＝佐伯仁志編・刑法判例百選Ⅰ総論（第七版）〔平成26年〕

　　芝原邦爾編・刑法の基本判例〔昭和63年〕

　　山口　厚＝佐伯仁志編・刑法の争点〔平成19年〕

　　荒木友雄編・交通事故（刑事裁判実務大系5）〔平成2年〕

凡　例

1　法　令
 (1)　法令名
　　下記4法令については，下に記すとおり略語を用い，その他の法令については正式名を用いた（ただし，片仮名書きは，すべて平仮名に改めた。）。

　　〔略　語〕　　〔正式名〕　　〔略　語〕　　〔正式名〕
　　刑　　→　　刑法　　　刑訴　　→　　刑事訴訟法
　　憲　　→　　憲法　　　刑訴規則　→　刑事訴訟規則

 (2)　条・項・号・本文ただし書・前段後段の略記は，次の例による。

　　刑19Ⅰ②　　→　　刑法19条1項2号
　　刑38Ⅲ本　　→　　刑法38条3項本文
　　刑43但　　→　　刑法43条ただし書
　　刑45前　　→　　刑法45条前段
　　刑54Ⅰ後　　→　　刑法54条1項後段

2　判　例
 (1)　引用した判例の略記は，次の例による。

　　最判昭34・2・5刑集13巻1号1頁
　　　→最高裁判所昭和34年2月5日判決，最高裁判所刑事判例集13巻1号1頁所収
　　最決昭58・9・13裁判集刑事232号95頁
　　　→最高裁判所昭和58年9月13日決定，最高裁判所裁判集刑事232号95頁所収
　　大判大13・12・12刑集3巻867頁

凡 例

　　　　　　→大審院大正13年12月12日判決，大審院刑事判例集 3 巻867頁
　　　　　　　所収
　　東京高判昭56・ 1 ・13高刑集34巻 2 号365頁
　　　　　　→東京高等裁判所昭和56年 1 月13日判決，高等裁判所刑事判例
　　　　　　　集34巻 2 号365頁所収
　　なお，「最大判」は最高裁判所大法廷判決の意，「大連判」は大審院連合
部判決，「大刑連判」は大審院刑事連合部判決の意である。
(2)　大審院判例の原文を引用する際には，片仮名書きを平仮名書きに改め，
　　かつ適当に句読点を入れるとともに，難解な漢字は適宜平仮名に改めた。
(3)　判例集の略語は，下記のとおりである。

　　〔略　　語〕　　　　〔正式名〕
　　刑　　集　　→　　最高裁判所刑事判例集，大審院刑事判例集
　　刑　　録　　→　　大審院刑事判決録
　　裁判集刑事　→　　最高裁判所裁判集刑事
　　高刑集　　　→　　高等裁判所刑事判例集
　　裁　　特　　→　　高等裁判所刑事裁判特報
　　判　　特　　→　　高等裁判所刑事判決特報
　　下刑集　　　→　　下級裁判所刑事判例集
　　刑　　月　　→　　刑事裁判月報
　　判　　時　　→　　判例時報
　　判　　タ　　→　　判例タイムズ

目　　　次

第1編　刑法の基礎原理

第1　犯罪と刑罰の基本観念
1　刑法の意義と沿革 …………………………………………… 1
2　刑法の分類 …………………………………………………… 2
3　刑法と行為規範－自然犯と法定犯の区別 ………………… 4
4　刑法の社会的機能 …………………………………………… 6
　(1)　規制的機能 ……………………………………………… 6
　(2)　社会秩序維持機能 ……………………………………… 7
　　　① 法益保護機能　② 人権保障機能（保障機能）
5　犯罪と刑罰に関する基礎理論（刑法理論） ……………… 8
　(1)　犯罪理論 ………………………………………………… 9
　(2)　刑罰理論 …………………………………………………10

第2　罪刑法定主義
1　意義と沿革 ……………………………………………………14
2　実定法上の根拠 ………………………………………………15
3　具体的内容と派生原則 ………………………………………16
　(1)　罪刑の法定（成文法主義） …………………………………16
　(2)　類推解釈の禁止の原則 ………………………………………19
　(3)　遡及処罰の禁止の原則 ………………………………………20
　(4)　明確性の原則 …………………………………………………20
　(5)　罪刑均衡の原則 ………………………………………………21

目 次

第3　刑法の適用範囲
 1　刑法の時間的適用範囲 …………………………………………23
  (1)　時間的適用範囲に関する原則 ……………………………23
  (2)　刑法6条の特則 ……………………………………………24
 2　刑法の場所的適用範囲 …………………………………………25
  (1)　国内犯の処罰 ………………………………………………26
  (2)　日本国民の国外犯の処罰 …………………………………26
  (3)　日本国民以外の者の国外犯の処罰 ………………………26
  (4)　日本の国家的利益を害する国外犯の処罰 ………………27
  (5)　日本国公務員の国外犯の処罰 ……………………………27
  (6)　包括的国外犯処罰 …………………………………………27

第2編　犯　　　罪

第1章　犯罪の概念

第1　犯罪の概念と犯罪の成立要件
 1　犯罪の概念 ………………………………………………………28
 2　犯罪の成立要件 …………………………………………………30
  (1)　構成要件該当性 ……………………………………………30
  (2)　違法性 ………………………………………………………31
  (3)　有責性 ………………………………………………………31
 3　処罰条件及び処罰阻却事由 ……………………………………32

第2　犯罪概念の基底としての「行為」
 1　「行為」の意義と機能 …………………………………………33

2　「行為」の概念とその要素 …………………………………………33
　　　(1)　意思支配可能性 ……………………………………………………35
　　　(2)　外部性 ………………………………………………………………36

第2章　構　成　要　件

第1　構成要件の機能と構成要件要素
　1　構成要件の意義と機能 ……………………………………………………38
　2　構成要件該当性の判断 ……………………………………………………39
　3　構成要件要素 ………………………………………………………………41
　　(1)　客観的構成要件要素 …………………………………………………42
　　　①　行為　②　行為の主体　③　行為の客体　④　行為の結果
　　　⑤　因果関係　⑥　行為の状況
　　(2)　主観的構成要件要素 …………………………………………………53
　　　①　故意・過失　②　目的犯における目的　③　傾向犯における
　　　傾向など
　4　構成要件の確定に関する特殊問題 ………………………………………58
　　(1)　規範的構成要件要素 …………………………………………………58
　　(2)　開かれた構成要件 ……………………………………………………59
　　(3)　修正された構成要件 …………………………………………………60

第2　実行行為Ⅰ（総説）
　1　実行行為の意義 ……………………………………………………………62
　2　実行行為の実質 ……………………………………………………………62

第3　実行行為Ⅱ（不作為犯）
　1　真正不作為犯と不真正不作為犯 …………………………………………65
　2　不真正不作為犯の実行行為性 ……………………………………………66

目 次

  3　不真正不作為犯の成立要件 ……………………………………………68
   (1)　法的な作為義務 ………………………………………………………68
    ①　保護者的地位にある者の作為義務　　②　先行行為に基づく作為義務
    ③　管理者の作為義務
   (2)　作為の可能性・容易性 ………………………………………………74

第4　実行行為Ⅲ（間接正犯）
  1　間接正犯の意義と本質 …………………………………………………77
  2　間接正犯の成立要件 ……………………………………………………78
  3　間接正犯の類型 …………………………………………………………79
   (1)　被利用者の行為が，刑法上の「行為」とはいえない場合 …………79
    ①　被利用者が意思能力を欠いている場合　　②　被利用者が意思を抑圧されている場合
   (2)　被利用者が一定の主観的構成要件要素を欠いている場合 …………81
    ①　被利用者が構成要件的故意を欠く場合　　②　目的犯において，被利用者が目的を欠く場合
   (3)　被利用者の行為は構成要件に該当するが，正当行為等の理由により，違法性を欠く場合 ……………………………………………83

第5　因果関係
  1　因果関係の意義と問題点 ………………………………………………85
  2　事実的因果関係と条件関係 ……………………………………………86
  3　因果関係に対する法的限定（法的因果関係）の要否 ………………89
   (1)　条件説 …………………………………………………………………89
   (2)　相当因果関係説 ………………………………………………………91
    ア　相当性の判断基底の問題　　イ　相当性の判断基準の問題
  4　因果関係に関する判例の検討 …………………………………………94
   (1)　因果関係に関する基本的な思考方法 ………………………………94

(2) 被害者の特異体質・隠れた病変が存在する場合 …………………97
　(3) 被害者の行為が介在する場合 ……………………………………98
　(4) 行為者の事後行為が介在する場合 ………………………………100
　(5) 第三者の行為が介在する場合 ……………………………………100

第6　構成要件的故意Ⅰ（総説）
　1　構成要件的故意の意義と体系的地位 ………………………………106
　2　構成要件的故意の要素 ………………………………………………106
　(1) 犯罪事実の認識・認容 ……………………………………………107
　(2) 認識・認容の対象となる犯罪事実 ………………………………108
　3　確定的故意と未必の故意 ……………………………………………111
　(1) 確定的故意と未必の故意との区別 ………………………………111
　(2) 未必の故意と過失との関係 ………………………………………112

第7　構成要件的故意Ⅱ（事実の錯誤）
　1　事実の錯誤の意義と問題点 …………………………………………115
　2　事実の錯誤の態様と分類 ……………………………………………116
　(1) 具体的事実の錯誤と抽象的事実の錯誤 …………………………116
　(2) 客体の錯誤と方法の錯誤 …………………………………………116
　(3) 因果関係の錯誤 ……………………………………………………117
　3　事実の錯誤の処理に関する一般的基準 ……………………………118
　(1) 事実の錯誤に関する学説 …………………………………………118
　　　① 抽象的符合説　② 法定的符合説（構成要件的符合説）
　　　③ 具体的符合説
　(2) 事実の錯誤に関する判例・多数説の基本的立場 ………………124
　4　具体的事実の錯誤と法定的符合説 …………………………………125
　(1) 具体的事実の錯誤（特に方法の錯誤）の処理をめぐる法定
　　　的符合説の問題点 …………………………………………………125

目　次

　　(2)　学説＝数故意犯説と一故意犯説 …………………………………… 127
　　　　①　数故意犯説　　②　一故意犯説
　　(3)　判例の立場 …………………………………………………………… 130
　5　抽象的事実の錯誤と法定的符合説 ………………………………………… 130
　　(1)　構成要件の重なり合いの基準 ………………………………………… 130
　　(2)　「構成要件の実質的な重なり合い」の認められる類型 ………… 131
　　　　①　基本となる構成要件と加重・減軽類型としての構成要件という関係のある場合　　②　一方の構成要件が実質的に他方の構成要件を内包しているという関係のある場合　　③　犯罪の客体の類似性，客体を除く他の構成要件要素の同一性，保護法益の同一性，罪質の同一性，法定刑の同一性等の観点を総合して両罪が同質的な犯罪であると認められる場合
　　(3)　抽象的事実の錯誤の類型とその処理 ………………………………… 133
　　　　①　認識していた犯罪事実より発生した犯罪事実の方が重い場合
　　　　②　認識していた犯罪事実の方が発生した犯罪事実より重い場合
　　　　③　認識していた犯罪事実と発生した犯罪事実とが法定刑において同じ重さである場合
　6　因果関係の錯誤と法定的符合説 ………………………………………… 135

第8　構成要件的過失Ⅰ（総説）

　1　過失犯の意義と処罰 ………………………………………………………… 141
　2　過失犯の成立要件 …………………………………………………………… 143
　　(1)　過失犯の成立要件をめぐる問題点 …………………………………… 143
　　(2)　過失の具体的要素 ……………………………………………………… 143
　　　　ア　不注意　　イ　過失行為
　　(3)　過失犯の成否に関する実務の具体的判断方法 ……………………… 147
　3　過失犯の成立要件に関する個別問題 ……………………………………… 152
　　(1)　予見可能性について …………………………………………………… 152
　　　　ア　予見可能性判断の基準者　　イ　予見の対象の具体性
　　(2)　注意義務について ……………………………………………………… 155

目 次

　　　　ア　注意義務判断の基準者　　イ　注意義務の具体的内容とその
　　　　発生根拠　　ウ　結果予見可能性と結果回避義務との関係
　4　構成要件的過失の特殊形態 ………………………………………………　158
　　(1)　業務上過失 ………………………………………………………………　158
　　(2)　重過失 ……………………………………………………………………　159

第9　構成要件的過失Ⅱ（過失犯に関する実務的諸問題）
　1　信頼の原則 ……………………………………………………………………　160
　　(1)　信頼の原則の意義と由来 ………………………………………………　160
　　(2)　信頼の原則と判例の立場 ………………………………………………　162
　　(3)　信頼の原則の適用条件 …………………………………………………　163
　　　　①　自動車の増加，交通道徳の普及等の社会的状況の形成
　　　　②　信頼の存在　　③　信頼の相当性
　　(4)　信頼の原則の他の分野への適用 ………………………………………　165
　2　段階的過失 ……………………………………………………………………　167
　　(1)　段階的過失の意義と問題点 ……………………………………………　167
　　(2)　段階的過失に関する学説 ………………………………………………　168
　　　　①　直近過失一個説　　②　過失併存説
　　(3)　段階的過失の問題の実務的意義とその検討 …………………………　169
　3　監督過失 ………………………………………………………………………　171

第3章　違　法　性

第1　違法性の実質とその判断
　1　違法性の概念 …………………………………………………………………　177
　2　違法性の実質 …………………………………………………………………　178
　　(1)　形式的違法性と実質的違法性 …………………………………………　178
　　(2)　結果無価値論と行為無価値論 …………………………………………　178

目 次

 3 違法性の判断 ………………………………………………… 181
  (1) 違法性判断の構造 ………………………………………… 181
  (2) 違法性の判断対象と判断資料 …………………………… 182
  (3) 違法性に関する規範＝全体としての法秩序 …………… 183
  (4) 違法性の判断の特色 ……………………………………… 185
 4 違法性阻却事由 …………………………………………………… 186
  (1) 違法性阻却事由の意義と基本的性質 …………………… 186
  (2) 違法性阻却事由の種類 …………………………………… 189
   ① 正当行為（一般的正当行為）　② 緊急行為

第2　正当行為

 1 法令行為 …………………………………………………………… 191
 2 正当業務行為 ……………………………………………………… 193
 3 労働争議行為 ……………………………………………………… 194
  (1) 労働争議行為と憲法28条，労働組合法1条2項 ……… 194
  (2) 「正当な労働争議行為」と認められるための要件 …… 195
   ア　争議行為の主体　イ　争議行為の相手方　ウ　争議行為の
   目的　エ　争議行為の手段・方法
 4 被害者の承諾 ……………………………………………………… 198
  (1) 被害者の承諾の意義とその法的効果 …………………… 198
   ① 被害者の承諾のないことが明示的又は黙示的な構成要件要素に
   なっている場合　② 被害者の承諾のあることが構成要件要素に
   なっている場合　③ 被害者の承諾があっても何ら犯罪の成否に
   影響しない場合　④ 被害者の承諾が違法性の存否・強弱に影響
   を与える場合
  (2) 被害者の承諾が違法性阻却事由とされる根拠 ………… 200
  (3) 被害者の承諾が違法性阻却事由と認められるための要件 ……… 201
 5 推定的被害者の承諾 ……………………………………………… 204
 6 治療行為 …………………………………………………………… 205

目　次

　　7　義務の衝突 …………………………………………………………　207
　　8　安楽死・尊厳死 ……………………………………………………　208
　　　(1)　安楽死・尊厳死の意義と問題点 ………………………………　208
　　　(2)　安楽死の類型とその適法性 ……………………………………　208
　　　　　①　生命短縮を伴わない安楽死（純粋安楽死）　②　間接的安楽死（治療型安楽死）　③　不作為による安楽死（消極的安楽死）　④　積極的安楽死（殺害型安楽死）
　　　(3)　尊厳死に関する諸問題 …………………………………………　211

第3　正当防衛

　　1　緊急行為の本質とその基本的問題点 ……………………………　214
　　2　正当防衛の意義と本質 ……………………………………………　214
　　3　正当防衛の成立要件 ………………………………………………　216
　　　(1)　急迫不正の侵害 …………………………………………………　216
　　　　　ア　「急迫」の侵害　イ　「不正」の侵害　ウ　「侵害」
　　　　　エ　緊急救助
　　　(2)　防衛の意思 ………………………………………………………　222
　　　　　ア　防衛の意思の要否　イ　防衛の意思の具体的内容
　　　(3)　反撃行為 …………………………………………………………　228
　　　(4)　防衛行為の相当性 ………………………………………………　228
　　4　正当防衛に関する二つの実務的問題 ……………………………　232
　　　(1)　自招侵害（自ら招いた正当防衛状況）と正当防衛 …………　232
　　　(2)　けんかと正当防衛 ………………………………………………　234
　　5　過剰防衛 ……………………………………………………………　235
　　　(1)　過剰防衛の意義 …………………………………………………　235
　　　(2)　過剰防衛の類型 …………………………………………………　236
　　　(3)　過剰防衛の効果 …………………………………………………　239
　　6　誤想防衛・誤想過剰防衛 …………………………………………　239

目　次

　　(1)　誤想防衛の意義と類型 ………………………………………………… 239
　　(2)　誤想過剰防衛 …………………………………………………………… 240
　　(3)　誤想防衛・誤想過剰防衛の処理 ……………………………………… 240
　7　盗犯等防止法における正当防衛の特例 …………………………………… 240

第4　緊急避難
　1　緊急避難の意義と法的性質 ………………………………………………… 242
　2　緊急避難の成立要件 ………………………………………………………… 243
　　(1)　現在の危難 ……………………………………………………………… 244
　　(2)　避難の意思 ……………………………………………………………… 244
　　(3)　避難行為の相当性 ……………………………………………………… 245
　　　　ア　補充の原則　　イ　法益権衡の原則
　3　「業務上特別の義務がある者」についての緊急避難の特則 …………… 247
　4　過剰避難・誤想避難 ………………………………………………………… 247

第5　自救行為
　1　自救行為の意義 ……………………………………………………………… 249
　2　自救行為の許容性とその要件 ……………………………………………… 249
　3　自救行為に関する判例 ……………………………………………………… 250

第4章　責　　任

第1　責任の本質とその判断
　1　責任の意義と責任主義 ……………………………………………………… 252
　　(1)　責任の意義 ……………………………………………………………… 252
　　(2)　責任主義 ………………………………………………………………… 252
　　　　①　帰責における責任主義　　②　量刑における責任主義
　2　責任の本質 …………………………………………………………………… 253

(1)　道義的責任論（行為責任論，意思責任論）……………… 254
　　　(2)　社会的責任論（行為者責任論，性格責任論）……………… 254
　　　(3)　人格責任論（人格形成責任論）……………………………… 254
　　3　責任のとらえ方＝規範的責任論 …………………………………… 256
　　4　責任の判断 …………………………………………………………… 258
　　　(1)　責任の判断対象と判断資料 ……………………………………… 258
　　　　　①　責任能力　　②　責任故意・責任過失　　③　期待可能性
　　　　　④　行為者の人格形成に関する一切の事情
　　　(2)　責任判断の基準と特色 ………………………………………… 262

第2　責任能力

　　1　責任能力の意義と役割 ……………………………………………… 263
　　　(1)　責任能力の意義 ………………………………………………… 263
　　　(2)　責任能力の存否と程度，及びその法効果 …………………… 264
　　　　　ア　責任無能力　　イ　限定責任能力　　ウ　責任能力の減退
　　　(3)　責任能力の存在時期 …………………………………………… 264
　　2　心神喪失者・心神耗弱者 …………………………………………… 265
　　　(1)　心神喪失・心神耗弱の意義とその内容 ……………………… 265
　　　(2)　心神喪失・心神耗弱の認定・判断の方法 …………………… 268
　　3　刑事未成年者 ………………………………………………………… 272
　　　(1)　刑法上の取扱い ………………………………………………… 272
　　　(2)　少年法上の取扱い ……………………………………………… 272

第3　原因において自由な行為

　　1　原因において自由な行為の意義と問題点 ………………………… 274
　　2　原因において自由な行為をめぐる学説の状況 …………………… 275
　　　(1)　原因行為が実行行為であるとする考え方 …………………… 275
　　　(2)　結果行為が実行行為であるとする考え方 …………………… 276

目　次

　　　　① 故意犯について　　② 過失犯について
　　3　原因において自由な行為に関する判例の状況 ……………………… 280
　　(1) 原因行為時の故意と結果行為時の故意とが連続している場合 … 280
　　(2) 原因行為時に故意があるものの，その故意と結果行為時の
　　　　故意とが連続していない場合 ………………………………………… 281
　　(3) 原因行為時に故意がなかった場合 ………………………………… 282
　　(4) 実行行為継続中に心神喪失又は心神耗弱の状態に陥った場合 … 283

第4　違法性の意識と法律の錯誤

　1　違法性の意識 ……………………………………………………………… 285
　　(1) 違法性の意識の意義と問題点 ……………………………………… 285
　　(2) 違法性の意識の要否をめぐる学説の状況 ………………………… 285
　　　　① 違法性の意識必要説（厳格故意説）　　② 違法性の意識不要説
　　　　③ 違法性の意識の可能性必要説
　　(3) 違法性の意識に関する判例の立場 ………………………………… 289
　2　法律の錯誤 ………………………………………………………………… 290
　　(1) 法律の錯誤の意義 …………………………………………………… 290
　　　　① 法律の不知（法の不知，法規の不知）　　② あてはめの錯誤
　　　　（包摂の錯誤）
　　(2) 法律の錯誤の効果 …………………………………………………… 291
　　(3) 違法性の意識の欠如と「相当の理由」 …………………………… 293
　　　　ア　法律の不知の場合　　イ　あてはめの錯誤の場合
　　　　① 公的機関の意見を信頼した場合　　② 私人の意見を信頼した
　　　　場合
　3　事実の錯誤と法律の錯誤の区別 ……………………………………… 297
　　(1) 区別の一般的基準 …………………………………………………… 297
　　(2) 法律的事実についての錯誤 ………………………………………… 300
　4　違法性阻却事由の錯誤 ………………………………………………… 302

(1)　違法性阻却事由の錯誤の意義 …………………………………… 302
　　(2)　違法性阻却事由の錯誤の効果 …………………………………… 302
　　　　①　事実の錯誤説　　②　法律の錯誤説
　　(3)　誤想過剰防衛・誤想過剰避難 …………………………………… 304
　　　　①　過剰事実について行為者に認識のない場合　　②　過剰事実について行為者に認識のある場合

第5　期待可能性
　1　責任の要件としての期待可能性 ………………………………………… 308
　2　期待可能性の判断基準 …………………………………………………… 308

第5章　未　　遂

第1　未遂Ⅰ（総論）
　1　未遂犯処罰の意義と根拠 ………………………………………………… 310
　2　未遂犯の成立要件 ………………………………………………………… 312
　　(1)　実行の着手 ………………………………………………………… 312
　　　　ア　実行の着手の意義と要件　　イ　間接正犯における実行の着手時期
　　(2)　構成要件的結果の不発生 ………………………………………… 316
　3　未遂犯の処分 ……………………………………………………………… 317

第2　未遂Ⅱ（中止未遂）
　1　中止未遂の意義と法的性格 ……………………………………………… 319
　2　中止未遂の成立要件 ……………………………………………………… 321
　　(1)　中止の任意性 ……………………………………………………… 321
　　(2)　中止行為 …………………………………………………………… 325
　　　　①　結果発生阻止のための真摯な努力（真摯性の要件）

目 次

　　② 構成要件的結果の不発生

第3　不 能 犯
　1　不能犯の意義と本質 …………………………………………………… 330
　2　不能犯と未遂犯との区別 ……………………………………………… 331
　　(1)　不能犯に関する問題点 …………………………………………… 331
　　(2)　不能犯と未遂犯との区別に関する学説 ……………………… 331
　　　　① 主観的危険説　　② 客観的危険説
　　　　③ 具体的危険説
　　(3)　不能犯に関する判例 ……………………………………………… 333

第6章　共　　犯

第1　共犯総説
　1　共犯の意義と種類 ……………………………………………………… 336
　　(1)　必要的共犯 ………………………………………………………… 336
　　(2)　任意的共犯 ………………………………………………………… 337
　2　必要的共犯の処罰と任意的共犯に関する規定の適用 ………… 338
　　(1)　対向する行為者双方が処罰される場合 ……………………… 338
　　(2)　対向関係にある行為者のうち，一方の行為者についてだけ
　　　　処罰規定がある場合 ……………………………………………… 339
　3　共犯の処罰根拠 ………………………………………………………… 340

第2　共同正犯
　1　共同正犯の意義とその基本的課題 ………………………………… 343
　2　共同正犯の「正犯」性－併せて共謀共同正犯の成否について …… 344
　　(1)　共同正犯の「正犯」性 …………………………………………… 344
　　(2)　共謀共同正犯について …………………………………………… 347

　　　　ア　共謀共同正犯に関する判例・学説の動向　　イ　共謀共同
　　　　正犯否定説の論拠とその検討
　　3　共同正犯の成立要件 ……………………………………………… 352
　　(1)　共　謀 …………………………………………………………… 352
　　　　ア　共謀の意義・内容　　イ　共謀形成過程と共謀との関係
　　　　ウ　共謀内容の具体性
　　(2)　共謀に基づき，共謀者の全部又は一部の者が実行行為を行
　　　　ったこと ………………………………………………………… 358
　　4　共同正犯の効果 ………………………………………………… 359
　　5　共同正犯に関する訴訟法上の諸問題 ………………………… 361
　　(1)　共謀と訴因 …………………………………………………… 361
　　(2)　共謀の認定 …………………………………………………… 362

第3　共同正犯に関する諸問題
　　1　承継的共犯 ……………………………………………………… 364
　　(1)　承継的共犯の意義と問題点 ………………………………… 364
　　(2)　承継的共犯の成立範囲をめぐる学説 ……………………… 365
　　(3)　承継的共犯に関する判例 …………………………………… 366
　　2　過失犯の共同正犯 ……………………………………………… 370
　　(1)　過失犯の共同正犯をめぐる問題点 ………………………… 370
　　(2)　過失犯の共同正犯の成否に関する学説 …………………… 371
　　(3)　過失犯の共同正犯に関する判例 …………………………… 372
　　3　共犯関係からの離脱（共犯関係の解消）と共同正犯の中止 ……… 374
　　(1)　共犯関係からの離脱（共犯関係の解消） ………………… 374
　　　　①　実行の着手前の共犯関係からの離脱（共犯関係の解消）
　　　　②　実行の着手後の共犯関係からの離脱（共犯関係の解消）
　　(2)　共同正犯の中止 ……………………………………………… 379
　　4　結果的加重犯の共同正犯 ……………………………………… 380

目 次

　　5　予備罪の共同正犯 ……………………………………………… 380

第4　加担犯
　1　加担犯の処罰 …………………………………………………… 382
　2　加担犯の従属性 ………………………………………………… 382
　　(1)　加担犯の従属性の意義と問題点 ………………………… 382
　　(2)　実行従属性 ………………………………………………… 383
　　(3)　要素従属性 ………………………………………………… 384
　　　①　最小従属性説　②　制限従属性説　③　極端従属性説
　　　④　誇張従属性説
　3　教唆犯 …………………………………………………………… 386
　　(1)　教唆犯の意義 ……………………………………………… 386
　　(2)　教唆犯の成立要件 ………………………………………… 387
　　　①　教唆行為　②　教唆に基づく正犯の実行行為
　　(3)　教唆犯の処分 ……………………………………………… 389
　　(4)　間接教唆 …………………………………………………… 389
　4　幇助犯（従犯） ………………………………………………… 389
　　(1)　幇助犯の意義 ……………………………………………… 389
　　(2)　幇助犯の成立要件 ………………………………………… 390
　　　①　幇助行為　②　被幇助者（正犯者）の実行行為
　　(3)　幇助犯の処分 ……………………………………………… 392
　　(4)　間接幇助等 ………………………………………………… 393

第5　共犯と身分
　1　身分犯の意義と分類 …………………………………………… 396
　2　共犯と身分の意義と問題点 …………………………………… 396
　3　刑法65条と真正身分犯・不真正身分犯 …………………… 397
　4　真正身分犯と共犯（刑法65条1項） ……………………… 400

5　不真正身分犯と共犯（刑法65条2項） ………………………… 402
　　　(1)　不真正身分犯の共同正犯につき，共謀者の中に身分者と非
　　　　　身分者とがいる場合 ……………………………………………… 402
　　　(2)　正犯が身分を有し，加担犯が身分を有しない場合 ………… 403
　　　(3)　正犯が身分を持たず，加担犯が身分を有している場合 …… 403

第6　共犯の錯誤

　　1　共犯の錯誤の意義と問題点 ……………………………………… 404
　　2　共同正犯の錯誤 …………………………………………………… 404
　　　(1)　具体的事実の錯誤の場合 ……………………………………… 404
　　　(2)　抽象的事実の錯誤の場合 ……………………………………… 405
　　3　加担犯の錯誤 ……………………………………………………… 407
　　4　共犯形式相互間の錯誤 …………………………………………… 407

第7章　罪　　　数

第1　犯罪の成立と個数

　　1　罪数論の意義と問題点 …………………………………………… 409
　　2　罪数決定の基準 …………………………………………………… 410
　　3　特殊な一罪 ………………………………………………………… 411
　　　(1)　法条競合 ………………………………………………………… 411
　　　(2)　包括一罪 ………………………………………………………… 412
　　　　①　同種の罪の包括一罪　②　異種の罪の包括一罪（混合包括一罪・混合的包括一罪）

第2　犯罪の競合

　　1　犯罪の競合とその基本的処理 …………………………………… 418
　　2　観念的競合 ………………………………………………………… 418

目 次

3 牽連犯	419
4 併合罪	421
(1) 併合罪の意義とその処理	421
(2) 併合罪の範囲	423

第3編 刑　　罰

第1章　刑罰の意義と種類

第1　刑罰の意義 …………………………………………… 428

第2　刑罰の種類とその内容
1　刑罰の種類 …………………………………………… 429
2　死　刑 ………………………………………………… 430
3　懲役・禁錮・拘留 …………………………………… 432
4　罰金・科料 …………………………………………… 433
5　没　収 ………………………………………………… 434
　(1)　没収の意義と種類 ……………………………… 434
　(2)　任意的没収の対象 ……………………………… 435
　(3)　没収の要件 ……………………………………… 436
　　① 没収対象物が裁判の時に現存していること　② 没収対象物が犯人以外の者に属していないこと（刑19Ⅱ本）
　(4)　追徴 ……………………………………………… 438

-22-

目 次

第2章　刑罰の適用

第1　刑罰の適用過程
1　刑罰の適用の意義 ……………………………………………… 439
2　刑罰適用の過程 − 法定刑・処断刑・宣告刑の区別 ………… 439

第2　構成要件及び法定刑を示す規定の適用 ………………… 440

第3　処断刑の形成
1　処断刑形成の順序 ……………………………………………… 442
2　科刑上一罪の処理 ……………………………………………… 443
3　刑種の選択 ……………………………………………………… 446
4　累犯加重 ………………………………………………………… 447
5　法律上の減軽 …………………………………………………… 448
6　併合罪加重（併合罪の処理） ………………………………… 449
　(1)　単一刑の言渡し ……………………………………………… 449
　(2)　余罪の処理 …………………………………………………… 451
7　酌量減軽 ………………………………………………………… 452

第4　宣告刑の決定 ……………………………………………… 453

第3章　刑罰の執行

第1　各種刑罰の執行
1　死刑の執行 ……………………………………………………… 455
2　懲役・禁錮・拘留の執行 ……………………………………… 455
　(1)　刑期の計算 …………………………………………………… 455
　(2)　未決勾留日数の算入 ………………………………………… 456

目 次

　　(3) 仮釈放等 …………………………………………………… 458
　3 財産刑の執行 ………………………………………………… 459

第2 執行猶予
　1 執行猶予の意義とその目的 ………………………………… 459
　2 全部執行猶予の要件 ………………………………………… 461
　　(1) 初度の執行猶予の場合（刑25Ⅰ） ……………………… 461
　　(2) 再度の執行猶予の場合（刑25Ⅱ） ……………………… 462
　3 一部執行猶予の要件 ………………………………………… 462
　　(1) 刑法による一部執行猶予 ………………………………… 462
　　(2) 薬物使用等の罪を犯した者に対する刑の一部執行猶予に関
　　　する法律による一部執行猶予 …………………………… 463
　4 執行猶予の期間とその言渡し ……………………………… 464
　5 保護観察付執行猶予 ………………………………………… 464
　6 執行猶予の効果 ……………………………………………… 465
　7 執行猶予の取消し …………………………………………… 465

第3 刑の執行の減軽及び免除 ……………………………………… 466

第4章 刑罰権の消滅

　1 犯人の死亡 …………………………………………………… 468
　2 刑の時効の完成 ……………………………………………… 468
　3 恩　赦 ………………………………………………………… 469
　4 刑の消滅（法律上の復権） ………………………………… 469

第1編　刑法の基礎原理

第1　犯罪と刑罰の基本観念

1　刑法の意義と沿革

　犯罪とそれに対する法効果としての刑罰を定めた法規を，**刑罰法規**又は単に**刑法（実質的意義における刑法）**という。それは，何が犯罪であるか（法律要件）を定めるとともに，その犯罪に対応する刑罰の質と量（法律効果）を規定するものである。

　刑罰法規のうち最も重要なものが，「刑法」という名前を持つ法律（明治40年法律第45号）である（**形式的意義における刑法**）。この法律は，刑罰法規の分野において基本的な事項を体系的・網羅的に規定しているので，**刑法典**とも呼ばれる。現行の刑法典は，その「第2編　罪」において，殺人，窃盗，強盗，放火，傷害，詐欺等の最も基本的な犯罪類型を数多く定めるとともに，他方，「第1編　総則」には，刑法典中の犯罪だけでなく，ひろく刑罰法規全般に適用されるべき通則規定（刑法総則規定）を置いている（刑8）。この点で，刑法典は，あらゆる刑罰法規の中核に位置するものともいえよう。

　我々がこれから学ぶ**刑法総論**は，現行刑法典の刑法総則規定を中心として，犯罪の一般的成立要件と刑罰の一般的要素の解明を行うことを目的とする。個々の犯罪に関する特有の要件を明らかにするのは，**刑法各論**の任務である。

　ここで，我が国における刑法の沿革と刑法典成立の経緯を簡単に見ておこう。刑法の起源は「復讐」にあるとする考え方が西洋法においては有力であるが，我が国

の古代の刑法は，西洋のそれと比べると「復讐」の観念が乏しく，おおむね呪術的・宗教的なものであったとされている。我が国で最初の成文の刑法は，大化の改新の後，中国法を継受した大宝律（701年）・養老律（718年）であったが，その後律令制度の崩壊とともにその実効性を失い，平安時代中期以降は，検非違使庁の判例（庁例）を中心とした慣習刑法がこれにとって代わることとなった。鎌倉時代以降，武家政治の下においても慣習刑法が主流を占めたが，武家の慣習法や判例をまとめて成文化したものとして，鎌倉時代の御成敗式目（1232年）や江戸時代の公事方御定書（御定書百箇条，1742年）が重要である。明治維新の後，明治政府は，武家の刑法を放棄するため，仮刑律（明治元年），新律綱領（明治3年），改定律例（明治6年）を相次いで制定して律令刑法への復帰を試みたが，このような改革では新しい時代に対処することができないので，明治13年には，パリ大学教授のボアソナード（1825～1910）がフランス刑法を下地に作った草案を基礎として，420条からなる刑法典が制定され，明治15年から施行された。これがいわゆる旧刑法であり，日本で初めての近代的刑法であるといえる。しかし，旧刑法は，施行の年から早くも国情に合わないとして批判の対象となり，改正の議が起こった結果，明治40年にはドイツ刑法の影響が強い現行の刑法典が制定されるに至った（翌年から施行）。この刑法典は，その後，いくつかの改正がなされたが，平成7年6月1日に施行された平成7年法律第91号により，制定以来長く続いていた文語体カタカナ書きのスタイルが口語体ひらがな書きのスタイルとなった。上記改正では，①刑法典の表記を現代用語化し平易にすることのほかに，②尊属加重規定の削除（尊属殺人〔刑200〕，尊属傷害致死〔刑205Ⅱ〕，尊属逮捕監禁〔刑218Ⅱ，220Ⅱ〕），③いんあ者の行為に関する規定の削除（刑40）等がなされた。

　現行刑法典は，旧刑法や他国の刑法典と比較した場合，構成要件の規定の仕方がかなり包括的で，条文の数が少なく，各罪の法定刑についてもその上限と下限との幅が広いという点に特色があるとされている。これは，刑事政策的な観点から，裁判官に法解釈や刑の量定に関する裁量権を広く認めようとするものである。

　なお，以下の論述の中で，単に「刑法」というときは実質的意義の刑法を指すものとし，「刑法○○条」というときの「刑法」は形式的意義の刑法を指すものとする。

2　刑法の分類

　刑法は，前述のように，刑法典とそれ以外の刑罰法規とに分けることができる。刑法典は，全刑罰法規のいわば基本法という意味において**一般刑法**

(**普通刑法**）と称せられる。これに対し，刑法典を除く他の刑罰法規を**特別刑法**（広義）という。

　特別刑法（広義）は，その性質の違いから，さらに**狭義の特別刑法**と**行政刑法（行政取締法規）**とに分けることができる。前者は，刑法典の付属法規的・補充法規的性質を有しており，その規定する犯罪も，刑法典上の犯罪同様，道徳的規範に違反する行為がほとんどであるが，これに対し，後者は，例えば行政庁への一定の届出を怠った行為に対し刑罰を科する場合のように，社会生活上必ずしも道徳に反するというわけではないが，一定の行政上の取締り目的のために特定の行為を犯罪として規定し，これに刑罰を定めているのである。そして，これに対応して，狭義の特別刑法においては，おおむね「…した者は，〜に処する。」というような刑法典と同様の規定形式を採用しているのに対し，行政刑法においては，まず，法律の前半部分で「…しなければならない。」又は「…してはならない。」という命令・禁止の規範を示した後，法律の末尾に「罰則」の項を設け，その中で「…条の規定に違反した者は，〜に処する。」という形で刑罰法規を列挙しているのが通常である。それぞれ実務上頻繁に登場する法律を挙げると，狭義の特別刑法には，暴力行為等処罰に関する法律，盗犯等の防止及び処分に関する法律，自動車の運転により人を死傷させる行為等の処罰に関する法律，軽犯罪法，爆発物取締罰則，人の健康に係る公害犯罪の処罰に関する法律，売春防止法などがあり，他方，行政刑法には，道路交通法，覚せい剤取締法，大麻取締法，銃砲刀剣

類所持等取締法，火薬類取締法などがある。

【特別刑法と実務】

　刑法総論・各論は，主として刑法典を念頭に置いて講じられている。一般刑法としての重要性にかんがみると，そのこと自体はむしろ当然のことといえよう。しかし他方，現実の犯罪現象を見る限り，数値の上からは，特別刑法犯，特に行政刑法犯が刑事事件の圧倒的多数を占めていることに注意しなければならない。平成26年度に全地方裁判所・簡易裁判所の通常第一審事件において有罪となった人員を罪名別に見ると，行政刑法犯である覚せい剤取締法違反の罪や道路交通法違反の罪がいかに大きなウエイトを占めているかがよく分かるであろう。通常第一審事件における全有罪人員のうち刑法犯（盗犯等の防止及び処分に関する法律違反，爆発物取締罰則違反，暴力行為等処罰に関する法律違反を含む。）の占める役割は約64%であり，その余の約36%はその他の特別刑法犯によって占められている。また，正式起訴に至らない略式請求事件においては，全既済人員のうちの実に92%以上が特別刑法犯によって占められている（具体的な数値は『平成26年司法統計年報　2　刑事編』による。）。

　このように，実務においては，特別刑法犯の占める役割は極めて大きい。前述のように，刑法典の「第1編　総則」の各規定は，刑法8条本文を通じて特別刑法にも適用があるから，これから講ずる刑法総論は特別刑法の総論でもあるが，ただ，特別刑法においては，刑法8条ただし書の「特別の規定」として，刑法総則の例外に当たる規定が設けられている場合も少なくないことに注意する必要がある（犯罪の主体に関する特別の規定である両罰規定については後述。その他，正当防衛に関する特別の規定として，盗犯等の防止及び処分に関する法律1条，共犯に関する特別の規定として破壊活動防止法38条1項など）。

3　刑法と行為規範―自然犯と法定犯の区別

　社会には多くの行為規範（禁止規範，命令規範）が存在している。道徳上の規範（社会が個人個人の良心を通して設定する規範）や宗教上の規範（絶対者がその信仰を有する者に設定する規範）がその典型的なものであるが，これら各種の規範は，相互に重なり合い，補い合って，全体としての社会生活上の規律・秩序を形成しているのである。

　「法」すなわち，法規範も，この行為規範の一種であるといってよい。し

かし，法規範は，国家権力による強制を伴う，逆に言えば，その規範に違反した場合には国家権力による強制が加えられるという点で，他の行為規範と大きく異なっている。例えば，甲が乙を殺害したとしよう。我々の社会には「人を殺してはならない。」という道徳上の規範が存在しているから，これは道徳上の規範に反する行為である。不道徳な行動は，社会的に指弾されるであろう。しかし，そのことだけでは何らの強制を加えられるべきものではない。本来的に道徳は人の良心を通じて実践すべきものであるからである。ところが，「人を殺してはならない。」という規範は，今日の社会においては，単なる道徳規範にとどまらず，同時に法規範でもあるから，それゆえに，この法規範に違反した行為に対しては国家により強制が加えられるのである。具体的に言えば，民事上は，甲には遺族に対し慰謝料その他の賠償をすべき義務が課せられるし，他方，刑事上は，甲に対して刑罰が加えられるであろう。

　刑法は，今述べたような行為規範とどのような関係に立つのであろうか。刑法199条を見ると，「人を殺した者は，死刑又は無期若しくは5年以上の懲役に処する。」と規定されている。条文の文言を素直に読む限り，これはまず，裁判所に対して，殺人罪について裁判すべき基準を提示するものであるから，いわゆる**裁判規範**であることは疑いない。しかし，刑法の本来的性質が裁判規範であるとしても，現実の刑法の機能も見る限り，刑法が行為規範として一般人の行動を規制している面があることを否定することができない。刑法199条は，その前提として「人を殺してはならない。」という刑法上の行為規範をも含んでいると解すべきである。刑法典のように，刑法上の行為規範が既存の道徳上の行為規範と一致するものについては，改めて刑法典に行為規範を明示するまでもない。しかし他方，前述の行政刑法（行政取締法規）のように，その行為規範が既存の行為規範と関連の希薄なものについては，法律の中に，行為規範それ自体を明示しておく必要があるということになる。

第1編　刑法の基礎原理

前述の，刑法典及び狭義の特別刑法と行政刑法（行政取締法規）との規定形式の違いは，このような点に由来しているのである。

このような観点から，すべての犯罪を自然犯（刑事犯）と法定犯（行政犯）とに分けることができる。**自然犯（刑事犯）** とは，その犯罪行為が法律以前に道徳的に悪いとされる犯罪をいい，これに対し，**法定犯（行政犯）** とは，その行為自体は道徳的には無色又は無色に近いが，行政取締りの必要上犯罪と定められているものをいう。これらの分類は，おおむね，刑法典及び狭義の特別刑法と行政刑法（行政取締法規）との分類に対応する。

【法定犯の自然犯化】

　上述のように，自然犯と法定犯との分類は多分に相対的なものである。刑法典の中にも，変死者密葬罪（刑192）のように行政取締りの必要上設けられたという性格の強いものもあり，必ずしも刑法典中の犯罪ゆえにすべてが自然犯というわけでもない。

　他方，立法の当初には，専ら行政取締りの目的から犯罪とされた行為が，社会事情の変化とともに，次第に道徳的にも悪いことであるという評価を受けるようになった結果，自然犯としての色彩を強めつつあるものもある。これを**法定犯の自然犯化**という。例えば，道路交通法上の酒酔い運転罪（同法117の2①，65Ⅰ）がこれに当たると解してよい。

4　刑法の社会的機能

刑法は社会においていかなる機能を有し，どのような役割を担っているのであろうか。これが刑法の社会的機能に関する問題である。

(1) **規制的機能**

　まず，刑法の第一次的な機能は，一定の行為を犯罪とし，これに対して一定の刑罰を定めることによって，その犯罪に対する国家の規範的評価（否定的価値判断）を明らかにすることである。しかし，刑法の機能は，上記のような単に評価的な側面にとどまるものではない。前述のように，刑法は裁判規範としての役割だけではなく行為規範としての役割をも果た

しているから，刑法は，それが公示されることにより，国民に対して，どのような行為が罰せられるのか，どの程度の刑が科せられるのかをあらかじめ知らしめ，そのような犯罪行為に出ないよう命ずることになる。刑法は，国民の行為を規制する機能をも有しているのである。これを刑法の規制的機能という。

(2)　社会秩序維持機能

　刑法は上述の規制的機能を営むことによって，同時に社会の秩序を維持するという現実的機能を果たしている。後述のとおり，刑法は，法益保護機能と人権保障機能という二つの現実的な機能を有しているが，社会の秩序は，法益保護・人権保障のいずれに偏しても，円満に保持することはできないのであって，その意味から，刑法の社会秩序維持機能は，法益保護と人権保障という相互に矛盾対立する2つの要素を適切に調和させることによって，初めて十全に機能するものというべきである。

①　**法益保護機能**

　法的に保護される生活利益を**法益（又は保護法益）**という。およそすべての法は何らかの法益を保護することを目的としているものであるが，刑法の場合には，刑罰という最も峻厳な制裁を手段とすることによって，最も強力な形で法益保護の機能を果たしている点に特色がある。例えば，刑法は，窃盗罪という犯罪を設け，これに対し10年以下の懲役刑又は50万円以下の罰金刑を法定刑として規定し，現実に行われた窃盗行為に対してはその刑を科することによって，犯罪行為の事前・事後を通じて，財物の所有権・占有権などの財産的秩序の保護を図っているのである。

②　**人権保障機能（保障機能）**

　刑法は，何が犯罪であり，それに対する刑罰は何か，どの程度のものかを明示することにより，一般人に対しても犯人に対しても，その人権を保障する機能を有している。

すなわち，一般人との関係では，刑法が犯罪となるべき行為を明示することの逆の面として，刑法に犯罪として定められていない行為については，それがいかに反社会的で不道徳な行為であっても処罰されないことを刑法は消極的に保障している。刑法が「**善良な市民のマグナカルタ**」といわれるゆえんである。

他方，犯人に対する関係では，一定の犯罪行為に対する刑罰を特定明示することの逆の面として，犯人には刑法に定められた以上の刑を受けないことを刑法は消極的に保障している。この点で，刑法は「**犯人のマグナカルタ**」でもある。

【刑法の謙抑主義】
　刑法の社会秩序維持機能にも関連する事柄として，ここで刑法の**謙抑主義**に触れておきたい。**謙抑主義**とは，刑法はあらゆる違法行為を対象とすべきではなく，刑罰は必要やむを得ない範囲においてのみ適用されるべきであるとする考え方である。前述のように，刑法は最も強力な形で法益保護を行う機能を有しているが，刑罰というものは必ずしもすべての法益保護にとって万能であるというわけではない（「よい社会政策は最良の刑事政策である」という言葉もある。）。しかも，刑罰は，よく効く薬と同様，強烈な副作用を伴う。後述のように，刑罰の目的については種々の議論があるが，刑罰の現実の姿としては，やはりそれは苦痛を伴う害悪であり，犯人の全生活のみならず，犯罪とは全く無関係の犯人の家族や親族らにも有形・無形の負担を強いていることは否定すべからざる事実である。謙抑主義は，刑罰の持つこのようなマイナスの側面にかんがみ，刑法の適用そのものについても，できる限り慎重に抑制的に行おうとする建前であって，この考え方は，刑事立法の際だけでなく，刑法の解釈，刑事手続の運用に際しても，基本原理として常に考慮されなければならないものと思われる。

5　犯罪と刑罰に関する基礎理論（刑法理論）

刑法の理論的解明を行うに際し，その出発点に大きく横たわっているのが，犯罪の本質をどのように把握するか（犯罪理論），また，刑罰を科することができるのはなぜか（刑罰理論）という刑法の最も根源的な問題である。刑

法総論の個別問題の検討に先立ち，この2つの問題に関する従前の議論を整理した上，この問題に対する現在の通説的な見解を示しておきたい。

(1) **犯罪理論**

　犯罪の本質に関する議論は，人間の自由意思をめぐる決定論と非決定論との対立から出発している。**非決定論**とは，人間には自由意思があり，自己の行動についても因果の法則に支配されることなく，その理性的判断により選択できるとする立場であり，これに対し，**決定論**とは，人間に自由意思があるとするのは幻想であり，その行動は遺伝的素質と社会的環境により支配され，決定し尽くされているとする立場である。

　非決定論の立場に立つと，犯罪行為は自由な意思を有する人間がその理性的選択に基づいて行ったものにほかならないから，犯罪に対する評価も，端的に，外部に表れた犯人の行為及びその結果に対して行えばよい。このように，犯罪の本質を外部的な人間の行為及びその結果に求める立場を**客観主義**又は**行為主義**という。客観主義は，外部的実在としての行為そのものを刑法的評価の対象にすることから，**実在説（現実説）**という立場でもある。

　これに対し，決定論の立場に立つと，犯罪行為は，人間の自由な選択に基づくものではなく，遺伝的素質や社会的環境により必然的に生起する現象であるから，犯罪に対する評価も，外部に表れた犯人の行動よりも，むしろ犯人の持つ社会的な危険性に対して行われなければならない。犯罪の本質を，このように犯人の内面的な要素，すなわち犯人の社会的危険性，又は犯人の反社会的な性格（悪性）に求める立場を**主観主義**又は**行為者主義**という。主観主義の立場においては，外部に表れた行為は，犯人の社会的危険性の単なる徴表としての意味を有するにすぎず，それ自体が刑法的評価において積極的な意義を有するわけではないから，**徴表説**という立場をとることになる。

第1編　刑法の基礎原理

(2) **刑罰理論**

　一方，刑罰を科することができるのはなぜかという問題（刑罰の正当化根拠）については，次のような三つの考え方がある。

　第1は，**応報刑主義**であって，刑罰は，犯罪に対する応報として科せられるのだという考え方である。犯罪という害悪に対しては，その当然の報いとして，害悪又は苦痛を内容とする刑罰を科するべきであるとするのである。応報刑主義のもとでは，刑罰は犯罪に相応するものでなければならず，犯罪との均衡を失するような刑罰を科することは刑罰の役割に反し許されない。古くはハムラビ法典のタリオの法（「目には目を」）にもその考え方の萌芽を認めることができるが，今日では更に，タリオの法に表れているような原始的な報復としての色彩を払拭して，「正当な当然の報い」として応報を把握しようとする考え方が有力である。

　第2に，**一般予防主義**という考え方がある。刑罰は，これを科することにより社会の一般人を威嚇し，将来における犯罪を予防するためにあるのだと解する。一般予防主義は，さらに，刑罰を予告することにより一般人の心理を強制して犯罪を抑止しようとする考え方（心理強制説）と，逆に，刑罰の執行自体によって一般予防を図ろうとする考え方（その極端な形が「みせしめ刑」である。）とに分かれる。一般予防主義のもとでは，刑罰は必ずしも犯罪に相応したものである必要はなく，特に「みせしめ刑」的な考え方のもとでは，むしろ刑罰は重ければ重いほど予防効果が大きいという考え方すら成り立ちうる。

　第3は，**特別予防主義**である。刑罰は，これを科することによって犯人自身が将来再び犯罪に陥ることを予防するためにある，とする考え方である。特別予防の内容は，さらに3つに分けることができる。最も素朴なものは，(a) 刑罰（特に生命刑や自由刑）を科することによって犯人自身を一般社会から隔離し，よって特別予防の目的を遂げようとする考え方であ

る。しかし，これだけで刑罰を正当化することはできない。そこで，(b) 刑罰という苦痛を犯人に加えることより，犯人を懲らしめ，それにより再犯を防止しようとする考え方が出てきた。一般予防の犯人自身に対する側面である（両者を併せて「抑止刑」と呼ぶ立場もある。）。さらに積極的に，(c) 刑罰によって犯人を改善・教育し，真人間として社会復帰させることによって再犯を防止しようとする立場もある（これを「教育刑主義」という。）。特別予防主義のもとでも，刑罰が犯罪に相応することは必ずしも当然に要請されるわけではなく，むしろ，特別予防の効果が生じるまで刑罰を継続するという考え方すらあり得るところである。

　以上のような3つの考え方は，犯罪理論とも内容的な関連性を有している。前述の非決定論の立場に立つと，犯罪は，自由な意思決定に基づいた行為であるから，道義的な非難の対象となり，これに対する当然の報いとして刑罰は科せられる（応報刑主義）。また，一般予防も，自由意思を有する一般人を想定して初めて可能である。したがって，非決定論は，犯罪理論においては客観主義と，刑罰理論においては応報刑主義・一般予防主義と結びつきやすい。これに対し，前述の決定論の立場に立つと，犯罪の本質は犯人の社会的危険性にこそあるのであるから，刑罰も，犯人の社会的危険性から社会を防衛するため，犯人を隔離し又は教育・改善することを目的として科せられるべきであるということになる（特別予防主義）。このように，決定論は，犯罪理論においては主観主義と，刑罰理論においては特別予防主義と結びつきやすい。

【刑法理論の歴史的背景】
　　以上述べたような犯罪理論や刑罰理論は，いずれもすぐれて歴史的な背景を担ったものである。ここで簡単にその歴史的展開を見ておこう。
　　近代刑法学は18世紀後半の啓蒙思想とともに始まった。中世から近代初期にかけてのアンシャン・レジューム時代の刑法は，多分に宗教的色彩に満ちたものであり，刑罰が極めて苛酷なものであったばかりか，犯罪と刑罰はその当時の政治

権力によって恣意的に運用されていた。これに対し，イタリアのベッカリーア（1738〜1794）は，その著書『犯罪と刑罰』の中で罪刑法定主義や客観主義を説いて，個人の自由と平等を基調とする啓蒙主義の見地からアンシャン・レジュームの刑法に対する批判を展開し，近代刑法学の礎を築いた。その後，この流れはドイツに移り，カント（1724〜1804），フォイエルバッハ（1775〜1833），ヘーゲル（1770〜1831）らは，総じて，啓蒙思想を背景とする非決定論の立場から，理性的な人間像を基礎にすえて，客観主義・応報刑主義・一般予防主義を展開するに至った。この立場を，一般に**古典派**（**旧派**）と称している。

これに対し転機となったのが，19世紀後半の資本主義の発達に伴う累犯の激増と，自然科学の発展である。ことに前者によって，古典派の刑法理論が犯罪対策において無力であることが露呈されるに至ったため，イタリアを中心として犯罪現象を単に形而上学的に考察するのではなく，もっと科学的・実証的に解明しようとする気運が起こったのである。イタリアの医師ロンブローゾ（1835〜1909）が，累犯者の実証的研究から，「生来性犯罪人」なる概念を用いて犯罪がいかに必然的なものかを説いたのを初めとして，イタリアのフェリー（1856〜1929），ドイツのリスト（1851〜1919）らは，総じて，決定論の立場から主観主義・特別予防主義を展開するに至った。この立場を**近代派**（**新派**）という。

その後，ドイツや日本では，古典派と近代派との激しい論争が展開されたが（これを「学派の争い」と呼んでいる。），近年はおおむね古典派の考え方が優勢であり，内容的にも両者が相互に相手方の長所を理論の中に取り入れるなどして，次第に歩み寄る傾向にある。

刑法理論は人間観にもかかわる問題であり，容易にその解答の導き出し得るところではないが，今日の通説的見解及び実務は，以下のような考え方に立脚しているものと思われる。

まず，自由意思の問題については，古典派・近代派いずれの考え方もそのまま受け入れることはできない。人間が，犯罪行為に関しても，遺伝的素質や社会的環境の影響を免れ難いことは，一卵性双生児に関する犯罪学的研究や犯罪社会学の研究結果が既に実証しているところであって，この点で，確かに近代派の指摘にも正鵠を射たものがある。我々は，古典派が念頭に置いたような完全に理性的な人間像を刑法の基礎にすえることはできない。しかし他方，近代派の説くように人間が素質と環境とに完全に支配されていると

解することも到底正当とは思われない。我々は，上記のように素質と環境とに影響を受けながらも，なお限られた範囲内で，主体的に自己の行動を選択する自由を有しており，自ら逆に因果の法則に働きかけて，これを変えていくこともあり得ることを，経験的事実として認識している。したがって，人間は，素質と環境との制約を受けながらも，主体的に自己の行動を決定する自由意思を有すると解すべきである（**相対的意思自由論・相対的非決定論**）。

このように人間の自由意思を一応肯定する立場に立つ以上，犯罪の本質を犯人の社会的危険性において把握する主観主義は到底採用することはできず，犯罪理論に関しては，外部に現れた犯人の行為とその結果を中心として犯罪理論を展開する客観主義・実在説が妥当である。

他方，刑罰理論に関しても，人間の自由意思を肯定する以上，応報刑主義が基本に置かれるべきである。過去の違法な行為に対する応報として犯人に苦痛（刑罰）を加えることは，人間社会あるいは人間性本然の強い要求であって，それがなければその社会は存続し得ないと言っても過言ではない。しかし，一方，応報刑主義と一般予防主義・特別予防主義は必ずしも両立し得ないものではない。応報刑の基礎のもとに，同時に一般予防・特別予防の配慮を行うことは十分可能である。ただ，その場合であっても，刑罰は本来的に応報であるから，犯罪との均衡を失することは許されず，犯罪に相応する刑罰の範囲内で一般予防的・特別予防的配慮を行うべきであろう。今日の実務においても，裁判官は，刑の量定を行うに当たっては，応報的な考慮（犯罪の重さと刑の量との均衡）をもとに，教育的な考慮（本人の改善，更生）を行い，その他一般予防等をも加味しながら，具体的な宣告刑を決定しているものと思われる。

第2 罪刑法定主義

1 意義と沿革

　罪刑法定主義とは，いかなる行為が犯罪となり，それに対していかなる刑罰が科せられるかについて，あらかじめ成文の法律をもって規定しておかなければ人を処罰することができないという刑法の基本原則である。「**法律なければ犯罪なく，法律なければ刑罰なし**」という法格言に端的にその思想が表現されている。

　西欧中世の専制国家においては，犯罪と刑罰の内容や限度が法律で定められておらず，国家機関（特に専制君主）がほしいままに刑罰権を行使していた（いわゆる罪刑専断主義）のであるが，そのような恣意的な刑罰権行使から国民の権利を守るため，その行使を厳格な法的制約下におくべく，一連の市民革命を通じて政治的に主張されるようになったのが，この罪刑法定主義なのである。その歴史的沿革を見ると，その淵源は古くイギリスのマグナ・カルタ（1215年）に求めることができるが，その後，権利の請願（1628年），権利章典（1689年）に受け継がれた後，やがてアメリカに渡り，フィラデルフィア権利宣言（1774年）等を経て，アメリカ合衆国憲法修正第5条の「何人も，法の適正な手続（due process of law）によらなければ，生命，自由，又は財産を奪われることはない。」という，いわゆる適正手続条項に結実したのである。一方，フランスにおいても，罪刑法定主義は，フランス人権宣言（1789年）を経て，ナポレオン刑法典（1810年）の中に明示されるに至った。

　このように，罪刑法定主義は，歴史的には近代自由主義思想の所産ともいうべきものであるが，今日では，刑法上の当然の原則としてひろく認知されている。国連総会においては，昭和23年の世界人権宣言において，「何人も，

実行のときに国内法又は国際法により犯罪を構成しなかった作為又は不作為のために有罪とされることはない。また，犯罪がおこなわれた時に適用される刑罰より重い刑罰を科せられない。」(同宣言11Ⅱ)と宣明されたほか，近年においても，国際人権規約のＢ規約(「市民的及び政治的権利に関する国際規約」)の中に同様の規定が設けられ，昭和54年に日本もこれを批准承認した結果，同年9月から条約として法的拘束力を有するに至っている。

2　実定法上の根拠

　我が国において最初に罪刑法定主義を採用したのは，フランス刑法の影響の強い旧刑法であった。その後，同原則は明治憲法にも規定されていたが，明治40年に制定された現行刑法典には罪刑法定主義に関する明文の規定は設けられなかった。上述のとおり，明治憲法にこれを認めた規定があった上，立法担当者においては，罪刑法定主義は「解釈上明白の原則にして之を成文と為す必要」なしという認識であったことから，あえて規定されなかったのである。したがって，刑法典も，罪刑法定主義を当然の前提としていると解するのが妥当であろう。今日では，罪刑法定主義の実定法上の明確な根拠は，憲法の下記のような各規定に求められている。

(1)　憲法31条「何人も，法律の定める手続によらなければ，その生命若しくは自由を奪われ，又はその他の刑罰を科せられない。」

　日本国憲法が，アメリカ合衆国憲法の影響を強く受けていることは周知の事実であるが，この規定は，前述の合衆国憲法修正第5条(いわゆる適正手続条項)に由来する。したがって，憲法31条の「法律に定める手続」とは，単に手続法さえ法定されていればよいという意味ではなく，刑事手続において適用されるべき実体法もまた事前に法定されていなければならないという趣旨であると解されている。

(2)　憲法73条6号ただし書「政令には，特に法律の委任がある場合を除いて

第1編　刑法の基礎原理

は，罰則を設けることができない。」

　内閣の制定する政令には，法律の委任がなければ刑罰規定を設けることはできないということは，すなわち，刑罰は原則として国会の制定法によらなければならないことを意味するものである。

(3)　憲法39条前段「何人も，実行の時に適法であった行為…については，刑事上の責任を問われない。」

　罪刑法定主義の派生原則である遡及処罰の禁止を規定したものであることは明らかである。

3　具体的内容と派生原則

　罪刑法定主義の具体的内容及びそれから派生する原則としては，以下の(1)～(5)が挙げられる。

　　これらの原則のうち，(1)～(3)の原則は，罪刑法定主義の具体的内容として従来から認められてきたものである。これらは，いずれも罪刑の実質的内容を問題にしないものであるから，総じて罪刑法定主義の「形式的原理」と言われている。
　　これに対し，近時，アメリカ法学における「法文の明確性の理論」や「実体的デュープロセスの理論」等の影響のもとに，罪刑法定主義は法定の対象となる刑罰法規の内容の適正さをも要請しているとの考え方が有力になっており，判例もおおむねその方向に動きつつあるように思われる。そこで(4)や(5)のような原則については罪刑法定主義の派生原則であると理解するのが相当であろう（上記「形式的原理」に対して，これらを罪刑法定主義の「実質的原理」という。）。

(1)　罪刑の法定（成文法主義）

　犯罪と刑罰は，国民の代表である国会の議決によって制定された狭義の法律をもって明示されなければならない。罪刑法定主義は，その歴史的沿革から明らかなとおり，刑罰権の行使を厳格な法的制約の下に置こうとするものであって，正に権力分立の思想に由来するものであるから，成文法主義は当然の帰結である。

　罪刑法定の趣旨にかんがみると，刑法の法源は，原則として狭義の法律

に限られることになる。慣習や条理を法源とすることは，罪刑法定主義に反し，許されない（**慣習刑法の排除**）。

> 構成要件の具体的解釈に当たって慣習や条理等を考慮することは，罪刑法定主義の禁ずるところではない。例えば，不真正不作為犯の作為義務や過失犯における注意義務の具体的内容が慣習や条理に基づくことは少なくないのである。

また，**絶対的不定期刑**，すなわち犯罪に対して科すべき刑種又は刑量を全く定めない刑を規定すること（例えば，単に「懲役に処する」とか「改善の効果が顕著になるまで懲役に処する」とか定めること）は，結局刑期の長短等が刑執行者の恣意にゆだねられることとなり，罪刑を法定したことが実質的に無意味になるから，罪刑法定主義に反するというべきであろう。

> もっとも，相対的不定期刑，すなわち刑種と刑量を相対的に定める刑（例えば，「懲役6年以上9年以下に処する」などのように長期と短期とを定めて言い渡される刑）を規定することは，必ずしも罪刑法定主義には反しないと解される（例えば，少年法52条）。

他方，狭義の法律において罪刑の基本的枠組が定められている限り，その罪刑の具体的内容を部分的に政令以下の下位の法令や条例にゆだねたとしても，必ずしも罪刑法定主義の趣旨に反するものではなかろう。このような見地から，罪刑の法定性については，下記のようないくつかの重要な例外が認められている。

① 法律が特に委任した場合には，政令に罰則を設けることができる（憲73⑥但，国家行政組織法12Ⅲ）。

　この法律が特に委任した場合とは，法律の具体的な委任がある場合（いわゆる**特定委任**）の趣旨である（最大判昭27・12・24刑集6巻11号1346頁）。したがって，政令等に包括的に委任することは罪刑法定主義に反することになるし，また，政令で委任の範囲をこえて罰則を設けると，その罰則は無効である（無効とされた事例として，最判昭38・12・

第1編　刑法の基礎原理

24裁判集刑事149号370頁)。

② 都道府県及び市町村など普通地方公共団体がその条例中に罰則を設けることも許される（地方自治法14Ⅲ）。

これは一種の包括的委任であるとも言えるので，その合憲性に疑問を呈する立場もあるが，最高裁は，次のように判示して，これを合憲であるとしている。

【1】「条例は，法律以下の法令といっても，…公選の議員をもって組織する地方公共団体の議会の議決を経て制定される自治立法であって，行政府の制定する命令とは性質を異にし，むしろ国民の公選した議員をもって組織する国会の議決を経て制定される法律に類するものであるから，条例によって刑罰を定める場合には，法律の授権が相当な程度具体的であり，限定されておれば足りると解するのが正当である。」(最大判昭37・5・30刑集16巻5号557頁)

③ 法律で処罰の対象となる行為の枠を一応定めた上で，構成要件の細目を政令以下の命令にゆだねることも，それが特定事項に限られている限り，許される。これを**白地刑罰法規**（白地刑法）という。白地刑罰法規の例は，特別刑法の分野に極めて多い。

白地刑罰法規の合憲性が問題となった事例として，猿払事件がある。事案は，郵便局勤務の公務員である被告人が，選挙用ポスターを自ら公営掲示場に掲示し，多数枚を他人に配布して，国家公務員法102条1項，同法110条1項19号違反の罪に問われたというものである。国家公務員法102条1項は「職員は，…を除く外，人事院規則で定める政治的行為をしてはならない」と規定し，この委任に基づいて人事院規則14－7は「政治的行為」の具体的内容を定め，それに違反した者に刑を科していることから，この委任の合憲性が問題となった。この点につき，最高裁は，次のように判示した。

【2】「政治的行為の定めを人事院規則に委任する国公法102条1項が，公務員の政治的中立性を損なうおそれのある行動類型に属する政治的行為を具体的に定めることを委任するものであることは，同条項の合理的な解釈により理解しうるところである。…右条項は，それが同法82条による懲戒処分及び同法110条1項19号による刑罰の対象となる政治的行為の定めを一様に委任するものであるからといって，そのことの故に，憲法の許容する委任の限度を超えることになるものではない。」(最大判昭49・11・6刑集28巻9号393頁)

(2) **類推解釈の禁止の原則**

　類推解釈（又は類推適用）とは，法律に規定のない事項に対し，これと類似の性質を有する事項に関する法規を適用することである。類推解釈は，法律の規定している事項の範囲を超えて，法律に規定していない事項にまで法律を適用するものであって，裁判官の解釈によって罪刑の法定を実質的に無意味なものにする危険のあるものであるから，罪刑法定主義に反し，許されないのである。ただし，罪刑法定主義は，被告人の人権を保護するための原則であるから，犯人に有利に類推解釈をすることは，罪刑法定主義の禁ずるところではない。

　他方，このことは，刑法の文言に形式的に忠実であれ（文理解釈）ということまでも意味するものではない。刑法の精神に照らして，法の予想し得る限度まで，いかにあるべきかを考えてする実質的な解釈（目的論的解釈）は当然に許されるのである（下記【3】補足意見参照）。

　　類推解釈に当たるとして原判決を破棄した判例として，最判昭30・3・1刑集9巻3号381頁がある。これは，前述の人事院規則14－7「政治的行為」5項1号にいう「特定の候補者」の中に「立候補しようとする特定人」が含まれるか否かが問題となったものであるが，最高裁は，それを含めることは類推解釈に当たるとした。

　　また近時，類推解釈か否かが争われた事案として次の判例がある。

　【3】〔事案〕被告人が，河川敷で，洋弓銃（クロスボウ）を使用してマガモ（あるいはカルガモ）を狙い矢4本を発射したが，命中しなかった。鳥獣保護及狩猟ニ関スル法律1条の4及びその委任を受けた昭和53年環境庁告示第43号3号リによれば，「弓矢を使用する方法による捕獲」が禁止されていた。

　〔判旨〕「食用とする目的で狩猟鳥獣であるマガモあるいはカルガモをねらい洋弓銃（クロスボウ）で矢を射かけた行為について，矢が外れたため鳥獣を自己の実力支配内に入れられず，かつ，殺傷するに至らなくても，鳥獣保護及狩猟ニ関スル法律1条の4第3項を受けた同告示3号リが禁止する弓矢を使用する方法による捕獲に当たるとした原判断は，正当である。」

　　小野幹雄裁判官の補足意見「『捕獲』という用語は，一般に，『とらえること，いけどること，とりおさえること』を意味するものと理解されており，

第1編　刑法の基礎原理

捕らえようとしたが取り逃がした場合，すなわち，その未遂形態は，これに含まないとするのが一般的な用法であり，『捕獲』には，現実に捕らえたか否かを問わず，捕らえようとする行為自体（以下『捕獲行為』という。）を，当然に含むと解することは，その文理上困難といわなければならない。しかし，同法における『捕獲』の中には，『捕獲行為』を含むものと解さなければ不合理であって，立法の趣旨，目的に合致しないと認められる条項が存在しており，法廷意見の引用する当審判例が，同法11条及び15条にいう『捕獲』の意義について，捕獲行為自体による法益侵害の危険性に着目して，鳥獣を現実に自己の実力支配に入れたか否かを問わず，捕獲しようとする方法自体が禁止されているものと判示したのは，正に，その例ということができる。そして，前記告示3号の規定も，同様であって，狩猟鳥獣の保護に悪影響を及ぼすおそれの高い特定の猟法を一般的に禁止しようとするその規則の趣旨，目的に照らせば，同号に列挙する方法による捕獲行為自体を禁止するものと解される。」（最判平8・2・8刑集50巻2号221頁）

　なお，本法については，平成14年に全面改正されて「鳥獣の保護及び狩猟の適正化に関する法律」（平成14年法律第88号）となり，「捕獲」については未遂犯処罰規定が設けられた（同法84条2項）ため，上記の論点自体は解消された。

(3)　遡及処罰の禁止の原則

　「何人も，実行のとき適法であった行為…については，刑事上の責任を問われない。」（憲39前）。遡及処罰を認めると，法的安定性を害し，個人の自由を不当に侵害することは，明らかである。また，判例と遡及処罰禁止の原則の関係につき，行為当時の最高裁判所の判例の示す法解釈に従えば無罪となるべき行為を処罰することが憲法39条に反しないとして判例については遡及処罰の禁止の原則が適用されないとした最判平8・11・18刑集50巻10号745頁がある。

　なお，遡及禁止は，刑法に限って認められ，刑事訴訟法や行刑法については適用がない。手続法は常に現在の手続に対して適用されるものであるからである。

(4)　明確性の原則

　明確性の原則とは，刑罰法規が，できるだけ具体的であり，かつ，その

第1編　刑法の基礎原理

意味するところが明確でなければならず，刑罰法規の内容があいまい不明確なため，通常の判断能力を有する一般人の理解において刑罰の対象となる行為を識別することができない場合には，罪刑法定主義に反し，そのような刑罰法規は憲法31条に違反し無効となるとする原則である。判例上も下記【4】最大判昭50・9・10刑集29巻8号489頁（徳島市公安条例事件）が正面からこの原則を認め，その根拠及び適用基準について詳細に判示している（なお，この問題に関する判例として最大判昭60・9・23刑集39巻6号413頁－福岡県青少年保護育成条例違反事件－も参照）。

【4】「およそ，刑罰法規の定める犯罪構成要件があいまい不明確のゆえに憲法31条に違反し無効であるとされるのは，その規定が通常の判断能力を有する一般人に対して，禁止される行為とそうでない行為とを識別するための基準を示すところがなく，そのため，その適用を受ける国民に対して刑罰の対象となる行為をあらかじめ告知する機能を果たさず，また，その運用がこれを適用する国又は地方公共団体の機関の主観的判断に委ねられて恣意に流れる等，重大な弊害を生ずるからであると考えられる。…それゆえ，ある刑罰法規があいまい不明確のゆえに憲法31条に違反するものと認めるべきかどうかは，通常の判断能力を有する一般人の理解において，具体的場合に当該行為がその適用を受けるものかどうかの判断を可能ならしめるような基準が読み取れるかどうかによってこれを決定すべきである。」

(5) 罪刑均衡の原則

罪刑均衡の原則とは，刑罰の内容又は程度が，単に形式的に法定されているだけでは足りず，犯罪の害悪に見合った合理的なものであることを要するとする原則である。罪刑法定主義は，定められた罪刑の内容自体が適正なものであることをも要請していると解されるから，犯罪と刑罰との不均衡が顕著な場合には，罪刑法定主義に反し，憲法31条違反になると解すべきである。

最高裁判例も，下記のとおり，一般論としてはこれを認めている。

【5】「およそ刑罰は，国権の作用による最も峻厳な制裁であるから，特に基本的人権に関連する事項につき罰則を設けるには，慎重な考慮を必要とすることはいうまでもなく，刑罰法規が罪刑の均衡その他種々の観点からして著しく不合理なもの

第1編　刑法の基礎原理

であって，とうてい許容し難いものであるときは，違憲の判断を受けなければならないのである。そして，刑罰規定は，保護法益の性質，行為の態様・結果，刑罰を必要とする理由，刑罰を法定することによりもたらされる積極的・消極的な効果・影響などの諸々の要因を考慮しつつ，国民の法意識の反映として，国民の代表機関である国会により，歴史的，現実的な社会基盤に立って具体的に決定されるものであり，その法定刑は，違反行為が帯びる違法性の大小を考慮して定められるべきものである。」（前掲最大判昭49・11・6刑集28巻9号393頁－猿払事件－）

　なお，罪刑均衡の原則が問題となった判例として，最判昭56・4・30刑集35巻3号135頁がある。事案は，貿易会社の従業員である被告人H及び被告人Sが，それぞれ差額関税約61万円と約45万円を不正に免れたとして有罪判決を受けたものだが，その際，改正前の関税法の必要的没収・追徴の規定によれば，輸入貨物全体の価格に相当する金額として，Hについては約8886万円，Sについては約6725万円を追徴せねばならないことになり，これが罪刑均衡の原則に反しないかが問題とされた。上記最高裁判決の多数意見は，結論的に，上記追徴は憲法31条に反しないと解した。

第3　刑法の適用範囲

1　刑法の時間的適用範囲

(1)　時間的適用範囲に関する原則

　　刑法は，時間的には，他の法令と同様，原則としてその施行のときから廃止のときまで効力を有する。したがって，

① 　刑法は，その施行の時点以後になされた犯罪行為に対して適用され，その施行前の行為にさかのぼって適用されることはない（遡及処罰禁止の原則）。ただし，この原則には，後記刑法6条の例外がある。

　　　　国会において成立した法律は，公布・施行を経て，具体的事件に適用可能な状態となる。「公布」が成立した法律を一般に周知させる目的で，一定の方式により一般の国民が知ることのできる状態に置くことをいうのに対して，「施行」は法律の規定の効力が現実的・一般的に発動し作用することになることをいう。したがって，刑法の適用は，当該法律の公布の時点ではなく，施行の時点から始まる。
　　　　法律に施行期日の定めがない場合には，公布の日から起算して満20日を経て施行することとされているが（法の適用に関する通則法2），近年の法律には施行期日が定められているのが通例であるから，改正法等で，その適用範囲が問題となった場合には，必ずその法律の「附則」を見て，その施行期日の定めを確認する必要がある。
　　　　　例：売春防止法附則1項
　　　　　　「この法律は，昭和32年4月1日から施行する。ただし，第2章及び附則第2項の規定は，昭和33年4月1日から施行する。」

② 　犯罪行為がなされた時点では刑法が有効であっても，裁判時までにそれが廃止された場合には，その行為を処罰することができない（刑訴337Ⅱにより免訴の判決が言い渡される。）。ある類型の行為に対し国が刑罰権を放棄する旨明らかにした以上，過去に犯罪とされた行為であっても不問に付するのが相当だという思想に基づくものである。

第1編　刑法の基礎原理

ⅰ　しかし，この場合にも，その廃止法や新法の中に，「罰則の適用については，なお従前の例による。」旨の**経過規定**が置かれていれば，なお処罰可能である。

　　例：大気汚染防止法附則8項
　　　　「この法律の施行前にした行為に対する罰則の適用については，なお従前の例による。」
　　　　（参考－同法附則2項「ばい煙の排出の規制等に関する法律〔…〕は，廃止する。」）

ⅱ　さらに，上記のような経過規定がない場合にも，「限時法」の理論により，刑法廃止後も処罰が可能かどうかの問題がある。

【限時法の理論とその当否】

　　限時法とは，あらかじめ一定の有効期間を限って制定された法律をいう。このような法律については，有効期間終了が近くになるとその罪を犯しても実際上処罰できなくなり，実効性を失うことが考えられる。そこで，この点の不都合を回避するため，刑法が限時法の性質を有する場合には，その有効期間内になされた行為については，その規定が失効した後もこれによる処罰を認めようとする説（限時法の理論）がある。

　　この問題については，判例は動揺を続けており，戦後の最高裁判例はおおむね限時法の理論を認めることに否定的な態度を示していたが，この点に関する最高裁判例としては最後に出た最大判昭37・4・4刑集16巻4号345頁は，逆に限時法の理論を認めるかのような結論を導いている。

(2)　**刑法6条の特則**

　遡及処罰禁止の原則の趣旨にかんがみると，刑法の適用は，行為の時に有効であった法，すなわち行為時法を適用するのが原則である。しかし，刑法6条は，遡及処罰禁止の原則を被告人の有利な方向に更に一歩進め，犯罪後の法律の改正により刑の重さに変化があった場合には，行為時法・裁判時法（裁判のときに有効な法律）・中間時法（行為時法と裁判時法との中間に更に法律改正があった場合，その法律）のうち，いずれが軽いかを比較して（これを「**新旧比照**」と呼んでいる。），最も軽いものを適用す

るとしている。すなわち，被告人の有利になるなら，裁判時法の遡及を許すのである。

　なお，尊属傷害致死罪の成立を認めた控訴審判決言渡し後に施行された刑法の一部を改正する法律（平成7年法律第91号）によって尊属傷害致死が廃止されたときは，刑訴法411条5号の「刑の変更」に当るとした最判平8・11・28刑集50巻10号827頁がある。

ただし，刑の変更を伴う法律改正があっても，改正法の中に「この法律の施行前にした行為に対する罰則の適用については，なお従前の例による。」又は「この法律の施行前にした行為に対する罰則の適用については，旧法は，この法律の施行後も，なおその効力を有する。」旨の**経過規定**があるときは，刑法6条の適用は排除され，改正前の法律が適用される。

【刑法6条に関する解釈上の問題】
　刑法6条における「犯罪後」とは，犯罪行為，すなわち実行行為後の趣旨である。
　したがって，実行行為が法律変更の時点にまたがっているとき（継続犯，包括一罪，観念的競合の場合に多いケースだが，単純一罪の場合も同様である。）には，刑法6条の適用はなく，実行行為終了時の法律が当然に適用される。
　また，結果犯についても，結果が発生した時ではなく，実行行為の時が基準となる。

2　刑法の場所的適用範囲

　刑法の場所的適用範囲とは，いかなる地域で犯された犯罪に対して刑法を適用するかの問題である。国家刑罰権行使の場所的限界の問題といってもよい。

　刑法の場所的適用範囲は，裁判権の問題と区別されなければならない。裁判権は，特別の条約等によって拡張される場合のほかは，原則として，一国の統治権の及ぶ領域内に限って認められる。したがって，刑法の場所的適用範囲が後記のとおり国外犯にも及ぶ場合であっても，国外にいる犯罪人に対

第1編　刑法の基礎原理

して自国の裁判権を行使しうるためには、その所在国から犯罪人の引渡しを受けなければならない。

刑法は、その場所的適用範囲につき、犯罪の性質に応じて、異なった取扱いをしている。

(1) **国内犯の処罰**

刑法は、日本国内において犯された犯罪につき、犯人の国籍を問わず適用されるのが原則である（刑1Ⅰ）。これを属地主義という。

「日本国内」とは、日本の領土・領海・領空内をいう。日本国外にある日本船舶又は日本航空機内の犯罪は、日本国内の犯罪に準ずる（刑1Ⅱ）。

「日本国内で罪を犯した」とは、構成要件該当事実の全部又は一部が日本国内で発生したことを意味する。したがって、実行行為、因果関係、構成要件的結果等のうちのいずれかのしかも一部でも日本国内で発生すれば、国内犯として処罰の対象となる。犯罪の共謀もまた共同正犯の構成要件該当事実であるから、犯罪行為自体は国外においてされたとしても、やはり国内犯である。

　さらに、日本国外で幇助行為をした者であっても、正犯が日本国内で実行行為をした場合には、「日本国内で罪を犯した者」に該当する（最決平6・12・9刑集48巻8号576頁）。

(2) **日本国民の国外犯の処罰**

刑法は、日本国民が、日本国外において、殺人罪・放火罪・強姦罪・強盗罪等刑法3条に列挙された一定の重大な罪を犯した場合にも適用される。これを属人主義という。

(3) **日本国民以外の者の国外犯の処罰**

刑法は、日本国民以外の者が、日本国外において、日本国民に対し、殺人罪、傷害致死罪、強盗罪、強姦罪等刑法3条の2に列挙された一定の重大な罪を犯した場合にも適用される。これを消極的属人主義という。

本条は，平成15年8月7日施行の「刑法の一部を改正する法律」（平成15年法律第122号）によって新設された規定である。

(4) **日本の国家的利益を害する国外犯の処罰**

刑法は，日本人・外国人を問わず，日本国外において，内乱罪・通貨偽造罪・公文書偽造罪等日本国の国益を害する一定の重大な罪（刑法2条に列挙されたもの）を犯した場合についても適用される。これを保護主義という。

(5) **日本国公務員の国外犯の処罰**

刑法は，日本国公務員が，日本国外において，収賄等一定の重要な職務犯罪（刑法4条に列挙されたもの）を犯した場合についても適用される。これも保護主義の一種である。

(6) **包括的国外犯処罰**

以上刑法2条から4条の規定では国外犯を処罰できない場合であっても，国外で犯された刑法各則（刑法第2編）に規定された罪について，特に条約により我が国で処罰すべきものとされているものについては，刑法が適用される（刑4の2）。

本条は，昭和62年7月8日施行の「刑法等の一部を改正する法律」（昭和62年法律第52号）によって新設された規定である。

近年，世界各地で外交官の誘拐，殺害その他のテロ行為が跡を絶たず，国際的にこの種の犯罪行為の防止について協力体制を充実する必要があるところから，国家代表等保護条約及び人質行為防止条約が締結されるに至った。本条は，両条約締結のために必要な国外犯処罰規定として新設されたものである。言わば，世界主義を採用したものといえよう。

第2編 犯　　罪

第1章　犯罪の概念

第1　犯罪の概念と犯罪の成立要件

　実在する犯罪は，殺人罪，放火罪というようにそれぞれの罪名をもったものであって，抽象的・一般的な犯罪というようなものは存在しない。しかし，これら犯罪には，犯罪として成立するための共通した要件がある。これを統一的に考察することは可能であるし，また必要とされる。これが刑法総論の中心的課題である犯罪論にほかならない。

　犯罪論は，犯罪の成立要件の問題と，犯罪の個数すなわち罪数の問題とに大別される。以下，まずこの節と次節において，犯罪の概念と犯罪の成立要件，そして犯罪概念の基底となる「行為」について概観したあと，犯罪の成立要件に関する個々的問題の検討に移ることとする。

1　犯罪の概念

(1)　犯罪を実質的に定義すると，社会生活上の利益・秩序を侵害する高度の害悪性を持つ行為ということになる。この意味では，精神病者の行為であっても，幼児の行為であっても「犯罪」である。犯罪学・刑事学においては，このようなものも，犯罪として検討の対象となる。

　しかし，刑法においては，そのような行為のうち，刑罰という制裁に相応する性質を持っている（これを「当罰的」という。）とともに，現に法律によって刑罰を科することができる（これを「可罰的」という。）ものだけが犯罪とされる。

(2) さらに具体的に検討しよう。行為が当罰的であるとされるためには，まず，その行為が法秩序に反するものでなければならないのは当然である。このように法秩序に違反することを違法であるという。

　しかし，行為が違法であるというだけで，直ちにその行為者に刑罰という制裁がふさわしいということにはならない。いまだ分別つかぬ子供が，近所の菓子屋から勝手に店の物を持って帰ってきたからといって，その子供に刑罰を科すべきであるとは到底いえないであろう。当罰的であるというためには，違法行為をしたことにつき，やはりその行為者を非難できることが必要である。このように，行為者に対し非難が可能であることを，行為者に**責任**がある（又は**有責**である）という。

(3) 行為が当罰的というためには，このように，それが違法・有責なものでなければならない。しかし違法・有責な行為すべてに刑罰が科せられるわけではない。国家は，謙抑主義の見地から，そのうち必要やむを得ないと認めたものだけについて刑罰を科するのである。しかも，国家が特定の行為に対し刑罰権を行使するためには，罪刑法定主義に基づき，あらかじめ違法で有責な行為を類型化して，法律に「犯罪」として規定しておき，そのうえで当該行為が具体的な犯罪類型に当てはまるものであることが是非とも必要なのである。このような，刑罰を科する対象として法律に規定された違法・有責な行為の類型を**犯罪構成要件**（又は，単に**構成要件**）という。

　例えば，姦通は，法秩序に反する行為であり（それゆえ，民事上は，相手方配偶者に対する不法行為を構成し，損害賠償責任を負担せねばならぬこととなる。），かつ，当該行為者には十分に非難可能な行為であるが，しかし，姦通を処罰する犯罪構成要件はないから，犯罪とはならないのである。このように，行為は，いくら違法・有責なものであっても，法律の規定する可罰性を有しない限り，言い換えれば犯罪構成要件に該当しない限

り，絶対に犯罪とはならないのである。

(4) 以上により，刑法上の犯罪概念が明らかになった。犯罪とは，違法・有責な行為であって，しかも刑法の定める構成要件に該当するものであるということになる。

> 刑法上の犯罪と民法上の不法行為（民法709以下）は，ともに違法で有責な行為を対象とする点で類似した性格を有している（不法行為においても，権利侵害という形で違法性の要件が必要とされているし，また，原則として行為者が責任能力を有し，故意又は過失がなければ不法行為は成立しないと解されている。）。しかし，不法行為の場合には，刑法上の犯罪のように，法律が個別的な行為類型を規定してその資格要件を厳格に制限するというようなことはされておらず，民法709条以下の包括的な要件さえ満たせば不法行為は成立するのが原則である。ここに，犯罪と不法行為との成立要件上の最も大きな違いがあるといえよう。

2 犯罪の成立要件

上記のような刑法上の犯罪概念については，今日ほとんど争いがないといってよい。そして，犯罪の成立要件として，これをどのような形で構成するかについては，学説上なお種々の考え方が主張されてはいるが，我が国においては，今日，**構成要件論**と呼ばれている立場，すなわち構成要件該当性・違法性・責任（又は有責性）の3つの成立要件を設定する立場が通説的地位を占めており，また判例・実務もおおむねこの立場に従っているといってよい。

そこで，本書も，以下，この立場に立って犯罪の成立要件を論ずることとする。まず，上記各要件の持つ意義や役割を概観しよう。

(1) **構成要件該当性**

前記1で見たように，構成要件は，違法・有責な行為の類型であり，しかもその行為に可罰性を付与するものである。そうすると，犯罪の成立要件を検討するに当たっても，行為の違法性・有責性を個別的・具体的に判断する前に，まずその行為が，そもそも違法類型・有責行為類型たる構成

要件に当たるかどうかを類型的・形式的に判断することが妥当であり，思考経済にも合致するであろう。

構成要件該当性が認められなければ，たとえそれがいかに違法で有責な行為であっても犯罪成立の余地はない。

(2) **違法性**

上記のとおり，構成要件は，違法行為を類型化したものでもあるから，行為が構成要件に該当するという判断を経た以上，ひとまずその行為は違法であると推定される（構成要件の違法性推定機能）。しかし，構成要件はあくまでも類型にすぎないものであって，現実には違法性のない行為（例えば正当防衛行為）でありながら，形式上は，その行為が特定の構成要件に該当するという事態もまれではない。そこで，構成要件該当性が認められた行為についても，違法性を真に備えたものであるかどうかを，更に法秩序全体の見地から具体的・実質的に検討することとなるのである。

違法性の要件の具備を検討するに当たっては，前記構成要件の違法性推定機能にかんがみ，多くの場合，違法性を否定する類型的な事情（違法性阻却事由）が存在するか否かを検討するという方法を採る。

(3) **有責性**

当該行為につき構成要件該当性・違法性の存在が肯定されると，最後に，そのような行為をしたことについての非難を行為者に帰することができるかどうかが検討されねばならない。

行為者に対し非難可能であるためには，その行為者が，事の是非善悪を弁識し，これに従って行動する能力（責任能力）を有することを前提として，その行為を認識・認容しているか，又はそれを欠いたことにつき落ち度があることが必要であり（故意又は過失），更には，行為者に対し，行為当時，当該違法行為を避けて，適法行為に出ることが期待できたという事情（期待可能性）の存することが必要であろう。

第2編　犯　　罪

3　処罰条件及び処罰阻却事由

　構成要件該当性・違法性・有責性の3要件が具備されれば，犯罪が成立し，これに伴って直ちに国家の刑罰権も発生するのが原則である。

　ところが，犯罪によっては，そのように成立要件を具備して犯罪が成立しても，それだけでは刑罰権は発生せず，一定の客観的条件が成就して初めて刑罰権が発生するという場合がある。このような条件を**処罰条件**という。例えば，事前収賄罪（刑197Ⅱ）における公務員又は仲裁人となった事実などがこれに当たる。

　これに対し，犯罪成立要件を具備するため犯罪は成立するが，一定の事由が存する結果，刑罰権の発生が妨げられる場合がある。これを**処罰阻却事由（人的処罰阻却事由）**という。例えば，親族相盗例（刑244Ⅰ）における近親者としての身分がこれに当たる。

　処罰条件や処罰阻却事由は，一定の政策的理由から認められるもので，犯罪の成否とは無関係である。

　　上記親族相盗例を例にとって考えてみよう。仮に，22歳の長男甲が父親の財布から金を盗んだとする。この場合，甲が起訴されてその行為については証明十分であるとしても，刑法244条1項により，甲の行為に対しては，刑を科することはできず，判決では，刑の免除の言渡し（刑訴334条）がなされることになる。したがって，この意味では刑罰権の発動は阻止されていることは明らかである。しかし，Aの行為は犯罪を構成しないわけではなく（犯罪を構成しないのなら，裁判所は，無罪の判決をしなければならない－刑訴336条），裁判所は，犯罪は成立するとの認識のもとに，判決において有罪の認定をすることになるのである（名古屋高判昭26・9・19判特27号145頁）。

第1章 犯罪の概念

第2　犯罪概念の基底としての「行為」

1　「行為」の意義と機能

　犯罪は，まず人の「行為」でなければならない。それは，犯罪成立の前提となるものであるとともに，犯罪の成立要件を論ずる対象でもある。「行為」は，正に犯罪概念の基底としての意義を有している。

　　このことは，刑法典の総則規定を見ても明らかである。例えば，「罪を犯す意思がない行為は，罰しない。」（刑38Ⅰ本），「法令又は正当な業務による行為は，罰しない。」（刑35），「心神喪失者の行為は，罰しない。」（刑39Ⅰ）というように，刑法は，「行為」を対象として各犯罪成立要件を論じているだけでなく，罪数の分野でも，「一個の行為が二個以上の罪名に触れ，又は犯罪の手段若しくは結果である行為が他の罪名に触れるときは，その最も重い刑により処断する。」（刑54Ⅰ）というように行為を罪数決定の一つの基準としている。

　このように犯罪を行為として把握することには，二つの基本的な意義がある。第1は，それが，犯罪という概念の基本要素としての働きをするということである（基本要素としての機能）。これは上述したところから明らかであろう。第2は，「行為でなければ犯罪でない」とすることによって，人の単なる反射運動や，内心の意思・思想などを，初めから犯罪概念の外に置くということである（限界要素としての機能）。

　刑法上の行為は，このような重要な意義を担っているのであるから，犯罪成立要件を個別的に検討するに先立って，まず刑法上の「行為」とはいかなるものか，その意義を明確にしておくことが必要である。

2　「行為」の概念とその要素

　刑法上の行為概念をどのように把握するかは，刑法学における基礎的問題として，古くから種々の学説が主張されてきたところである。今日の段階で

第2編　犯　　罪

　これを整理すると，おおむね次のような各説に分けることができるであろう。
　① **自然的行為論（因果的行為論）**
　　　行為を自然科学的・物理学的観点からとらえる考え方である。行為は，意思（その内容は問わない。）によって外界に惹起された因果的・物理的な出来事であると解する。
　　　この説のように自然的・物理的観点を徹底していくと，不作為＝身体の静止は，物理的な意味での自然的挙動とは言い難いから，作為と同次元で把握することは困難になるとの批判がある。
　② **目的的行為論**
　　　行為とは，目的によって支配された身体の運動であると解する立場である。人間の行為の本質を目的追求活動として把握し，したがって，目的性こそが行為の中核であるとする。
　　　しかし，目的意思は，故意犯には妥当しても，過失犯には妥当しないから，この説に従うと過失犯の説明に窮することになるし，さらに人間の行動を目的的行動と割り切ってしまうのは一面的であるなどの批判が加えられている。
　③ **社会的行為論**
　　　行為とは，社会的に意味のある人間の身体の動静であるとする。自然的行為論のように，行為を自然的物理的に理解するのではなく，社会的意味において把握しなければならないとするものである。
　　　社会的意味という漠然とした概念を用いて，人の挙動を刑法的評価の対象に入れるか否かを決めるのは適当でないという批判がなされている。
　④ **人格的行為論**
　　　行為とは，人格の主体的現実化としての身体の動静であるとする。人間は，素質と環境（特に生活歴のうえでの人格環境）の制約を受けつつも，一定の行為の場（行為環境）において，人格という潜在的な体系を生の活動として現実的に露呈する。そして，人の身体の動静がその背後においてその者の主体的な人格態度と結びつけられ，その者の人格の主体的現実化と認められる場合に－そうしてそのような場合に限って－これを行為と解するのである。
　　　この説に対しては，「主体的」や「人格」という語は多義的であいまいであり，犯罪の事実的基礎を示すための定義としては漠然としすぎているという批判がある。

　行為論の状況は以上のとおりであって，この問題についてはいまだ学説上の決着を見ていない。しかし，上記の諸学説にかんがみ，実務的な見地から刑法上の行為において不可欠と思われる要素について検討を加えると，以下

のとおり，意思支配可能性と外部性という二つの要素が行為概念の基本的要素となるのではないかと思われる。したがって，行為の定義としては，「意思に基づく身体の動静」としておくのが妥当であろう。

(1) **意思支配可能性**

　人の行為であるというためには，単にその主体が人でなければならないというだけではなく，それが動物の行動や自然現象と異なる特性を有していることが必要である。そして，人の行為が自然現象と区別されるのは，後者が自然科学的な因果法則に支配しつくされたものであるのに対し，前者は，一方では因果法則の支配を受けつつも，逆にそれに働きかけ，それを支配することができる点にある。言い換えれば，自然現象の場合は，因果法則の支配のされ方について選択の余地がないのに対し，人の行為は，どのような因果法則の支配を受けるかについて選択の余地を持ち，その能力をも有しているのである。そして，この選択を行うのが，人間の意思にほかならない（人格的行為論の立場における人間の主体性がこれに当たることになろう）。

　このような意思による支配は，積極的に因果法則を指導する形で行われる場合もあれば，逆に，支配が可能であるのに支配しないで，あえて因果法則に身を任せるという形で行われる場合もあるが，いずれにせよ，両者は，意思によって支配できた人の態度であるという点では共通している。そうすると，行為とは，意思によって支配可能な人の態度であると解するのが妥当であろう。

　このように考えると，意思によって支配可能でなかった行動，すなわち，絶対的な強制下での身体の動静や身体的な反射運動，あるいは睡眠中の人の動作などが行為といえないことは明らかである。

　　　意思支配可能性を行為の要件とすると，自然的行為論や目的的行為論では解決困難とされていた過失の不作為犯（特に，忘却犯）の問題についても，その行為

性を容易に肯定することができる。母親が乳児に授乳しつつ寝入ってしまい，睡眠中に乳児を圧死させたという例について考えてみよう。圧死させるという行動自体は睡眠中のものなのであるから，これには現実の意思支配はなかったといわざるを得ない。しかし，寝入る前の時点にさかのぼって考えると，授乳しつつ寝入ると乳児を圧死させるおそれがあることは，母親にとって十分予見可能であり，予見可能であればこれを避けるような意思決定が可能だったということになる。このように考えると，寝入る前の時点で因果の成り行きを選択する自由があった以上，乳児を圧死させたことは，やはり意思支配可能な行動であり，これを行為とみることができよう。

(2) **外部性**

行為は，人の単なる意思とか思想というような内部的態度ではなく，社会生活において何らかの独立した意味を持つ外部的態度でなければならない。人の外部的な行動を規律するという法規範の本質（この点に，人の良心を規律する道徳との決定的な違いがある。）からして当然のことというべきであろう。

　　後に検討するように，刑法は行為者の内心の事情をも重要な犯罪の要素としているが，このことは決して上に述べたことと矛盾するものではない。外部的態度があった場合に初めて，刑法はその態度の意味・価値を確定するために人の内心に立ち入るのであって，決して人の内心のみを処罰の対象としているわけではない。

このように解すると，人間の行動がどの段階にまで達すれば，内心的態度の域を超えて外部的態度になったと言い得るかが重要な問題となる。この判断の基準となるのは，第一次的には，物理的観点である。外部的態度は，物理的・自然的観点より見れば，これを運動と静止とに分けることができる。運動が外部性を満たしていることは明らかであろう。問題は，静止である。静止は，物理的観点のみからすると単なる意思・思想と区別することができない。

そこで，運動と静止とを社会的な意味合いにおいて把握する必要が生ずる。社会的生活のただ中における静止は，必ずしも常に「何もしない」こ

とを意味するものではない。例えば，甲が，Aから退去するよう繰り返し要求を受けているのに，Aの家に座り込んだまま動かないとしよう。この場合，Aの行動を物理的に観察するならばそれは単なる静止にすぎないが，これを社会的な観点からみれば，「退去しない」という行為であると評価できるのである。このように，社会的観点からこれを考察した場合，静止が「何かをしない」ことを意味することも少なくないであろう。静止は，一定の標準となる身体運動（上記の例で言えば「退去する」という身体運動）が意思による支配の可能性の範囲内にあった場合，そのような身体運動をしないという社会的意味を持つことにより，身体運動と並ぶ外部的態度とみられ，行為としての評価を受けることとなるのである。

第2編　犯　　罪

第2章　構成要件

第1　構成要件の機能と構成要件要素

1　構成要件の意義と機能

(1) 社会には数多くの違法・有責な当罰的行為が存在しているが，国家は，これらすべてを処罰の対象にするわけではない。国家は，当罰的な行為の中から一定の政策的判断によって刑罰の対象にすべき行為を取捨選択した上，これら可罰的な行為を類型化してその法的特徴を示す形で刑罰法規に「犯罪」として規定し，この犯罪類型に該当する行為のみを現実の処罰の対象とするのである。このようにして刑罰法規に規定された違法・有責な可罰的行為の類型，これが**構成要件**にほかならない。

　構成要件には，このような趣旨に基づき，犯罪類型を構成する諸要素（これを**構成要件要素**という。）が具体的に記述されており，これによって個々の犯罪類型の法的特徴が明らかにされるとともに，犯罪類型の個別化が図られているのである。

(2) 構成要件は，上記のような意義・役割に基づいて，下記の二つの機能を営んでいるといえよう。

　① **社会的機能＝保障機能**（罪刑法定主義的機能）

　　構成要件が営んでいる最も重要かつ現実的な機能は，構成要件が，数ある違法・有責な当罰的行為のうちから犯罪となるべきものを選び出すとともに，反面，それ以外のものを刑罰の対象から除外しているということであろう。刑法に構成要件が明示されることによって，構成要件に該当する行為でない限り，いかに処罰の要求が強くとも絶対に処罰され

ることはないという一つの行動基準が国民に提示されている。これを構成要件の保障機能（又は罪刑法定主義的機能）という。

　構成要件は，それが個別的かつ明確に規定されることによって初めてこの機能を十全に営むことができる。

② **理論的機能＝違法性・有責性推定機能**（徴表的機能）

　構成要件は，前記のとおり，違法・有責な行為を犯罪として類型化したものであるから，これに該当する行為については，一応違法・有責であると推定させる機能を有している。これを構成要件の違法性・有責性推定機能（徴表的機能）と呼んでいる。

> ただし，ここにいう「推定」は，訴訟法的には，いわゆる法律上の推定（推定規定が法律に設けられており，反対事実を積極的に立証しない限り，推定事実の認定が強制される推定）を意味するのではなく，事実上の推定（推定規定が法律で定められているのではなくて，甲の事実が存在すれば，通常乙の事実が存在する〔又はしない〕という論理上，経験上の関係から，裁判官が事実上行う推定）の性質を有するものであることに注意する必要がある。

2　構成要件該当性の判断

　構成要件該当性の判断は，証拠によって確定された事実（行為者の行為等）に，解釈によって確定した構成要件を当てはめ，その事実が構成要件が予定している行為に合致するかどうかの評価を行うことによってなされる。この関係を図示すると，次頁の図のようになる。

　この図からも明らかなように，構成要件該当性の判断構造を考える際には，判断の対象となる社会的事実，判断の基準となる構成要件，及構成要件該当性の判断そのものを一応区別して検討する必要がある。

第2編　犯　罪

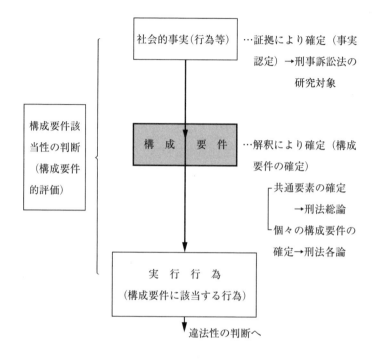

(1) まず，構成要件該当性の判断の対象となるのは，証拠によって確定された社会的事実（行為者の行為等）である。その事実をどのような証拠資料によって，またどのような証明方法により認定するかについては種々の問題があるが，これらはいずれも刑事訴訟法の研究対象である。

　なお，実務では，該当性の判断の対象となる社会的事実は，証拠によってただ漫然と認定されるのではなく，**訴因**という訴訟法上の強い制約の下に，ある程度構成要件によって枠付けられた形で認定されているのが通常である。訴因とは，検察官がその訴訟で主張するところの，特定の犯罪構成要件に当てはめて法律的に構成された具体的な事実である（刑訴講義案116頁以下参照）。今日の刑事裁判実務は，おおむね，訴因を審判の対象として取り扱っており，証拠調べの手続も，訴因を究極の証明対象として展開されるのであるから，実務においては，最終的に判決の段階で証拠上認定された事実に構成要件を当てはめる以前に，既に一定の限度で，構成要件が事実の認定そのものをも指導する役割を果たしているので

-40-

ある。

(2) 該当性判断の基準となるのは，いうまでもなく構成要件である。したがって，構成要件該当性の判断を行うに当たっては，それに先立って，構成要件の内容自体を法解釈によって確定しておかねばならない。これを**構成要件の確定**という。

構成要件の確定は，**構成要件要素**，すなわち構成要件の内容をなす諸要素を個別的・分析的に確定するという方法によって行われる。構成要件の確定は，基本的に刑法各論の課題であるが，ここでは，構成要件の確定の一般的な問題として，確定の対象となる構成要件要素にはどのような種類があり，それはどのような特徴を有しているのか，また構成要件要素の性質の違いに応じて構成要件の形態をどのように分類し得るのかを，次の3において検討する。

(3) 事実が確定し，構成要件の内容が確定しているならば，構成要件該当性の判断自体は，通常さほど困難ではない。しかし，例外的に幾つかの行為の類型においては，その行為形態の特殊性に基づいて，構成要件の確定の問題をも含め，構成要件該当性の判断自体に困難な問題が生ずることがある（これを「実行行為性の問題」という場合がある。）。後述の「不真正不作為犯」の問題や「間接正犯」の問題がこれである。

3 構成要件要素

構成要件要素には，大きく分けて，**客観的構成要件要素**（その存在が外見的に認識され得る要素）と**主観的構成要件要素**（行為者の内心に関するものであり，したがって外見的には認識することができない要素）とがある。

例えば，背任罪（刑247）の構成要件を，各構成要件要素別に分析・分類すると，次頁に図示したようになる。

第2編　犯　　罪

他人のためその事務を処理する者	………	客観的構成要件要素 （行為の主体）
自己もしくは第三者の利益を図る目的 本人に損害を加える目的	………	主観的構成要件要素 （目的）
（自己の行為がその任務に背くものであること，及びそれによって本人に財産上の損害を加えることについての認識・認容）	………	主観的構成要件要素 （故意）
その任務に背いた行為をした	………	客観的構成要件要素 （行為）
（よって）	………	客観的構成要件要素 （因果関係）
本人に財産上の損害を加えた	………	客観的構成要件要素 （行為の結果）

(1) **客観的構成要件要素**

　客観的構成要件要素には，行為，行為の主体，行為の客体，行為の結果，因果関係，行為の状況などがある。以下，これらの要素の内容や問題点を個別的に検討しよう。

① **行　為**

　i　刑法上の「行為」の意義とその要素については前節で述べたとおりである。ここで検討の対象とするのは，構成要件該当性判断の対象となる「社会的事実としての行為」ではなく，構成要件要素として「構成要件に規定されている行為」である。これを**構成要件的行為**という。

　ii　構成要件的行為に関しては，作為・不作為の分類が重要である。刑法上の行為は社会的意味合いの下に把握されなければならないことは前に述べたとおりであるが，ここでも，社会的観点から，一定の身体運動を基準として，その身体運動をすることが**作為**であり，一定の身体運動をしないこと（＝期待された作為をしないこと）が**不作為**であ

ると定義することができる。

このような作為・不作為の分類は，自然的・物理的観点よりする運動・静止の分類とは一致しないことに注意を要する。不作為は，必ずしも静止ばかりではなく，一方で何らかの身体運動をしていたとしても，他方で一定の身体運動をしなければ，社会的な意味合いからすれば不作為と評価される。上記のとおり，作為と不作為は，概念上独立しているから，どのような身体運動を基準に考えるかによって，実在の運動・静止は，作為にもなり，また不作為にもなり得るのである。

> 母親が乳児に授乳しないで餓死させた例を考えてみよう。母親は，その乳児に授乳しこれを養育する義務がある。これは道徳的義務ばかりでなく，法的義務でもある。そこで，その義務内容たる授乳するという身体運動を基準に考えると，母親はこれに合致しない消極的態度をとっている。したがって，その行為態様は不作為である。この場合，現実の母親の生活をみると，必ずしも静止ばかりをしているわけではない。子供が餓死するに至る間にも，母親は自ら食事をしたり，寝たりしているであろう。すなわち運動と静止が繰り返されている。しかし，社会的意味合いからすると，そのような母親の現実的な運動と静止は無意味であり，子供に対する授乳という期待された作為を行っていないことが重要である。社会的観点においては，そのような一連の母親の行為は，不作為という評価によって一括され，かつそれゆえにこそ犯罪の成否を問うことができる。

構成要件的行為は，作為・不作為の区別に対応して，作為犯と不作為犯とに分類することができる。作為により構成要件を実現する場合を**作為犯**といい，不作為により構成要件を実現する場合を**不作為犯**という。さらに，不作為犯は，不作為を明示的に構成要件的行為として規定しているもの（真正不作為犯）と，そうではなく，通常は作為により実現される構成要件を不作為によって実現するもの（不真正不作為犯）に分けられる。前者の真正不作為犯の例としては，不退去罪（刑130後）や救護義務違反罪（道路交通法117条，72Ⅰ前）が挙げら

第2編　犯　　罪

れる。

② **行為の主体**

i　構成要件は，通常「…した者は，…（の刑）に処する」という形で規定されている。したがって，構成要件的行為の主体は，法文上は「者」であるということになろう。

　この「者」が，原則として自然人を指していることには疑問の余地がない。

ii　しかし，法律上は，一般に権利義務の主体としての「人」には自然人のみならず法人も含まれるとされているので，刑法上も，構成要件的行為の主体としての「者」の中には，法人も含まれるのかが問題となる。言わば**法人に犯罪能力が認められるか**という問題である。

　少なくとも，刑法典に関しては，(a)　「第一編　総則」の部分に，責任能力の規定など自然人についてのみ妥当し得る規定が置かれていること，(b)　「第二編　罪」の部分についても，その刑罰体系は，法人には受刑不可能な懲役刑等の自由刑を中心に構築されていることなどの理由から，法人の犯罪能力を否定するのが従前の学説・実務の一般的な傾向であった。ところが，近年，企業活動に伴う違法行為が多発する傾向にあるところから，単に自然人のみを処罰するだけでは不十分であり，法人としての企業自体をも処罰の対象として認める必要があるのではないか，一般刑法か特別刑法かを問わず，法人の犯罪能力を肯定すべきではないかということが論議の対象になってきている。

　この問題については学説上種々の考え方が主張されているが，今日の多数説は，刑法典上の犯罪については，上述のような理由で，法人の犯罪能力を認めることはできないが，他方，特別刑法の分野，特に行政刑法の分野においては，法人の犯罪能力を認めてもよいと解しているようである。

上記多数説の考え方の根拠を少し詳しく述べると，(a)　今日のように法人が自然人と同様に社会生活上の単位として活動している実態にかんがみれば，法人の活動を刑法上の行為としてとらえたとしてもあながち不当とはいえないし，むしろ社会常識的に見て法人が犯したと解される犯罪については，その従業員だけを処罰するよりも，端的に法人そのものを処罰の対象にする方がことの実態に沿う処理である，(b)　確かに，反倫理的性格の強い刑法上の犯罪については，法人をその行為の主体に含めることは適当とは言い難いが，他方，反倫理的色彩が希薄で，むしろ行政取締り的・合目的的性格の強い特別刑法上の犯罪については，刑罰には倫理的非難というよりも反秩序的行動に対する制裁という意味合いが強いから，その機関個人よりも法人に対し刑を科すことの方がより合理性がある，(c)　法人に犯罪能力を認めても，法人には受刑能力が認められないから無意味ではないかという批判もあるが，現行の刑罰法規は財産刑など法人処罰に適応した刑罰をも用意しているから，処罰に必ずしも不都合を来すことはないし，また刑を科することにより，法人の機関は，今後再び刑を受けることのないような業務執行の方針を決定するであろうから，刑罰の効果もそれなりに認められる，というものである。

ⅲ　一般的に法人に犯罪能力を認めることができるかどうかについては，上記のようになお争いのあるところである。しかし，仮に現行刑法典は法人処罰を認めていないとしても，特別刑法においては，刑法8条ただし書により，法人を処罰する旨の「特別の規定」を設けることは可能であり，現にこれによって各種の行政取締法規の中に法人処罰規定が置かれている。

　　その一般的形式が，**両罰規定**である。これは，従業者の違法行為について，当該従業者（行為者）本人を処罰するとともに，その業務主である法人又は自然人をも併せて処罰する規定である（これに対し，従業者を罰しないで，業務主のみを処罰する規定を**代罰規定**又は**転嫁罰規定**という。）。今日，法人処罰規定を設けている法令の大多数が両罰規定であるといわれている。

第2編　犯　罪

両罰規定の一例を紹介する。他の両罰規定も，同様の規定形式をとるのが普通である。

〔外国為替及び外国貿易法72条１項〕

「法人（…）の代表者又は法人若しくは人の代理人，使用人その他の従業者が，その法人又は人の業務又は財産に関し，第69条の６から前条まで（…）の違法行為をしたときは，行為者を罰するほか，その法人又は人に対して，各本条の罰金刑を科する。」

両罰規定の法的性質については，法人を含む事業主（業務主）の過失の存在を推定した規定であると解するのが判例である（最大判昭32・11・27刑集11巻12号3113頁ほか）。上記外国為替及び外国貿易法72条１項（当時は73条１項）に関し，判例は次のように述べている。

【６】「外国為替及び外国貿易管理法73条１項は，事業主たる法人の代表者でない従業者の違反行為につき，当該法人に右行為者の選任，監督その他違反行為を防止するために必要な注意を尽くさなかった過失の存在を推定した規定と解すべく，したがって事業主において右に関する注意を尽したことの証明がなされない限り，業務主もまた刑責を免れ得ないとする法意である。」（最判昭40・３・26刑集19巻２号83頁の判決要旨）

なお，特別刑法上の法人処罰規定としては，両罰規定のほかに，いわゆる**三罰規定**，すなわち違反行為があった場合に，その違反行為をした自然人及び業務主体たる法人・自然人のほか，代表者・中間管理者等をも処罰する旨の規定がある。三罰規定の例としては，食品衛生法78条が挙げられる。

また，特別刑法においては，法人格のない団体に刑事責任を認めるものもある。例えば，法人税法164条，３条は，法人及び法人格のない団体のいずれをも犯罪の主体としている。

iv　行為の主体としての自然人については特に限定がないのが原則であるが，例外的に構成要件上行為者に一定の身分のあることが必要とされる犯罪がある。これを**身分犯**という。

　　身分の意義及び身分犯の分類に関しては，主として「共犯と身分」の箇所で問題となるから，そこで詳述する。

③　**行為の客体**

行為の客体とは，構成要件的行為の向けられる対象としての人又は物

である。殺人罪（刑199）における「人」や窃盗罪（刑235）における「他人の財物」などがこれに当たる。

行為の客体に関しては，以下の3点に注意しなければならない。

(1) 第1は，行為の客体と保護の客体（言い換えれば，当該犯罪の保護法益）とは，一応区別して考える必要があるということである。確かに，行為の客体と保護法益とは内容的に密接な関係があるため，例えば上記殺人罪の例のように，行為の客体（人）と保護法益（人の生命）とが一致する場合が少なくないが，他方，公務執行妨害罪のように，行為の客体（公務員）と保護法益（公務，すなわち国又は公共団体の作用）とが一致しない例もあるのである。

(2) 第2は，行為の客体は，必ずしもどの構成要件にも，その要素として規定されているわけではないということである。例えば，単純逃走罪（刑97－構成要件は「裁判の執行により拘禁された既決，未決の者が逃走した」である。）などのように，行為の客体が規定されていない構成要件も少なくない。これに対し，今日の刑罰法規の中で，保護の客体（保護法益）の考えられない構成要件は存在しないといってよい。上記単純逃走罪の場合，保護の客体は，国権による拘禁作用である。

(3) 第3に，行為の客体が人である場合には，客体である人とその犯罪の被害者とは，一応区別して考える必要があるということである。多くの構成要件では両者が一致するが，行為の客体と犯罪の被害者とが一致しない場合もあり得る。例えば，詐欺（取財）罪（刑246Ⅰ）において，欺かれた者と財物の交付者とが一致しない場合には，構成要件的行為である欺く行為の客体は被欺罔者であるが，詐欺罪の被害者は財物の交付者である（いわゆる「三角詐欺」）。

④ **行為の結果**

ⅰ **結果犯・単純行為犯・結果的加重犯**

第2編 犯　　罪

　犯罪行為が行われると，様々な結果が生じるのが通常である。例えば甲がAを殺したという場合の最も直接的な結果は被害者Aが死亡したということであるが，しかし犯罪による現実の結果はそれにとどまるものではなく，殺害によって一家の大黒柱を失ったAの家族が路頭に迷うことになったというのも一つの結果であるし，Aの子供が学校を辞めることを余儀無くされたというのも一つの結果である。

　そして，多くの構成要件においては，このような様々な犯罪の結果のうち法的に最も重要なものを構成要件要素として規定し，この結果が生じた場合にのみ既遂犯として処罰することとしている。このように一定の結果の発生を構成要件要素として規定している犯罪を**結果犯**という。刑法上の犯罪の大部分は結果犯である。そして，構成要件要素となっている結果のことを，具体的事実としての犯罪の諸々の結果と区別する意味で，特に**構成要件的結果**という。

　これに対し，結果の発生を必要とせず，行為者の一定の身体的動静のみが構成要件の内容となっている犯罪を，**単純行為犯（挙動犯）**という。住居侵入罪（刑130前）や偽証罪（刑169）などがこれに当たる。

　結果犯の特殊な形態に結果的加重犯がある。**結果的加重犯**とは，行為者が一定の故意に基づく犯罪行為を行った際，その行為からその故意を超過する重い結果が生じたことを構成要件として規定し，その重い結果が生じたことをもって基本となる犯罪より重い刑が定められている犯罪をいう（この場合，基本となった故意に基づく犯罪行為を「基本行為」と称する場合がある。）。傷害致死罪（刑205）がその典型である。行為者が基本となる暴行罪又は傷害罪を犯した後，その行為から被害者の死亡という行為者にとっては予期していなかった結果が生じた場合に，傷害致死罪が成立するのであり，その結果の重大性にかんがみ，暴行罪又は傷害罪よりもかなり重い刑（3年以上の有期懲

役）が定められているのである（この場合，行為者が当初から被害者の死亡を予見し認容していたとすれば，傷害致死罪ではなく殺人罪が成立する。）。

　結果的加重犯は，法文上「よって…させた者は」という表現形式で重い構成要件的結果を規定しているのが通常であるが，このような規定の形式をとらない構成要件もあるので注意する必要がある（例：強盗致死罪〔刑240後〕）。

　　結果的加重犯に関しては，基本行為と重い結果との間に因果関係を要することは当然として，さらに，重い結果の発生につき行為者の過失（又は予見可能性）を要するかという問題がある。この点については判例と学説が鋭く対立しており，学説の大勢は責任主義の見地から過失を要すと解しているが，判例は，大審院以来一貫して，結果の予見可能性は不要であると解している。例えば，判例は，上記傷害致死罪について次のように判示している。
　　【7】「傷害（致死）罪の成立には，暴行と死亡との間に因果関係の存在を必要とするが，致死の結果についての予見を必要としないこと当裁判所の判例とするところであるから（…），原判示のような因果関係の存する以上被告人において致死の結果を予め認識することの可能性ある場合でなくても被告人の判示所為が傷害致死罪を構成することはいうまでもない。」（最判昭32・2・26刑集11巻2号906頁）
　　結果的加重犯は，上記傷害致死罪に例を見るように，その基本行為自体がその性質上重い結果を発生させる高度の危険性を類型的に内包しているのであるから，重い結果が生じた場合には行為者に過失があるのが通常であり，判例を支持することができよう。

ii　**侵害犯・危険犯・形式犯**

　刑法は，刑罰により法益を保護するという機能を担っており，刑法の規定するすべての犯罪について，それぞれ保護法益というものを考えることができる。しかしながら，このことは，常に保護法益の侵害がなければ犯罪が成立しないということを意味するものではない。構成要件要素として，保護法益に対するどの程度の侵害又はその危険の

発生を必要とするかは，個々の犯罪の性質によって異なっているのである。

(a) **実質犯**

実質犯とは，当該犯罪が成立するためには，法益の侵害又は侵害の危険の発生が必要である犯罪をいう。

実質犯のうち，保護法益を現実に侵害したことが構成要件要素（構成要件的結果として規定されているのが通常）となっている犯罪を**侵害犯（実害犯）**といい，保護法益侵害の危険を生じさせたことが構成要件要素となっている犯罪を**危険犯**という。個人的法益に対する罪の大部分は侵害犯である（ただし，その未遂罪は下記の抽象的危険犯である。）。

危険犯は，具体的危険犯と抽象的危険犯とに分けられる。法益侵害の具体的危険，すなわち現実に危険が発生したことを構成要件要素として規定している犯罪を**具体的危険犯**といい（例：建造物以外放火罪〔刑110〕），抽象的危険，すなわち一般的に法益侵害の危険があると認められる行為があれば，それだけで犯罪が成立するもの（法益侵害の危険は構成要件的行為の中に取り込まれているもの）を**抽象的危険犯**という（例：現住建造物等放火罪〔刑108〕）。

(b) **形式犯**

犯罪が成立するためには，法益侵害の抽象的危険すらも必要とされない犯罪がある。これを**形式犯**という。行政犯にその例が多い。例えば，運転免許証不携帯罪（道路交通法121Ⅰ⑩，95Ⅰ）などがその典型である。

以上を整理すると下記のようになる。

第2章　構成要件

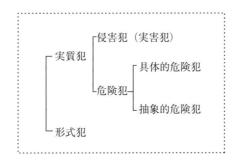

iii 即成犯・継続犯・状態犯

構成要件的結果の発生・法益侵害の発生と犯罪成立時期との関係から，即成犯・状態犯・継続犯を区別することができる。

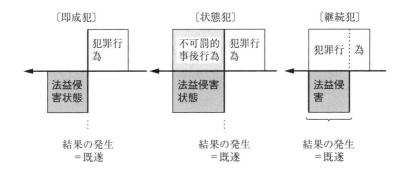

即成犯とは，構成要件的結果の発生によって法益侵害が発生し犯罪も既遂となるが，その後，行為者の関与なくして法益侵害状態が継続するものをいう。殺人罪や放火罪などがこれに当たる。

これに対し，**状態犯**は，構成要件的結果の発生によって法益侵害が発生し犯罪も既遂となる点は，即成犯と共通であるが，その後，行為者の行為によって法益侵害状態が継続するものをいう。例えば，窃盗罪（刑235）は，行為者が他人の財物を自己又は第三者の占有に移したときに既遂となるが，その後も行為者が自ら被害物件を所持し，又

は他人に譲渡するなどの行為を行うことによって、被害者の占有（又は所有権）侵害という法益侵害の状態はその後も継続しているのである（行為者がその物件を被害者に返還しない限りその法益侵害状態は解消しない。）。状態犯においては、犯罪成立後の法益侵害状態の継続に関与する行為者の行為は、当初の構成要件的行為によって当然に予定されている限り、別途処罰されないとされる。たとえば、窃盗犯人が被害物件を破壊したとしても、窃盗罪に加えて器物損壊罪（刑261）で処罰はされない。このような行為は、従来**不可罰的事後行為**と呼ばれてきたが、後の行為についても器物損壊罪の成立要件を充たしていることは疑いがなく、たとえば、これに関与した者を共犯として処罰することなども可能であると考えられる。したがって、現在では、このような行為を**共罰的事後行為**－すなわち、器物損壊罪自体の成立は否定されないが、処罰の面では事前行為である重い窃盗罪で併せて処罰すれば足りる－と呼ぶ考え方が有力となっている。

　　もっとも、上記不可罰的（共罰的）事後行為の趣旨からして、その構成要件の予定する範囲を超える新たな違法行為がなされると、別罪が成立することになる。例えば、窃取にかかる預金通帳を用いて預金を引き出した場合などは、もはや窃盗罪だけで評価することはできず、新たに詐欺罪（刑246）を構成するというべきである（最判昭25・2・24刑集4巻2号255頁）。

継続犯とは、構成要件的結果の発生とともに、法益侵害も発生し、犯罪は既遂となるが、その後も犯罪行為を継続している間、終始法益侵害の状態も継続して、犯罪の継続が認められるものをいう。例えば、監禁罪（刑220）などがその典型である。

⑤　**因果関係**

結果犯においては、行為と結果との間の因果関係が常に構成要件要素として必要とされる。因果関係の要素を明記していない構成要件も少な

くないが，この場合においても，結果犯である限り因果関係の存在が必要であることに何ら変わりはないことに注意すべきである。

因果関係の具体的内容については，節を改めて詳細に検討を加える。

⑥ **行為の状況**

構成要件によっては行為が一定の状況で行われることを構成要件要素としているものがある。これを行為の状況と呼んでいる。例えば，消火妨害罪（刑114）における「火災の際」，名誉毀損罪（刑230）における「公然」などがそれである。

(2) **主観的構成要件要素**

主観的構成要件要素には，故意，過失，目的犯における目的，傾向犯における傾向などがある。

① **故意・過失**

 i 主観的構成要件要素のうち最も基本的なものは，故意と過失である。**故意**とは，犯罪事実－具体的に言えば，客観的構成要件要素に該当する事実－を認識・認容していることであり，**過失**とは，不注意により，犯罪事実の認識又は認容を欠いて，一定の作為・不作為をすることである。構成要件要素としての故意を**構成要件的故意**，構成要件要素としての過失を**構成要件的過失**という。

 およそすべての犯罪は故意又は過失のいずれかを構成要件要素としており，過失の存在すら必要としないような犯罪は絶対にあり得ないと言ってよい。犯罪は本質的に非難可能な行為でなければならないことはさきに述べたとおりであり，そのためには，行為者の主観においても，故意又は過失といういずれか非難可能な要素がなければならないのである（この点，民法においても，過失責任主義の建前はとられてはいるものの，一定の限度で無過失損害賠償責任を許容するのが今日の通説的見解である。）。

第2編　犯　　罪

【故意・過失の体系的地位】

　故意・過失が，構成要件該当性・違法性・責任という3つの犯罪成立要件のうち，どの部分に位置付けられるのかについては学説上争いがある。詳細は後に述べることとするが，かつては故意・過失は責任要素であると考えるのが通説的見解であったし，今日でもそのように主張する学者も少なくない。

　確かに，ある犯罪が故意によりなされたものか，それとも過失によりなされたものかによって，行為者の責任に大きな違いが生ずるから，故意・過失が責任要素であることは明らかであろう。しかしながら，故意・過失には，それにとどまらず，違法性の大小をも決する機能もあると考えられる。同じ行為によって同じ結果が発生した場合，例えば石を投げるという行為によって被害者に1週間の傷害を負わせた場合などにおいて，その行為の違法性に大小があるとすれば，それは，わざと被害者に当てるつもりで投げたか（故意の場合），それとも木に当てるつもりで投げたところが間違って被害者に当ててしまったのか（過失の場合）という事実に求めるほかない。そして，この両者の違法性にはやはり差があるとみるのが自然な感覚ではなかろうか。ことに，後記のとおり，規範に違反することに実質的違法性の本質があるとする行為無価値論の立場からはそのような結論に至るのが素直である。この点で，故意・過失は違法要素でもある。そして，構成要件は，このような違法要素であり，かつ責任要素でもある故意・過失を類型化して，構成要件要素にまで引き上げていると解するのが相当であろう。仮にこれを，構成要件要素ではなく，責任要素でしかないと考えると，上記設例のような場合には，構成要件該当性の段階では，殺人未遂罪・傷害罪・過失致傷罪のいずれの構成要件を問題にすべきかを決することができないということにもなりかねない。そこで，今日では故意・過失も構成要件要素であると解するのが多数説であり，判例も，近年，構成要件的故意を認めることに好意的な態度を示すに至っている。

【過失は単なる主観的構成要件要素か】

　故意・過失を構成要件要素であると解した場合，これを「主観的」構成要件要素として位置付けてよいかが若干問題となる。確かに，故意犯においては，構成要件的行為が常に規定されているから，故意は主観的構成要件要素，すなわち行為者の内心に関するものであり，外見的には認識することができない要素であると解することに問題はない。

　しかし，過失の場合は，単に行為者の内心にのみ係わる要素であると解することには問題があろう。過失犯の構成要件は，例えば「過失により人

を死亡させた」（過失致死罪－刑210）というように，構成要件的行為が明示されていないのが通常であって，刑法は，「過失」という文言の中に，不注意により犯罪事実の認識・認容を欠いたという純然たる内心の態度と，そのような内心によって一定の作為・不作為を行ったという外部的態度（これを「過失行為」という。）とを両方含ましめているように思われる。したがって，厳密に言えば，過失は，主観的要素の面と客観的要素の面を両方含んだ構成要件要素であるというべきである。

ⅱ 故意に基づいて行われる犯罪を**故意犯**，過失に基づいて行われる犯罪を**過失犯**という。刑法38条1項は，故意犯を原則とし，過失犯は「法律に特別の規定のある場合」に限って例外的に処罰することとしている。

この「法律に特別の規定のある場合」が，過失犯であることが明示的に規定されている場合に限る趣旨なのかどうかは，非常に困難な問題である。刑法典で過失犯とされているものについては，そのほとんどは，「過失により」（刑210等）とか「失火により」（刑116）とかのように過失犯であることが明示されているので比較的問題は少ないが，特別刑法上の犯罪については，過失犯である旨の明文がなくとも，実務上，過失犯として処罰されている例が少なくないので，果たしてどのような場合に，過失の明示がなくとも過失犯として処罰することができるのかが問題となるのである。

この点については学説・判例上いまだ決着を見ないところであり，結局は個々の規定の解釈によるほかないが，判例の傾向としては，おおむね，作為犯の規定に関するものについては過失犯を含まないとするものが多く，不作為犯の規定に関するものについては，過失犯を含むとするものが過半数を占めているようである。例えば，不作為犯である外国人登録証明書不携帯罪につき，判例は以下のように判示している。

【8】「外国人登録令13条で処罰する同10条の規定に違反して登録証明書を携帯しない者とは，その取締る事柄の本質に鑑み故意に右証明書を携帯しないものばかりでなく，過失によりこれを携帯しないものをも包含する法意と解するのを相当とする。」（最決昭28・3・5刑集7巻3号506頁）

第2編　犯　　罪

　　しかし，最決昭57・4・2刑集36巻4号503頁は，作為犯に関しても，過失犯を含むとする判断を示したため，上記作為犯か不作為犯かというメルクマールは，この問題の決定的な解決基準であるとはいえなくなった。結局，上記のような判例の傾向にかんがみると，規定自体から過失で足りる趣旨が平易に了解できるかどうかにより決するほかないように思われる。

② **目的犯における目的**

　一定の行為の目的が構成要件要素とされている犯罪を**目的犯**という。この場合の目的とは，一定の事項を成し遂げようとする意欲を意味する。

　目的犯には，公文書偽造罪（刑155）における「行使の目的」などのように法文中に目的の存在が明記されているものもあるし，他方，窃盗罪における「不法領得の意思」のように法文中には規定されていないが，解釈上当然に主観的構成要件要素として考えられているものもある。

　　通常の故意犯においては，主観的要件としては，行為者が故意，すなわち客観的構成要件要素に該当する事実の認識（・認容）を有していれば足りるのであるが，目的犯においてはそれだけでは足りず，更に構成要件の客観的要素の認識を超える特別の意欲が必要とされるのである。したがって，目的犯における目的のような主観的構成要件要素を，講学上「主観的超過要素」又は「超過的内心傾向」と呼んでいる。この種の「主観的超過要素」は，故意があるだけでは違法性が希薄な行為につき特別に違法性を基礎づける役割を果たしたり（例：文書偽造罪における「行使の目的」），行為の有責性をも一層強めたりする役割を果たしたり（例：窃盗罪〔刑235〕における「不法領得の意思」のうち「利用処分意思」）している。

③ **傾向犯における傾向など**

　傾向犯とは，行為者の特定の心情又は内心の傾向を構成要件要素とし，行為がそのような主観的傾向の表出とみられる場合に限って犯罪が成立するものをいう。傾向犯は一定の主観的傾向を構成要件要素とするものであるから，行為が，その外見だけからすると構成要件に該当しているように見えても，当該構成要件の予定している主観的傾向の表出とは認められない場合には，構成要件該当性が否定されることになる。強制わ

いせつ罪（刑176）に関し，判例は以下のように判示し，わいせつの心情を構成要件要素とする犯罪である傾向犯であるとしている。

【9】「刑法176条前段のいわゆる強制わいせつ罪が成立するためには，その行為が犯人の性欲を刺戟興奮させまたは満足させるという性的意図のもとに行なわれることを要し，婦女を脅迫し裸にして撮影する行為であっても，これが専らその婦女に報復し，または，これを侮辱し，虐待する目的に出たときは，強要罪その他の罪を構成するのは格別，強制わいせつ罪は成立しないものというべきである。」（最判昭45・1・29刑集24巻1号1頁）

もっとも，強制わいせつ罪は人の性的自由を保護法益とするものであり，ある行為が人の性的自由を侵害するか否かは，行為者の内心の意図にかかわらず，行為の客観的性質によって決せられるとして，上記判例に反対する見解が現在では多数である。下級審裁判例においても，弱みを握って働かせる目的で女性を脅迫し，全裸にして写真を撮影したという事案において，以下のとおり判示し，強制わいせつ罪の成立を肯定したものがある。

【10】「（被害者を）全裸にしその写真を撮る行為は，本件においては，同女を男性の性的興味の対象として扱い，同女に性的羞恥心を与えるという明らかに性的に意味のある行為，すなわちわいせつ行為であり，かつ，被告人は，そのようなわいせつ行為であることを認識しながら，換言すれば，自らを男性として性的に刺激，興奮させる性的意味を有した行為であることを認識しながら，あえてそのような行為をしようと企て，判示暴行に及んだものであることを優に認めることができる。」（東京地判昭62・9・16判タ670号254頁）

同判決は，前記【9】の最高裁判例の判示を踏まえつつ，実際には，性的意図ではなく客観的に性的意味を有した行為であることを認識していれば足りるとしており，これは強制わいせつ罪の故意に他ならないから，実質的には，強制わいせつ罪が傾向犯であることを否定しているとも解されるものである。

表現犯とは，行為者の特定の心理的過程又は状態を構成要件要素とし，

第2編　犯　罪

行為がその心理的過程又は状態の表現と認められる場合に限って犯罪が成立するものをいう。偽証罪（刑169）はその代表例であるとされる。

　偽証罪は，宣誓した証人が自己の記憶に反することを証言する場合に成立する犯罪であって，たまたまその証言が客観的真実に合致していたとしても同罪の成立を妨げないと解するのが判例の考え方である。したがって，外部に現れた証言の真否のみを検討するだけでは同罪の成否を考えることはできない。証人が，自己の記憶に反するということを認識しつつ，しかもそれと異なった証言をしようという心理状態のもとに一定の証言を行うことによって初めて同罪の成立をみることになるのである。

4　構成要件の確定に関する特殊問題

前述のとおり，構成要件の確定，すなわち解釈によって構成要件の内容を確定するという作業は，基本的に刑法各論の課題である。ただ，構成要件あるいは構成要件要素の特殊性から，一般的に構成要件の確定に際し問題が生ずる場合がある。以下，三つの問題について検討しよう。

(1)　**規範的構成要件要素**

構成要件要素は，記述的構成要件要素と規範的構成要件要素とに分けることができる。

記述的構成要件要素とは，解釈によって確定可能な構成要件要素である。例えば，「人を殺した者」（刑199）の「人」及び「殺す」という各構成要件要素については，解釈上その内容に関しては若干の争いがあるものの（例えば，「人」の始期をめぐる全部露出説と一部露出説の対立），いずれかの解釈を採用しさえすれば，構成要件要素としては確定し，あとは証拠によって認定した事実にこの構成要件を適用すれば足りるから，特段の規範的な価値判断は必要としない。

それに対し，**規範的構成要件要素**は，法解釈によってその要素の内容を確定することには限界があり，ある事実がその要素に該当するか否か

については，最終的に裁判官がその当時の社会常識によって規範的・評価的な価値判断を行って決定せざるを得ない部分を含んでいる構成要件要素である。その典型としては，わいせつ物頒布罪（刑175）における「わいせつ」の要素が挙げられる。

「わいせつ」という観念は，漠然とした印象を与えるが，判例上は，チャタレー事件判決（最大判昭32・5・10刑集5巻6号1026頁）等で示されたいわゆるわいせつ3要件（(a) いたずらに性欲を興奮又は刺激させ，(b) 普通人の正常な性的羞恥心を害し，(c) 善良な性的道義観念に反すること）によってある程度までは解釈上確定しているということができる。しかしながら，一般的には上記判例のようには言えたとしても，具体的事件において実際に「わいせつ」か否かが問題となると，例えば「普通人の正常な性的羞恥心」や「善良な性的道義観念」というようなものは，結局，裁判官が，その時代その社会に妥当していると思われる価値基準に従って判断せざるを得ない。この意味では，この種の構成要件要素の確定は，かなりの部分，裁判官の文化的な評価に依存しているということができよう。

罪刑法定主義の観点からすると，このような要素の存在は必ずしも好ましいものではないが，事柄の性質上又は複雑な社会事象に対処する必要上，規範的構成要件要素自体を刑法上から排除することは不可能である。社会常識の変化や現代社会における価値観の多様化に即応した，裁判官の客観的かつ厳密な判断が必要である。

(2) **開かれた構成要件**

構成要件は，閉じられた構成要件（完結した構成要件）と開かれた構成要件（補充を必要とする構成要件）とに分けることができる。

閉じられた構成要件（完結した構成要件）とは，刑罰法規の構成要件において，犯罪要素のすべてが余すところなく規定されているものをいい，通常の構成要件はこれに当たる。これに対し，**開かれた構成要件（補充を必要とする構成要件）**とは，刑罰法規の構成要件には犯罪要素の一部分だけが規定されており，他の部分については，その適用に当たって裁判官がこれを補充することが予定されているものをいう。「開かれた」というのは，裁判官に対して開かれているという意味である。そ

の典型が,過失犯と不真正不作為犯の構成要件である。例えば,過失致死罪(刑210)の場合には,単に「過失により人を死亡させた者」と規定されているにとどまるから,「過失」の内容,特に客観的な注意義務などについては,具体的な事件において,その都度裁判官がこれを補充して,構成要件を確定しなければならない。不真正不作為犯における作為義務についても同様である。

> 開かれた構成要件が存在することは,規範的構成要件要素の場合と同じく,構成要件の明確性という観点からすると,必ずしも好ましいものではない。しかしながら,他方,過失犯の注意義務や不真正不作為犯における作為義務などは,これを余すところなく法文に規定することは実際上不可能に近いし,また妥当とも言えまい(いったん法文にしてしまうと,具体的必要性に対応するためには絶えず法律の改正をしなければならないことになる。)。そのため,開かれた構成要件を置くこと自体はやむを得ないと考えられるが,以上のような趣旨にかんがみれば,個々の事件において裁判官が社会良識に従って犯罪要素を補充し,構成要件の確定を行うことはもとより,長期的には,判例の集積等によって「開かれた」部分を実質的に「閉ざされた」ものにしていくことが望まれる。

(3) 修正された構成要件

基本的構成要件とは,刑法各本条や各種の刑罰法規において個々的に定められている構成要件をいう。基本的構成要件は,通常,単独犯であり,かつ既遂犯に関するものである。

これに対し,**修正された構成要件**とは,未遂犯及び共犯の構成要件を指す。刑法は,未遂犯の構成要件及び共犯の構成要件につき,原則として,個々的に具体的な構成要件を定めるというやり方を採らず,未遂犯については刑法43条により,共犯については刑法60条以下によって,それぞれ基本的構成要件に修正を加え,それによって構成要件を確定するという方法を採用した。したがって,未遂犯及び共犯の構成要件を確定するためには,基本的構成要件に刑法43条又は60条から65条の修正を

加える作業を経なければならない。未遂犯及び共犯の構成要件が「構成要件の修正形式」又は「修正された構成要件」といわれるのはこの点に由来する。また，これらの構成要件は犯罪成立の範囲を拡張するものであることから，「拡張さた構成要件」といわれることもある。

　例えば，殺人罪（刑199）を例にとって考えると，同罪の基本的構成要件は，「人を殺した者」であるが，これを刑法43条を用いて殺人未遂罪の構成要件に修正すると，「人を殺す行為の実行に着手してこれを遂げなかった者」となるし，また刑法60条を用いて殺人罪の共同正犯の構成要件に修正すると「二人以上共同して人を殺した者」というようになる。

第2編 犯　　罪

第2　実行行為Ⅰ（総説）

1　実行行為の意義

　行為が特定の構成要件に真に該当していると認められるためには，その行為が各構成要件要素を形式的に満たしているというだけでは足りず，さらに，その行為が当該構成要件の予定している実質を備えたものでなければならない。前述のとおり，すべての構成要件はそれぞれ何らかの法益の保護を目的としているから，ここにいう構成要件の実質とは，すなわち，保護法益を侵害することの現実的な危険性を有していることにほかならない。このようにして，法益侵害の現実的危険という実質を有し，特定の構成要件に形式的にも実質的にも該当すると認められる行為を，**実行行為**という。刑法43条（未遂），60条（共同正犯），61条（教唆犯）などにおいて用いられている「実行」という言葉は，いずれもこの実行行為を意味する。

　　なお，学説・実務においては，「実行行為」という言葉を，(a)　構成要件該当性の判断を経た後の具体的行為の意味や，(b)　構成要件的結果と因果関係を除く各構成要件要素に形式的に該当する行為の意味で用いる場合もあるので注意を要する。また，基本的構成要件に該当する行為だけでなく，修正された構成要件に該当する行為をも含めて「実行行為」という言葉を用いる場合もある。いずれの場合においても，「実行行為」という言葉によって意味されているところを具体的に探究することが重要である。

2　実行行為の実質

　それでは，構成要件該当性の判断に当たって，法益侵害の現実的危険性という実行行為の実質を考えることには，実際上どのような意味があるのだろうか。

　まず第1に，表面的には構成要件に該当するように見えても，法益侵害の

現実的危険性という実質を全く欠いたり又は極めて希薄な行為については，実行行為の実質を欠くものとして構成要件該当性を否定することができる。いわゆる不能犯の場合がその典型であるが（この点の詳細は未遂の章で論ずる。），それにとどまらず，個々の構成要件要素の解釈においても，危険性の要素は重要な役割を果たしているのである。

　例えば，Aが，財産家の叔父Bを死なせてその遺産を得ようと考え，墜落事故を期待してBに飛行機旅行を勧めたところ，Bがその勧めに従って飛行機に乗り，たまたま現実に墜落事故が発生してBが死亡したとしよう。この事例では，Aに確定的な殺意があったことは明らかであるし，Aの行為とBの死亡との間に因果関係も認められる。しかし，Aに殺人罪が成立しないことは常識的に見ても明らかであろう。この場合，「飛行機に乗ることを勧める行為」は殺人罪の構成要件的行為である「殺したる」に当たらないのだという一応の説明は可能であるが，これではことの実体を明らかにしたことにはならない。この事例で「飛行機に乗ることを勧める行為」が「殺したる」行為であると判断できないのは，まさにその行為が人の生命を侵害する現実的な危険性を有する行為であるとはいえないからであろう。形式的に殺人罪の構成要件に該当するように見えても，実は殺人罪の実行行為としての実質を有していないのである。他方，同じように「飛行機に乗ることを勧める行為」であっても，飛行機の整備士が，飛行機の計器類に手を加えて墜落が確実な状態にした上，その事実を秘して他人にその飛行機に乗ることを勧めたとすれば，その行為は殺人の実行行為の実質を十分備えていると認めることができよう。

第2に，いわゆる実行の着手時期の問題を考えるに当たっても，実行行為の実質はその重要な指標となる。次頁に図示したように，実行行為は，**実行の着手**（実行行為の開始）に始まり**実行の終了**（実行行為の終了）によって終わるが，未遂犯が処罰される犯罪については，実行の着手が未遂犯成立の最も重要な要件となるから，いつの時点で実行の着手を認めるかによって未遂犯の成立範囲が大きく異なることになる。

そこで，実行の着手があったと認めるための具体的基準が問題となるが，前述のような説明からすれば，実行の着手は実行行為の開始にほかならないから，やはり実行行為の実質を有する行為の開始，すなわち法益侵害の現実

的危険性を有する行為の開始があって,初めて実行の着手があったと認めることができるということになろう(この点の詳細は未遂の章で論ずる。)。

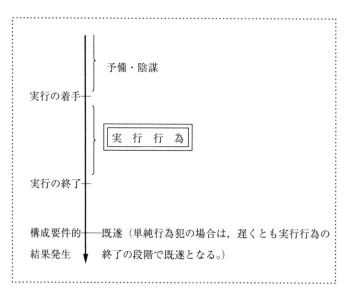

同様に,犯罪の**予備**(犯罪を実行するための準備行為)・**陰謀**(2人以上の者の間において一定の犯罪をすることについて謀議すること)の段階と,実行の着手のあった段階との決定的な違いも,既に法益侵害の現実的危険性を有する行為があるか,それともまだその段階にまで至っていないかという点に求めることができよう。

第 2 章　構成要件

第 3　実行行為 II（不作為犯）

1　真正不作為犯と不真正不作為犯

　作為と不作為，作為犯と不作為犯の意義については前述した。すなわち，**作為犯**とは，作為により構成要件を実現する犯罪であり，**不作為犯**とは，不作為により構成要件を実現する犯罪である。

　これを行為規範との関係で見れば，おおむね，作為犯は，禁止規範（「～してはならない」という行為規範）に違反するものであるのに対し，不作為犯は，命令規範（「～しなければならない」という行為規範）に違反するものということができよう。

　不作為による犯罪を処罰するに当たって，その原則的な形態は，不作為を明示的に構成要件的行為として規定している場合である。これを**真正不作為犯**という。この場合は，構成要件的行為と現実の行為形態との間に食違いがないから，あまり問題はない。

　　真正不作為犯は，刑法典上は必ずしも多くない（不退去罪〔刑130後〕と不保護罪〔刑218 I 後〕程度である。）が，特別刑法，特に行政取締法規の分野では極めて数が多い。例えば，届出義務違反，報告義務違反，免許証の不携帯・不提示等。行政取締法規は，その規制の対象となる者に対し一定の行政上の作為義務を課した上，規制の実効性を担保するため，その命令に従わなかった者に対し刑罰を科するという構造を持つものが多いことから，おのずから不作為犯の数も多くなるのである。

　これに対し，通常は作為により実現される構成要件を不作為によって実現するというケースもあり得る。例えば，母親が乳児を殺そうと思って授乳しないまま放置し，餓死させた場合などが正にそうである。殺人罪は典型的には作為犯であるが，このケースでは，母親の授乳しないという不作為によって殺人罪が実現された結果となっている。このように，通常は作為により実現される構成要件を不作為によって実現する場合を，不作為犯の原則的形態

である真正不作為犯と区別して，特に**不真正不作為犯**と呼んでいる。

不真正不作為犯は，通常は作為により実現される構成要件を，そうではなく不作為によって実現するものであるから，当該不作為を作為と同等の実行行為として認めることができるかが問題となる。これは，言わば不真正不作為犯の実行行為性の問題であるといってよい。

2 不真正不作為犯の実行行為性

不真正不作為犯の実行行為性を肯定することができるかどうかは，最終的には，個々の構成要件の解釈の問題である。そして，構成要件的行為は，いずれも「殺す」とか「放火する」とかのようにある程度抽象的に規定されているのが通例であるから，明らかに不作為を排除する趣旨が示されていない限り，日常用語的には不作為による遂行をも含む趣旨に解することができるものが多い（したがって，構成要件的行為が具体的に規定されていればいるほど不真正不作為犯を認める余地が小さくなる。）。

このように解すると，不真正不作為犯は，理論上は，大多数の犯罪においてその実行行為性を肯定できる余地があるといえよう。

「殺す」という概念を例にとると，それは，人の死亡を作為を手段として積極的に引き起こす形態，すなわち射つ，斬る，絞めるというような場合のほかに，乳児に授乳しない，病人に薬や食料を与えないというような不作為によって人の死亡を招く場合をも，日常用語的には本来包含していると考えられる。

なお，学説の中には，不真正不作為犯の成立を肯定することは，作為の形で規定された刑罰法規を不作為に適用することになるから，類推解釈を容認することになり罪刑法定主義に反するのではないかとの主張もある。しかしながら，通常作為により実現される構成要件的行為についても，日常用語例として不作為による遂行形態を含んでいると解することができるのであれば，このような行為につき実行行為性を認めることは何ら類推解釈に当たるものではないと考えられる。

もっとも，このことは，不作為と構成要件的結果との間に因果関係さえ認められれば，直ちに実行行為性を認めることができるということを意味する

ものではない。例えば，ある人が川ででき死した場合に，川岸でこれを傍観したまま救助しなかった釣り人に殺人罪が成立するであろうか。釣り人の不救助という不作為と死亡との間には因果関係を肯定することはできても，釣り人の行為に殺人罪の実行行為性を肯定することは常識的に考えても無理である。

　作為と不作為とでは，同じく有害な事態の原因となるにしても，その社会的評価に大きな違いがあることに注意しなければならない。その手段・方法が積極的に害悪を生じさせる作為に比べ，不作為は消極的方法であるため，一般的には社会的に罪悪視される程度が弱い。したがって，不作為は，社会生活上見逃されている場合が多く，それが特に違法な場合でない限り，犯罪の問題にはなり得ないのである（刑法典上の真正不作為犯が少ないのもこの点に由来する。）。

　このことは，不真正不作為犯の実行行為性を考える上でも，重要な意義を有する。一般に大多数の構成要件は，その典型的行為形態として違法度の強い作為を予想しこれに対応して法定刑を定めていると考えられるから，不真正不作為犯が認められるためには，その不作為が作為に匹敵するような強い違法性を有するものでなければならないのである。これを具体的に言えば，不作為の実行行為性を肯定するためには，その不作為が作為犯の実行行為と同視できる程の実質を備えていること，すなわち，その不作為の違法性が作為犯の実行行為につき予定されている違法性と同じくらいの強さを有していることが必要とされるのである。これを**同等性の原則（等置原則，同価値性の原則）**という。

　そうすると，不真正不作為犯の構成要件該当性を検討するに際しては，その行為が特定の構成要件の各構成要件要素を充足しているか否かの検討をするだけでは足りず，同時に，同等性の原則の見地から，その違法性の程度がその構成要件的行為が本来予定している違法性と同程度のものであるか否か

第2編　犯　罪

についても問題とされなければならないのである。

3　不真正不作為犯の成立要件

それでは，具体的にどのような事情があれば，作為に匹敵するような強い違法性を肯定することができるのであろうか。これが不真正不作為犯の成立要件の問題である。この問題に関しては，判例が不真正不作為犯の「開かれた」部分を補充するについて極めて重要な役割を果たしているが，後に紹介するような指導的判例（リーディングケース）を総合的に検討すると，判例は，不真正不作為犯の成立要件として，**法的な作為義務**と**作為の可能性・容易性**の二つの要件を要求しているように思われる。以下この2要件について検討しよう。

(1)　**法的な作為義務**

不真正不作為犯が成立するためには，まず，その行為者に，構成要件的結果（例えば，殺人罪における人の死亡の結果，放火罪における焼損の結果など）の発生を防止すべき作為義務が認められなければならない。不真正不作為犯は，「～しなければならない」という命令規範に違反し作為に出なかったことによって作為犯の構成要件的結果を発生させたところに，作為と匹敵し得る強度の違法性が認められる根拠が存するからである。

そして，この作為義務は，結果発生防止のために単に道徳上求められるという程度のものでは足りない。さらに，そのような義務の履行を行為者に対し法的に強制できるというものでなければならないのである。したがって，この作為義務は法的な義務であることが必要である。

　　Aとその子Bが川に遊びに行き，川でBがおぼれたが，そのとき川岸にいたAと釣り人のCは，容易に救助し得る状況であるにもかかわらず，Bがおぼれ死んでもかまわないという気持ちで，両名ともこれを傍観したまま救助に向かわなかったため，Bができ死したとしよう。この事例の場合，A・Cいずれにも道徳的にはBを救助すべき義務があるから，これをしなかった両名は，道徳的に非難さ

れるべきことはいうまでもない。しかし，これが刑罰による非難に値するかどうかは，両名に結果発生防止のための法的な作為義務があるかないかにより結論が分かれる。Cは，単なる第三者であるから，救助という作為を法的に強制することは無理であろう。それに対し，Aは，Bの父親であるし，自らBをそのようなでき死の危険のある川に連れてきた者であるから，当然Bのでき死を防止するため救助に向かうべき法的な義務があるといわなければならない。そうであるのに，Aは，これを尽くさず，Bの死を認容する気持ちで傍観していたのであるから，このような傍観・不救助は，作為の殺人行為と同視すべき違法性があると認められ，殺人罪の不真正不作為犯が成立することになるのである。

特定の行為者に法的な作為義務があるということは，その者に結果発生の防止を法的に要求することができるということであり，これは逆から言えば，社会生活上その者に当該法益の保護が具体的に依存していることを意味する。その行為者は，結果発生の防止をいわば法的に保障すべき立場にあるのであるから，このような立場を**保障者的地位**又は**保障人的地位**ということができる。

それでは，具体的にどのような場合に，上記の法的な作為義務や保障者的地位を認めることができるのであろうか。判例の集積に待つべき分野であるが，過去の判例や学説等にかんがみると，おおむね，下記のような三つの類型に分けることができよう。

① **保護者的地位にある者の作為義務**

他者の法益の保護をなすべき地位を，要保護者との近親関係等により当然に負うか，又は自らが引き受けた場合である。

例えば，親子・夫婦などの近親関係のある場合はもとより，契約によって幼児の養育を引き受けたり，一方的に（いわば事務管理的に）交通事故の負傷者を自分の車で病院に運んでやるような場合などがこれに当たるであろう。

② **先行行為に基づく作為義務**

自己の行為によって結果発生の危険を生じさせた者は，その発生を防

止すべき法的義務を負う。いわば条理上要求される義務であって，これを**先行行為**に基づく作為義務と呼んでいる。

先行行為に基づく作為義務に違反して放火罪の実行行為を行った典型的事例が，下記最高裁判決である。

【11】〔事案〕被告人は，犯行前日の夕刻から営業所の事務室に残って仕事を続け，午後11時ころ同僚と飲酒した後，自己の木机の下に火鉢を置いて股火鉢をしながら更に残業を続けていたが，翌日の午前2時ころ気分が悪くなり，火鉢をそのままにして，事務室を出，別の部屋で仮睡した。その際，火鉢は，上記木机の下の原符37000枚が入ったボール箱3個の傍ら（最短距離約12cm余り）に置かれていたが，午前3時45分ころ，炭火の過熱からボール箱に入った原符に引火し，更に木机に延焼するに至った。被告人は，ふと仮睡から覚め，上記事務室に戻ってこの事実を発見したが，その際被告人が自ら消火に当たり，あるいは宿直員3名を呼び起こしてその協力を得るなら，火勢や消火設備の関係から容易に消火し得る状態であったのに，被告人は，そのまま放置すれば火勢が拡大して営業所建物に延焼し焼燬するに至るべきことを認識しながら，自己の失策が発覚するのをおそれ，その建物が焼燬すべきことを認容しつつ，そのまま営業所の玄関より表に出て，何ら建物への延焼防止措置をしないまま同所を立ち去った。そのため，火が燃え広がって宿直員らの現在する営業所建物1棟ほか現住家屋6棟等を焼燬するに至った。

被告人は，現住建造物等放火（刑108）の罪により起訴されたが，最高裁は，次のように判示して放火罪の成立を認めた。

〔判旨〕「…この場合，被告人は，自己の過失行為により右物件を燃焼させた者（また，残業職員）として，これを消火するのは勿論，右物件の燃焼をそのまま放置すればその火勢が右物件の存する右建物に燃え移りこれを焼燬するに至るべきことを認めた場合には建物に燃え移らないようこれを消火すべき義務あるものといわなければならない。…被告人は，自己の過失により右原符，木机等の物件が焼燬されつつあるのを現場において目撃しながら，その既発の火力により右建物が焼燬せらるべきことを認容する意思をもってあえて被告人の義務である必要かつ容易な消火措置をとらない不作為により建物についての放火行為をなし，よってこれを焼燬したものであるということができる。」（最判昭33・9・9刑集12巻13号2882頁）

③ **管理者の作為義務**

物の管理者は，自己の管理する物から他人の法益を侵害する危険が生

じた場合には，その危険を除去すべき義務を負う。その危険の原因が自己の責に基づかぬものであっても同様である（この点については民法717条の工作物責任の考え方が参考になろう。）。

　この管理者の作為義務に違反して放火罪の実行行為を行った事例としては，下記のような大審院の著名な二つの判決がある。

【12】〔事案〕被告人は，養父と争って格闘となり，包丁で切り付けて養父を殺害したが，その後その死体の始末を考えていたところ，たまたま養父と争った際に養父が投げ付けた燃木尻（モエキジリ＝薪の燃え残り）の火が住宅の内庭に積んであったわらに飛散して燃え上がったことから，この際，住宅とともに死体等を焼燬して証拠を隠滅しようと考え，容易に火を消し止められる状況であったにもかかわらず，これを放置し，その結果被告人の住宅（被告人以外に人が現在しない）と隣家の物置1棟を焼失させたというものである。

　被告人は，殺人と非現住建造物放火（刑109Ⅱ）の各罪により起訴されたが，大審院は，次のように判示して放火罪の成立を認めた。

〔判旨〕「放火罪は，故意に積極的手段を用いて刑法第108条以下に記載する物件に火を放ち，これを焼燬するに因り成立すること普通の事例なりといえども，自己の故意行為に帰すべからざる原因により既に発火したる場合において，これを消止め得る地位にある者が，その既発の火力を利用する意思をもって鎮火に必要なる手段を執らざるときは，この不作為もまた法律にいわゆる火を放つの行為に該当するものと解するを至当なりとす。然りこうして，叙上物件の占有者又は所有者が，自己の故意行為に帰すべからざる原因によりその物件に発火したるために公共に対し危害の発生するおそれあるに際り，これを防止し得るにかかわらず故意にこれを放任して顧みざるが如きは，実に公の秩序を無視するものにして秩序の維持を任務とする法律の精神に抵触するや明らかなるが故に，かくの如き場合において，これらの者がその発火を消止めもって公共の危険の発生を防止するは，その法律上の義務に属するものと認むるを正当なりとす。けだし，この法理は民法717条等の規定の精神より推究するもその一端を窺うに難からざるなり。…上文説示せるに照らし，被告人の所為は，法律上の義務に違背せる故意の不作為により火を放ちて刑法109条第1項に記載する自己所有の建造物を焼燬し，因て公共の危険を生ぜしめたるに該当し，同条第2項の罪を構成するものと断定せざるべからず。」（大判大7・12・18刑録24輯1558頁）

【13】〔事案〕被告人は，早朝，自宅（木造瓦葺2階建）2階の西南隅にあった

第2編　犯　罪

　神棚に2基の灯明を献じ礼拝をしたところ、そのうちの1基のろうそく立てが不完全であったため、長さ2寸（約6cm）の点火されたろうそくが木製の神殿や多数の木製の神符（神社のお札）等が置かれている方向に傾斜して転落するおそれがあった。そこで、被告人は、自宅建物には火災保険が付されていることを想起し、保険金を入手して自己の債務の弁済に充てるべく、この建物を焼燬しようと決意し、傾斜したろうそくの火が神符・神殿等に燃え移り、ひいては自宅屋根裏に近接している神殿等を通じて家屋の屋根にも延焼し家屋を焼燬するかも知れないことを認識しながら、上記のような放火の意思の下に、火の着いている傾斜したろうそくをそのまま放置し、何ら消火等の措置をとらなかったため、結局、灯火より神符・神殿等に燃え移り、上記家屋を全焼させるに至った。

　被告人は、非現住建造物放火（刑109Ⅰ，115）の罪により起訴されたが、大審院は、次のように判示して放火罪の成立を認めた。

〔判旨〕「放火罪は、故意に積極的手段により行わるるを普通とすといえども、自己の故意に帰すべからざる原因により火が自己の家屋に燃焼することあるべき危険のある場合、その危険の発生を防止すること可能なるにかかわらず、その危険を利用する意思をもって消火に必要なる措置を執らず、因て家屋に延焼せしめたるときもまた法律にいわゆる火を放つの行為をなしたるものに該当するものとす。故に、自己の所有にして火災保険に付されしかも自己以外の人の居住せざる家屋の神棚に多数の神符存在し、その前に供える燭台の蝋受が不完全にしてこれに点火して立てたるろうそくが神符の方へ傾斜せるを認識しながら、危険防止の措置をなさず、かえって該状態を利用しもし火災起こらば保険金を獲得するを得べしと思料して外出したるため、右灯火より神符に点火し更に家屋に延焼するに至らしめたるときは、刑法109条1項の犯罪を構成するものとす。けだし、自己の家屋が燃焼のおそれある場合に、これが防止の措置をとらず、かえって既発の危険を利用する意思にて外出するが如きは、観念上作為をもって放火すると同一にして同条にいわゆる火を放つの行為に該当すればなり。ただ右の如く不作為により犯罪の責を問わるるがためには、その者がこれをなさざるにつき義務違反の責に任ずべき場合なることを要するは本院の判例の趣旨とするところなるをもって、果たして右の場合義務違反を認め得べきやにつき考ふるに、…被告人は右家屋の所有者として自己の家屋の燃焼を防止すべき立場にあり、しかも当時被告人の力をもって容易にその燃焼の危険を防止し得たるものなれば、かかる場合これが防止の措置に出ずることは公の秩序善良の風俗に照らし社会一般の観念上当然に要求せらるべきことに属すというべく、これを放置して外出するがごときは明らかに家屋の所有者たる被告人において叙上の意味における義務違反の責あるというべ（し。）」（大判昭13・3・1刑

第 2 章　構成要件

集17巻237頁）

　以上のような類型が一応認められるが，これらの作為義務については，その性質上一般的・抽象的に論じ尽くされ得るのではなく，個々の具体的事情の下で，信義則や公序良俗にも照らして，真に作為に匹敵するほどの違法性を有するケースであるかどうかが検討されなければならない。
　たとえば，前記①と②の観点を併せて作為義務を認めたと解される近時の最高裁判例として，以下のものがある。

【14】〔事案〕被告人は，手の平で患者の患部をたたいてエネルギーを患者に通すことにより自己治癒力を高めるという「シャクティパット」と称する独自の治療を施す特別の能力を持つなどとして信奉者を集めていた。Aは，被告人の信奉者であったが，脳内出血で倒れて入院し，意識障害のため痰の除去や水分の点滴等を要する状態にあり，生命に危険はないものの，数週間の治療を要し，回復後も後遺症が見込まれた。Aの息子Bは，やはり被告人の信奉者であったが，後遺症を残さずに回復できることを期待して，Aに対する治療を被告人に依頼した。被告人は，脳内出血等の重篤な患者につき治療を施したことはなかったが，Bの依頼を受け，滞在中のホテルで同治療を行うとして，Aを退院させることはしばらく無理であるとする主治医の警告や，その許可を得てからAを被告人の下に運ぼうとするBら家族の意図を知りながら，「点滴治療は危険である。今日，明日が山場である。明日中にAを連れてくるように。」などとBらに指示して，なお点滴等の医療措置が必要な状態にあるAを入院中の病院から運び出させ，その生命に具体的な危険を生じさせた。被告人は，前記ホテルまで運び込まれたAに対する治療をBらからゆだねられ，Aの容態を見て，そのままでは死亡する危険があることを認識したが，上記の指示の誤りが露呈することを避ける必要などから，シャクティパットによる治療をAに施すにとどまり，未必的な殺意をもって，痰の除去や水分の点滴等Aの生命維持のために必要な医療措置を受けさせないままAを約1日の間放置し，痰による気道閉塞に基づく窒息によりAを死亡させた。
　被告人は，殺人罪で起訴され，最高裁は，次のように判示して，殺人罪の成立を認めた。
〔判旨〕「被告人は，自己の責めに帰すべき事由により患者の生命に具体的な危険を生じさせた上，患者が運び込まれたホテルにおいて，被告人を信奉する患者の親族から，重篤な患者に対する手当てを全面的にゆだねられた立場にあったものと認められる。その際，被告人は，患者の重篤な状態を認識し，これを自らが救命できるとする根拠はなかったのであるから，直ちに患者の生命を維持

するために必要な医療措置を受けさせる義務を負っていたものというべきである。それにもかかわらず，未必的な殺意をもって，上記医療措置を受けさせないまま放置して患者を死亡させた被告人には，不作為による殺人罪が成立（する）。」（最判平17・7・4刑集59巻6号403頁）

　なお，前述のように作為義務は法的な義務であることを要するが，これは法令の根拠がなければ作為義務とは認められないということを意味するものではない。既に述べたところからも分かるとおり，作為義務は，法令のみならず，契約，事務管理，慣習，条理等種々の根拠から発生するのである。法令に一定の義務が規定されているからといって，当然にそれが不真正不作為犯における作為義務になるわけではないし（例えば，軽犯罪法1条8号によれば，火事の際に公務員から救助を求められた者は，これに応ずる義務を負うが，これに応じなかったことが一つの原因となって家屋が全焼したとしても，直ちに不作為による放火罪を構成するものでないことは明らかである。），逆に条理から生ずる義務でも，先行行為に基づく作為義務のように極めて重要な作為義務も存するのである。

　そして，個々の事例において，作為義務は必ずしも上記の一つの類型に限定されるものではなく，場合によってはいくつかの類型の側面を併せ持つことがあり得ることに注意する必要がある（例えば，【13】の判例の事案では，ろうそくの立て方の不安定という過失の先行行為に基づく作為義務と当該建物の管理者としての作為義務の二つ側面を有している。）。

(2) 作為の可能性・容易性

　作為義務は，作為の可能性を前提とする（"法は，人に不能を強いない。"）。作為の可能性がなければ，作為義務そのものが認められないであろう。

　しかし，不真正不作為犯が成立するためには，単に作為義務の履行が可能であるというだけでは足りず，さらにその行為者にとって作為を行うことが容易であったことも必要であると思われる。前掲の父親が子供を川に連れて行った事例を例にとると，仮にその父親が川に飛び込めば子供を助けることができたかも知れないという場合であっても，泳ぎが苦手なため，むしろ自らもおぼれる可能性の方がはるかに大きかったという場合には，救助という作為をその父親に法的に強制することはできないであろう。自ら重大な損失や危険を受けることなく，比較的容易に結果防止のための作

第 2 章 構成要件

為をすることができるという場合に，初めて，作為の容易性が肯定することができ，ひいて不真正不作為犯の成立も認められることになるのである。

判例も，「容易に消火しうる状態であったのに」「被告人の義務である必要かつ容易な消火措置をとらない不作為により建物についての放火行為をなし」(【11】)，「当時容易に消止め得べかりしにかかわらず」(【12】)，「当時被告人の力をもって容易にその燃焼の危険を防止し得たるものなれば」(【13】) というような表現で，この要件を要求しているように思われる。

そして，作為の容易性は程度問題であるから，不真正不作為犯の成否は，この作為の容易性と作為義務の強さとの相関関係で決せられるべきであろう。作為が容易であればあるほど多少作為義務が弱くとも不真正不作為犯の成立が認められることになろうし，逆に，作為が困難であれば，それだけ強い作為義務が認められなければ不真正不作為犯は成立しないのである。いずれにせよ，この相関を考える際にも最終的な基準として存在するのは，同等性の原則である。

【既発の危険を利用する意思は，不真正不作為犯の成立要件か】

不真正不作為犯の成立が認められるためには，行為者の作為義務を怠った態様，ことにその際の作為者の主観的態度を考慮する必要はないのであろうか。

この点に関し，判例は，【12】の大審院判例が「その既発の火力を利用する意思をもって」という形で，また【13】の大審院判例が「その危険を利用する意思をもって」という形でそれぞれ主観的態度の積極性を要件としているように見えるのに対し，他方【11】の最高裁判例は「その既発の火力により右建物が焼燬せられるべきことを認容する意思をもってあえて…不作為により…放火行為をなし」と判示して，単なる故意でも足りるかのような言い回しをしている。

他方，学説においても，何らかの積極的な主観的態度を要求することにより不真正不作為犯の成立範囲に主観面から絞りをかけていこうとする積極説と，むしろ不真正不作為犯の成立範囲の限定は作為義務の認定を厳格に行うことによりなされるべきで，主観的な面であまり要件を厳しくするのは得策でないとし，主観面では通常の故意で足りるとする消極説とが対立している。

同等性の原則にかんがみ主観的要件の面でも成立要件に絞りをかけようとする積極説の意図は理解できるが，実際上，どの程度の主観的積極性が必要かとなる

と，その基準はあいまいであるし，客観的要件の面での絞りを十分にかけないまま，悪しき意思を理由に不作為犯の処罰範囲を拡げすぎる結果になるおそれもある。本書は【11】の最高裁判例の立場に従う。

第4　実行行為Ⅲ（間接正犯）

1　間接正犯の意義と本質

　実行行為は，行為者自らの手で行われるのが通常である（**直接正犯**）。しかし，これもよく観察すると，凶器などの道具の助けを借りている場合が少なくない。この場合，道具は行為者の手の延長であり，道具の動きは行為者の行為そのものだと見ることができる。そうだとすると，他人を自己の意のままに使って，その動作や行為をあたかも一種の道具として自己の犯罪に利用する場合には，規範的な評価の問題としては，自ら手を下してその実行行為をしたのと同一に考えることができるであろう（**道具理論**）。このように，他人を道具として利用し，実行行為を行う場合を**間接正犯**という。

　刑法典には間接正犯の概念を認めた明文の規定はないが，間接正犯は上記のように他人を道具として利用することにより，結局は自ら実行行為をしたものと評価されるものであるから，解釈上これを認めたとしても罪刑法定主義に反するものではない。

　他人の行為を通じて，間接的に犯罪を実現する形態としては，ほかに共同正犯（刑60－特に共謀共同正犯）と教唆犯（刑61Ⅰ）がある。しかし，共同正犯は他人とともに自らも実行行為を行う形態であり，教唆犯は，自らは実行行為を行わず，他人をそそのかしてその他人に実行行為をさせる形態であるのに対し，間接正犯は，他人を道具として自ら単独で実行行為を行う犯罪形態である点に差異がある。

【正犯の概念と間接正犯】

　　ここで，「正犯」の概念について若干触れておきたい。この概念は多義的であるが，基本的には，**正犯**とは「自ら犯罪を実行した者」であると定義することができる。「自己の犯罪を行った者」と言ってもよい。正犯の反対概念は共犯（狭義の共犯＝教唆犯・幇助犯）である。**共犯**とは「他人の犯罪」に加担したにすぎない者で

ある。したがって，正犯と共犯とは，「自己の犯罪」を行ったと認められるか，「他人の犯罪」に加担したにすぎないと認められるのかにより区別することができる。

それでは，「自ら犯罪を実行した」又は「自己の犯罪を行った」というためには，どのような実体が必要なのであろうか。困難な問題ではあるが，今日の有力説は，「自ら犯罪を実行した」というためには，自己の犯罪意思を実現するために自ら事態の成り行きを操作した事実（学説はこれを「**行為支配**」とか，「結果惹起原因の支配」などという。）が必要であると解している。そうだとすると，自ら直接手を下して実行行為をした者（直接正犯）が正犯であることは疑いがないが，それ以外にも，直接手を下した事実がなくとも，自己の意思に基づき，他人を支配・利用することによって自己の行為から生ずる事態の成り行きを思いのまま操作し，それによって所期の犯罪事実実現の目的を遂げた者も，やはり行為支配を有していると考えられ，正犯性を肯定することができる。これが間接正犯である。このように，間接正犯において「道具」の利用といわれているものの実体は行為支配にほかならないと解するのが，近時の有力説の考え方である。

なお，正犯は，単独正犯と共同正犯とに分けることができる。**単独正犯**とは，一人の者が「自己の犯罪」を実現する場合であるのに対し，**共同正犯**は，数名の者が共同してそれぞれ「自己の犯罪」を実現する場合である。間接正犯は，単独正犯・共同正犯いずれについても考えることができる。

2　間接正犯の成立要件

前述のように，間接正犯は，他人を道具として利用し犯罪を実現する場合であり，言い換えれば，自己の意思によって一方的に他人を支配・利用し犯罪を実現する場合であるといえる。そうすると，間接正犯が成立するためには，(a)　主観的要件として，行為者は，故意のほかに，他人を道具として利用しながらも特定の犯罪を「自己の犯罪」として実現する意思を有していることが必要であり，他方，(b)　客観的要件としては，行為者が，被利用者の行為をあたかも道具のように一方的に支配・利用し，被利用者の行為を通じて構成要件的行為の全部又は一部を行ったことが必要とされるであろう。すなわち，行為者の利用行為と被利用者の行為とが間接正犯の意思によって統一され，全体として行為者の実行行為と認められる事実がなければならない

のである。

その具体的な類型については，項を改めて論ずることとしよう。

【被害者を利用する間接正犯】

間接正犯の被利用者には特に限定はない。特殊な形態として，被害者を被利用者とする間接正犯もあるが，これも上記要件を満たす限り，間接正犯であることに変わりはない。

【間接正犯の限界－自手犯】

間接正犯の形式では犯すことができない犯罪もある。その実現のためには必ず行為者自身の手による実行を必要とし，他人を利用して実現することが不可能な犯罪であって，これを**自手犯**という。

自手犯は，実質的自手犯と形式的自手犯とに分けることができる。実質的自手犯とは，構成要件上行為の主体と行為とが密接に関連づけられていて，ある一定の者がその行為を行う場合のみを犯罪として禁止し，それ以外の者が行っても犯罪とならないものである。例えば，偽証罪（刑169）や免許証不携帯罪（道路交通法121Ⅰ⑩，95Ⅰ）などがこれに当たるとされている。それに対し，形式的自手犯とは，法律がある犯罪の間接正犯に当たる場合を別に独立の構成要件として規定しているため，その反対解釈として，法律はそれ以外の間接正犯の成立を認めない趣旨であると解される場合をいう。例えば，公正証書原本等不実記載罪（刑157）は，虚偽公文書作成罪（刑156）の間接正犯的形態を独立の構成要件として規定したものであり，それが特別に規定されているということは，それ以外に非公務員が公務員を利用するという形での虚偽公文書作成罪の間接正犯は成立しないことを意味する（最判昭27・12・25刑集6巻12号1387頁）。

3　間接正犯の類型

前述のような見地から，間接正犯を類型化すると，おおむね以下のように三つの類型を考えることができる。

(1)　**被利用者の行為が，刑法上の「行為」とはいえない場合**

前述のとおり，行為者の身体の動静が刑法上の「行為」と認められるためには，それが行為者の意思によって支配され又は支配可能なものでなければならない。下記の二つの場合には，いずれも被利用者の身体の動静は，

被利用者によって意思支配可能であると認めることができない。このような形態は最も典型的な「道具」であるということができよう。

① **被利用者が意思能力を欠いている場合**

被利用者が意思能力を欠いている場合，すなわち是非弁識能力を全く欠いている場合には「道具」性は顕著である。例えば，高度の精神病者や幼児等を利用した場合がこれに当たる。

下記判例は，被害者自身を道具に使ったという特異な事案ではあるが，この類型に該当するといえよう。

【15】「被害者が通常の意思能力もなく，自殺の何たるかを理解せず，しかも被告人の命ずることは何でも服従するのを利用して，その被害者に縊首の方法を教えて縊首せしめ死亡するに至らしめた所為は，殺人罪にあたる。」(最判昭27・2・21刑集6巻2号275頁の判決要旨)

なお，ここでいう意思能力は責任能力とは異なることに注意する必要がある。例えば，刑事未成年者（刑41）のように，責任能力がなくとも意思能力は十分であるという場合もあり得る。したがって，責任能力のない者を利用して犯罪を行った場合においても，被利用者が意思能力まで欠いているときには間接正犯が成立するが，被利用者がなお意思能力を有している場合は，被利用者を正犯者とする教唆犯（又は，場合により共同正犯）が成立することになる。この点は刑事未成年者を利用する場合に特に問題となる事柄であるが，今日の教育程度からすると，刑事未成年者とはいっても，意思能力まで欠くことになるのはよほど低年齢の場合に限られるであろう。後述の【16】最決昭58・9・21刑集37巻7号1070頁も，刑事未成年者を利用したからといって直ちに間接正犯が成立するものではないということを前提としているし，最決平13・10・25刑集55巻6号519頁は，12歳10か月の長男に指示して強盗を行わせた被告人につき，間接正犯や教唆犯ではなく共同正犯の成立を肯定している。

② 被利用者が意思を抑圧されている場合

　意思能力があっても，被利用者が利用者によって意思を抑圧されて犯罪を行った場合には，やはり当該犯行は意思支配可能であったとはいえないから，厳密な意味での刑法上の「行為」とはいえない。

　もとより利用者が被利用者に対し強制を加えても，被利用者が現に意思を抑圧されなければ，間接正犯は成立せず，教唆犯が成立するにとどまる。

　下記の最高裁決定の事案は，意思抑圧型間接正犯の典型例である。

【16】「原判決及びその是認する第一審判決の認定したところによれば，被告人は，当時12歳の養女Aを連れて四国八十八ケ所札所等を巡礼中，日頃被告人の言動に逆らう素振りを見せる都度顔面にタバコの火を押しつけたりドライバーで顔をこすったりするなどの暴行を加えて自己の意のままに従わせていた同女に対し，本件各窃盗を命じてこれを行わせたというのであり，これによれば，被告人が自己の日頃の言動に畏怖し意思を抑圧されている同女を利用して右各窃盗を行ったと認められるのであるから，たとえ所論のように同女が是非善悪の判断能力を有するものであったとしても，被告人については本件各窃盗の間接正犯が成立するものと認めるべきである。」(最決昭58・9・21刑集37巻7号1070頁)

(2) 被利用者が一定の主観的構成要件要素を欠いている場合

　下記の二つの類型のように被利用者が一定の主観的構成要件要素を欠いている場合には，被利用者には自己の行為が犯罪を構成するという認識がないのであるから，これもまた利用者の「道具」となっていることは明らかである。実務では，この類型に属する事案については，判決書の「罪となるべき事実」の中に「情を知らない某（被利用者）に～をさせ」というような表現を用いることによって間接正犯であることの摘示を行うのが通例である。

① 被利用者が構成要件的故意を欠く場合

　例えば，甲がAを殺害するために毒入り菓子の入った小包を郵便でA宅に送り付けた場合には，殺人の故意を欠く郵便配達人を利用した殺人

第2編　犯　　罪

の間接正犯が成立する。この類型においては、もはや間接正犯の概念を必要としないほど利用者の実行行為性は顕著である。

次の最高裁判決は、窃盗の故意を欠く被利用者（A・B）を利用した窃盗の間接正犯の成立を認めたものである。

【17】「被告人は原判示の如く9月11日頃屑鉄類を取扱っているその情を知らないAに、自己に処分権がある如く装い、屑鉄として、解体運搬費等を差引いた価額、即ち、買主において解体の上これを引き取る約定で売却し、その翌日頃右Aは情を知らない古鉄回収業Bに右物件を前同様古鉄として売却し、同人において、その翌日頃から数日を要して、ガス切断等の方法により、解体の上順次搬出したものであることが明らかであるから、右解体搬出された物件につき被告人は窃盗罪の刑事責任を免れることはできない。」（最判昭31・7・3刑集10巻7号955頁）

この類型に関しては、次の2点につき注意しなければならない。

(a)　まず第1に、ここで構成要件的故意を欠くというのは、間接正犯者が実現しようとした当の犯罪事実についての故意を欠くということであるから、被利用者が他の犯罪事実について故意を有していたとしても間接正犯の成立を妨げるものではないということである。例えば、甲がびょうぶの背後にいるAを殺害する目的で、それを知らない乙（被利用者）に対し、そのびょうぶを射つことを命じ、乙がこれに従って発砲し、その結果Aが死亡したとしよう。この場合、乙には器物損壊罪（刑261）の故意があるから同罪が成立するが、他方、甲においても、乙を被利用者とする殺人罪の間接正犯が成立すると解すべきである。

(b)　第2に、被利用者に過失があれば、その者につき過失犯が成立することとなるが、しかしそのことは被利用者が間接正犯者の道具であることを妨げるものではない。例えば、医師甲が患者Aを殺害しようと企て、毒薬入りの注射器を看護婦乙に渡した上Aに注射するよう命じ、情を知らない乙がそのまま治療薬であると思ってAに注射をした結果

Aが死亡したとしよう。この場合，その注射器の中に毒薬が入っていることを看破できなかったことにつき看護婦乙に過失があれば，乙には（業務上）過失致死罪が成立するが，他面，乙にはA殺害の故意はなかったのであるから，医師甲には故意を欠く乙を利用した殺人の間接正犯が成立するのである。

② 目的犯において，被利用者が目的を欠く場合

目的犯に必要とされる目的のない被利用者には，上記①の場合と同様，自己の行為が犯罪を構成するという認識がないのであるから，やはり「道具」であるというべきである（いわゆる「目的のない故意ある道具」）。例えば，教材用と称して，行使の目的を欠く印刷業者ににせ札を作らせる場合などがこれに当たる。

(3) **被利用者の行為は構成要件に該当するが，正当行為等の理由により，違法性を欠く場合**

被利用者の行為が構成要件に該当し，実行行為といえる場合にも（下記【18】大審院判例の場合には，監禁罪），被利用者の行為が正当行為又は緊急行為等の理由により違法性を阻却される場合には，被利用者は，自己の行為が犯罪を構成するという認識がないのであるから，やはり「道具」と認められる。

下記判例は，拘禁が警察署員の職務執行としてなされたことが正当行為に当たる場合である。

【18】「被告人はA警察署に警尉として勤務中，職務執行を装いB警察署員を欺き，阿片の密輸出の取調に仮託し同署員に対しCを同署留置場に留置方の依頼をなし，よって情を知らざる同署員をして右Cを判示期間同署留置場に拘禁せしめたるものなること…明瞭なるをもって，被告人の右所為は不法監禁罪に該当すること勿論なり」（大判昭14・11・4 刑集18巻497頁）

また，下記最高裁判決は，医師の治療行為としての麻薬注射を利用した間接正犯の事例である。

【19】「被告人が,麻薬施用者である医師に対し,胃痛腹痛が激しいかのように仮装して麻薬の注射を求め,情を知らない同人をして,疾病治療のための麻薬注射が必要であると誤診させ,麻薬を自己に注射させた場合には,麻薬取締法27条1項の麻薬施用罪が成立する」(最決昭44・11・11刑集23巻11号1471頁)

ほかに,自ら堕胎手術を施した結果,妊婦の生命に危険を生じさせた者が,医師に胎児の排出を求め,その緊急避難行為を利用して堕胎させた事案について堕胎罪の間接正犯を認めた判例もある(大判大10・5・7刑録27輯257頁)。

なお,間接正犯における実行の着手時期の問題については,後に未遂犯の成立要件としての「実行の着手」の部分で,併せて論ずる(→312頁以下参照)。

第5 因 果 関 係

1 因果関係の意義と問題点

　犯罪の大部分は結果犯である。そして，結果犯の基本的構成要件該当性が認められるためには，実行行為が存在し，構成要件的結果に当たる事実が認められるというだけでは足りず，さらに，その実行行為と構成要件的結果とを結びつける因果関係が認められなければならない。たまたま構成要件的結果に当たる事実が存在していても，それが実行行為との間に因果関係を認めることができないものであるならば，当初より構成要件的結果が全く発生しなかった場合と同じく，犯罪は既遂とならないのである。このように，因果関係は，発生した構成要件的結果の事実を行為者の実行行為に帰属させる役割を有する。

　刑法上の因果関係を以上のように解するならば，実行行為と結果との間の因果関係が認められるためには，まず，その結果が行為者の実行行為に基づいて生じたこと，すなわち，その実行行為がなければその結果は生じなかったという事実上のつながり（**事実的因果関係**）が存在しなければならないのは当然である（通説的見解は，この事実的因果関係を後記**条件関係**とほぼ同一視する。）。

　しかし，刑法上の因果関係の要件としては，上記のような事実的因果関係が存在すれば足りるのか，それとも，それだけではなく，更にその結果を実行行為に帰属させることが法律的にも適当であるという法的な絞りを課すること（**法的因果関係**）が必要か，ということが問題となる。

　以下においては，まず，事実的因果関係（条件関係）の意義とその問題点について論じた後，上述の因果関係に関する法的な絞りの問題について論じ，最後に，我が国の判例が刑法上の因果関係についてどのように解しているか

第2編　犯　　罪

について概観することとする。

2　事実的因果関係と条件関係

　実行行為と構成要件的結果との間に因果関係を認めるには，少なくとも行為と結果との間の事実的なつながり（事実的因果関係）が必要である。通説的見解は，この事実的因果関係を条件関係の有無によって判断する。**条件関係**とは，「Aがなかったならば，Bもなかったであろう（あれなければ，これなし）。」という関係である（この場合，AはBの「条件」と呼ばれ，「あれなければ，これなし」という判断基準は「条件関係公式」と呼ばれる。）。判例上では，かつて大審院判決が用いた「前者なかりしならむには後者なかりしなるべし」という表現に，この条件関係が端的に表されている（大判昭3・4・6刑集7巻291頁）。前述のように，実行行為と構成要件的結果との間に事実的な因果関係が存することは，刑法上の因果関係を認定する上で不可欠の要件である。

　ところで，この点に関して，たとえば，死刑囚Aに恨みを持っている甲が，Aの死刑が執行される際，死刑執行ボタンを押そうとした執行官Bを押しのけ，本来ボタンが押されるべき時刻に自らボタンを押してAを死亡させたという事例や，甲と乙がそれぞれ独立に致死量の毒薬をCの飲み物に混入し，それを飲んだCが死亡したという事例（択一的競合事例）において，いずれの例でも甲の行為がなくともAやCは死亡したといえるから，条件関係は認められないように思われるが，そうすると甲に殺人既遂罪が成立しなくなるのではないかという批判がされることがある。

　しかしながら，前者の事例については，後記のように，条件関係の判断においては，行為者の行為（甲が死刑執行ボタンを押した行為）を取り除くだけで，仮定的な事情（Bがそのボタンを同時刻に押したであろう）を無条件で付け加えてはいけないこととすれば，条件関係が認められるし，後者の事

例についても,「複数の条件について,その一部を取り除いただけでは結果が発生するとしても,全てを取り除けば結果が発生しない場合には,なお各条件がなければ結果が発生しなかったと評価する」などと修正することにより,条件関係を肯定することができる。条件関係公式は,事実的因果関係を判断するための一手段にすぎないものであるから,必ずしもこれを絶対視する必要があるわけではないが,条件関係の有無により事実的因果関係を判断するという枠組みは,実務的に簡明なものであり,基本的な考え方としては,なお維持されてよいのではないかと思われる。

【因果関係の断絶】

条件関係が否定される特殊な形態に因果関係の断絶がある。**因果関係の断絶**とは,実行行為から結果に向けて因果の流れが進行中,行為者の行為とは無関係の偶然の事情が介入し,それによって当該結果が発生してしまった場合をいう。例えば,甲がAを殺害しようとAに毒を飲ませたところ,まだそれがAの身体に回らないうちに,Aが乙に刺し殺された場合とか,Aが自殺した場合とかがこれに当たる。

因果関係の断絶は,後述する因果関係の中断と区別されなければならない。因果関係の断絶は,条件関係そのものが否定される場合であるのに対し,因果関係の中断は,条件関係の存在を前提として,なお因果の経路に一定の事情が介入したことを理由に刑法上の因果関係の存在を否定しようという理論である。

条件関係の存否の判断自体は,通常さほど困難なものではない。しかし,その判断に当たっては,以下の各点に注意しなければならない。

(1) まず第1に,行為と結果との条件関係という場合の「行為」は,当該犯罪の実行行為でなければならないということである。

したがって,例えば,妻が夫を毒殺しようと思って,毒物を購入の上戸棚にしまって機会をうかがっているうち,夫がこれを薬と誤飲して死んでしまったという場合のように,ある犯罪を計画したものの,実行の着手前に,その予備行為からたまたま何らかの理由で所期の結果が発生した場合には,実行行為そのものが全く存在しないのであるから因果関係を問題にする余地がなく,未遂罪すら成立しない(ただし,予備罪が処罰される場

合には予備罪が成立する余地がある。また予備行為自体に過失が認められる場合には，過失犯が成立する余地がある－この場合には，過失犯の実行行為である過失行為と結果との間の因果関係が問題となる。）。

(2) 第2に，結果については，「その時点において現に発生した具体的な」結果を問題にしなければならない。すなわち，Aが死亡した場合にも，抽象的に「Aの死亡」と実行行為との間の因果関係を問題にするのではなく，たとえば「平成27年11月1日午前11時15分におけるAの死亡」などとして結果を把握しなければならない。

この関係では，最決昭53・3・22刑集32巻2号381頁の事例が参考になろう。事案は，甲が，Aを熊と誤認して猟銃を2発発射しAにひん死の重傷を負わせたが，その直後に誤射に気付き，どうせ助からないならいっそAを殺して早く楽にしてやったうえ自らも逃走しようと考え，殺意をもって更に1発Aの胸部に猟銃を発射し，Aを即死させたというものである。前の2発の発射に基づく傷害は重傷であって，長くともせいぜい10〜15分位でAを死に至らしめるほどのものであったため，甲の殺人の実行行為（3発目の発射）と，Aの死亡との間に因果関係が認められるか否かが問題となったが，結論的に，最高裁は，この因果関係を肯定して殺人既遂罪の成立を認めた。甲の行為は，客観的に見ればAの死期を早めたに過ぎなかったが，Aの死亡を具体的・現実的にとらえる限り，Aの3発目の発射とAの死亡との間には条件関係を十分肯定できるであろう。

(3) 第3に，「甲の行為がなかったならば」という判断をする場合には，甲の行為を「除いて」考えるだけであって，原則として，その条件以外に現実に存在しなかった事実を仮定的に「付け加えて」判断してはならない。

例えば，甲が車を運転中，路上に寝ていたAをひいて死なせたが，もし甲がひかなければ，Aは対向して走ってきた乙の車にひかれて死亡したであろうという場合においても，「乙がひくという行為」を付け加えて判断

し，「甲がひかなくとも乙がひいたであろうから，甲の行為はAの死に対して条件関係がない。」と判断してはならない。

(4) 第4に，実行行為が不作為である場合には，「一定の期待された作為がなされたならば，その結果の発生は阻止できたであろう。」という関係が認められることを要する。不作為は，前述のとおり，漠然たる静止を意味するのではなく，「一定の身体運動をしない」ことなのであるから，当該状況のもとで法の期待する一定の身体運動＝作為を行っていたならば結果が発生しなかったといえるかどうかを問題とすべきなのである（「甲の行為がなかったならば」とは，不作為の場合，「甲が期待された作為をしていれば」ということになるのであり，前記(3)において述べた，「仮定的な事実を付け加えてはならない」という原則に反しているわけではない。）。次に紹介する最高裁決定もこの点同様に解しているようである。

【20】「原判決の認定によれば，被害者の女性が被告人らによって注射された覚せい剤により錯乱状態に陥った午前零時半ころの時点において，直ちに被告人が救急医療を要請していれば，同女が年若く（当時13年），生命力が旺盛で，特段の疾病がなかったことなどから，十中八九同女の救命が可能であったというのである。そうすると，同女の救命は合理的な疑いを超える程度に確実であったと認められるから，被告人がこのような措置をとることなく漫然同女をホテル客室に放置した行為と午前2時15分ころから午前4時ころまでの間に同女が同室で覚せい剤による急性心不全のため死亡した結果との間には，刑法上の因果関係があると認めるのが相当である。したがって，原判決がこれと同旨の判断に立ち，保護者遺棄致死罪の成立を認めたのは，正当である。」（最決平元・12・15刑集43巻13号879頁）

3 因果関係に対する法的限定（法的因果関係）の要否

この問題については従前から種々の考え方が主張されているが，今日では下記の2説が学説上有力である。

(1) **条件説**

刑法上の因果関係としては，上述のような事実的な条件関係だけで足り

るという考え方を**条件説**という。

　刑法上の因果関係は，行為と結果との間の客観的な事実関係を確定するものであるから，因果関係の存否も客観的・一義的に確定できることが必要であって，条件関係の存在のほかに法的な観点から因果関係に絞りを加えることは，この因果関係存否の判断の客観的性質に反する，というのが条件説の基本的な考え方である。条件関係だけで足りるとすると，因果の過程に他人の行為が介入した場合などには，「風が吹けば，おけ屋がもうかる。」式に，条件関係の連鎖が無限に続き因果関係が極めて広範囲に認められる可能性を否定できないが，条件説の論者は，このような不合理は，本来因果関係を否定することによって解決すべきものではなく，発生した結果に対する故意や責任を否定することによって解決すれば足りると考えるのである。

　しかし，条件説の支持者の中には，上記のような条件関係が無限に続くことの不合理を解消するため，**因果関係の中断**という概念を用いて，因果関係に関し法的な絞りをかける立場もある。因果の過程の進行中に，第三者の故意に基づく行為又は自然力（例えば，落雷など）が介入した場合には，実行行為と結果との因果関係は中断し，因果関係の存在は否定されると解するのである。例えば，甲が殺意をもってAに切り付け重傷を負わせたため，Aは入院することとなったが，入院中に，同室者乙とのトラブルからAが刺殺されてしまったとしよう。この場合，甲の実行行為がなければAは入院することはなかったし，またAが入院しなければ乙に刺殺されることもなかったであろうから，確かに甲の行為とAの死亡との間の条件関係は否定できないが，その間に第三者乙の故意に基づく行為（殺人行為）が介入しているため，因果関係は中断しているとして，甲の実行行為とAの死亡との間の因果関係を否定するのである。これは，実質的には，次に述べる相当因果関係説の方向に舵を切った立場であるということができよ

う。

(2) 相当因果関係説

相当因果関係説とは，刑法上の因果関係が認められるためには，単に行為と結果との間に条件関係があるというだけでは足りず，社会生活上の経験に照らして，その行為からその結果が生ずることが相当であると認められることが必要であると解する立場である。したがって，条件関係が認められても，そのような結果が社会通念上およそ稀有の事態であるというときには相当性がないとして，因果関係が否定されることになる。

刑法上の因果関係は，一つの構成要件要素として構成要件該当性判断の対象になるものであるから，事実的な条件関係が認められるだけではなく，さらに，刑法の規範的見地からこれに限定が加えられなければならない，そして，具体的事実の中で多種・多様な経過をたどる因果関係の性質にかんがみると，条件関係の肯定される構成要件的結果のうち，行為者に帰属させるにふさわしい（＝相当な）結果だけを選び出し，このような結果についてのみ行為者の刑事責任を問うのが適切であるとするのが相当因果関係の基本的な考え方である。このようにして，相当因果関係説は，条件関係のあるものから不相当な場合を除外することができる点，行為の時点を基準に，原則として，一般人の目から相当性を判断できる点に特色があるとされている。

相当因果関係説においては，その相当性の有無を判断する際に，(a) 判断の基礎としてどのような事情を考慮すべきであるのか（相当性の「判断基底」の問題），(b) その行為から結果が発生することが「相当である」と言い得るためには，行為と結果との間にどの程度の関係が必要か（相当性の「判断基準」の問題），という二つの問題がある。以下，上記の両問題について概観することにしよう。

ア 相当性の判断基底の問題

相当性の判断の基礎となる事情の範囲をめぐっては，学説上，**主観的相当因果関係説・折衷的相当因果関係説・客観的相当因果関係説**という三つの考え方が対立している。3 説の内容を表にすると，以下のようになる。

3 説の違いは，①　判断基底を行為当時の事情に限定するか，それとも行為後の事情も一定の限度で考慮の対象に入れるか，②　これらの事情については，行為者の認識し又は認識し得たものに限るか，それとも一般人の立場からこれを考えるのか，更には客観的に存在していた事情をすべて考慮し得るのか，という点に表れる。主観的相当因果関係説は因果関係を主観化しすぎるものとして現在ではごく少数説にとどまっており，折衷的相当因果関係説と客観的相当因果関係説とが拮抗しているというのが今日の学説の状況である。

		主観的相当因果関係説	折衷的相当因果関係説	客観的相当因果関係説
判断基底	行為当時の事情	行為者が認識していた事情，及び認識し得た事情	一般人ならば認識し得た事情，及び行為者が特に認識していた事情	客観的に存在していたすべての事情
	行為後の事情			行為当時一般人が予見可能な行為後の事情

イ　相当性の判断基準の問題

行為から結果が発生することが「相当である」といい得るためには，行為と結果との間にどの程度の関係が存することが必要なのであろうか。一般に，刑法問題となるような出来事は，合理的・典型的な経過をたどるものだけではなく，むしろその時点までは予想外であった偶然の事象の介入によって，意外な経過をたどるものも少なくない。したがって，

そのような事態が発生することが確率としては低いというだけで相当性を否定するのは妥当とはいえないであろう。むしろ相当因果関係説の本旨は，因果の経路に極めて偶然的な事情が介入して結果が発生した場合に，因果関係を否定する点にあると解すべきである。そうすると，行為と結果との関係についても，その行為をすれば「当然」にその結果が生ずるとか，「通常」その結果が生ずるとかいうような高度の蓋然性までは必要でないのであって，ある程度の可能性，すなわち「**あり得ることだ**」とか「**異常でない**」とか「**稀有でない**」とかいう程度の関係があれば，相当性を肯定すべきである。今日の相当因果関係説の支持者は，おおむね以上のように解しているようである。

前述のように，因果関係は，発生した構成要件的結果を行為者の実行行為に法的に帰属させる機能を営んでおり，因果関係自体，一つの構成要件要素としての役割を担っているのであるから，刑法上の因果関係が肯定されるためには，単に事実上の条件関係が存するというだけではなく，刑法上の規範的な観点からこれに何らかの絞りをかけることが必要であると解される。ことに，条件関係は，因果の経路に介入した特殊事情のいかんによっては無限にその連鎖が拡大していくおそれがあり，いかに条件関係があるとはいっても，あまりにも異例な結果についてまで因果関係を肯定することは，違法・有責な行為の類型としての構成要件の役割にかんがみ，妥当であるとはいえないであろう。

以上のように考えると，徹底した条件説は支持することができないのであって，条件関係に対し何らかの法的な限定を加えることが必要である。相当因果関係説は，その限定の枠組みとして，有力な考え方であるということができる（なお，民事不法行為の分野においても，「相当因果関係」という概念が用いられるのが通例である。）。

ただ，前述のように，今日の相当因果関係説の支持者は相当性の判断基準

をかなり緩やかにとらえる傾向にあるから，相当因果関係説を採ったからといって，因果関係が肯定される範囲が条件説を採った場合に比べて飛躍的に縮小するという性質のものではないという点には留意しておく必要がある。

4 因果関係に関する判例の検討

　従前，判例は条件説を採っていると解されてきた。しかし，このような理解の根拠となっている判例は，いずれも当該具体的事実関係のもとにおいて因果関係の有無を個別的に判断したにすぎないもの（事例判例）であって，必ずしも相当因果関係説を退けて条件説を採用する旨一般的に判示したものでもないし，またその事案に関する結論も条件説でなければ理解し得ないというものでもない。かえって，後記【34】の判例のように，条件説の立場からは説明の困難なものもあるのである。判例は，因果関係の問題が極めて個別的色彩の強いことにかんがみ，具体的な事例判例の集積を通じてその立場を明らかにしていくという態度を採っているように思われる。

　そこで，このような見地から，ここでは，判例の基本的な思考方法を踏まえた上で，従前の判例の事案をいくつかの類型に分けて，各類型ごとに判例の傾向の検討を行うこととする（なお，事案が下記類型に該当するからといって，必ずしもどのような場合にでも判例が同一の結論を示すというわけではない。)。

(1) 因果関係に関する基本的な思考方法

　　因果関係の存否の判断に際して，判例は，「一般的に観察して，その行為によって，その結果の発生するおそれのあることが実験法則上予測される」場合，又は「経験上，普通，予想される」場合には因果関係があるという基準をしばしば用いてきた。これが，単に条件関係の一つの基準を示したにすぎないものか，それとも相当因果関係説に親和的な見解であるのかは見解の分かれるところであろう。

次に，条件関係の存否の判断に関しては，①　当該実行行為が結果に対する直接の原因である必要はないし，また唯一の原因である必要もない，②　当該実行行為がたとえ単独では結果発生をもたらし得ないものであっても，他の条件とあいまって結果を生じた場合であればよい，③　この場合，当該実行行為が，他の条件に比して，条件としては間接かつ劣勢なものであってもよい，とするのがほぼ一貫した判例の立場である。下記判例はその代表的なものといえよう。

【21】「特定の過失に起因して特定の結果が発生した場合に，これを一般的に観察して，その過失によってその結果が発生する虞のあることが実験則上予測される場合においては，たとえ，その間に他の過失が同時に競合し，或は時の前後に従って累加的に重なり，または他の何らかの条件が介在し，しかもその条件が結果発生に対して直接且つ優勢なものであり，問題とされる過失が間接且つ劣勢なものであったとしても，これによって因果関係は中断されず，右過失と結果との間にはなお法律上の因果関係ありといわなければならない。」（最決昭35・4・15刑集14巻5号591頁－桜木町事件－の判決要旨）

そして，判例は，近時，因果関係を判断するに際し，「危険の現実化」という表現を用いるようになってきている。以下の各判例はその例である。

【22】〔事案〕航空管制官である被告人が，便名を言い間違えて航空機の機長に降下の管制指示を出したため，航空中の航空機同士が異常接近（ニアミス）し，両機の機長が接触，衝突を回避するため急降下等の措置を講じた結果，乗客多数が負傷したという業務上過失傷害事件である。
〔判旨〕「因果関係の点についてみると，９０７便のＣ機長が上昇ＲＡ（注・上方向への回避措置の指示）に従うことなく降下操作を継続したという事情が介在したことは認められるものの…同機長が上昇ＲＡに従わなかったことが異常な操作などとはいえず，むしろ同機長が降下操作を継続したのは，被告人Ａから本件降下指示を受けたことに大きく影響されたものであったといえるから，同機長が上昇ＲＡに従うことなく９０７便の降下を継続したことが本件降下指示と本件ニアミスとの間の因果関係を否定する事情になるとは解されない。そうすると，本件ニアミスは，言い間違いによる本件降下指示の危険性が現実化したものであり，同指示と本件ニアミスとの間には因果関係があるというべきである。」（最決平22・10・26刑集64巻7号1019頁）

第2編 犯　　罪

【23】〔事案〕走行中のトラックのフロントホイールハブが走行中に輪切り破損してタイヤがホイール及びブレーキドラムごと脱落し，これが歩行者に激突するなどして死傷させた事故について，自動車会社の品質保証部門の責任者らが業務上過失致死傷罪の責任を問われた事案である。

〔判旨〕「本件…事故は，Dハブを装備した車両についてリコール等の改善措置の実施のために必要な措置を採らなかった被告人両名の上記義務違反に基づく危険が現実化したものといえるから，両者の間に因果関係を認めることができる。」（最決平24・2・8刑集66巻4号200頁）

「危険の現実化」という判断枠組みは，「行為の危険性が結果に現実化したか否か」という枠組みにより因果関係の有無を判断しようとするものであり，学説上も有力化しつつある見解である。後記において紹介・検討する各判例も，このような枠組みと矛盾するものではない。そもそも，前述したとおり，因果関係という要件は，発生した構成要件的結果を行為者の実行行為に帰属させる役割を担うものである。そうであるとすれば，実行行為の有する危険性が現実化したために結果が発生したと評価することができれば，翻ってその結果を実行行為に帰属させることが正当化されるであろう。その意味で，近時の判例が「危険の現実化」という判断枠組みを示していることには十分な理由がある。

もっとも，注意しなければならないのは，「危険の現実化」といっても，単に「行為の危険性が結果に現実化したか否か」と問うだけでは，何ら問題は解決しないということである。この枠組みを用いて因果関係を適切に判断するためには，これまでの判例の積み重ねを前提に，具体的な事実関係を丁寧に把握した上で，行為の危険性の程度・性質や発生した結果への寄与度，介在事情の性質や発生した結果への寄与度，行為と介在事情との関係の有無や程度等を踏まえて，被告人の実行行為の危険性が発生した結果に現実化したと評価できるかを検討しなければならず，その際検討すべき問題は，従来の相当因果関係説に基づいて因果関係を判断する場合と重

なり合う部分も少なくない。「危険の現実化」の意味するところを具体的に探究することが必要なのであり，以下の類型に基づく検討も，そのような観点に基づくものである。

(2) **被害者の特異体質・隠れた病変が存在する場合**

　判例は，被害者の身体にたまたま特異体質や隠れた病変が存在していたため，行為者の実行行為とこのような特異体質等とがあいまって初めて結果が発生したという場合であっても，因果関係を否定していない。折衷的相当因果関係説からは，このような特異体質等が一般人に予見不可能であって，かつ行為者も認識していなかったのであれば，因果関係が否定されることになるのに対し，客観的相当因果関係説からは因果関係が肯定されることになる。また，行為の危険性を客観的に判断するという立場に立てば，実行行為の危険性が結果に実現したという関係を肯定することができよう。この点については既に多数の判例の集積があるが，下記の判例が参考になろう。

【24】〔事案〕被告人は，強盗の目的で被害者Ａ女の胸倉をつかんであおむけに押し倒し，左手でその頸部を締めつけ，右手で大声を上げるＡ女の口を抑え，更にＡ女の顔に夏布団をかぶせるなどの暴行に及んだところ，被害者が極めて軽微な外因によってもショック死するほどの心臓疾患を有していたため，その暴行の最中に急性心臓死したという強盗致死事件である。

〔判旨〕「原判決の認定した事実によれば，被害者Ａの死因は，被告人の同判決判示の暴行によって誘発された急性心臓死であるというのであり，右の認定は…正当と認められるところ，致死の原因たる暴行は，必ずしもそれが死亡の唯一の原因または直接の原因であることを要するものではなく，たまたま被害者の身体に高度の病変があったため，これとあいまって死亡の結果を生じた場合であっても，右暴行による致死の罪の成立を妨げないと解すべきことは…当裁判所判例（…）の示すところであるから，たとい，原判示のように，被告人の本件暴行が，被害者の重篤な心臓疾患という特殊の事情さえなかったならば致死の結果を生じなかったであろうと認められ，しかも，被告人が行為当時その特殊事情のあることを知らず，また，致死の結果を予見することもできなかったものとしても，その暴行がその特殊事情とあいまって致死の結果を生ぜしめたものと認められる以上，

第2編　犯　罪

その暴行と致死との間に因果関係を認める余地があるといわなければならない。」
(最判昭46・6・17刑集25巻4号567頁)

(3) **被害者の行為が介在する場合**

因果の過程に被害者の行為が介在したため結果が発生した場合であっても，因果関係は通常否定されない。

まず，行為者の行為によって，被害者がそのような行為に出ざるを得ない状況に追い込まれたというような事情がある場合には，被害者の行為が結果発生の直接的な原因となり，あるいはこれに直結するかなり危険なものであったとしても，そのような被害者の行為をもたらすおそれ（危険性）が行為者の行為に認められるものといえ，そのような行為の危険性が結果へと現実化したということができる。以下の判例はそのような事案である。

【25】「本件被害者の死因となったくも膜下出血の原因である頭部擦過打撲傷が，たとえ，被告人及び共犯者2名による足蹴り等の暴行に耐えかねた被害者が逃走しようとして池に落ち込み，露出した岩石に頭部を打ちつけたため生じたものであるとしても，被告人ら3名の右暴行と被害者の右受傷に基づく死亡との間に因果関係を認めるのを相当とした原判決の判断は，正当である。」(最決昭59・7・6刑集38巻8号2793頁)

【26】〔事案〕被告人4名が，他の2名と共謀の上，被害者に対し，公園において，深夜約2時間30分にわたり間断なく極めて激しい暴行を繰り返し，引き続き，マンション居室において，約45分間断続的に同様の暴行を繰り返したため，被害者が隙を見て逃走し，約10分後，被告人らによる追跡から逃れるため，マンションから約763メートルないし約810メートル離れた高速道路に進入し，疾走してきた自動車に衝突され，後続の自動車にれき過されて死亡したという事案。

〔判旨〕

「以上の事実関係の下においては，被害者が逃走しようとして高速道路に進入したことは，それ自体極めて危険な行為であるというほかないが，被害者は，被告人らから長時間激しくかつ執ような暴行を受け，被告人らに対し極度の恐怖感を抱き，必死に逃走を図る過程で，とっさにそのような行動を選択したものと認められ，その行動が，被告人らの暴行から逃れる方法として，著しく不自然，不相当であったとはいえない。そうすると，被害者が高速道路に進入して死亡したのは，被告人らの暴行に起因するものと評価することができるから，被告人らの暴

行と被害者の死亡との間の因果関係を肯定した原判決は，正当として是認することができる。」（最決平15・7・16刑集57巻7号950頁）

また，被害者の行為が，被害者の「落度」と評価されるようなものであっても，それだけで因果関係が否定されるわけではない。

【27】「医師の資格のない柔道整復師が風邪の症状を訴える患者に対して誤った治療法を指示し，これに忠実に従った患者が病状を悪化させて死亡するに至った場合には，患者側に医師の治療を受けることなく右指示に従った落度があるとしても，右指示と患者の死亡との間には因果関係がある。」（最決昭63・5・11刑集42巻5号807頁の決定要旨）

【28】「被害者が医師の指示に従わず安静に努めなかったことが治療の効果を減殺した可能性のあることは，記録上否定することができない。（中略）以上のような事実関係等によれば，被告人らの行為により被害者の受けた前記の傷害は，それ自体死亡の結果をもたらし得る損傷であって，仮に被害者の死亡の結果発生までの間に，上記のように被害者が医師の指示に従わず安静に努めなかったために治療の効果が上がらなかったという事情が介在していたとしても，被告人らの暴行による傷害と被害者の死亡との間には因果関係があるというべきであり，本件において傷害致死罪の成立を認めた原判決は，正当である。」（最決平16・2・17刑集58巻2号169頁）

もっとも，被害者の行為の介在と因果関係の問題については，【26】の判例が，被害者の行為が「著しく不自然，不相当」であった場合には，発生した結果が行為者の行為に起因するものと評価することができないという余地を留保していると解されることに注意しなければならない。当該事案で言えば，被告人らの暴行や追跡行為による心理的あるいは物理的影響に基づかずに危険な逃走方法をあえて選択した場合，例えば被告人らを完全に振り切り，被害者においてもそのように認識した上で，知人の家に行くために近道をしようとしてあえて高速道路に進入して自動車にはねられたというような場合には，因果関係を否定する余地があろう。したがって，被害者の行為が介在する場合において，常に因果関係が肯定されるとまではいえないと考えられる。もっとも，判例の傾向からすれば，実際に因果

第2編　犯　　罪

関係が否定される事案はごく限られたものとなるのではないかと思われる。

(4) **行為者の事後行為が介在する場合**

因果の過程に行為者の事後行為が介在したため結果が発生した場合であっても，通常因果関係は否定されない。特殊な事例であるが，下記の判例は，その点を明らかにしたものである。

【29】「被告は，Aを殺害する決意をなし，細麻縄約8，9尺のものを以て熟睡中なるAの頚部を絞扼し，Aは身動せざるに至りしより，被告はAは既に死亡したるものと思惟し，其の犯行の発覚を防ぐ目的を以て，頚部の麻縄をも解かずしてAを背負い十数町を距てたる海岸砂上に運び，之を放置し帰宅したるため，Aは砂末を吸引し，遂に同人をして頚部絞扼と砂末吸引とに因り死亡するに至らしめ殺害の目的を遂げたるものとす。…本来前示の如き殺人の目的を以て為したる行為なきにおいては，犯行発覚を防ぐ目的を以てする砂上の放置行為も亦発生せざりしことは勿論にして，之を社会生活上の普通観念に照し，被告の殺害の目的を以て為したる行為とAの死との間に原因結果の関係あることを認むるを正当とすべく，被告の誤認により死体遺棄の目的に出でたる行為は毫も前記因果関係を遮断するものに非ざる…」(大判大12・4・30刑集2巻378頁)

当初の頚部絞扼行為自体が被害者の死亡結果の重要な原因の一つとなっていることに加え，もう一つの死因である砂末吸引をもたらした遺棄行為についても，殺人行為をした者が死体を遺棄する行為に出ることは珍しくないといえる（換言すれば，頚部絞扼行為に及んだ被告人が更に遺棄行為に出ることは，著しく不自然，不相当とはいえない）ことからすれば，行為者の当初の行為の危険性が結果に現実化したと評価するのが相当であろう。

(5) **第三者の行為が介在する場合**

行為者の行為後に第三者の行為が介入し，結果が発生した場合においても，判例は，一般に因果関係を否定していない。このような場合については，更に大きく2つの類型に分けることができる。

第1は，行為者の行為自体が結果発生の決定的な原因であって，第三者

の行為の影響（寄与度）が小さいという類型であり，この場合には，第三者の行為が故意であるか過失であるか，あるいはそのような行為の介在が異常であるか通常あり得ることであるかを問わず，行為者の行為の危険性がそのまま結果に現実化したとして，因果関係が肯定される。下記の判例はそのようなものとして理解することができる。

【30】〔事案〕被告人は，午後8時ころから午後9時ころまでの間，飯場において，洗面器の底や皮バンドで被害者の頭部等を多数回殴打するなどの暴行を加えた結果，恐怖心による心理的圧迫等によって，被害者の血圧を上昇させ，内因性高血圧性橋脳出血を発生させて意識消失状態に陥らせた上で，被害者を右現場から離れた資材置場まで自動車で運搬し，午後10時40分ころ同所に放置して立ち去ったところ，被害者は翌日未明，内因性高血圧性橋脳出血により死亡するに至った。ところで，右資材置場においてうつ伏せの状態で倒れていた被害者は，その生存中，何者かによって角材でその頭頂部を数回殴打されているが，その暴行は，既に発生していた内因性高血圧性橋脳出血を拡大させ，幾分か死期を早める影響を与えるものだった。
〔判旨〕「犯人の暴行により被害者の死因となった傷害が形成された場合には，仮にその後第三者により加えられた暴行によって死期が早められたとしても，犯人の暴行と被害者の死亡との間の因果関係を肯定することができる。」（最決平2・11・20刑集44巻8号837頁）

【相当因果関係説の危機】

上記【30】の判例の事案は，意識を失って倒れている被害者に第三者が暴行を加えるという異常な事態が介在したにもかかわらず，結論としては因果関係を認めるのが相当と思われるものであったため，因果経過が一般的であり相当といい得るか否かという観点から因果関係を判断するとされてきた相当因果関係説から，どのように結論を説明し得るかが問題となった。そして，【30】の判例の事案の最高裁調査官解説において，実務上は結果に対する被告人の行為の影響力の実体に関する認定（比喩的にいえば，行為と結果とをつなぐ糸の「存在」だけでなく，その「太さ」についての認定も含むもの。）が因果関係の判断の重要なベースとなっているところ，従来の相当因果関係説においては，予見可能性が相当性判断の実質的基準になるとされているが，具体的影響力（寄与度）という観点からの検討が十分されていないのではないか，予見可能性は実質的な判断基準としての意義を有していないのではないか，実務において従来の相当因果関係説が明示的に採用されるに至っていない理由は，因果関係に一定の限定を加えるという問題意識自体には賛成できても，その具体的な判断方法に疑問があったからではない

か，との指摘がされ，「**相当因果関係説の危機**」として，大きな反響を呼ぶことになった。

その後の学説は，相当因果関係説から離れ，因果関係は事実的因果関係に限定されるとした上で，様々な規範的考慮に基づき，結果の行為への帰属の可否を問う**客観的帰属論**といわれる立場へ移行するものと，相当因果関係説の枠内で危険の現実化の枠組みを採り入れ，介在事情の予見可能性といった従来の相当因果関係説における考慮要素をいわば相対化するものに大きく二分されているように思われる。因果関係についての学説は百家争鳴の観を呈しているが，実務家としては，いたずらに学説の名称にとらわれることなく，その議論の実質を捉えることが重要であるといえよう。

第2は，行為者の行為後に介在した第三者の行為が結果発生の直接的な原因であるなど，第三者の行為の寄与度が大きいという類型である。この場合には，行為者の行為がそのような寄与度の大きい第三者の行為の介入をもたらしたと評価できるとき，行為者の行為の危険性が結果に現実化したと評価して因果関係を認めることができる。例えば，負傷した被害者に対し，医師が不適切な治療を行ったため，かえって病状が悪化して重い結果が生じてしまったような場合などがこれに当たる。判例は，このような場合，因果関係は否定されないと解している（大判大12・5・26刑集2巻458頁等）。

また，行為者の行為が被害者や第三者の行為を誘発したといえる場合に因果関係が否定されないとした下記の判例がある。

【31】「被告人が，夜間潜水の講習指導中，受講生らの動向に注意することなく不用意に移動して受講生らのそばから離れ，同人らを見失うに至った行為は，それ自体が，指導者からの適切な指示，誘導がなければ事態に適応した措置を講ずることができないおそれがあった被害者をして，海中で空気を使い果たし，ひいては適切な措置を講ずることもできないままに，でき死させる結果を引き起こしかねない危険性を持つものであり，被告人を見失った後の指導補助者及び被害者に適切さを欠く行動があったことは否定できないが，それは被告人の右行為から誘発されたものであって，被告人の行為と被害者の死亡との間の因果関係を肯定するに妨げないというべきである。右因果関係を肯定し，被告人につき業務上過失致死罪の成立を認めた原判断は，正当として是認することができる。」（最決平4・12・17刑集46巻9

号683頁）

　同様に，第三者の不適切な行動等が介在した場合でも，それは被告人の行為やそれと密接に関連する行為等によって誘発されたものであったといえるとして，因果関係を認めた下記の判例がある。

【32】「以上によれば，甲に文句を言い謝罪させるため，夜明け前の暗い高速道路の第3通行帯上に自車及び甲車を停止させたという被告人の本件過失行為は，それ自体において後続車の追突等による人身事故につながる重大な危険性を有していたというべきである。そして，本件事故は，被告人の上記過失行為の後，甲が，自らエンジンキーをズボンのポケットに入れたことを失念し周囲を捜すなどして，被告人車が本件現場を走り去ってから7，8分後まで，危険な本件現場に自車を停止させ続けたことなど，少なからぬ他人の行動等が介在して発生したものであるが，それらは，被告人の上記過失行為及びこれと密接に関連してされた一連の暴行等に誘発されたものであったといえる。そうすると，被告人の本件過失行為と被害者らの死傷との間には因果関係があるというべきであるから，これと同旨の原判断は正当である。」（最決平16・10・19刑集58巻7号645頁）

　さらに，判例は，普通乗用自動車の後部のトランク内に被害者を監禁し，路上で駐車していたところ，後方から第三者の運転する自動車に追突され，被害者が死亡したという逮捕監禁致死の事案において，下記のとおり因果関係を認めた。

【33】「被害者の死亡原因が直接的には追突事故を起こした第三者の甚だしい過失行為にあるとしても，道路上で停車中の普通乗用自動車後部のトランク内に被害者を監禁した本件監禁行為と被害者の死亡との間の因果関係を肯定することができる。」（最決平18・3・27刑集60巻3号382頁）

　上記【33】の事例においては，第三者に前方不注意の重大な過失がある（脇見運転であったようである）ことを前提としながら因果関係が認められた点も注目されるが，それ以上に，本来荷物等を入れるためのものであって人が入ることを想定して設計，製作されたものでなく，人を防護する構造を持たない後部トランクに被害者を監禁したという行為の客観的危険性がかなり高度であったという特徴に留意すべきであるといえよう。

第2編　犯　罪

　他方，結果発生に大きな影響を与えた第三者の行為が故意行為である場合には，行為者の行為とは別個の危険が結果に現実化したものとして因果関係を否定する余地が出てくる。下記【34】の最高裁判例は，この類型に属する事案に関し，因果関係を否定している。大審院・最高裁を通じ，因果関係を明確に否定した唯一の最上級審判例であるという点でも重要である。

　なお，この判例は最高裁が相当因果関係説を採用したものであるとの解釈も有力であるが，この判例の文言自体，従来の判例の延長線上にあるし（4(1)参照），また，これまで述べてきたように，判例は，個別的色彩の濃い因果関係の認定に当たっては，一般論を提示するのではなく，具体的な事例判断の集積をもってその立場を明らかにするとの態度であったとみられるところであって，この判例をもって判例が相当因果関係説を採用していると断定するのは相当でないように思われる。

【34】「原判決の判示するところによれば，被告人は，普通乗用自動車を運転中，過失により，被害者が運転していた自転車に自車を衝突させて被害者をはね飛ばし，同人は，被告人の運転する自動車の屋根にはね上げられ，意識を喪失するに至ったが，被告人は被害者を屋上に乗せていることに気づかず，そのまま自動車の運転を続けて疾走するうち，前記衝突地点から4粁余をへだてた地点で，右自動車に同乗していたAがこれに気づき，時速約10粁で走っている右自動車の屋上から被害者の身体をさかさまに引きずり降ろし，アスファルト舗装道路上に転落させ，被害者は，右被告人の自動車車体との激突および舗装道路面または路上の物体との衝突によって，顔面，頭部の創傷，肋骨骨折その他全身にわたる多数の打撲傷等を負い，右頭部の打撲に基づく脳クモ膜下出血および脳実質内出血によって死亡したというのである。この事実につき，原判決は，『被告人の自動車の衝突による叙上の如き衝撃が被害者の死を招来することあるべきは経験則上当然予想し得られるところであるから，同乗者Aの行為の介入により死の結果が助長されたからといって，被告人は被害者致死の責を免れるべき限りではない。』との判断を示している。しかし，路上に転落させるというがごときは，経験上，普通予想しえられるところではなく，ことに，本件においては，被害者の死因となった頭部の傷害が最初の被告人の自動車との衝突の際に生じたものか，同乗者が被害者を自動車の屋根から引きずり降ろ

し路上に転落させた際に生じたものか確定しがたいというのであって，このような場合に被告人の前記過失行為から被害者の前記死の結果の発生することが，われわれの経験則上当然予想しえられるところであるとは到底いえない。したがって，原判決が右のような判断のもとに被告人の業務上過失致死の罪責を肯定したのは，刑法上の因果関係の判断をあやまった結果，法令の適用をあやまったものというべきである。」（最決昭42・10・24刑集21巻8号1116頁－米兵ひき逃げ事件）

第6 構成要件的故意Ⅰ（総説）

1 構成要件的故意の意義と体系的地位

　刑法38条1項は，「罪を犯す意思がない行為は，罰しない。ただし，法律に特別の規定がある場合は，この限りではない。」と規定している。この「罪を犯す意思」のことを，**故意**あるいは**犯意**という。同項本文により，故意がなければ原則として犯罪は成立しないのである。これを**故意犯処罰の原則**という。したがって，例えば「物を損壊する」などというように，構成要件の文理上は故意犯であることが必ずしも明らかでない場合であっても，過失犯である旨が明示されていない以上，故意犯と解釈されなければならない。

　前述のとおり，故意は，その本籍を責任の分野に有しているが（責任要素），犯罪の成立要件を考える上においては，まず，構成要件の要素（主観的構成要件要素）として考慮するのが判例の傾向であり，また今日の多数説でもある。このような立場を採るときは，構成要件要素としての故意（**構成要件的故意**）が認められない場合には，違法性や責任について判断を加えるまでもなく，構成要件該当性そのものが否定されることになる。

　そして，構成要件的故意が肯定された場合には，更に責任の要件の段階で，違法性の意識の観点も加味して，責任要素として故意（**責任故意**）の有無・程度が検討されることになる。

2 構成要件的故意の要素

　それでは，構成要件的故意が認められるためには，どのような要素が必要なのであろうか。本書は，**行為者が自己の犯罪事実を認識し，かつこれを認容していること**が，構成要件的故意の要件であると考える。以下，まずこの認識・認容の意義について論じた後，認識・認容の対象となる犯罪事実とは

何かという問題について検討を行う。

(1) **犯罪事実の認識・認容**

　構成要件的故意が認められるためには，まず，行為者が自己の犯罪事実を**認識**し，将来の構成要件的結果の発生やそれに至る因果関係の経路について**予見**していなければならない。自己の犯罪事実を認識していない者には「罪を犯す意」があるとは到底いえないからである。このような認識・予見を，併せて**犯罪事実の認識**（犯罪事実の表象）と呼んでいる。犯罪事実の認識は，構成要件的故意の第1の要素である。

　しかし，構成要件的故意の要素としては，このような犯罪事実の認識という知的要素があるだけで足りるのであろうか，それともこれに加え，行為者が犯罪事実の実現を意欲し希望しているというような意思的要素をも必要とされるのであろうか。この点については，学説上，① 構成要件的故意の要素としては，犯罪事実の認識だけで足りるとする**認識説**（表象説）と，② 犯罪事実の認識に加え，犯罪事実の実現を積極的に意欲している必要はないが，少なくとも，犯罪事実が実現するならしても「仕方がない」「やむを得ない」という認容をしていることを要するとする**認容説**，③ 犯罪事実を認識しながら，これを行為を思い止まる動機としないで行為に出たことが故意の本質であるとする**動機説**などが主張されている（さらに，それぞれの説について様々なバリエーションがある。）。

　　この問題を考えるに当たっては，一般に故意犯は過失犯よりもより重い道義的非難に値するものであり，この故意犯と過失犯とを分かつ分水嶺は構成要件的故意の有無であるということを再確認しておかねばならない。そして，このような重い道義的非難は，犯罪事実実現の認識の程度の高さという「認識的要素」や意欲の強さといった「意思的要素」によって基礎付けられるものであろう。したがって，行為者が犯罪事実の実現を意欲し希望している場合や犯罪事実の実現が確実であると認識している場合（いわゆる「確定的故意」の場合）が典型的な故意犯といい得ることは異論のないところである。しかし他方，たとえ犯罪事実の実現を意欲し希望してはいるわけではなくとも，結果発生の蓋然性を認識しながら

そのまま行為に出た者や，犯罪事実を認識していながら，その回避に努めるどころか，あえて「実現してもかまわない」「仕方がない」としてその犯罪事実が実現するに任せたという者についても，意思的要素が認められるのであるから，認識的要素のみしか認められない場合より質的に重い道義的非難に値するといって差し支えないし，また，そうすべきであろう。構成要件的結果の発生する（一定程度以上の）可能性を認識しながら，なお行為に出るというとき，その心理状態を重い責任非難に値する「故意」というべきである。このとき，結果発生の可能性を認識しながら，なお行為に出るという人格態度を「認容」と表現するならば，認容説が妥当だということになる。

この問題に関する最高裁判例の態度は必ずしも明確でない。しかし，本章第3節で述べたように，最高裁は，少なくとも不真正不作為犯に関しては，明確に結果発生の認容を要件と解している（最判昭33・9・9刑集12巻13号2882頁）など，おおむね認容説に好意的であるといえよう（さらに，最高裁は，幇助犯の成否に関する近時の判例（最決平23・12・19刑集65巻9号1380頁）においても，「認識，認容」という表現を用いている。）。下記判決にその一例が示されているように，最高裁判例は，故意の存在を肯定する際に，しばしば「あえて」という言葉を用いているが，これは犯罪事実実現の認容を表す趣旨であると解されている。

【35】「自己の行為が他人を死亡させるかも知れないことを意識しながら敢えてその行為に出た場合が殺人罪のいわゆる未必の故意ある場合に当たることは言うまでもない」（最判昭24・11・8裁判集刑事14号477頁）

もっとも，行為者が，犯罪事実を認識しながらなお行為に出た場合に，認容が否定されるということは，容易には想定し難い。その意味では，前記の認識説，認容説及び動機説のいずれを採用したとしても，現実の事案の結論はほとんど左右されないといえるであろう。後記のとおり，実際には，被告人の主観に係る認識や認容といった要素も，まず客観的な事実を基に推認していくのが刑事裁判の実務である。

(2) **認識・認容の対象となる犯罪事実**

ア　犯罪事実は客観的構成要件要素に該当する事実と主観的構成要件要素に該当する事実とに分けることができる。このうち主観的構成要件要素は，もともと行為者の内心に属する要素であるから，これに当たる事実は行為当時それが行為者の内心に存在すれば足り，改めてその認識を問題にするまでもない。故意の要素として認識・認容が必要であるのは，**客観的構成要件要素に該当する事実**である。

(a) ゆえに，構成要件的行為，行為の主体（特に身分），行為の客体，行為の結果，因果関係，行為の状況等客観的構成要件要素に該当する事実については，原則として，すべてこれを認識・認容していなければ構成要件的故意の成立を認めることはできない。

(b) もっとも，因果関係に関しては，その性質上，行為から結果の発生に至る因果の経路を具体的かつ詳細に予見するようなことは実際上不可能であるし，仮に認識していたとしても，行為者の認識と違った経過で結果が発生することも少なくないであろう。したがって，その詳細な認識は必要ではなく（大判大14・7・3刑集4巻470頁），日常の生活経験に基づき通常その行為からその結果が生ずるであろうという程度の因果関係の大綱の認識で足りると解される。

(c) なお，結果的加重犯に関しては，その重い結果について認識・認容を要しないのは，その性質上当然である（重い結果について認識・認容があると，結果的加重犯ではなく，重い結果を構成要件的結果とする故意犯が成立する。）。

イ　いわゆる規範的構成要件要素については，その認識の程度に関し困難な問題がある。規範的構成要件要素は，既に述べたように，裁判官の規範的・評価的な価値判断を経なければある事実がその要素に該当するか否かを決定することができないという面を含んでいるため，故意が成立するためには，法解釈には言わば素人である行為者において現実にどの

程度の認識を有している必要があるかが問題となるのである。例えば，英文のわいせつ文書の販売が刑法175条のわいせつ文書販売罪に該当するかどうかが問題になったとしよう。この場合，英語を解しない書店主が，客から注文を受けて，文書の内容も分からないままその客にわいせつ文書を販売していたとしても，それだけでは「わいせつ」文書販売の認識があったとはいえないであろう。しかし，逆に，その文書が判例・学説の要求する「わいせつ」文書の要件を満たしているか否かについての認識を行為者に求めることは実際上無理であり，またその必要もないことも明らかである（最大判昭32・3・13刑集11巻3号997頁）。結局，「わいせつ」文書販売の故意があったというためには，行為者が，素人判断にせよ，その本についてみだらな性描写があるという程度の認識を有していることが必要であり，かつそれで十分であると解される。そして，その程度の認識を有してさえいれば，たとえその本が刑法上の「わいせつ」概念に当たらぬと勝手に思い込んでいたとしても，構成要件的故意としては欠けるところがないといえるであろう。

　以上要するに，規範的構成要件要素の認識に関しては，刑法的評価の基礎となる社会的な事実関係について，一般通常人が知っているような意味・性質の認識（これを「**意味の認識**」という。）が行為者にあったことが故意の要件となると解すべきである（これを，裁判官の判断に並行した素人の評価という意味で，「**素人間の並行的評価**」と称することがある。）。

ウ　処罰条件や処罰阻却事由の不存在については，これを認識していなくとも故意の成立を妨げない。故意の成立のため認識を必要とされるのはあくまでも構成要件要素に該当する事実であって，処罰条件や処罰阻却事由のようにもともと構成要件に含まれない要素については認識の対象とならないからである。

3 確定的故意と未必の故意

(1) 確定的故意と未必の故意との区別

　前述のとおり，故意の要件としては，犯罪事実の認識自体は必ずしも確定的なものである必要はなく，単に犯罪事実の実現が可能であるという程度の認識（これを「**未必的認識**」という。）であっても故意の成立は妨げられないということになる。

　このような観点から，故意を確定的故意と未必の故意とに分けることができる。行為者が犯罪事実の実現を確定的なものとして認識し，あるいはこれを意欲している場合が**確定的故意**であり，これに対し，行為者が犯罪事実の実現を可能なものと認識し，これを認容している場合を**未必の故意（未必的故意）**という。例えば，甲がAを殺してやろうと思って，あるいはAが確実に死ぬだろうと考えて，包丁をAの左胸に突き刺した場合は，確定的故意（確定的殺意）であり，甲が「ひょっとするとAが出血多量で死ぬかもしれないが，死んでも構わない。」という意思で包丁をAの腹部に突き刺した場合は，未必の故意（未必の殺意）である。

　このように犯罪事実の実現を確定的なものと認識したかどうかという点は，違法性の程度や責任の程度に大きな影響を及ぼし，実務上も裁判官が刑の量定を行う際の重要な要素となるが，犯罪の成否という観点からすると，確定的故意も未必の故意もいずれも故意の一種であることに変わりはなく，未必の故意も構成要件的故意としては何ら欠けるところがないのである。

　　未必の故意も含め，行為者が犯罪事実の実現を不確定なものとして認識し，これを認容している場合を**不確定的故意**という。不確定的故意には，未必の故意のほか，概括的故意と択一的故意がある。**概括的故意**とは，例えば，群衆のなかに爆弾を投げ込む場合のように，一定の範囲の客体のどれかに結果が発生することは確実であるが，その個数や客体を不確定なものと認識している場合であり，**択**

第 2 編　犯　　罪

　　一的故意とは，例えばA・Bのいずれか一方を殺す意思で拳銃を発砲したが，どちらに命中するかは不確実であったという場合のように，2個の客体のうちのいずれか一方に結果が発生することは確実であるが，いずれに発生するか不確定なものと認識している場合である。

　未必の故意は，犯罪事実のうち，構成要件的結果の発生につき未必的認識を有する場合が主として論じられているが，必ずしもこれに限られるわけではなく，他の客観的構成要件要素につき未必的認識を有している場合にも問題となり得る。例えば，盗品譲受け等罪（贓物罪）における行為の客体の認識に関し，判例は次のように判示している。

　【36】「贓物故買罪は，贓物であることを知りながらこれを買受けることによって成立するものであるが，その故意が成立する為めには，必ずしも買受くべきものが贓物であることを確定的に知って居ることを必要としない。或いは贓物であるかも知れないと思いながら，しかも敢てこれを買受ける意思（いわゆる未必の故意）があれば足りるものと解すべきである。故に，たとえ買受人が売渡人から贓物であることを明に告げられた事実が無くても，いやしくも買受物品の性質，数量，売渡人の属性，態度等諸般の事情から『或いは贓物ではないか』との疑いを持ちながらこれを買受けた事実が認められれば，贓物故買罪が成立するものと見て差支えない。」（最判昭23・3・16刑集2巻3号227頁）

　　【犯罪の動機・目的と未必の故意】

　　　未必の故意に限られた問題ではないが，犯罪の動機・目的と犯罪の故意（特に未必の故意）とは厳格に区別しなければならない。例えば，ビルを爆破して，その中にいるガードマンを爆死させたとしよう。この場合，ビルを爆破することが主目的であり，中にいるガードマンを爆死させることは必ずしも本意でなかったとしても，行為者が爆破に際し「ひょっとするとビルの中に人がいるかも知れないが，ビルもろとも死亡させても仕方がない。」などと考えていたとすれば，殺人の未必の故意としては何ら欠けるところはないのである。殺人が主目的であったか否かは刑の量定の際に犯罪の一情状として考慮されるにすぎないのであり，犯罪の動機や目的は原則として犯罪の成否には影響しないのである（通り魔殺人のように，確たる犯行の動機・目的がない犯罪もまれではない。）。

(2)　**未必の故意と過失との関係**

　故意と過失はどのように線引きされるのであろうか。認容説の立場では

故意の要件として犯罪事実の認識・認容が必要である。そうすると，犯罪事実の認識又は認容を欠く場合には故意の成立が否定されるということになる。

過失犯の観点から見ると，過失犯には，(a) 犯罪事実の認識自体を全く欠いている場合と，(b) 犯罪事実を一旦認識したものの，最終的に行為に出る段階ではその可能性を極めて低いものと軽信したか，あるいは，犯罪事実の認容を欠いていた場合とがあるといえる。一般に，(a)の場合を**認識なき過失**（無意識的過失），(b)の場合を**認識ある過失**（意識的過失）と呼んでいる。

未必の故意と認識ある過失とは，その境を接している。例えば，自動車を運転して歩行者のそばをすり抜けようとした場合を想定すると，「うまくすり抜ければそれに越したことはないが，もし歩行者をひいて死なせてしまったら，それも仕方がない。」と行為者が考えていたとすれば，殺人の未必的認識を保持したまま行為に出ているから殺人の未必の故意の問題であり，これに対し，行為者が「下手をすると歩行者をひき殺してしまうかも知れない。しかし，運転に自信があるから大丈夫だ。」と考えていた場合には，「下手をするとひき殺してしまうかもしれない。」として一旦殺人の認識に至ったものの，最終的に行為に出る段階では，おそらく大丈夫だろうと軽信したか，あるいは認容していないということになるのであるから，認識ある過失の問題であるということになろう。

【未必の故意の認定と実務】
　実際の事件においては，この「認容」の有無の認定はかなり微妙である。実務では特に殺人事件の審理などにおいて未必の故意の存否が争われることが多いようであるが，例えば衝動殺人の事例を想起すればわかるように，いわゆる衝動的犯行，すなわちとっさの犯行の場合には，犯行当時の犯人の内心を証拠によって直接的に明らかにすることは容易なことではない。そこでこのような場合，実務では，「情況証拠からの事実の推認」の手法，すなわち客観的で説得力のある周

辺の証拠（例えば用いられた凶器の種類や形状，被害者に生じた傷害の部位，程度）を基に，行為態様をを推認するとともにその客観的な危険性を評価し，人を死亡させる危険性があるといえる場合には，さらに犯人においてそのような危険性を認識していたか（自らそうした行為に及んでいる犯人において，そうした認識がなかったことを窺わせる事情があるのか）を判断する方法によって，未必の故意の存否を認定するのが通例である。

第7　構成要件的故意Ⅱ（事実の錯誤）

1　事実の錯誤の意義と問題点

　ある行為につき，故意犯の構成要件該当性が認められるためには，行為者の主観において構成要件的故意すなわち犯罪事実の認識・認容が存することが必要であるとともに，客観的には，行為者の認識・認容したとおりの犯罪事実が現実に発生することを必要とするのが原則である。

　しかし，実際の事件においては，行為者の認識したとおりの経過をたどって行為者の意図した客体に構成要件的結果が発生する場合ばかりではなく，行為者が認識・認容していた犯罪事実とは違った犯罪事実が発生してしまうことも少なくない。このように，行為者が行為当時認識・認容していた犯罪事実（以下，これを「認識していた犯罪事実」という。）と現実に発生した犯罪事実（以下，これを「発生した犯罪事実」という。）とが一致しない場合を**事実の錯誤**という。事実の錯誤が存する場合には，行為者の認識と実在の客観的事実とが食い違うわけであるから，発生した犯罪事実について故意の成立を認めることができるか，すなわち発生した犯罪事実について認識・認容があったものと法的に評価することができるかどうかが問題となる。

　一般的に言って，認識と実在との食い違いがささいなものであれば，発生した犯罪事実に対しても故意の成立を認めることに問題はなかろうし，他方，食い違いがあまり大きなものであれば，発生した犯罪事実につき認識・認容があったと評価できないのは当然である。そこで，認識していた犯罪事実と発生した犯罪事実との間にどの程度の一致が認められるならば，構成要件的故意の成立を認めることができるのかということが問題となる。これが，事実の錯誤における中心的な問題である。

【事実の錯誤論の体系的地位】

この点は,責任の段階で故意の成否の問題として検討するのが従前の扱いであったが,構成要件的故意の概念を肯定する近時の判例・多数説の立場においては,事実の錯誤は構成要件的故意の成否＝構成要件該当性の存否の問題であるとして取り上げなければならない(このような見地から,事実の錯誤を特に「構成要件的錯誤」と呼ぶ立場もある。)。責任故意の成否の問題である違法性の錯誤(法律の錯誤)の問題とは,この点で区別される。

【処罰条件や処罰阻却事由に関する錯誤】

客観的処罰条件や人的処罰阻却事由に関しても,行為者の認識と現実に発生した事実との間に不一致が存する場合があり得る。しかし,これらの事由はいずれも構成要件要素ではないし,前節でも述べたように,行為者がこれらの事由を認識していなくとも構成要件的故意の成立は認められるのであるから,客観的処罰条件や人的処罰阻却事由の存否につき仮に行為者に錯誤があったとしても,この点は犯罪の成否には何ら影響を及ぼさない。

2　事実の錯誤の態様と分類

(1) 具体的事実の錯誤と抽象的事実の錯誤

事実の錯誤は,認識していた犯罪事実と発生した犯罪事実とが同一の構成要件の範囲内のものであるか否かという観点から,具体的事実の錯誤と抽象的事実の錯誤とに分けることができる。

具体的事実の錯誤(同一構成要件内の錯誤)とは,認識していた犯罪事実と発生した犯罪事実とが,いずれも同じ構成要件に当てはまるものであって,ただその構成要件に該当する具体的事実について食い違いが生じた場合をいい,それに対し,**抽象的事実の錯誤**(異なる構成要件内の錯誤)とは,認識していた犯罪事実と発生した犯罪事実とがそれぞれ異なる構成要件に当てはまる場合をいう。

(2) 客体の錯誤と方法の錯誤

具体的事実の錯誤と抽象的事実の錯誤のいずれにおいても,客体の錯誤と方法の錯誤との区別を考えることができる。

客体の錯誤とは,行為者が行為の客体を取り違え,本来意図していた客

体とは別の客体を攻撃した場合であり，**方法の錯誤（打撃の錯誤）**とは，行為の客体に関する行為者の認識に誤りはなかったが，行為者の攻撃の結果が，その意図した客体とは別個の客体に生じてしまった場合をいう。

具体的事実の錯誤と抽象的事実の錯誤との分類に客体の錯誤と方法の錯誤との分類を組み合わせ，それぞれについて具体例を挙げると，下表のようになる。

	具体的事実の錯誤	抽象的事実の錯誤
客体の錯誤	Ⅰ　Aを殺す意思であったが，BをAと勘違いしたため，Bに発砲してBを殺してしまった場合	Ⅲ　Aを殺す意思であったが，Aの家に飾ってある人形をAと勘違いしたため，人形に発砲して人形を壊してしまった場合
方法の錯誤	Ⅱ　Aを殺す意思でAに発砲したが，手元が狂ってBに当たりBを殺してしまった場合	Ⅳ　Aを殺す意思でAに発砲したが，手元が狂って人形に当たり人形を壊してしまった場合

(3) **因果関係の錯誤**

因果関係の錯誤とは，行為者が認識したところと異なった因果の経過をたどって，結果的には，予期した構成要件的結果が発生した場合をいう。例えば，Aを絞殺する意思でAの首を絞め，Aが死んだと思って砂浜に遺棄しておいたところ，Aはまだ死んでおらず，結局Aは砂を吸い込んで窒息死したような場合である。

前節で述べたように，故意が成立するためには，因果関係に関しては，詳細な認識を要せず，その大綱を認識しておれば足りるのであるから，実際上，仮に錯誤といえる事態が生じたとしても，その錯誤は重要なものではなく，故意の成否に影響を及ぼすものではないと解される。因果関係の

第2編 犯　　罪

錯誤の問題は，むしろ，因果関係自体の存否の問題，すなわち条件関係の存否又は因果関係に関する法的限定の問題として解決すべきものであろう。

3　事実の錯誤の処理に関する一般的基準

(1)　事実の錯誤に関する学説

前述のとおり，事実の錯誤に関しては，認識していた犯罪事実と発生した犯罪事実との間にどの程度の一致が認められれば，発生した犯罪事実につき構成要件的故意の成立を認めることができるのかが問題となる。事実の錯誤の事例において，故意の成立が認められる程度に認識していた犯罪事実と発生した犯罪事実とが一致することを，**符合**という。事実の錯誤の問題は，符合をどの限度まで認めるかの問題であるといってもよい。この点については従来から下記のような3説が主張されている（以下，各説の説明に際し「Ⅰ例」「Ⅱ例」などというのは，前頁の表の各事例を指すものとする。）。

①　抽象的符合説

主として主観主義刑法理論の立場から主張されているものであり，事実の錯誤に関して故意の成立を最も広く認める考え方である。およそ犯罪の意思で犯罪の結果が生じた以上は，行為者の社会的危険性の徴表として十分であると考えられるから，符合は抽象的に認められれば足りるとする。したがって，この説によれば，具体的事実の錯誤において，発生した犯罪事実に対する故意が否定されないのはもとより，抽象的事実の錯誤においても，認識していた犯罪事実と発生した犯罪事実のうち，少なくとも軽い方の罪については故意犯の成立（既遂）を認めるべきであるとする。

抽象的符合説によると，事例Ⅰ・Ⅱについては，いずれもBに対する殺人罪が成立する。事例Ⅲ・Ⅳに関する具体的な処理方法については論者により

かなりの差異があるが，一説によれば，事例Ⅲ・Ⅳいずれの場合も，人形に対する器物損壊罪の既遂とAに対する殺人未遂罪とが成立し，両者を「合一」して重い殺人未遂罪の刑で処断することになる。

② **法定的符合説**

認識していた犯罪事実と発生した犯罪事実とが，構成要件的評価として一致する限度で，発生した犯罪事実についても故意の成立を認めようとする立場である。構成要件的評価の一致（符合）を問題とするから，「**構成要件的符合説**」といわれることもある。したがって－

i 具体的事実の錯誤に関しては，認識していた犯罪事実と発生した犯罪事実はともに同一構成要件的評価を受けることになるから，その錯誤が客体の錯誤・方法の錯誤いずれの場合であろうと，発生した犯罪事実について構成要件的故意の成立が認められる。およそ「人を殺す」意思で，「人を殺す」結果が生じた以上，その被害者が当初殺害を意図した人でなくとも，その点の錯誤は重要なものではないというのである（しかし，これに加え，方法の錯誤の場合に，認識していた犯罪事実についても未遂罪の成立を認めるべきかどうか，また発生した犯罪事実が単一ではなく複数である場合には，そのすべてに対してそれぞれ故意の成立を認めるべきかどうかについては，後述のとおり学説が対立している。後に詳しく検討する。）。そして，この見解は，Aを殺すこともBを殺すことも，いずれも「人を殺す」と抽象化すれば，AかBかという錯誤は重要なものではない，という論理を採用するものであり，後記のいわゆる具体的符合説が，やはり構成要件を基準として錯誤の重要性を判断しつつ，このような抽象化を否定して，客体の具体性を重視することと対比して，この法定的符合説を「抽象的法定符合説」と呼ぶ例も多い。

　法定的符合説（抽象的法定符合説）によれば，事例Ⅰ・Ⅱのいずれの場合

第2編　犯　　罪

も，Bに対する殺人罪が成立する（しかし更に，事例Ⅱの場合に，Aに対する殺人未遂罪の成立を認めるか否かについては，学説の分かれるところである。）。

ⅱ　一方，抽象的事実の錯誤に関しては，「人を殺す」意思で実行行為を行ったところ「物を壊す」結果が生じてしまったという場合のように，認識していた犯罪事実と発生した犯罪事実とは構成要件的評価を異にするのであるから，原則として，発生した犯罪事実については故意の成立が否定される（なお，この場合には，認識していた犯罪事実について未遂犯が，発生した犯罪事実について過失犯がそれぞれ成立する余地があるが，これは事実の錯誤本来の問題ではない。事実の錯誤は，あくまでも発生した犯罪事実について故意を認めることができるかを問題にするものであるからである。）。

しかし，例外的に，認識していた犯罪事実と発生した犯罪事実の構成要件が重なり合う場合には，その限度で両事実は同一の構成要件的評価を受けることになるから，その重なり合いの限度でいずれか軽い方の犯罪事実（同じ重さであるときは発生した犯罪事実）につき構成要件的故意の成立が認められる。

　　事例Ⅲ・Ⅳの場合，認識していた犯罪事実＝殺人と発生した犯罪事実＝器物損壊との間に構成要件的な重なり合いは認められないから，発生した犯罪事実である器物損壊について故意の成立を認めることができない。したがって，事例Ⅲ・ⅣにおいてはAに対する殺人未遂罪のみが成立することになる（なお，器物損壊には過失犯処罰規定はないから，事例Ⅲ・Ⅳの場合，発生した犯罪事実について過失犯の成否は問題とならない。）。

③　**具体的符合説**

事実の錯誤に関して故意の成立する範囲を最も狭く解する立場である。

もっとも，この説は，認識していた犯罪事実と発生した犯罪事実とが具体的に一致（符合）しない限り，発生した犯罪事実に対する構成要件

的故意は否定するという説ではない。具体的符合説も，法定的符合説（抽象的法定符合説）と同様，構成要件を基準として重要な錯誤とそうでない錯誤を区別する見解であり，両者の違いは，法定的符合説（抽象的法定符合説）が，たとえば殺人罪の構成要件を「およそ人を殺す」という形で抽象的に捉えるのに対し，具体的符合説はこれを「その人を殺す」という形で具体的に捉える，というところにある。したがって，具体的符合説も広い意味では法定的符合説（あるいは構成要件的符合説）の一種なのであり，このことから具体的符合説を「具体的法定符合説」と呼ぶ例が多くなっている。以上の理解によれば，具体的符合説（具体的法定符合説）の帰結としては－

i 具体的事実の錯誤に関しては，
  (a) 客体の錯誤の場合は，「その人」を殺す意思で「その人」を殺す結果が生じたのであって，行為者の認識した対象に結果が生じているから，「その人を殺す」という構成要件の範囲で符合が認められ，発生した犯罪事実について故意が成立する。
  (b) これに対し，方法の錯誤の場合には，「その人」を殺す意思で「別の人」を殺してしまったのであるから，認識していた犯罪事実（「その人を殺す」という構成要件該当事実）と発生した犯罪事実（「別の人を殺す」という構成要件該当事実）とは構成要件的に一致せず，発生した犯罪事実に対する故意の成立は認められない（この場合にも，認識していた犯罪事実について未遂犯が，発生した犯罪事実について過失犯がそれぞれ成立する余地がある。）。

　　　したがって，事例ⅠではBに対する殺人罪が成立するが，事例Ⅱでは，Aに対する殺人未遂罪とBに対する〔重〕過失致死罪が成立する（両者は観念的競合の関係になる。）にとどまる。

ii 抽象的事実の錯誤に関しては，やはり認識していた犯罪事実と発生

した犯罪事実との構成要件的符合が認められないから，前記法定的符合説（抽象的法定符合説）の場合と同様の結論になる。具体的符合説（具体的法定符合説）も広い意味における法定的符合説（構成要件的符合説）の一種であるのだから，当然のことである。

そこで，以上を整理すると，次頁の表のようになるであろう。

第2章　構成要件

	具体的事実の錯誤		抽象的事実の錯誤
	客体の錯誤	方法の錯誤	
抽象的符合説	発生事実…故意成立 （客体の錯誤・方法の錯誤共通）		発生事実／認識事実　少なくとも軽い方の罪につき故意犯（既遂）成立
法定的符合説	┌発生事実…故意成立 └認識事実…方法の錯誤の場合，未遂犯成立？ （※　発生事実が複数である場合の処理については諸説あり）		①　原則 ┌発生事実…故意不成立（過失犯成立の可能性） └認識事実…未遂犯成立の可能性 ②　例外 　発生事実と認識事実の構成要件が重なり合う限度で軽い方の罪につき故意成立
具体的符合説	発生事実 　…故意成立	┌発生事実 │…故意不成立 │（過失犯成立 │の可能性） └認識事実 　…未遂犯成立 　の可能性	①　原則 ┌発生事実…故意不成立（過失犯成立の可能性） └認識事実…未遂犯成立の可能性 ②　例外 　発生事実と認識事実の構成要件が重なり合う限度で軽い方の罪につき故意成立

第2編 犯　　罪

(2) 事実の錯誤に関する判例・多数説の基本的立場

　判例は，大審院が一時具体的符合説（具体的法定符合説）を採用したことがあったものの，その後は大審院・最高裁を通じ一貫して法定的符合説（抽象的法定符合説）を採用しており，この分野では確固たる判例理論が形成されている。事実の錯誤の処理に関する判例の基本的な考え方は，下記判例の判示に示されている。

　【37】「犯罪の故意があるとするためには，罪となるべき事実の認識を必要とするものであるが，犯人が認識した罪と現実に発生した事実とが必ずしも具体的に一致することを要するものではなく，両者が法定の範囲内において一致することをもって足りると解すべきである（…）から，人を殺す意思のもとに殺害行為に出た以上，犯人の認識しなかった人に対してその結果が発生した場合にも，右の結果について殺人の故意があるものというべきである。」（最判昭53・7・28刑集32巻5号1068頁）

　上記判文中の「法定の範囲内において一致すること」とは，具体的には，下記判例のような趣旨であると解される。

　【38】「犯罪の故意ありとなすには，必ずしも犯人が認識した犯罪事実と，現に発生した事実とが，具体的に一致（符合）することを要するものではなく，右両者が犯罪の類型（定型）として規定している範囲内において一致（符合）することをもって足るものと解すべきである」（最判昭25・7・11刑集4巻7号1261頁）

　法定的符合説（抽象的法定符合説）は，故意の本質によく合致するものである。そもそも犯罪事実の認識が故意の要素として必要とされるのは，行為者が，それを認識することによって，具体的場面において初めて「人を殺してはならない」などという行為規範に直面し（又はその機会を与えられて），その犯行を抑止する機会を与えられるからであろう。そして，このような規範に直面し，犯行を思いとどまる機会があったにもかかわらず，あえて犯罪事実を認容して実行行為に及んだ点に故意犯の重い刑事責任が問われる余地が生ずるのである。このような見地からすると，行為者が犯罪事実を認識し，かつ「人を殺してはならない」という規範に直面しながらも，あえて殺人の実行行為に出て，現に「人を殺した」という結果が生じた以上，その結果が当初認識していた客体に生じた場合であろうと，はたまた別の客体に生じた場合であろうと，その点の違いは重要なものではないというべきである。「人を殺してはならない」という規範に直接的に違反して，「人を殺す」という結果を現出させた点では，何らの差異も認められないからである。他方，同じ「人

を殺す」という結果が生じた場合であっても，行為者が当初から「犬を殺す」ということしか認識していなかったのであれば，「人を殺してはならない」という行為規範に直面していたとはいえず，またその機会すら与えられていなかったのであるから，行為者に重い故意犯の成立を認めるわけにはいかない（ただ認識と結果とが部分的にせよ構成要件的に重なり合う場合には，その限度で行為規範に直面していたといえるから，その部分については故意犯が成立する。）。このように解するならば，認識していた犯罪事実と発生した犯罪事実との不一致としての事実の錯誤の問題は，やはり構成要件（及びその前提となる行為規範）を基準として解決するのが最も適切であるというべきである。

　法定的符合説（抽象的法定符合説）は，その具体的結論が中庸を行くものであって常識にも合致し，事案の具体的解決方針として適切なものであるが，それだけにとどまらず，以上述べたような理由で理論的にも妥当なものと考えられるのである。

　我々実務家としては，判例の採用する法定的符合説（抽象的法定符合説）の立場に立脚した上，その具体的適用上の問題を検討していくことが肝要かと思われる。そこで，以下，具体的事実の錯誤と抽象的事実の錯誤のそれぞれについて，法定的符合説（抽象的法定符合説）の適用上どのような問題があるのか，そしてこれについて判例がどのような判断を示しているのかを見ていくこととしよう。

4　具体的事実の錯誤と法定的符合説

(1)　具体的事実の錯誤（特に方法の錯誤）の処理をめぐる法定的符合説の問題点

　法定的符合説（抽象的法定符合説）は，具体的事実の錯誤の場合，発生した犯罪事実について故意の成立を認める。したがって，次頁の事例①（以下において「事例①」「事例②」…という場合は，次頁の事例を指すものとする。）のように，甲がAを殺そうと思ってけん銃を発射したところ，弾がそれてBに当たりBが死亡したという場合には，Bに対する関係で殺人罪が成立することは，法定的符合説（抽象的法定符合説）の論者の一致

して認める結論である。

　それでは，事例①の場合，もともと殺害を意図していたAに対する関係では何ら犯罪が成立しないのであろうか。仮に，弾がそれで結局誰にも当たらなかったときは，Aに関する関係で殺人未遂罪が成立することは明らかであろう。事実の錯誤は発生した犯罪事実について故意の成立を認めるか否かについての問題であるから，方法の錯誤において，認識していた犯罪事実に関し未遂犯の成立を認めるべきかどうかの問題は事実の錯誤本来の問題ではないと考えるならば，Aに対する殺人未遂罪の成否の問題は，Bに弾が当たるか否かで結論を異にすることはあり得ないはずである。そうすると，事例①においても，Aに対する関係では殺人未遂罪が成立すると解するのが素直な帰結であろう。

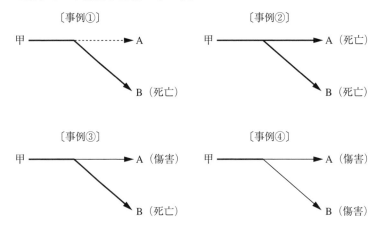

　しかし，ここで問題となるのは，このように解すると，甲はもともとAという「一人の人」を殺すつもりで実行行為を行ったのに，結果的にBに対する殺人罪とAに対する殺人未遂罪という二つの故意犯の成立を認めることになるという点である。この問題は，事例②において，より極端な形

で露呈される。事例②は、甲がAを殺そうと思ってけん銃を発射したところ、その結果Aを殺したばかりか、その弾がAの体を貫通してAの後ろにいたBに当たり、Bをも殺してしまったという場合である。この事例においては、当初意図していたAの殺害は実現されたが、それだけではなく、予期しなかったBにも殺人の結果が併発している（したがって、このような事例を「併発的事実の錯誤」と呼んでいる。）。事例①で、A・B両名に対する関係で2個の故意犯の成立を肯定するのであれば、事例②においても、A・B両方に対する関係で殺人罪の成立を認めるのが筋であろう。しかし、そうなると、甲は「一人の人」を殺そうとして実行行為を行ったにすぎないのに、結果的に2個の殺人罪が成立することになる。このような結論は妥当なのであろうか。ここでは、上記事例①②に加え、事例③④をも併せて検討することとしよう（事例③④の事実関係については、結果の点を除き事例②と同じであるとする。）。

(2) **学説＝数故意犯説と一故意犯説**

上記各事例のような具体的事実の錯誤における方法の錯誤の処理をめぐっては、法定的符合説を支持する学者の間で、下記のような数故意犯説と一故意犯説との対立がある。

① **数故意犯説**

およそ「人」を殺す意思で、「人」の死亡又は死亡の危険の結果（傷害）を生じさせた以上、認識していた犯罪事実について故意犯（殺人既遂罪又は殺人未遂罪）が成立することはもとより、発生した犯罪事実についても、発生した死亡又は死亡の危険の結果（傷害）の数だけ故意犯（殺人既遂罪又は殺人未遂罪）が成立し、各罪は観念的競合になると解する立場である。

もともと法定的符合説（抽象的法定符合説）は、故意の内容を「人を殺す」という程度にまで抽象化して考える（規範に直面するという点で

はこれで十分である。）のであるから，ここで「一人の人を殺す」という形で限定を加えるべき理由は乏しいとする。故意犯が複数個成立しても，これらはいずれも観念的競合（刑54条Ⅰ前）の関係にあって科刑上は1個の罪として扱われるから処断上格別の不都合は生じないし，また，当初から「二人の人」を殺す意思ではなく，行為者の認識は「一人の人」を殺す意思であったという点は，裁判官が刑の量定を行う際，責任主義の見地から当然被告人に有利に考慮されるのであって，この点からしても，数故意犯説は不必要に犯人に不利益をもたらすものではないと主張するのである。

この説を前記①〜④の事例に当てはめると，次頁の表のようになり，その結論は極めて明解である。

② **一故意犯説**

これに対し，一故意犯説は，およそ「一人の人」を殺そうと思っていたにすぎない場合には，殺人の関係での故意犯は1個しか成立しないと解すべきであって，具体的には，発生した犯罪事実のうち最も重い結果に対し1個の故意犯の成立を認めれば足り，それ以外の結果（仮に「余剰結果」という。）に対しては，原則として，過失犯の成立を認めるべきであると解するのである。行為者としては「一人の人」を殺そうとしたにすぎないのに，数個の故意犯を認めることは責任主義に反するということを根拠にする。

ただし，この説に従うと，②④のような事例では比較的結論も明解であるが，①③のような事例になると，一故意犯説の支持者の間でも結論が分かれる。次頁の表は，一故意犯説を代表する3人の学者の説を各事例に当てはめた場合の結論を記したものである。

第2章　構成要件

	数故意犯説	一　故　意　犯　説		
		Ⅰ　説	Ⅱ　説	Ⅲ　説
事例①	A　殺人未遂 B　殺人既遂	A　過失犯の未遂で不可罰 B　殺人既遂	Bに対する殺人既遂のみ成立	Bに対する殺人既遂のみ成立
事例②	A　殺人既遂 B　殺人既遂	A　殺人既遂 B　過失致死	A　殺人既遂 B　過失致死	A　殺人既遂 B　過失致死
事例③	A　殺人未遂 B　殺人既遂	A　過失致傷 B　殺人既遂	Bに対する殺人既遂のみ成立	A　殺人未遂 B　過失致死
事例④	A　殺人未遂 B　殺人未遂	A　殺人未遂 B　過失致傷	A　殺人未遂 B　過失致傷	A　殺人未遂 B　過失致傷

　ちなみに，一故意犯説の各説の根拠を簡単に紹介しておくと，まずⅠ説は，余剰結果の処理につき過失犯の成立を認めるという立場を徹底させたものである。その結果，①③の場合には，ねらった相手に対する過失犯（又はその未遂－ただし不可罰－）が成立するという，やや常識にそぐわない結果が生じる。Ⅱ説は，この点を若干軌道修正し，ねらった相手に対しては過失犯の成立を認めないとしたものであるが，③のように，現にねらった相手が負傷しているのにこれに対しては何ら犯罪が成立しないというのは，問題であろう。これに対して，Ⅲ説は，ねらった相手に対して何らの結果も生じなかった場合にのみ，事実の錯誤の問題が生ずるとする。したがって，①～④の事例の中では，①だけが事実の錯誤の問題であるとし，①の事例では，Bの関係で「故意は燃え尽きる」から，Aに対しては何ら犯罪が成立しないという。それに対し，②～④の事例では，ねらった相手に対し何らかの結果が生じているから，錯誤の問題として解決する必要がなく，認識した相手については故意犯（既遂の場合には既遂犯，未遂の場合には未遂犯）の成立を認め，余剰結果については過失犯の成立を認めれば足りるとするものである。理論的には，それなりに筋が通っているように見えるが，①と③の結論を比較して分かるように，Aが負傷していなければ少なくともBに殺人既遂罪が成立するのに，Aが負傷していると誰にも殺人既遂罪は成立しないというのは，何か割り切れないものが残る。

第2編 犯　　罪

(3) **判例の立場**

判例は，数故意犯説を採用している。

すなわち，古くは大判昭8・8・30刑集12巻1445頁が，叔母を殺害する決意のもとに日本刀で同女を突き刺して殺害した際，同時に，同女が抱いていた女児をも刺殺した事案について，叔母のみならず，女児に対する関係でも殺人罪の成立を認め，数故意犯説の立場を採用していたものであるが，最高裁は，やはり併発的事実の錯誤の事案に関し，下記のように判示して，上記大審院判例を継承し数故意犯説を採用する旨明言するに至った。

【39】「被告人が人を殺害する意思のもとに手製装薬銃を発射して殺害行為に出た結果，被告人の意図した巡査Aに右側胸部貫通銃創を負わせたが殺害するに至らなかったのであるから，同巡査に対する殺人未遂罪が成立し，同時に，被告人の予期しなかった通行人Bに対し腹部貫通銃創の結果が発生し，かつ右殺害行為とBの傷害の結果との間に因果関係が認められるから，同人に対する殺人未遂罪もまた成立(する)」(最判昭53・7・28刑集32巻5号1068頁－前掲【37】の判例と同じ)

上記のとおり，この問題に関しては，実務的には，【39】の判例により決着が付けられ，その趣旨に従って実務は運用されている。

5　抽象的事実の錯誤と法定的符合説

(1) **構成要件の重なり合いの基準**

抽象的事実の錯誤の場合，構成要件の符合を基準とする法定的符合説(この点に関しては抽象的法定符合説でも具体的法定符合説でも同様である。)は，発生した犯罪事実について原則として構成要件的故意の成立を否定し，ただ例外的に，認識していた犯罪事実と発生した犯罪事実とが構成要件的に重なり合う場合には，その限度でいずれか軽い方の犯罪事実(同じ重さの場合には発生した犯罪事実)について構成要件該当性(客観的構成要件の充足及び構成要件的故意の成立)を認める。最高裁は，このような法定的符合説の立場に立脚した上で，例外的に犯罪が成立する場合

の基準として「**構成要件の実質的な重なり合い**」という基準を採用している。例えば、下記判例の事案は、覚せい剤を輸入するつもりで、誤って麻薬（ジアセチルモルヒネの塩類）を輸入したというものであるが、最高裁は、次のように判示して、覚せい剤輸入罪と麻薬輸入罪の構成要件は実質的に全く重なり合っていると判断している（なお、麻薬のうちジアセチルモルヒネ等の輸入と覚せい剤の輸入の法定刑は同じである。）。

【40】「麻薬と覚せい剤とは、ともにその濫用による保健衛生上の危害を防止する必要上、麻薬取締法及び覚せい剤取締法による取締の対象とされているものであるところ、これらの取締は、実定法上は前記2つの取締法によって格別に行われているが、両法は、その取締の目的において同一であり、かつ取締の方式が極めて近似していて輸入、輸出、製造、譲渡、譲受、所持等同じ態様の行為を犯罪としているうえ、それらが取締の対象とする麻薬と覚せい剤とは、ともに、その濫用によってこれに対する精神的ないし身体的依存（いわゆる慢性中毒）の状態を形成し、個人及び社会に対し重大な害悪をもたらすおそれのある薬物であって、外観も類似したものが多いことなどにかんがみると、麻薬と覚せい剤との間には、実質的に同一の法律による規制に服しているとみうるような類似性があるというべきである。

本件において、被告人は、営利の目的で、麻薬であるジアセチルモルヒネの塩類である粉末を覚せい剤と誤認して輸入したというのであるから、覚せい剤取締法41条2項、1項1号、13条の覚せい剤輸入罪を犯す意思で、麻薬取締法64条2項、1項、12条1項の麻薬輸入罪を実現したことになるが、両罪は、その目的物が覚せい剤か麻薬かの差異があるだけで、その余の犯罪構成要件要素は同一であり、その法定刑も全く同一であるところ、前記のような麻薬と覚せい剤との類似性にかんがみると、この場合、両罪の構成要件は実質的に全く重なり合っているものとみるのが相当であるから、麻薬を覚せい剤と誤認した錯誤は、生じた結果である麻薬輸入の罪についての故意を阻却するものではないと解すべきである。してみると、被告人の…所為については、麻薬取締法64条2項、1項、12条1項の麻薬輸入罪が成立し、これに対する刑も当然に同罪のそれによるものというべきである。」（最決昭54・3・27刑集33巻2号140頁）

(2) 「構成要件の実質的な重なり合い」の認められる類型

それでは、どのような場合に構成要件が「実質的に重なり合っている」といえるのであろうか。過去の判例を整理すると、「構成要件の実質的な

第2編　犯　　罪

重なり合い」の認められる一応の類型としては，次のようなものが考えられる。

① 基本となる構成要件と加重・減軽類型としての構成要件という関係のある場合

　　例えば，殺人罪と同意殺人罪との関係がこれに当たる（東京高判昭33・1・23裁特5巻1号21頁）。この場合には，基本的な構成要件を同じくしているから，軽い方の構成要件の限度で「実質的な重なり合い」の存していることは明らかである。

② 一方の構成要件が実質的に他方の構成要件を内包しているという関係のある場合

　　例えば，殺人罪と傷害致死罪（最決昭54・4・13刑集33巻3号179頁），強盗罪と窃盗罪（最判昭25・7・11刑集4巻7号1261頁），強盗罪と恐喝罪（最判昭25・4・11裁判集刑事17号87頁），窃盗罪と占有離脱物横領罪（東京高判昭35・7・15下刑集2巻7・8号989頁）の関係がこれに当たる。これらの場合には，保護法益の大小や犯罪手段の程度の強弱によって犯罪類型としては違いはあるものの，いずれも，一方が他方を包摂する関係にあるから，軽い方の構成要件の限度で「実質的な重なり合い」を肯定することができる。

③ 犯罪の客体の類似性，客体を除く他の構成要件要素の同一性，保護法益の同一性，罪質の同一性，法定刑の同一性等の観点を総合して両罪が同質的な犯罪であると認められる場合

　　例えば，虚偽公文書作成罪（無形偽造）と公文書偽造罪（有形偽造）（最判昭23・10・23刑集2巻11号1386頁），覚せい剤輸入罪と麻薬輸入罪（最決昭54・3・27刑集33巻2号140頁），関税法上の覚せい剤（輸入制限物件）輸入罪と麻薬（輸入禁制品）輸入罪（前掲【40】最決昭54・3・27刑集33巻2号140頁），覚せい剤所持罪と麻薬所持罪（後掲【41】最

決昭61・6・9刑集40巻4号269頁）の関係がこれに当たる。この類型について構成要件の重なりを認めてよいかどうかについて学説上の対立があるが，判例は前述のように，構成要件が「実質的に」重なり合っていることを根拠に符合を認めている。

(3) **抽象的事実の錯誤の類型とその処理**

抽象的事実の錯誤において，上述のような構成要件の実質的重なり合いが認められる場合には，行為者の認識していた犯罪事実と現実に発生した犯罪事実のいずれが重いか（法定刑の軽重により決する。刑法10条参照）により，下記のようにその処理が異なる。

① **認識していた犯罪事実より発生した犯罪事実の方が重い場合**

この場合は，発生した重い犯罪事実については認識がないから，故意を欠くものとしてその罪の成立を認めることはできないが，認識していた軽い犯罪事実について，構成要件的故意の成立が認められる（なお，前提として，構成要件に実質的重なり合いが認められることから，軽い犯罪事実の客観的構成要件該当性も認められる。）。

刑法38条2項は，「重い罪に当たるべき行為をしたのに，行為の時にその重い罪に当たることとなる事実を知らなかった者は，その重い罪によって処断することはできない。」と規定しているが，この規定は，このような場合の処理を予定した規定であろう。しかし，責任主義の見地からすれば，軽い認識の限度でしか犯罪が成立しないのは，むしろ当然であって，この見地からすると，刑法38条2項は当然のことを規定したにすぎない注意的規定ということになろう。

この類型に関する判例として，下記【41】の判例がある。事案は，被告人が覚せい剤を麻薬であるコカインと誤認して所持していたというものであるが，最高裁は，次のように判示して，軽い麻薬所持罪の成立を認めている（なお，ジアセチルモルヒネ等以外の麻薬であるコカインの

第2編　犯　罪

不法所持は麻薬取締法66条1項，28条1項の麻薬所持罪に，覚せい剤の不法所持は覚せい剤取締法41条の2第1項1号，14条1項の覚せい剤所持罪にそれぞれ該当し，前者は後者より法定刑が軽くなっている。)。

【41】「両罪は，その目的物が麻薬か覚せい剤かの差異があり，後者につき前者に比し重い刑が定められているだけで，その余の犯罪構成要件要素は同一であるところ，麻薬と覚せい剤との類似性にかんがみると，この場合，両罪の構成要件は，軽い前者の罪の限度において，実質的に重なり合っているものと解するのが相当である。被告人には，所持にかかる薬物が覚せい剤であるという重い罪となるべき事実の認識がないのであるから，覚せい剤所持罪の故意を欠くものとして同罪の成立は認められないが，両罪の構成要件が実質的に重なり合う限度で軽い麻薬所持罪の故意が成立し同罪が成立するものと解すべきである。」（最決昭61・6・9刑集40巻4号269頁）

【事実の錯誤の処理における犯罪の成立の問題と処断の問題】

実務的な問題であるが，従前の実務は，この類型のような場合，犯罪の成立の問題としては，発生した事実に従っていったん重い方の犯罪が成立するが，処断上の問題としては，刑法38条2項により，認識していた軽い犯罪の刑により処断するという取扱いをしていた。しかし，最決昭54・4・13刑集33巻3号170頁は，このような取扱いを誤りとし，この類型のように軽い犯罪事実の認識しかない以上，犯罪自体も，発生した重い罪ではなく，認識にかかる軽い罪が成立するとして処理すべきであるとしている。

② 認識していた犯罪事実の方が発生した犯罪事実より重い場合

刑法38条2項の規定するところではないが，当然，軽い犯罪事実の客観的構成要件該当性が認められ，構成要件に実質的重なり合いの認められる軽い犯罪事実についての故意の成立も認めることができるので，発生した軽い犯罪事実につき故意が成立し，その罪が成立すると解される。なお，理論的には，認識していた犯罪事実につき未遂犯処罰規定がある場合には，その未遂罪の成立する余地もある（この点は，未遂犯の理解によるところである。)。

③ 認識していた犯罪事実と発生した犯罪事実とが法定刑において同じ重さである場合

この場合には、発生した犯罪事実につき客観的構成要件該当性が認められ、構成要件に実質的重なり合いが認められるため、発生した犯罪事実についての故意の成立も認められ、その罪が成立することになる。判例も同様に解している（前掲【40】最決昭54・3・27刑集33巻2号140頁）。

6 因果関係の錯誤と法定的符合説

(1) 前記のとおり、因果関係の錯誤とは、行為者が認識したところと異なった因果の経過をたどって、結果的には、予期した構成要件的結果が発生した場合をいう。学説上は、Aを刃物で刺殺しようとしたが、Aが身をかわしたためかすり傷を負わせたに止まったものの、実はAは血が固まりにくい体質であったため、出血多量で死亡したという場合や、Bを溺死させようとして橋から突き落としたところ、落下中に橋脚に頭部が激突し、脳の損傷により死亡したという場合などに、故意が認められるかが議論されている。

　法定的符合説の論理からすれば、この問題は以下のとおり解決される。因果関係は、それ自体構成要件要素であるから、故意の内容として、（相当因果関係説からは）相当な因果経過が行為者において認識予見されていなければならない。しかしながら、行為者が認識した因果経過と、現実に発生した因果経過が一致している必要はない。なぜならば、行為者は、相当な因果経過（法が、そのような経過をたどって構成要件的結果を発生させることを禁じているもの）を認識しつつあえて行為に出ている以上、規範に直面しながらあえてこれに反しているのであって、重い故意責任を問うのが相当であり、また、実際に行為から結果が相当な因果経過をたどって発生している以上、この結果を行為者に帰属させることが不当とはいえないからである。したがって、現実に発生した因果経過が相当因果関係の

範囲内にあり，かつ，行為者が認識予見していた因果経過がそれ自体としてやはり相当因果関係の範囲内にあれば，両者にずれ（錯誤）があったとしても，それは同一構成要件内の錯誤にすぎないものであって，法定的符合説からは故意既遂犯を認めるのに支障はないということになる。

なお，以上の理は，因果関係の判断枠組みの基礎として判例が採用していると思われる危険の現実化という考え方によっても同様である。すなわち，行為者が，自己の行為の危険が結果に現実化することを認識しつつあえて行為に及び，かつ，現実に発生した結果がそれ自体行為の危険が現実化したものであるということができれば，その詳細にずれ（錯誤）があっても，故意既遂犯が認められることになる。

以下においては，2つの類型を採り上げて，上記の論理の具体的適用を確認する。

(2) 遅すぎた構成要件の実現（ウェーバーの概括的故意）

行為者は，第1行為により結果を発生させたと考えていたが，実際には行為者のその後の第2行為によって結果が発生していたという事案類型である。問題の核心は，構成要件的結果の発生が行為者の予期より遅いことではなく，行為者が結果を直接発生させたと認識していた行為が，実は必ずしも結果発生の直接的・決定的原因ではなかったというところにある。判例においては，被告人が，殺意をもって被害者の首を縄で絞めたところ，動かなくなったので死亡したと思い，犯行の発覚を防ぐ目的で近くの海岸に運び放置したところ，実は被害者はまだ生きており，砂末を吸引し，頸部絞扼と砂末吸引によって死亡したという事案において，第1行為（首絞め行為）と被害者の死亡との因果関係を認めたものがある（大判大12・4・30刑集2・378）。

この場合，まず客観的に因果関係が認められるか否かが問題となる。これは，行為者の行為が介在した類型であるが，既に述べたとおり，当初の

頸部絞扼行為自体が被害者の死亡結果の重要な原因の一つとなっていることに加え，もう一つの死因である砂末吸引をもたらした遺棄行為についても，殺人行為をした者が死体を遺棄する行為に出ることは珍しくないといえることからすれば，行為者の当初の行為の危険性が結果に現実化したと評価でき，したがって，因果関係は肯定することができる。

次に，行為者の認識についてであるが，行為者の認識していた因果経過は，被害者の頸部を縄で絞め，窒息死させるというものであって，この因果経過が行為の危険性が現実化したと評価できるものである（仮にこのとおりの事実が実現した場合，因果関係が肯定される）ことは明らかであろう。

したがって，因果関係の錯誤は故意を阻却せず，殺人罪の成立を認めるべきであるということになる。

この類型の場合，行為者の認識していた因果経過（第1行為に出るときの認識）は行為の危険性を結果に現実化させるものであろうから，問題は，実際の客観的な因果経過に（相当）因果関係が認められるか否かの問題に帰着する。

(3) 早すぎた構成要件の実現

(2)の場合とは逆に，行為者は第1行為の後に行う第2行為によって結果を発生させようとしていたが，第1行為の段階で既に結果が発生してしまったという事案類型である。問題の核心は，結果の発生が行為者の予期より早いことではなく，行為者が全ての行為を完了する前に結果が発生したというところにある。

従来，下級審裁判例では，自宅に放火して焼身自殺しようとした被告人が，室内にガソリンを撒いた後，死ぬ前に一服しようとたばこに火を点けたところ，ガソリンに引火して建物が焼損したという事案において，「被告人はガソリンを散布することによって放火について企図したところの大

半を終えたものといってよく、この段階において法益の侵害即ち本件家屋の焼燬を惹起する切迫した危険が生じるに至ったものと認められるから、右行為により放火罪の実行の着手があったものと解するのが相当である。」とした上で、「前記のとおり本件焼燬（注・現在の「焼損」）の結果は被告人自身がタバコを吸おうとして点火したライターの火に引火して生じたものではあるが、前記の状況の下でライターを点火すれば引火するであろうことは一般人に容易に理解されるところであって予想し得ないような事柄ではなく、被告人はライターを点火する時に本件家屋を焼燬する意思を翻したわけでもないから、右のような経緯で引火したことにより本件の結果が生じたからといって因果関係が否定されるものではなく、被告人は放火既遂罪の刑責を免れない。」としたものが存在していた（横浜地判昭58・7・20判時1108号138頁）。

さらに、近時、最高裁は、以下の判断を示した。

【42】〔事案〕被告人らは、被害者を自動車内に誘い込みクロロホルムを使って失神させた上、車ごと川中へ転落させて殺害しようと計画し、実際に被害者を自動車内に誘い込んでクロロホルムを吸引させて昏倒させ（第１行為）、同車を約２キロメートル離れた港まで運び、海中に転落させて沈めた（第２行為）が、被害者の死因は、溺水に基づく窒息であるか、そうでなければ、クロロホルム摂取に基づく呼吸停止、心停止、窒息、ショック又は肺機能不全であるが、いずれであるかは特定できず、被害者は、第２行為の前の時点で、第１行為により死亡していた可能性があるという事案である。被告人らは殺人罪で起訴された。

〔判旨〕「実行犯３名の殺害計画は、クロロホルムを吸引させてＶを失神させた上、その失神状態を利用して、Ｖを港まで運び自動車ごと海中に転落させてでき死させるというものであって、第１行為は第２行為を確実かつ容易に行うために必要不可欠なものであったといえること、第１行為に成功した場合、それ以降の殺害計画を遂行する上で障害となるような特段の事情が存しなかったと認められることや、第１行為と第２行為との間の時間的場所的近接性などに照らすと、第１行為は第２行為に密接な行為であり、実行犯３名が第１行為を開始した時点で既に殺人に至る客観的な危険性が明らかに認められるから、その時点において殺人罪の実行の着手があったものと解するのが相当である。また、実行犯３名は、クロロホルムを吸引させてＶを失神させた上自動車ごと海中に転落させるという一連

の殺人行為に着手して，その目的を遂げたのであるから，たとえ，実行犯3名の認識と異なり，第2行為の前の時点でVが第1行為により死亡していたとしても，殺人の故意に欠けるところはなく，実行犯3名については殺人既遂の共同正犯が成立するものと認められる。」(最決平16・3・22刑集58巻3号187頁)

　実行の着手に至らない予備行為に着手したにすぎない段階で結果が発生した場合には，当該既遂結果が実行行為から発生したとはいえないから，その罪の既遂罪は成立しない（予備罪が成立するに止まる。)。たとえば，甲が，隣室にいるAを殺害しようとして，けん銃の手入れをしていたところ暴発し，Aに弾丸が命中して死亡したという場合，けん銃の手入れが殺人罪の予備行為に止まると評価されるのであれば，甲には殺人既遂罪ではなく殺人予備罪が成立するにすぎない（なお，加えて（重）過失致死罪の成否が問題となる。)。

　他方，上記【42】の判例の事案においては，被告人の計画は，被害者をクロロホルムで失神させて（第1行為）海中に沈めて溺死させる（第2行為）というものであり，第1行為自体によって被害者を殺害しようとしたわけではなかったとしても，当初の計画によっても第1行為と第2行為は密接不可分なものであり，両行為には時間的場所的近接性も認められる上，第1行為終了後に計画どおり第2行為を完遂することについて格別の障害もなかったものであるから，被害者を死亡させた行為（クロロホルムを吸引させて被害者を失神させた行為）に出た段階で既に実行の着手が認められるといえる。この場合，実際の因果経過は，毒性のあるクロロホルムを吸引させるという客観的にみて人を死に至らしめる危険性の相当高い行為により，被害者を，クロロホルムの摂取によって直接的に死亡させたか，あるいはその失神状態で海中に沈められたことによる溺水に基づいて窒息死させたかのいずれかであるということであって，いずれにしても当初の行為の危険が結果に現実化したといい

得るものであり，行為の危険性を現実化させたものといえる。また，被告人の認識は，被害者をクロロホルムで失神させて（第1行為）海中に沈めて溺死させる（第2行為）というものであり，未だ第2行為を予定（留保）している段階であるとはいえ，既にそれと密接不可分な行為に出ており，被告人自身もそのような認識自体はあるのであるから，結局のところ行為の危険性を現実化させて結果を発生させることを認識していたといえる。したがって，因果関係の錯誤として故意は否定されず，既遂犯が成立することになる。

この類型の場合，実際の客観的な因果経過については因果関係が認められるであろうから，問題は，結果を直接発生させた行為の段階で実行の着手が認められるか，そして，その行為の段階における行為者の認識を故意（実行行為を行っているという認識）と評価できるか，という問題に帰着する。

第2章　構成要件

第8　構成要件的過失Ⅰ（総説）

1　過失犯の意義と処罰

(1)　刑法は，違法・有責な当罰的行為の中でも，行為者に故意がある場合を原則として処罰することとしている（故意犯処罰の原則－刑38Ⅰ本）。行為者が自らの犯罪行為を認識・認容している場合は，いわば典型的な当罰的行為ということができるから，刑法がこれを原則的な犯罪形態としていることは，むしろ当然のことといえる。しかし，たとえ故意がなかったとしても，行為者が，不注意によって一定の重要な法益侵害をもたらしたような場合や，その不注意による不作為が行政取締りの目的からして看過し難いというような場合には，やはり刑罰による制裁がふさわしい場合もあろう。そこで，刑法は，不注意による違法行為のすべてを処罰の対象とはせず，特定の場合に限って例外的にこれを処罰することとしている（刑38Ⅰ但）。このように，犯罪事実の認識又は認容のないまま，不注意によって一定の作為・不作為を行うことを**過失**といい，過失を構成要件要素としている犯罪を**過失犯**という。

【刑法典上の過失犯と特別刑法上の過失犯】
　　現行刑法典中の過失犯処罰規定は，116条（失火罪），117条2項（過失激発物破裂罪），117条の2（業務上失火罪），122条（過失浸害罪），129条（過失往来危険罪），209条（過失傷害罪），210条（過失致死罪），211条1項（業務上過失致死傷罪）の8か条にすぎない。これに対し，特別刑法（特に行政取締法規）中には数多くの過失犯処罰規定が存在している（なお，特別刑法の分野において，過失犯処罰がその旨の明文の規定のある場合に限られるかどうかについて争いのあることは前述した。→55頁参照。）。
　　刑法典上の過失犯と特別刑法上の過失犯とでは，故意犯の場合以上に，その処罰の趣旨や犯罪の性質に大きな違いがあるように思われる。前者は，おおむね不注意によって一定の重大な法益侵害をもたらしたことを処罰根拠にしている（したがって，すべて結果犯である。）が，それに対し後者は，行政取締りの目的か

第2編　犯　　罪

　　　ら，不注意によって一定の作為（例えば，届出等）を怠る行為を刑罰によって防圧することを処罰の趣旨にするものが多い（したがって，単純行為犯である過失犯も少なくない。）。
　　　過失犯に関する以下の論述は，主として刑法典上の過失犯を念頭に置いたものである（なお，従来刑法典に定められていた自動車運転に係る過失犯は，現在，自動車の運転により人を死傷させる行為等の処罰に関する法律という特別刑法で規定されているが，これも念頭に置いている。）。特別刑法上の過失犯については，この過失犯の一般理論を基礎にしつつも，なお個々の犯罪の特性に応じて修正を要する部分があることに注意しなければならない。
(2)　以上述べたように，刑法上，過失犯は例外的に処罰されるだけであり，またその法定刑も故意犯に比べると相対的に軽いのが通常である。しかし，このことは現代社会において過失犯処罰の果たしている役割が小さいことを意味するものではない。例えば，ガス爆発事故やビル火災，船舶衝突事故や公害事件等を想起すればすぐわかるように，現代の社会においては，過失犯のもたらす法益侵害が，故意犯のそれに比べてはるかに甚大である場合が少なくないのである。交通機関全般にわたる高速度化，あるいは科学技術の高度発達と一般化等によって，人々の周囲にその生命・身体に危害を及ぼし得るような危険が満ちあふれている今日の状況においては，特定の人のわずかな不注意が容易に重大な法益侵害を引き起こすことになるのである。
　　その上，過失犯は，その発生件数が極めて多い。これは，主として自動車の広範な普及と高速化に基づくものであろう。
　　このように過失犯は実務上極めて重要な役割を営んでいる。刑事実務家としては，日頃から過失犯の要件や問題点に対し十分な理解を得ておかねばならない。

2 過失犯の成立要件

(1) 過失犯の成立要件をめぐる問題点

　過失犯の構成要件は，いわゆる開かれた構成要件（補充を要する構成要件）である（→59頁参照）。例えば，過失致死罪（刑210）の場合，その構成要件は「過失により人を死亡させた者」であるが，「人」は行為の客体，「死」は行為の結果，「により」は因果関係を示しているから，過失犯における最も重要な部分はわずかに「過失」とのみ規定されているにすぎない。しかし，これだけではその内容は具体性を有しないから，この構成要件要素の具体的内容については，判例や実務によって補充され，最終的には個々の事件において裁判官により補充されることを予定しているものと解するほかない。そして，この点については，現実に，過去の判例の集積や長年にわたって形成された確固たる実務，あるいは学説の大勢の動向等によって，既に，ある程度までその内容が補充されているように思われる。以下においては，今日どのような形で過失の具体的要素が補充され，その成立要件が考えられているのか，そして，それぞれの要件にはどのような問題が存するのかを検討する。

(2) 過失の具体的要素

　過失は，不注意な行為である。したがって，その要素は，不注意そのものと，不注意に基づいて行われた行為（過失行為）とに分けることができる。

ア　不注意

　過失の中核的要素は，**不注意**，すなわち注意義務を怠ることである（業務上過失致死傷罪の構成要件が「業務上必要な注意を怠り，よって…」と規定されている〔刑211前〕ことが参考となろう。）。

　したがって，不注意の要素が認められるためには，①　まず，当該状

第2編　犯　　罪

況の下で，行為者に**注意義務**がなければならず，かつ，②　行為者がその注意義務を怠ったこと（**注意義務の懈怠**）が必要である。しかし，これだけでは足りず，更に行為者に注意義務を課することの論理的前提として，③　行為当時，行為者が注意義務を履行することが可能な状況にあったことも当然必要とされよう。

①の注意義務の内容としては，これを結果の発生を予見すべき義務（**結果予見義務**）と結果の発生を回避すべき義務（**結果回避義務**）の二つに分け，それぞれその論理的前提（③）として，**結果発生の予見可能性**と**結果発生の回避可能性**とを考えるのが一般的な考え方である。

過失の具体的要素に関する以上の論述を整理すると，次のように図示することができる。

最も厳格な形では，以上のすべてが充足されなければ，不注意の要件を認めることはできないということになろう。判例の中にも，結果発生の結果予見可能性→結果予見義務→結果回避可能性→結果回避義務という判断順序により，厳格に過失犯の要件を検討したものがある。次に紹介する「弥彦神社餅まき事件」に関する最高裁判決は，このようなものの代表例である。その判文は平易かつ明解であり，過失犯の構造をよく理解することができる。

【43】「本件事故は，新潟県西蒲原郡弥彦村所在弥彦神社の職員である被告人らが，昭和30年12月31日から翌年元旦にかけていわゆる二年詣りと呼ばれる行事を企画施行し，その行事の一環として午前零時の花火を合図に拝殿前の斎庭で餅まき〔福餅撒散〕を行なったが，その二年詣りの参拝者中，午前零時より前に右斎

-144-

庭内に入り，餅を拾うなどしたのち同神社随神門から出ようとする群衆と，その頃餅まきに遅れまいとして右随神門から右斎庭内に入ろうとする群衆とが，右随神門外の石段付近で接触し，いわゆる滞留現象を生じたため，折り重なって転倒する者が続出し，窒息死等により124名の死者を出したというものである。この事故において，被告人らにより餅まき等の催しが行なわれたことおよび右死者の生ずる結果の発生したことについては，疑いを入れる余地がない。そこで，右神社の職員である被告人らにこの事故に関する過失の罪責があるかどうかを，右結果の発生を予見することの可能性とその義務および右結果の発生を未然に防止することの可能性とその義務の諸点から順次考察すると，本件発生当時においては，群衆の参集自体から生じた人身災害の事例は少なく，一般的にこの点の知識の普及が十分でなかったとはいえるにしても，原判決の認定するごとく，右二年詣りの行事は，当地域における著名な行事とされていて，年ごとに参拝者の数が増加し，現に前年〔昭和30年元旦〕実施した餅まきのさいには，多数の参拝者がひしめき合って混乱を生じた事実も存するのであるから，原判決認定にかかる時間的かつ地形的状況のもとで餅まき等の催しを計画実施する者として，参拝のための群衆の参集と，これを放置した場合の災害の発生とを予測することは，一般の常識として可能なことであり，また当然これらのことを予測すべきであったといわなければならない。したがって，本件の場合，国鉄弥彦線の列車が延着したことや，行きと帰りの群衆の接触地点が地形的に危険な右随神門外の石段付近であったこと等の悪条件が重なり，このため，災害が異常に大きなものとなった点は否定できないとしても，かかる災害の発生に関する予見の可能性とこれを予見すべき義務とを，被告人らについて肯定した原判決の判断は，正当なものというべきである。そして，右予見の可能性と予見の義務とが認められる以上，被告人らとしては，あらかじめ，相当数の警備員を配置し，参拝者の一方通行を行なう等雑踏整理の手段を講ずるとともに，右餅まきの催しを実施するに当たっては，その時刻，場所，方法等について配慮し，その終了後参拝者を安全に分散退出させるべく誘導する等事故の発生を未然に防止するための措置をとるべき注意義務を有し，かつこれらの措置をとることが，被告人らとしても可能であったことも，また明らかといわなければならない。それにもかかわらず，被告人らが，参集する参拝者の安全確保について深い関心を寄せることなく，漫然餅まきの催しを行ない，雑踏の整理，参拝者の誘導等について適切な具体的手段を講ずることを怠り，そのために本件のごとく多数の死者を生ずる結果を招来したものであることは，原判決の認定するとおりであり，結局，本件について被告人らを過失致死の罪責に問擬した原判決の判断は正当というべきである。」(最判昭42・5・25刑集21巻4号584頁)

第2編　犯　　罪

　しかし，今日の学説や判例・実務の状況を見ると，上記判例のように各要件に均等の重みをおいて過失の要件を検討しているものはむしろまれであり，結果予見義務か結果回避義務のいずれかに重点をおいて，過失犯の要件を検討するのが通常である。学説においては，この点につき，次に述べるような見解の対立がある。
【過失犯の構造をめぐる論争】
　過失に関しては，その体系的地位及び上記注意義務に関する重点の置き方の問題について，下記のような二つの考え方がある。
(a) 旧過失論（伝統的過失論）
　　過失は，故意と同様，非難に値する心理状態であるから，責任の要素であるとする。精神を緊張すれば犯罪事実の発生を認識・予見することができ，かつ認識・予見することを必要であるのに，意識の緊張を欠いて，結果を認識・予見しなかった心理状態こそ過失の実体であると考える。したがって過失犯の中核となるのは，結果に対する予見の懈怠という要素であり，過失における注意義務は結果予見義務にほかならないとする。
(b) 新過失論
　　現代の社会では，例えば生命の危険を伴う手術のように，結果の発生がある程度予見できても，あえてその行為に踏み切らざるを得ない場合がある。このような場合には，結果の発生を予見できたか否かではなく，むしろ，結果の発生を回避するため必要かつ適切な行動をとったか否かを基準として過失犯の成否を考えていくのが妥当である。すなわち，過失犯は，心理状態のあり方としてとらえるのではなく，行為そのもののあり方としてとらえるべきものであり，注意義務も客観的な結果回避義務に重点をおいてとらえるべきである。そして，このように客観的な行為態様そのものに着目する以上，過失はまず構成要件該当性の段階において考慮するのが適切であるとする。このように，新過失論は，過失は，責任要素にとどまらず，構成要件要素又は違法要素でもあるとし，注意義務については結果回避義務を重視する立場である。

　過失犯の構造をめぐる上記両説の対立は，多分に理念的なものである。したがって，この点に関し判例・実務がいずれの立場に立つかは必ずしも明確でないが，過失の体系的地位の点はともかくとして，注意義務については後述のように実務は結果回避義務を重視していると考えられるから，判例・実務は新過失論に比較的近い考え方を採っているといってよい。

イ 過失行為

　不注意は過失の中核的部分であるが，しかし，過失は不注意という主観的要素に尽きるものではない。過失犯も行為を前提とする以上，過失という構成要件要素は行為という客観的な要素をも含んだ概念であると解さざるを得ない。このように，注意義務を怠ってした一定の作為・不作為を**過失行為**という。

　過失犯における実行行為，すなわち過失犯において法益侵害の現実的危険性という実質を有していると認められるものは，単なる不注意ではなく，過失行為であるというべきである。

　　例えば，医師がメスを十分消毒しないまま手術に用いたため，そのメスに付いていた雑菌が患部に入って化膿したとしよう。この場合，医師にはメスを十分に消毒しておくべき注意義務があったことは明らかであるし，その注意義務を尽くしておれば結果（化膿）を回避しえたこと，結果の予見可能性があったことも明白であり，過失犯の成立することは疑いのないところである。しかし，この事例においては，単にメスを十分消毒しておかなかったというだけでは，直ちに法益（人の生命・身体）を侵害する現実的な危険性があるといえない。メスを十分消毒しないまま，これを手術に使用したことによって，初めて法益侵害の現実的危険性が認められることとなるのである。正に，注意義務を怠って（メスを十分消毒しないで）した一定の作為（手術）にこそ，真に過失犯の実行行為と呼ぶにふさわしい実体が認められるといえよう。従前，学説はおおむね不注意のみが過失であると解しており（したがって，不注意と結果との間に因果関係が認められれば直ちに過失犯の成立を肯定していた。），過失犯の実行行為については特に意識して論じられることがなかったようであるが，近時，次第にこの点に注目する立場が増えつつあり，実務的にみてもこの概念は十分有用であるように思われる。

(3) 過失犯の成否に関する実務の具体的判断方法

　過失の具体的要素に関する一般論については以上述べたとおりである。実務では，過失犯の成否が問題となった場合には，以下に述べるような具体的な判断の過程をたどって，前記各要素の存否の検討を行っているように思われる。

第2編　犯　　罪

① 過失犯の大半は結果犯であるから，我々は，一定の結果（具体的にいえば，交通事故やガス爆発事故による人の死亡等）が発生して，初めて過失犯の成否を考えることになる。もちろんだれかが故意にそのような事故を引き起こしたのであれば，端的に故意犯の成否を検討すればよい。しかし，故意によって引き起こされたものではなさそうだ，あるいは故意を認定するだけの証拠が不十分であるということになれば，次に，我々はその結果に対する過失犯の成否を考えることになる。

② そこでまず，我々は，その結果がだれのミスによって引き起こされたかということを考える。このように，実務では，一般に，結果からさかのぼって過失の有無を検討するという思考方法をとるのが通例である。だれのミスに基因してその結果が生じたのか，すなわち，その結果と因果関係のある人のミスにはどのようなものがあるかを検討して，一応過失行為らしきものを抽出する（**結果→因果関係→過失行為**の検討）。

③ このようにしてその結果と因果関係が認められる過失行為が一応抽出されると，今度はその行為者につき，「どのようにすれば，その結果を回避することができたか。」を考える（**結果回避義務**の存否・内容の検討）。

④ そして，③の検討の結果，行為者に対し，「このような行動（**結果回避措置**）をとっておれば，その結果は発生しなかった。」ということが確定されると，「それでは，当時の具体的な状況のもとで，現実にそのような行動（結果回避措置）をとることが可能であったか。」（**結果回避可能性**）ということ，及び，「そもそも，行為当時，その者は，結果の発生を予見することができたのだろうか。」（**結果予見可能性**）ということにつき検討を加える。

⑤ そして，これらがいずれも肯定されると，その行為者は，そのような結果回避義務を怠って一定の行為をしたため，構成要件的結果を発生さ

せたとして,過失犯の成立が認められるのである。

以上のように,結果からさかのぼって過失の存否を考えるという思考過程をとると,注意義務に関しても結果回避義務を重視することになるのは自然の成り行きである(後に述べるように,過失犯に関する近時の有罪判決の「罪となるべき事実」においては,その大半が注意義務を結果回避義務として構成していると思われる。)。加えて,結果回避義務を課する論理的前提として,実務は,結果回避可能性とともに結果予見可能性を要件として考えているものと思われる。予見可能性は,結果回避義務とは論理的な対応関係を持たないようにも見えるが,実は,過失犯の「入り口」に位置する最も基本的な要件であって,結果回避可能性の前提としての性質をも有するものである。行為者に結果の発生の予見が可能であるからこそ,結果の発生を回避すべき義務を課することができるのである。したがって,注意義務に関し結果予見義務と結果回避義務のいずれを重視するかにかかわらず,予見可能性は当然に必要とされるべき要件なのである。

以上のような過失犯の成立要件に関する実務の立場を整理して,これを図示すると,次のような図になる。

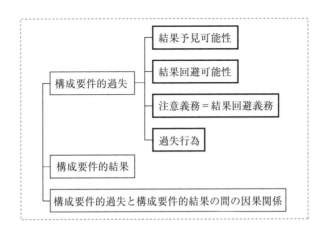

第2編　犯　　罪

【過失犯に関する刑事判決書の「罪となるべき事実」】
　以上のような実務の考え方は，過失犯に関する刑事判決書の「罪となるべき事実」の摘示に端的に表れていると思われるので，これを紹介しておこう。裁判所は，有罪の言渡しを行う場合には必ず「罪となるべき事実」を示さなければならず（刑訴335Ⅰ），更に有罪判決書には常にこの「罪となるべき事実」を摘示しているのが今日の実務であるが（刑訴規則53），次頁の事実摘示は，業務上過失致死傷罪に関する実務の典型的な「罪となるべき事実」の記載である。実際の判決書では，当然のことながら次頁にあるような点線の記載はないが，ここでは，一文の文章を点線によって幾つかに分割し，それぞれ(a)(b)…と記号を付することによって，それぞれの記載の持つ意味を明らかにしたい。
　まず，(a)は，業務者という行為者の身分の記載である。
　次に，(b)の部分は，注意義務発生の前提となる具体的状況である。
　これにより，行為者にとって結果発生の予見が可能であったことが表されている。
　これに続いて，(c)の部分では，行為者に課されている注意義務＝結果回避義務の内容を明らかにするとともに，同時に，行為者がこのような回避措置を講ずることによって，結果の回避が可能であったことをも示している。
　(d)の部分では，過失行為が摘示されている。学説上，過失犯の実行行為としての過失行為の意義が認識されるようになったのは比較的最近のことであるが，実務では，このような摘示に見られるとおり，従前から，過失は単なる不注意ではなく，不注意な行為であると当然のように認識されてきたのである（もし，不注意だけが過失であるなら，「…これを怠った過失により」と摘示することになるであろう。）。
　次いで，(f)は構成要件的結果の具体的事実であり，(e)は，過失行為からこの結果に至る具体的な因果の経過を明らかにすることによって，因果関係の存在が示されている。

(a) 　被告人は，○○所在の株式会社○○が経営する○○スキー場の○○リフト運転係兼監視係として，スキー及びスノーボード客用リフトの運転及び同リフトの乗客の安全確保の業務に従事していたものであるが，

(b) 　平成○年○月○日午前11時30分ころ，前記○○リフト山麓駅において，乗客のA（当時15歳）がリフトの搬器に乗ろうとした際，正常な姿勢で着席できず，後ろ向きの不安定な姿勢で同搬器にもたれかかった状態になっているのを認め，そのまま同搬器を上昇させた場合には，Aが，転倒し，あるいは，不安定な状態のまま同搬器とともに上昇し，地上に落下するなどの事故が発生することが容易に予想されたのであるから，

(c) 　このような場合，直ちにリフトの運転を停止し，事故の発生を未然に防止すべき業務上の注意義務があるのに，

(d) 　これを怠り，直ちにリフトの運転を停止せず，Aが同搬器の手すりにしがみついた状態のまま同搬器を上昇させ，Aを宙吊り状態にしてなおリフトを進行上昇させ続けた過失により，

(e) 　Aにバランスを失わせ，こらえきれずに同搬器の手すりから手を放すのを余儀なくさせ，乗車位置から約○○メートル付近まで同搬器を進行させた地点で，Aを同搬器から地上に落下転倒させ，

(f) 　よって，Aに対し，加療約3か月を要する左大腿骨骨折等の傷害を負わせたものである。

3 過失犯の成立要件に関する個別問題

(1) 予見可能性について

　前述のとおり，予見可能性の存在は過失犯成立の大前提である。実務においても，この要件の存否が公判審理の重要な争点となることが少なくない。予見可能性には種々の問題点が存するが，主たる問題としては，①　結果発生の予見が可能であるか否かの判断は，だれを基準として行うか（予見可能性判断の基準者）の問題と，②　予見可能性が肯定されるためには，どの程度具体的な事実についてまで予見が可能でなければならないか（予見対象の具体性）という問題とを挙げることができる。以下，この二つの問題につき若干検討する。

ア　予見可能性判断の基準者

　この問題については，学説上，(a)　一般人の能力を基準として判断すべきであるとする**客観説**，(b)　行為者の能力を基準として判断すべきであるとする**主観説**，(c)　行為者の能力が一般人より高い場合には一般人を基準とし，一般人よりも低い場合には行為者を基準とすべきであるとする**折衷説**の3説が主張されているが，判例は客観説に親和的な判示をしている（たとえば，前掲の【43】最判昭42・5・25刑集21巻4号584頁の判文中の「…を予測することは，一般の常識として可能なことであり」という言い回しにその一端をうかがうことができる。）。

　この問題を考えるに当たっては，過失は，構成要件要素であるとともに責任要素でもあるということが想起されなければならない。そして，構成要件的過失自体は，構成要件要素としての性質上，その要件はあくまでも客観的見地から一般人を基準として検討されるべきであるが，このようにして構成要件的過失の存在が肯定された場合，次に責任の段階では，非難可能性の前提として，果たして行為者を基準として考えたと

しても，なお予見可能性や結果回避可能性を認めることができ，当該注意義務を課し得るのかということを検討すべきであろう。構成要件的過失の段階では客観説の立場が妥当である。このような見地から，構成要件的過失の成立要件としての予見可能性を，特に**客観的予見可能性**という場合がある。

ただし，この関係で注意を要するのは，ここでいう「一般人」とは，社会一般の通常人を指すものではなく，行為者と同じ立場（例えば，地位・年令・職業等）にある通常人を指すということである。したがって，専門性などを考慮し，それに相当する一般人を行為当時の状況に置き換えた場合に，結果の発生を予見し得ると判断できる場合に予見可能性が肯定されるのである。後掲の【45】最決平12・12・20刑集54巻9号1095頁が，「施工資格を有してその工事に当たった被告人が」と判示しているのも，予見可能性の基準として，具体的状況下における一般人（この場合は，施工資格を有して当該施工工事に当たる一般的な接続工）を考えていると見ることができる。

イ　予見の対象の具体性

予見は将来の事柄に関する問題であるから，現実に生じた結果の日時・場所・態様等についてまで，正確に予見することができたかどうかを問題にすることは明らかに不合理である。したがって，予見の対象となる結果自体はある程度抽象化して考えざるを得ない。問題はこの抽象化の程度である。この点で，故意に関しては，今日の判例の採る法定的符合説（抽象的法定符合説）が，例えば殺人罪については，「人」を殺すという認識があれば十分であって，「そこにいる人」を殺すという認識や，「誰々という特定の人」を殺すという認識までは必要としないとしていることが参考になる。故意におけるこのような抽象化の程度に鑑みると，過失犯においても，予見の対象については同程度まで抽象化して

考えるのが自然であると思われる。例えば，過失致死罪の場合には，おおよそ「人が死ぬ」ことについて予見が可能であったか否かを問題にすれば足りることになろう。次に掲げた判例も，一般論として，ほぼ同様の立場に立っているものと思われる。判文中の「右のような無謀ともいうべき自動車運転をすれば人の死傷を伴ういかなる事故を惹起するかもしれないことは，当然認識しえたものというべきである」という判示に注意すべきである。

【44】「一，二審判決の認定するところによると，被告人は，業務として普通乗用自動車（軽四輪）を運転中，制限速度を守り，ハンドル，ブレーキなどを的確に操作して進行すべき業務上の注意義務を怠り，最高速度が時速30キロメートルに指定されている道路を時速約65キロメートルの高速度で進行し，対向してきた車両を認めて狼狽し，ハンドルを左に急転把した過失により，道路左側のガードレールに衝突しそうになり，あわてて右に急転把し，自車の走行の自由を失わせて暴走させ，道路左側に設置してある信号柱に自車左側後部荷台を激突させ，その衝撃により，後部荷台に同乗していたA及びBの両名を死亡するに至らせ，更に助手席に同乗していた丙に対し全治2週間の傷害を負わせたものであるが，被告人が自車の後部荷台に右両名が乗車している事実を認識していたとは認定できないというのである。しかし，被告人において，右のような無謀ともいうべき自動車運転をすれば人の死傷を伴ういかなる事故を惹起するかもしれないことは，当然認識しえたものというべきであるから，たとえ被告人が自車の後部荷台に前記両名が乗車している事実を認識していなかったとしても，右両名に関する業務上過失致死罪の成立を妨げないと解すべきで（る。）」（最判平元・3・14刑集43巻3号262頁）

また，因果の経過についても，現実に生じた具体的な因果の経過についての予見可能性がなくても，ある程度抽象化されたものが予見可能であれば，予見可能性を肯定してよく，次の判例もその立場に立っているとみられる。

【45】「（鉄道トンネル内における電力ケーブルの接続工事に際し，施工資格を有してその工事に当たった者が，ケーブルに特別高圧電流が流れる場合に発生する誘起電流を接地するための接地銅板を接続器に取り付けることを怠ったため，誘起電流が大地に流されずに，接続機器本体の半導電層部に流れて炭化導電路を形

成し、長期間にわたり同部分に集中して流れ続けたことにより、火災が発生したという）事実関係の下においては、被告人は、右のような炭化導電路が形成されるという経過を具体的に予見することはできなかったとしても、右誘起電流が大地に流れずに本来流れるべきでない部分に長期間にわたり流れ続けることによって火災の発生に至る可能性があることを予見することはできたものというべきである。したがって、本件火災発生の予見可能性を認めた原判決は、相当である。」
（最決平12・12・20刑集54巻9号1095頁）

(2) **注意義務**について
  ア　注意義務判断の基準者
　構成要件的過失の要件として注意義務の内容を検討する場合に、何人を基準にこれを考えるべきかという問題がある。前述した予見可能性判断の基準者とほぼ同様の問題であるが、注意義務の内容を検討するに当たっても、やはり構成要件的過失の段階では一般人の注意能力を基準にこれを考え、次いで責任過失の存否を検討する段階では行為者個人の注意能力を基準にこれを考えるのが妥当というべきである。この意味で、構成要件的過失の要件としての注意義務を**客観的注意義務**という場合が多い。

  イ　注意義務の具体的内容とその発生根拠
　注意義務の内容については、法文に全く規定がなく、各事件において個々的にその内容が補充されることが予定されている（「開かれた構成要件」）。しかし、この点に関しては、長年にわたる判例の集積と実務の形成によって、今日では、各事件の類型に応じて、注意義務の内容も、結果回避義務の形で、ある程度まで類型化・具体化されつつあるように思われる。特に、実務上過失犯の大半を占める自動車事故に関する過失運転致死傷事件においては、減速徐行義務、前方注視義務、運転避止義務、車間距離保持義務、左右道路安全確認義務…等の形でかなりの程度類型化がなされている。

これらの注意義務は，法令・契約・慣習・条理等の様々な根拠から生ずる。ことに各種の行政取締法規には種々注意義務が規定されていて，これがそのまま過失犯の注意義務となる場合もあるが，行政取締法規中に注意義務が定められていても，そのままの形では結果回避義務を構成しない場合も多い。例えば，道路交通法65条は酒気帯び運転の禁止，すなわち飲酒した場合には自動車の運転を避止すべき義務を規定しているが，これに反して飲酒の上運転を行い人身事故を起こしたような場合に，常に運転避止義務違反がそのまま過失犯の注意義務となるわけではない。行政取締法規の注意義務は行政的な取締りを目的として定められたものであって，結果回避義務としての過失犯の注意義務とはもともとその趣旨・目的を異にしているのであるから，両者の一致しない場合が生ずるのはむしろ当然のことといえよう。したがって，行政取締法規中の注意義務を尽くしたからといって直ちに過失犯の成立が否定されるわけではなく，なお結果回避の措置を講ずべき余地がなかったかどうかが検討されなければならない。行政取締法規とは異なるが，鉄道会社の列車運転心得に記載されている注意義務と，過失犯における注意義務との関係について判示したものとして，次の判例が参考になる。

【46】「駅長その他の鉄道従業員は，単に列車の運転取扱に関する特別の規定を守るだけでその義務を常に尽くしたものということはできず，いやしくも列車の運転に関して可能なかぎり一切の注意義務をつくさなければならないのである。」（最決昭32・12・17刑集11巻13号3246頁）

要するに，当該状況の下で生ずる行政取締法規の注意義務を十分参考にしながらも，刑法独自の立場から，真に結果を回避するうえで必要かつ適切な具体的義務は何かを検討しなければならない。

ウ　結果予見可能性と結果回避義務との関係

結果の発生が予見され，又はその予見が可能であるからといって，常

にその結果を回避すべき義務が課せられるわけではない。例えば，患者の死亡がある程度の確率で予想される危険な手術を行う場合には，患者の死亡という結果に対する予見可能性の存在は否定できないが，だからといって医者は常にその手術を回避すべき義務を負っているわけではない。医者が今日の医学水準を満たした最善の方法によって手術を行った以上，その結果運悪く患者が死亡したとしても，医者が手術を行ったこと自体を過失であるとすることはできないと解するのが常識的であろう。このように，予見可能性の存在が否定できない危険な行為であっても，当該業種に必要な規則と注意とを遵守している以上，当該行為の社会的有用性等にかんがみ，結果回避義務を免除すべき場合があり得る。このような場合を**許された危険**という。後述する**信頼の原則**は，許された危険の一形態にほかならない。

　「許された危険」の考え方は，近代科学の発達とともに登場してきたものである。今日，我々の周囲には飛行機・自動車等の高速度交通機関，医療行為，科学的な実験等，我々の生命・身体に対して侵害の危険を及ぼすような行為が満ちあふれているが，これらの行為は，いずれも社会的に有用性を有するものばかりであるから，それぞれが一定の行動基準に従って行われる限り，たとえそのような危険を有するものであっても，適法なものとして許容せざるを得ない。これが「許された危険」にほかならない。したがって，このような行為から現実に生命・身体の侵害が生じたとしても，行為者が一定の行動基準を遵守している限り，当該行為者に結果回避のためにそのような行為を避けるべきであったという注意義務を課することはできないのである。この場合の行動基準については，危険行為の社会的有用性・必要性，予想される危険の蓋然性，侵害されるべき法益の価値などを総合的に考慮し，行為者にどの程度の注意を要求することが社会的に相当かという観点から決定されるべきである。

第2編 犯　　罪

4　構成要件的過失の特殊形態

(1)　業務上過失

　業務上過失とは，行為者が業務者という身分を有するがゆえに特別に高度の注意義務を課せられる場合をいう（最判昭26・6・7刑集5巻7号1236頁）。刑法典の中では，業務上失火罪（刑117条の2前），業務上過失往来危険罪（刑129条Ⅱ），業務上過失致死傷罪（刑211前）の3罪が業務上過失を構成要件的過失として規定している。

　「業務」の意義については各構成要件によって若干のニュアンスの違いはあるものの，基本的には下記の判例が業務上過失致死傷罪における「業務」の意義について判示するところとほぼ同様に解することができる。

　【47】「刑法211条にいわゆる業務とは，本来人の社会生活上の地位に基づき反覆継続して行う行為であって（…），かつその行為は他人の生命身体等に危害を加える虞のあるものであることを必要とするけれども，行為者の目的がこれによって収入を得るにあるとその他の欲望を充たすにあるとは問わないと解すべきである。」（最判昭33・4・18刑集12巻6号1090頁）

　さらに判例は，「業務」には，「他人の生命身体等に危害を加える虞のある」ものだけではなく，「人の生命・身体の危険を防止することを業務内容とする」ものも含まれると解している（最決昭60・10・21刑集39巻6号362頁）。

　業務上過失を構成要件的過失として規定する罪の法定刑は，通常の過失の場合のそれよりもかなり重い。その根拠については学説上種々の考え方があるが，上述のように，行為者が業務者という身分を有するがゆえに，特別に重い注意義務が課せられているものと解する。すなわち，人の生命・身体に対し危害を加えるおそれがある事務や，人の生命・身体の危険を防止することを内容とする事務を継続的・反覆的に行う者は，他人の生命・身体等に対する侵害を惹起しやすい立場にあるわけであるから，不注意

の行為によってそのような結果を発生させることがないように特別に高度の注意義務が課せられているのであり，したがって，逆にそのような高度の注意義務を怠って結果を発生させた場合には，通常人の場合よりも一般的に重い責任が帰せられるのである。

(2) **重過失**

重過失とは，通常の過失に比して，容易に結果の発生を予見することができ，かつ容易に結果の発生を回避し得るのに，その注意義務を怠って結果を発生させた場合をいう。刑法典中では，重失火罪（刑117条の2後）と重過失致死傷罪（刑211後）が重過失を構成要件的過失として規定している。

重過失が構成要件的過失として規定されている罪においては，上記のように結果予見の容易性や結果回避の容易性を理由として通常の過失の場合よりも重い法定刑が規定されている。これに対し，通常の過失犯の場合においては，上記結果の予見・回避が容易であったことは，裁判官が刑の量定を行う際に犯情の一つとして考慮されることになる。

第2編　犯　罪

第9　構成要件的過失Ⅱ（過失犯に関する実務的諸問題）

　前節では過失犯の意義及び一般的成立要件を検討した。本節では，過失犯に関する基本的理解の上に立って，実務上しばしば登場する過失の三つの問題，すなわち，信頼の原則，段階的過失，監督過失について検討する。過失犯に関する一歩進んだ議論が展開されることになるが，いずれも実務的には欠かすことのできない重要な問題である。

1　信頼の原則

(1)　信頼の原則の意義と由来

　信頼の原則とは，「他人が予期された適切な行動に出るであろうことを信頼するのが相当な場合には，たとえその他人の不適切な行動と自己の行動とがあいまって法益侵害の結果を発生させたとしても，これに対しては過失責任は問われない。」という法理である。

　我が国では，信頼の原則は主として交通事故に関する過失致死傷事件（以下「交通過失」という。）への適否を中心として論じられているから，これを交通過失事件に限って定義すれば，信頼の原則とは「交通関与者は，他の交通関与者が交通規則その他の交通秩序を守るであろうことを信頼するのが相当な場合には，たとえ他の交通関与者の不適切な行動と自己の行動とがあいまって法益侵害の結果が発生したとしても，これに対しては過失責任を負わない。」とする法理であるということになろう。

　もともと自動車の走行はそれ自体法益侵害の危険に満ちた行為であって，ことに今日のように道路に車があふれかえっている社会では，自動車を走らせる以上，人の死傷を伴う事故という結果に対する予見可能性は常に否定できないのが現実である。例えば，甲の運転する車が青信号に従って交

差点を走行していたところ，交差道路からAの運転する車が赤信号を見落とし，あるいは無視して飛び出して来たため，衝突事故が起き，Aが死亡したとしよう。現実にあり得る事態である。この場合，甲に結果を回避するための措置が考えられなかったかといえば，必ずしもそうではない。甲は，交差点の手前から徐行運転を行い，無謀な運転をする車が交差道路から来ないか周囲に極度の注意を張りめぐらせて運転していたとすれば，おそらくこのような事故は回避できたであろう。しかし，甲に，そのような結果回避義務を尽くさなかったことを理由に過失責任を負わせることは妥当であろうか。甲自身に酷であるばかりか，そのような注意義務をいちいち要求していくと，交通の円滑は著しく害せられ，自動車の社会的効用も無きに等しい結果となるであろう。そこで交通環境の整備や交通道徳の普及等一定の社会的環境が成立したという条件の下に，他の交通関与者が交通秩序を守ることについて信頼するのが客観的に相当と認められる場合には，他者の不適切な行動とあいまって事故が発生し，しかも当該事故発生の予見可能性自体は否定できない場合であっても，結果回避義務の存在を否定して過失責任を問わないという「信頼の原則」が認められることとなったのである。

【信頼の原則の社会的背景】

　信頼の原則の登場してきた背景には，モータリゼーション（自動車の大衆化，自動車社会化）の進展がある。自動車の運行それ自体は危険なものであるが，他面それは人々に多大の利便をももたらす。自動車の運行は，このような社会的な危険性と有用性という二面性を有しているのであって，自動車の運行に伴う危険を回避すべき責任も，このような観点から，人命の安全と交通の円滑との調和の上に立って合理的にその範囲が定められなければならない。自動車の台数が少なく道路は第一次的に歩行者のためにあると考えられていた時代には，自動車運転者はあらゆる事態を予測し，危険回避のための万全の措置を講ずる義務があり，それに違反する限り過失責任は免れないのであった。しかし，その後自動車の台数が増加し，高速化するとともに，他面，交通安全のための環境が整備され一般大衆に交通道徳が普及するようになると，過失の認定についても交通の実情に適

合した取扱いが要請されるところとなり、安全の見地からのみなされていた過失の認定に、交通の円滑という社会的有用性等の見地から修正・規制が加えられることとなったのである。そのような修正のルールの一つが信頼の原則にほかならない。

以上のように、信頼の原則は、注意義務を交通の実情に応じて合理的に軽減する原理なのであって、決して運転者の「手抜き」を認めるような性質のものではない。行為者が比較的軽度の注意を尽くせば予想される定型的な危険を容易に防ぐことのできる場合には、そのような注意を尽くすべきは当然であって、信頼の原則が法的原理として認められたからといって、そのような軽度の負担さえも免除されるわけではないということに注意する必要がある。

(2) **信頼の原則と判例の立場**

信頼の原則は、今日では判例においても完全に定着しているといってよい。すなわち判例は、最判昭41・6・14刑集20巻5号449頁が、深夜、到着した電車から下りた酔客が線路に転落し、電車とホームとの間に挟まれて死亡したという事案において、初めて信頼の原則を適用して私鉄駅の乗客係につき過失犯の成立を否定した後、次いで、下記【48】最高裁判決が、交通過失事件に初めて信頼の原則を適用し、これを皮切りに、以後数多くの判例が交通過失事件において信頼の原則の適用を認めるに至っている。

【48】「本件のように、交通整理の行われていない交差点において、右折途中車道中央付近で一時エンジンの停止を起こした自動車が、再び始動して時速約5粁の低速（歩行者の速度）で発車進行しようとする際には、自動車運転者としては、特別な事情のない限り、右側方からくる他の車両が交通法規を守り自車との衝突を回避するため適切な行動に出ることを信頼して運転をすれば足りるのであって、本件Yの車両のように、あえて交通法規に違反し、自車の前面を突破しようとする車両のありうることまでも予想して右側方に対する安全を確認し、もって事故の発生を未然に防止すべき業務上の注意義務はないものと解するのが相当であり、原判決が強調する、被告人の車の一時停止のため、右側方からくる車両が道路の左側部分を通行することは困難な状況にあったとか、本件現場が交通頻繁な場所であることなど

の事情は，かりにそれが認められるとしても，それだけでは，まだ前記の特別な事情にあたるものとは解されない。」（最判昭41・12・20刑集20巻10号1212頁）

(3) 信頼の原則の適用条件

① 自動車の増加，交通道徳の普及等の社会的状況の形成

前述のとおり，信頼の原則は，交通事情の変化に伴なう実際上の必要性から生まれたものであるから，信頼の原則を適用するためには，まずその基礎的条件として，(a) 自動車の増加・高速化，そしてそれに伴う交通の円滑化の必要性があること，(b) 道路・信号・標識等交通安全のための環境整備がなされていること，(c) 交通教育・交通道徳の普及により，一般交通関与者が交通秩序に違反しないで適切な行動をとるという風潮が一般化していること，等の信頼の原則を適用するにふさわしい社会状況が形成されていることが不可欠である。

② 信頼の存在

①の基礎的条件を満たしている場合には，次に，個々の事案における信頼の原則の適否が問題となる。この場合には，まず第1に，当該行為者において，他の交通関与者が交通秩序に従った行動をとることへの現実の信頼が存在していることが必要である。この「信頼」自体は，必ずしも明確に意識されたものでなくともよく，言わば運転行為の最中における無意識的な予見というような形をとったものでもよいが，具体的事故の発生を未必的にせよ一旦認識したような場合，すなわち認識ある過失の場合には，この信頼が欠ける場合が多いであろう。

③ 信頼の相当性

しかし，信頼は，単に存在すればよいというのではなく，当該具体的交通事情から見て客観的に相当といえるものでなければならない。例えば，次の判例のケースなどは，信頼の相当性が欠ける典型例であるといえよう。

第2編　犯　　罪

【49】事案は，被告人が，先行車との車間距離を約12メートルに保ちながら，共に時速50kmで自動車を走行させていたところ，交差点内で先行車が急制動の措置をとったため，同車に追突してしまったというものである。このようなケースにつき最高裁は次のように判示した。

「他車両に追従する車両の運転者にとって，先行車が急制動の措置をとるかもしれないことを予測し，常に追突を避けうる態勢をとって運転することは，最も基本的かつ重要な注意義務であり，たとい交差点内であっても，先行車が急制動の措置をとることはないと信頼して運転することは許されないから，本件において，先行車が交差点内で急制動の措置をとったとしても，これを理由として被告人の過失責任を否定することはできない。」（最決昭57・12・16裁判集刑事229号653頁）

また，自動車運転者が，自己の対面信号を根拠に，現認していない対向車線の対面信号の表示を判断し，対向車両がこれに従うと信頼することは許されないとした事例として，以下の判例がある。

【50】〔事案〕被告人は，普通乗用自動車を運転し，交差点を右折するため，交差点手前の片側2車線の幹線道路中央線寄り車線を進行中，対面する同交差点の信号が青色表示から黄色表示に変わるのを認め，さらに，自車の前輪が同交差点の停止線を越えた辺りで同信号が赤色表示に変わるのを認めるとともに，対向車線上を時速約70ないし80kmで進行してくる自動二輪車のライトを，前方50m余りの地点に一瞬だけ見たが，対向車線の対面信号も赤色表示に変わっており二輪車がこれに従って停止するものと即断し，その動静に注意することなく右折進行し，実際には対面する青色信号に従って進行してきた二輪車（A車）と衝突した。
〔判旨〕「被告人はA車が本件交差点に進入してくると予見することが可能であり，その動静を注視すべき注意義務を負うとした原判断は，相当である。所論は，本件交差点に設置されていた信号機がいわゆる時差式信号機であるにもかかわらず，その旨の標示がなかったため，被告人は，その対面信号と同時にA車の対面信号も赤色表示に変わりA車がこれに従って停止するものと信頼して右折進行したのであり，そう信頼したことに落ち度はなかったのであるから，被告人には過失がないと主張する。しかし，自動車運転者が，本件のような交差点を右折進行するに当たり，自己の対面する信号機の表示を根拠として，対向車両の対面信号の表示を判断し，それに基づき対向車両の運転者がこれに従って運転すると信頼することは許されない。」（最決平16・7・13刑集58巻5号360頁）

信頼の相当性の要件に関しては，(a) 信頼の対象が，自動車ではなく歩行者等の人の行動であった場合，すなわち歩行者等が交通ルールを守るものと信頼して自動車を走行させた結果，人身事故が起こったという場合にも，なおその信頼は相当なものといえるか，(b) 相手車両が交通法規に反する異常な行動をしている場合（例えば，相手車両が蛇行運転を繰り返すことから酩酊状態で運転をしていることがうかがわれる場合や，また通行区分違反や追い越し方法違反を犯したりしている場合）に，なお適切な行動に出るものと信頼することは相当といえるか，などの問題がある。いずれの場合も，そのような信頼は客観的に相当とはいえないとするのが今日の通説的な考え方である（なお，(a)の問題に関し，車両対人の事案で信頼の原則の適用を否定した判例として最決昭45・7・28裁判集刑事177号413頁）。

【行為者側の交通秩序違反と信頼の原則の適用の可否】

　行為者自身の行動にも交通秩序違反が認められる場合に，なお信頼の原則の適用を認めることができるのであろうか。例えば，【48】の判例の事案において，仮に行為者の右折方法が道路交通法の規定に反するものであったという場合においても信頼の原則は適用されるのであろうか。この点については，学説上争いがあり，クリーンハンズの法理に照らして，このような場合には信頼の原則の適用を一切認めるべきでないとする説や，当該交通秩序違反と当該事故との因果関係が単に条件的なものにとどまる場合には信頼の原則の適用を認め，条件的なものにとどまらず事故の主因をなしているような場合には信頼の原則の適用はないとする説など種々の説が主張されている。

　最高裁判例は，行為者に多少の交通秩序違反があっても，信頼の原則を認めたものが幾つかあり，少なくとも，行為者側に違反があれば一切信頼の原則の適用を認めないという立場に立っていないことは明らかであるが，どの程度の違反までなら信頼の原則の適用が許されるかについては必ずしも明らかではない。

(4) **信頼の原則の他の分野への適用**

　上述のとおり，これまで信頼の原則は主として交通業過事件を念頭にお

いて論じられてきたが，本来，その適用は必ずしもこれに限られるものではない。例えば，共同作業を前提とする危険な事務を遂行するような場合は，相互に各人の適切な結果回避措置を信頼してこれをしなければ事務それ自体が成り立たないのであるから，これらの事務には信頼の原則を適用する余地があるといえよう。後述の【52】日本アエロジル工場塩素ガス流出事件において，最高裁が，初めて交通関係の事件以外にも信頼の原則の適用を認めるに至ったことが注目される。また，医療の分野でも，いわゆるチーム医療において信頼の原則の適用の可否が議論されている。一般論としては，上記のとおり，チーム内で明確な役割や責任の分担が確立しており，各人がその役割や責任を十全に果たすことを前提として医療行為に当たることが予定されていて，そのような相互の信頼がなければ当該医療行為の遂行自体成り立たないといった事情が認められれば，適用を認める余地はあるであろう。もっとも，逆にそのような事情が認められない場合や，あるいは，危険な結果を回避するためにあえて複数の人間に重畳的な結果回避のための措置（いわゆるダブルチェック）を義務づけているような場合には，信頼の原則を適用する余地はないであろう。次の事例は，患者を取り違えて手術をしたという医療事故について，麻酔を担当した医師が，麻酔導入前に患者の同一性確認の十分な手立てを採らず，また，麻酔導入後に患者の同一性に関する疑いが生じた際に確実な確認措置を採らなかったとして，同医師に業務上過失傷害罪の成立が認められたものであり，最高裁は，信頼の原則を適用する基盤を欠いた事案であると判断しているように思われる。

【51】「医療行為において，対象となる患者の同一性を確認することは，当該医療行為を正当化する大前提であり，医療関係者の初歩的，基本的な注意義務であって，病院全体が組織的なシステムを構築し，医療を担当する医師や看護婦の間でも役割分担を取り決め，周知徹底し，患者の同一性確認を徹底することが望ましいところ，これらの状況を欠いていた本件の事実関係を前提にすると，手術に関与する医師，

看護婦等の関係者は，他の関係者が上記確認を行っていると信頼し，自ら上記確認をする必要がないと判断することは許されず，各人の職責や持ち場に応じ，重畳的に，それぞれが責任を持って患者の同一性を確認する義務があり，この確認は，遅くとも患者の身体への侵襲である麻酔の導入前に行われなければならないものというべきであるし，また，麻酔導入後であっても，患者の同一性について疑念を生じさせる事情が生じたときは，手術を中止し又は中断することが困難な段階に至っている場合でない限り，手術の進行を止め，関係者それぞれが改めてその同一性を確認する義務があるというべきである。

これを被告人についてみると，①麻酔導入前にあっては，患者への問い掛けや容ぼう等の外見的特徴の確認等，患者の状況に応じた適切な方法で，その同一性を確認する注意義務があるものというべきであるところ，上記の問い掛けに際し，患者の姓だけを呼び，更には姓にあいさつ等を加えて呼ぶなどの方法については，患者が手術を前に極度の不安や緊張状態に陥り，あるいは病状や前投薬の影響等により意識が清明でないため，異なった姓で呼び掛けられたことに気付かず，あるいは言い間違いと考えて言及しないなどの可能性があるから，上記の呼び掛け方法が同病院における従前からの慣行であったとしても，患者の同一性の確認の手立てとして不十分であったというほかなく，患者の容ぼうその他の外見的特徴などをも併せて確認をしなかった点において，②更に麻酔導入後にあっては，外見的特徴や経食道心エコー検査の所見等から患者の同一性について疑いを持つに至ったところ，他の関係者に対しても疑問を提起し，一定程度の確認のための措置は採ったものの，確実な確認措置を採らなかった点において，過失があるというべきである。

この点に関し，他の関係者が被告人の疑問を真しに受け止めず，そのために確実な同一性確認措置が採られなかった事情が認められ，被告人としては取り違え防止のため一応の努力をしたと評価することはできる。しかしながら，患者の同一性という最も基本的な事項に関して相当の根拠をもって疑いが生じた以上，たとえ上記事情があったとしても，なお，被告人において注意義務を尽くしたということはできないといわざるを得ない。」（最決平19・3・26刑集61巻2号131頁）

2 段階的過失

(1) 段階的過失の意義と問題点

段階的過失とは，同一人の過失が2個以上段階的に積み重なって結果が発生した場合をいう。例えば，次頁の表の例Ⅰでは(a)(b)の両過失が，また例Ⅱでは(c)(d)の両過失がそれぞれ段階をなして存在しており，いずれにつ

第2編　犯　　罪

いても結果との間に因果関係を認めることができる。

　段階的過失が認められる場合には、その段階をなす過失のうち、いずれが過失犯を構成する法律上の過失となるのかということが問題となる。

> 例Ⅰ：トラックの運転手が荷台に粗雑な荷の積み方をし、しかも運転の仕方が乱暴であったため積荷が落ちて通行人が負傷したような場合
> 　　　┌(a)　粗雑な積み方をしたという過失
> 　　　└(b)　乱暴な運転を行ったという過失
> 例Ⅱ：酒を飲んで運転を行った際、酩酊のため注意力散漫となり前方注視を怠った結果、事故を起こしたという場合
> 　　　┌(c)　酒を飲んでいるのに運転を開始したという過失
> 　　　└(d)　前方不注視のまま進行を続けたという過失

(2)　段階的過失に関する学説

　この問題については、学説上、直近過失一個説と過失併存説との対立がある。

① **直近過失一個説**

　結果に直結する最後の過失（これを「直近過失」という。）だけが過失犯を構成する過失であると考える立場である。この説に従えば、例Ⅰについては(b)だけが、例Ⅱについては(d)だけが過失犯を構成する過失となる。

　この説は、過失犯を構成する過失は、結果に対し直接の危険性を有するものでなければならないとした上、同一人の過失が数個段階をなして存在していても、そのうち結果に対し直接の危険性を有する過失といえるのは直近過失だけであるとする。真に過失犯の実行行為の名に値するのは直近過失の過失行為だけであって、それ以前の段階の過失は単なる

予備行為か又は縁由・背景事情にすぎないものと解するのである。
② **過失併存説**
　以上に対し，過失併存説は，結果と因果関係を有する過失は，いずれもが併存的に過失犯を構成する過失になり得ると考える。この説に従えば，例Ⅰについては(a)(b)が，例Ⅱについては(c)(d)が，いずれも過失犯を構成する過失になり得る。
　この説は，いずれの過失も，過失の具体的要素を具備しており，しかも結果と因果関係を有する以上，過失犯を構成する過失を直近過失にのみ限定する根拠は乏しいといわざるを得ないし，まして直近過失が比較的軽微であり，先行過失の方が結果に対して重大かつ基本的な影響を与えているような場合においてまで，直近過失のみが過失犯を構成する過失であるとするのは不自然であると解するのである。

(3) **段階的過失の問題の実務的意義とその検討**
　段階的過失をめぐる上記のような二つの考え方を真に理解するためには，これを単に刑法理論上の観念的な議論として眺めるだけでは足りず，その実務的な背景をも理解していなければならない。
　実務上，検察官は，段階的過失の事案においては，過失併存説に従って，結果との間に因果関係の認められる過失をかなり広範囲に起訴状の公訴事実に列挙することが多かったようである。この場合，いずれの過失も重要なものであるなら比較の問題は少ないが，事故とは関連の薄い（間接的な）落ち度まであれこれ公訴事実に列挙されているような場合には，公判審理の段階で審理のポイントが定めにくい上，量刑上さほど重要でない点についてまでいろいろと争いが生じ，証拠調べの範囲も不必要に拡散する傾向を免れないのである。
　直近過失一個説は，このような不合理な事態を解消し，当該事案の真の争点につき効率的に審理を行うという実践的意義を担って登場してきたの

であった。札幌高判昭40・3・20高刑集18巻2号117頁が，最初にこの説を採用して以来，同説は多くの裁判官の共感を呼び，公判審理に際し検察官に対する求釈明又は訴因変更の勧告を適宜行うことによって訴因を直近過失に限定する運用が行われるようになるなど，同説は刑事裁判実務に強い影響を及ぼすに至った。

このように，直近過失一個説が刑事裁判実務において果たした役割は極めて重要である。しかし他面，この説を徹底すると逆の意味で不合理な事態が生ずることもまた否定できない。例えば，上記過失併存説の指摘するように，直近過失一個説によると，2個以上の過失のうち，時間的に早い段階にある過失行為の方が結果発生に対して重大かつ基本的な影響を与えており，直近過失の方は比較的軽微な影響を与えたにとどまるような場合（例えば，上記例Ⅰの事例では，(a)の過失の方がはるかに大きな影響を与えた場合）においても，後者のみを過失ととらえざるを得ないこととなり，その妥当性は極めて疑問である。また，実務では，2個以上の同一人の過失が密接不可分に絡みあって結果が発生する場合が少なくないが，このような場合にも，直近過失一個説を徹底すると，あえて直近過失一個に過失を絞らざるを得ないということにもなりかねない。例えば，甲が制限速度をはるかに超過するような高速度で車を走らせたうえ，脇見運転をしていたため，道路を横断中の歩行者Aの発見が遅れ，直ちにブレーキをかけたが間に合わずAをひいてしまったとしよう。この場合，甲には法的には高速運転と前方不注視運転という二つの過失が認められるが，現実の生の事実においては，両者は不可分の一体の関係にあり，ただ「高速」という不注意と「脇見」という不注意とが同一の運転行為に対し相乗的に高度の危険性を付与する結果となっているにすぎないのである。しかし，このような場合において，直近過失一個に過失を絞ることにどれほどの必要性があるのか，多分に疑問であるといわざるを得ない。

第2章 構成要件

そこで今日では，実務の大勢は，基本的には過失併存説に立脚して，複数の過失の併存を許容しながらも，なお直近過失一個説の趣旨にかんがみて，単なる縁由または背景事情にすぎないと認められるような過失行為はできる限り訴因や判決の「罪となるべき事実」から除外していこうという態度を採っているように思われる。このような実務の傾向からすると，例Ⅰについては(a)(b)の両過失が，例Ⅱについては(d)の過失が過失犯を構成する過失として認められることになるものと思われる。

3 監督過失

監督過失とは，直接に結果を発生させる過失（これを「直接過失」という。）をした行為者（直接行為者）に対し，これを監督すべき地位にある者（監督者）がその過失を防止すべき義務を怠ったことを理由に過失責任を問われる場合をいう（狭義の監督過失）。言わば「監督上の過失」の問題である。

【監督過失と管理過失】
　以上に対し，監督者が過失責任を問われる場合一般を指して，「監督者自身の過失」の意味で監督過失という言葉を用いる場合がある（広義の監督過失）。この広義の監督過失の中には，(a) 上記狭義の監督過失と，(b) 監督者が直接果たすべき義務，特に物的，人的な管理措置を講じて結果の発生を防止すべき義務を怠り，直接行為者の過失と競合し又は単独で結果を発生させた場合（これを「管理過失」という。）とが含まれる。以上を併せて「管理監督過失」ということもある。
　ここでは，狭義の監督過失のみを監督過失と呼ぶこととする。

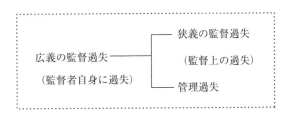

【過失の競合と監督過失】
　同一人の複数の過失が段階をなして存在している場合を段階的過失というのに対

第2編　犯　　罪

し，複数人の過失が競合して結果を発生させた場合を一般に**過失の競合**という。過失が競合した場合には，競合した各過失ごとに，過失犯の成立要件を個別的・具体的に検討しなければならない。

なお，刑事においては，民事のように過失相殺の観念がないことに注意する必要がある（被害者の過失は，刑の量定の際に考慮されるにとどまる。）。

過失の競合が，監督者・被監督者という上下関係にある者において認められる場合が，監督過失の問題にほかならない。

監督過失は，直接過失という下位者の過失を経由して初めて結果との間に因果関係が認められることになるため，監督過失と直接過失との関係をどのように把握するかなど種々困難な問題が生ずる。監督過失自体が法律上の問題として学説・判例において取り上げられることとなったのは比較的最近のことであり，その概念や要件等については未解明の点が少なくないが，この間にあって，最高裁判所は，監督過失に関し下記のような注目すべき判決を言渡し，監督過失につき初めて具体的判断を示したばかりか，更には監督過失と信頼の原則との関係についても画期的な判示を行うに至り，以後，この判決は指導的判例として位置づけられている。

【52】〔事案〕本件は日本アエロジル株式会社四日市工場における塩素ガス流出事故に関するものである。事故の概要は，タンクローリーで運搬されてきた原料の液体塩素を同工場の貯蔵タンクに受け入れるに際し，未熟練技員Aが単独で受入れバルブを閉めようとし，一緒に受入れ作業に従事していた熟練技員のBがこれを了承したため，未熟練技員Aが誤って閉まっているパージバルブを開け，大量の塩素ガスを大気中に放出させて付近住民等に傷害を負わせたというものである。この事故に関し，上記未熟練技員A，これを指導監督しつつ作業に当たっていた上記熟練技員B，受入れ作業担当班の責任者であった技師のC，これらの総括者で人員配置や安全教育の責任者でもあった製造課長のDの4名と，前記日本アエロジル株式会社とが，公害罪法（「人の健康に係る公害犯罪の処罰に関する法律」）違反の罪で起訴されて，いずれも一，二審で有罪判決を受けた。これに対し，最高裁は，まず公害罪法違反の罪の関係では上記5名全員につき犯罪が成立しないとした（被告会社に対しては無罪を言い渡した。）上，AないしDについては業務上過失傷害罪の成立する余地があるとして，各人につき具体的にその過失の有無を検討した。そして，A・Bについては過失の存在が明らかであるとした上，次いでC・Dの過失の有無につき，次のような判断

を示した。

〔判旨〕「被告人D及び同Cは，未熟練技術員である被告人Aを技術班に配置して液体塩素の受入れ作業に従事させるに当たっては，同人が知識経験の欠如から単独で不的確なバルブ操作をして事故を起す危険が予見されたのであるから，同人に対する安全教育を徹底して行い，熟練技術員の直接の指導監督の下でなければバルブ操作をしないことなどを十分に認識させておくべきであり，少なくとも急遽同人を技術班に配置するに際してはその旨を同人に注意しておくべきであった。また，両被告人は，未熟練技術員である被告人Aとともに液体塩素の受入れ作業に当たる熟練技術員に対しても，その直接の指導監督の下に被告人Aを作業に従事させ，決して単独でバルブ操作をさせることのないよう安全教育を徹底し，少なくとも被告人Aを急遽技術班に配置するに際してはその旨を熟練技術員に対し注意しておくべきであった。しかるに，両被告人は，これらを怠ったまま漫然被告人Aを技術班に配置して液体塩素の受入れ作業に当たらせるという危険な行為に出て本件事故を招来したものであるから，両被告人に過失があったことは否定すべくもない。…そして，本件の場合，もし未熟練技術員が単独でバルブ操作をすることの危険を意識した安全教育が十分になされているか，あるいは少なくとも被告人Aを技術班に配属するに際してそのことについて適切な指示がなされており，被告人Aか同Bかがその危険に思い及んでいたとすれば，本件事故は起きなかったと考えられる。…

しかしながら，これらの判決（注－一，二審判決）が，両被告人（注－被告人C，D）は右の安全教育又はその指示を行っただけでは足りず，液体塩素の受入れ作業の現場を巡回して監視する義務がある旨を判示している点は，過大な義務を課すものであって，正当とはいえない。すなわち，右の安全教育又は指示を徹底しておきさえすれば，通常，熟練技術員らの側においてこれを順守するものと信頼することが許されるのであり，それでもなお信頼することができない特別の事情があるときは，そもそも未熟練技術員を技術班に配置すること自体が許されないということになるからである。」（最判昭63・10・27刑集42巻8号1109頁）

また，最高裁は，近時，主治医を指導する立場にある科長である医師について，主治医が抗がん剤を過量投与したという医療過誤に関する監督責任につき，以下の判断を示した。

【53】「右顎下の滑膜肉腫は，耳鼻咽喉科領域では極めてまれな症例であり，本センターの耳鼻咽喉科においては過去に臨床実績がなく，同科に所属する医局員はもとより被告人ですら同症例を扱った経験がなかった。また，Bが選択したＶＡＣ療法についても，B，Aはもちろん，被告人も実施した経験がなかった。しかも，ＶＡＣ療法に用いる硫酸ビンクリスチンには強力な細胞毒性及び神経毒性があり，使用法を誤れ

第2編　犯　　罪

ば重篤な副作用が発現し，重大な結果が生ずる可能性があり，現に過剰投与による死亡例も報告されていたが，被告人を始めBらは，このようなことについての十分な知識はなかった。さらに，Bは，医師として研修医の期間を含めて4年余りの経験しかなく，被告人は，本センターの耳鼻咽喉科に勤務する医師の水準から見て，平素から同人らに対して過誤防止のため適切に指導監督する必要を感じていたものである。このような事情の下では，被告人は，主治医のBや指導医のAらが抗がん剤の投与計画の立案を誤り，その結果として抗がん剤が過剰投与されるに至る事態は予見し得たものと認められる。そうすると，被告人としては，自らも臨床例，文献，医薬品添付文書等を調査検討するなどし，ＶＡＣ療法の適否とその用法・用量・副作用などについて把握した上で，抗がん剤の投与計画案の内容についても踏み込んで具体的に検討し，これに誤りがあれば是正すべき注意義務があったというべきである。しかも，被告人は，BからＶＡＣ療法の採用について承認を求められた…ころから，抗がん剤の投与開始の翌日でカンファレンスが開催された…ころまでの間に，Bから投与計画の詳細を報告させるなどして，投与計画の具体的内容を把握して上記注意義務を尽くすことは容易であったのである。ところが，被告人は，これを怠り，投与計画の具体的内容を把握しその当否を検討することなく，ＶＡＣ療法の選択の点のみに承認を与え，誤った投与計画を是正しなかった過失があるといわざるを得ない。」「抗がん剤の投与計画が適正であっても，治療の実施過程で抗がん剤の使用量・方法を誤り，あるいは重篤な副作用が発現するなどして死傷の結果が生ずることも想定されるところ，被告人はもとよりB，Aらチームに所属する医師らにＶＡＣ療法の経験がなく，副作用の発現及びその対応に関する十分な知識もなかったなどの前記事情の下では，被告人としては，Bらが副作用の発現の把握及び対応を誤ることにより，副作用に伴う死傷の結果を生じさせる事態をも予見し得たと認められる。そうすると，少なくとも，被告人には，ＶＡＣ療法の実施に当たり，自らもその副作用と対応方法について調査研究した上で，Bらの硫酸ビンクリスチンの副作用に関する知識を確かめ，副作用に的確に対応できるように事前に指導するとともに，懸念される副作用が発現した場合には直ちに被告人に報告するよう具体的に指示すべき注意義務があったというべきである。被告人は，上記注意義務を尽くせば，遅くとも，硫酸ビンクリスチンの5倍投与…の段階で強い副作用の発現を把握して対応措置を施すことにより，Ｘを救命し得たはずのものである。被告人には，上記注意義務を怠った過失も認められる。」（最決平17・11・15刑集59巻9号1558頁）

　本件においては，明示的に「信頼の原則」との用語は使われていないが，被告人が主治医や直接の指導医を信頼することが相当か否かという判断が当然に含まれているものと考えられる。

第 2 章　構成要件

【管理過失と安全体制確立義務】
　管理過失の関係では，監督者の安全体制確立義務が重要である。**安全体制確立義務**とは，管理監督者が，直接行為者の過失やその他の事情で結果発生の危険が生じる時点以前の段階で，その過失行為を防止し，またたとえそのような事態が発生したとしても，その結果の発生を阻止することができるような体制をあらかじめ整備しておく義務をいう。この問題については，下記の判例が参考になる。

【54】〔事案〕昭和55年に，川治プリンスホテルにおいて，鉄柵をアセチレンガス切断機で切断していた人夫の不注意により風呂場付近から出火した火災によって宿泊客・従業員合わせて45名が死亡し，22名が傷害を負ったというものである。この事故につき，同ホテルの代表取締役らが業務上過失致死傷罪等により起訴された。
〔判旨〕「被告人は，Tと共に川治プリンスホテルの経営管理業務を統括掌理する最高の権限を有し，同ホテルの建物に対する防火防災の管理業務を遂行すべき立場にあったことが明らかであるが，宿泊施設を設け，昼夜を問わず不特定多数の人に宿泊の利便を提供する旅館・ホテルにおいては，火災の危険を常にはらんでいる上，被告人が，同ホテルの防火防災対策が人的にも物的にも不備であることを認識していたのであるから，いったん火災が起これば，発見の遅れ，初期消火の失敗等により本格的な火災に発展し，建物の構造，避難経路等に不案内の宿泊客等に死傷の危険の及ぶ恐れがあることはこれを容易に予見できたものというべきである。ところで，被告人は，同ホテルにおいては，防火管理者が選任されていなかったのであるから，必要と認められる消防計画を自ら作成し，あるいは幹部従業員に命じて作成させ，これに基づく避難誘導訓練を実施する義務を負っており，また，被告人は，旧館2階ないし4階への煙及び火炎の流入，拡大を防止し，宿泊客等の生命，身体の安全を確保するため，建築基準法令に従い，自らの責任において，新館2階と旧館2階との連絡通路部分に煙感知器連動式甲種防火戸を設置し，旧館2階ないし4階の中央及び西側の各階段部分を防火区画とする義務を負っていたというべきである。そして，被告人が右の義務を履行するため必要な措置をとることを困難ならしめる事情は存在しなかったところ，本件火災による宿泊客及び従業員の死傷の結果については，被告人において，あらかじめ消防計画を作成してこれに基づき避難誘導訓練を実施するとともに，右の防火戸・防火区画を設置していれば，双方の措置が相まって，本件火災による宿泊客等の死傷の結果を回避することができたものと認められる。」（最決平2・11・16刑集44巻8号744頁）

　ビル火災を中心に監督過失（広義）についての判断がされた最高裁の判例としては，最決平2・11・29刑集44巻8号871頁（過失を肯定，千日前デパートビル火災事件），最判平3・11・14刑集45巻8号221頁（過失を否定，大

第2編　犯　　罪

洋デパート火災事件），最決平5・11・25刑集47巻9号242頁（過失を肯定，ホテルニュージャパン火災事件）等がある。

　さらに，行政官の管理監督過失が問題となった事例として，ＨＩＶ（ヒト免疫不全ウィルス）に汚染された非加熱血液製剤を投与された患者がエイズ（後天性免疫不全症候群）を発症して死亡した薬害事件について，厚生省（当時）薬務局生物製剤課長であった被告人に業務上過失致死罪の成立が認められた最決平20・3・3刑集62巻4号567頁，公の施設の維持管理に関する公務員の過失が問題となった事例として，人工の砂浜の管理等に従事していた者につき砂浜での埋没事故発生の予見可能性が認められた最決平21・12・7刑集63巻11号2641頁（なお，差し戻し後上告審である最決平26・7・22刑集68巻6号775頁により，業務上過失致死罪の成立が認められた。），雑踏警備の管理監督過失が問題となった事例として，花火大会が実施された公園と最寄り駅とを結ぶ歩道橋で多数の参集者が折り重なって転倒して死傷者が発生した事故について，雑踏警備に関し現場で警察官を指揮する立場にあった警察署地域官及び現場で警備員を統括する立場にあった警備会社支社長に業務上過失致死傷罪の成立が認められた最決平22・5・31刑集64巻4号447頁，製品の回収責任という形での管理監督過失が問題となった事例として，トラックのハブが走行中に輪切り破損したために前輪タイヤ等が脱落し，歩行者らを死傷させた事故について，同トラックの製造会社で品質保証業務を担当していた者において，同種ハブを装備した車両につきリコール等の改善措置の実施のために必要な措置を採るべき業務上の注意義務があったとして，品質保証部門の部長ないしグループ長であった被告人らに業務上過失致死傷罪の成立が認められた最決平24・2・8刑集66巻4号200頁など，種々の管理監督過失について最高裁の判断が示されている。

第3章 違法性

第1　違法性の実質とその判断

1　違法性の概念

　違法性とは，行為が実質的に全体としての法秩序に反することをいう。違法性は，犯罪成立のための第2の要件である。ある行為が特定の犯罪構成要件に該当しているという判断を経た場合には，次にその行為が違法性を備えているかどうか，すなわちその行為が実質的に全体としての法秩序に反しているかどうかの検討を行わねばならない。

　ところで，前述のように構成要件には違法性推定機能があるから，違法性の存否を判断するに当たっては，当該構成要件該当行為について違法性を阻却する事由が存しないか否かという点を中心としてその検討を行うことが適切であり，思考経済にも合致する。刑法も，このような見地から，違法性とはいかなるものかについては一般的に規定することなく，違法性阻却事由のうちの基本的なものを類型化して規定する方法で違法性の要件を定めている（刑35〜37，230の2，母体保護法14等）。

　しかし，このように違法性阻却事由を中心に違法性を検討することは，必ずしも違法性の本質に対する理解が無用であることを意味するものではない。個々の違法性阻却事由の基底には一貫した違法性の実体が存在していることは言うまでもないところであり，このような違法性の本質を真に理解していなければ，個々の違法性阻却事由の要件もまた正しく解釈することができないというべきである。さらに，刑法の規定している事由以外に，どのような違法性阻却事由を肯認し，それに対しどのような要件を盛り込んでいくのか

第2編　犯　罪

は，正に違法性の本質の理解に直接かかわる問題である。

　以上のような認識の下に，本節では，個々の違法性阻却事由の検討に先立って，まず違法性の本質や違法性の判断構造の検討を行うこととする。

2　違法性の実質

(1)　形式的違法性と実質的違法性

　行為が形式的に刑法上の行為規範（禁止規範・命令規範）に違反することを**形式的違法性**という。違法性が，第一次的に形式的違法性としての面を有することは今日争いがない。しかし，これだけでは違法性の上面を見ただけで，いまだ違法性の実体は何ら明らかにされていない。そこで，現在の学説の多くは，この形式的違法性を基礎に据えて，更に違法性の実質を追求しようとしている。このようにして実質的にとらえられた違法性を**実質的違法性**という。

(2)　結果無価値論と行為無価値論

　違法性の実質をどのようにとらえるかは，刑法の任務・役割の問題とも絡む刑法学の根本問題である。今日，この問題に関する基本的な考え方を整理すると，次の二つの考え方に大別することができよう。

①　**結果無価値論**

　法規範に違反する行為は，法益を侵害し又は侵害の危険を及ぼすという実質を有するがゆえに，「違法である」という否定的な価値判断（これを刑法学者は「無価値判断」と呼んでいる。）が下されるのだという考え方である。法益の侵害又は危険という行為の結果に対する法的な否定的価値判断（無価値判断）をもって違法性の実質と解するところから，「結果無価値」論（又は，法益侵害説）と呼ばれる。

②　**行為無価値論**

　法規範に違反する行為は，行為が，実質的に全体としての法秩序に反

-178-

する，すなわち，法規範の根底に横たわるところの社会的な倫理規範に違反するという実質を有するがゆえに，「違法である」という否定的な価値判断が下されるのだ，という考え方である。この立場は，行為の結果無価値的側面のみならず，行為そのものの態様，すなわち行為の種類や方法，あるいは行為者の意図・目的等の客観的・主観的諸要素によって特徴付けられる行為の全体的なありようが社会倫理上の相当性を逸脱している点に対し法的な否定的価値判断（無価値判断）を行うところから，「行為無価値」論（規範違反説）と呼ばれる。なお，上記のとおり，社会的な倫理規範の違反といっても，端的な社会倫理的規範ないし文化規範の違反ではなく，法秩序の裏付けとなっている限度におけるような規範の違反である。したがって，法秩序全体の見地からみて許容され得ない行為に対し，違法という否定的価値判断が下されるといってもよい。さらに，近時では，刑法の目的を法益保護に据えつつ行為規範性を強調する観点から，刑法は，まずもって，国民が一定の行為に出る以前に，何が禁止され，何が許容されているかを示す行為規範であり，これは国民に特定の道徳的価値判断を強要するものではなく，法益を保護するためのルールであって，このようなルール（行動準則）に反した行為に出たことを理由として受ける否定的評価が行為無価値であり，違法性の本質は行為無価値にあるとする見解（新しい行為無価値論）も有力に主張されている。

　以上のような両説の対立は，そもそも刑法の機能あるいは役割をどのように考えるかというところから出発している。結果無価値論は，刑法の役割は個人の生活利益の保護に尽き，それ以上に倫理的な秩序維持は考えるべきではないという考え方を背景に持っている。それに対し，刑法の役割として，法益保護の観点を重視はするものの，一応これとは別個に社会倫理的秩序（法秩序）の維持をもその役割のうちに含めて考えるのが行為無

価値論である。

【結果無価値論と行為無価値論の理論的帰結】

　そして，このような両説の対立は，刑法の具体的な問題の解決方針にも影響を及ぼす。例えば，(a)　違法性阻却事由の一般的な原理をどのようにとらえるかの問題については，結果無価値論は，大なる法益を保全するためには小なる法益を犠牲にすることも許されるとする法益衡量説を採用することとなるのに対し，行為無価値論は，歴史的に形成された社会倫理秩序のもとでの相当性を基準とする社会的相当説に結びつきやすい。また，(b)　主観的な違法要素を認めるか否かの問題に関しては，結果無価値論は，法益侵害又はその危険という結果を重視する関係上，主観的な要素（特に行為者の単なる認識）の存否によって違法性の有無や程度が異なってくることには消極的であり，したがって，主観的違法要素をできる限り排除しようとする傾向を持つ（例えば，結果無価値論の支持者は，防衛の意思不要説に立つ者が多い。）のに対し，行為無価値論の立場においては，主観的違法要素を認めることに何ら妨げがないということになる。更には，(c)　前述の新旧過失論争に関しても，結果無価値論の立場においては，上記のように主観的違法要素をできる限り認めず，主観的な要素は責任において検討しようとする結果，過失についても責任の段階で扱おうとして旧過失論をとるものが多いのに対し，行為無価値論においては，むしろ構成要件や違法性の段階で積極的に過失の問題を取り扱うことに妨げはなく，新過失論に比較的なじみやすいということになる。

　今日，刑法上の行為規範は，すべて何らかの法益保護を目的としている。したがって，法益侵害又はその危険という要素が違法性の基礎的部分を占めることはむしろ当然のことであって，違法性の実質が結果無価値の一面を有していることは明らかである。

　しかしながら，他方，結果無価値のみによって違法性の実質をすべて説明し尽くせるかどうかは疑問である。例えば，故意の殺人行為と過失の致死行為とでは，被害者の生命の侵害という結果無価値的観点からは何らの差異もないはずであるが，この場合の違法性を同一に考えることは我々の法感覚に反するであろう。また，虚偽公文書作成罪（刑156）と公正証書原本等不実記載罪（刑157）とでは，法益侵害性に差異はないはずであるが，公務員を犯罪の主体とする前者の方が一般人を主体とする後者よりも

刑が重くなっていることの説明は，法益侵害以外の観点を持ち出さずにはこれをなし得ないであろう。このように，現行刑法そのものが，既に違法性の決定に法益侵害以外の要素，特に社会倫理的な観点をも取り入れていると考えざるを得ないのである。その上，多くの利害が複雑に絡み合う現代の社会においては，単に法益の侵害又はその危険という結果無価値的側面にのみ目を向けていたのでは，行為の違法性を適切に判断することはできないのではないだろうか。

このように考えると，違法性の実質としては，結果無価値の要素と行為無価値の要素を共に否定することができないように思われる。行為の違法性を検討するに当たっては，結果無価値的観点から法益侵害又はその危険の有無の検討を行うとともに，他方，行為無価値的観点から法規範の基礎となっているところの社会倫理秩序に反しているか否かの検討を行うという二元的な方法により，両者をともに考慮してこそ真に適切な違法性判断をなし得るのである。

以上述べたような観点から違法性を実質的に定義すると，結局，違法性とは，社会倫理規範に違反して法益に侵害又はその危険を及ぼすこと，すなわち**社会的相当性を逸脱した法益の侵害又はその危険性**であるということができよう。

3 違法性の判断

(1) 違法性判断の構造

違法性の判断は，構成要件該当事実につき，法秩序全体の見地から，その事実が実質的に法秩序に反しているか否か，そして反している場合にはどの程度反しているかの評価を行うものである。前述のように，この判断は，違法性阻却事由の存否の解明が中心となるという特色を有する。この関係を図示すると，下の図のようになろう。

第2編　犯　　罪

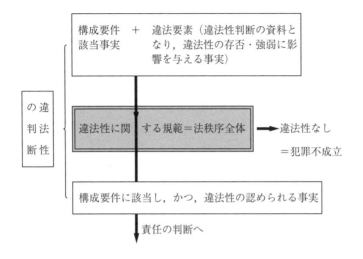

(2) **違法性の判断対象と判断資料**

違法性判断の対象は構成要件に該当する事実である。

しかし，違法性判断においては，さらに，違法要素（構成要件該当事実には属さないが，違法性の存否・強弱に影響を与える事実）が，判断の資料として重要な役割を演ずる。例えば，防衛の意思など違法性阻却事由の要素となる事実がその典型である。

後述のとおり，違法性の判断は客観的になされなければならないが，違法性判断の対象や資料自体は必ずしも客観的なものであることを要しない。防衛の意思のような主観的違法要素を認めることができるか否かについては，かつて争いがあったが，今日ではこれを肯定するのが通説・判例の立場である。下記【55】判例の事案は，破壊活動防止法39条，40条の規定する政治目的放火予備罪等に関し，主観的意図を構成要件要素として認めることの是非が問題となったものであるが，その判文中で，最高裁は一定の主観的意図が違法要素になり得る旨判示している。

【55】「行為は，一定の目的等の主観的意図にもとづくものであることによって，

-182-

違法性を帯び、あるいは違法性を加重することがありうるのであるから、その主観的意図の存在を犯罪の構成要件要素とすることは決して不合理なことではな(い。)」(最決昭45・7・2刑集24巻7号412頁)

(3) **違法性に関する規範＝全体としての法秩序**

違法性に関する規範とは、構成要件該当事実につき違法性の存否を判断する際に判断の基準となる規範のことである。

違法性は法秩序に反することであるから、違法性に関する規範は、単なる刑罰法規（及びその裏付けとなっている規範）だけではなく、公法・私法の全体系を含む法秩序全体がこれに当たる。そのような全体としての法秩序に、単に形式的にでなく実質的に反する場合、「その行為は違法である」と評価されるのである。

最高裁判例においても、下記久留米駅事件判決に一例を見るように、違法性の存否を判断する際には「法秩序全体の見地から許容されるべきものであるか否か」という基準を用いるのが通例となっている。

【56】「勤労者の組織的集団行動としての争議行為に際して行われた犯罪構成要件該当行為について刑法上の違法性阻却事由の有無を判断するにあたっては、その行為が争議行為に際して行なわれたものであるという事実をも含めて、当該行為の具体的状況その他諸般の事情を考慮に入れ、それが法秩序全体の見地から許容されるべきものであるか否かを判定しなければならないのである。」(最大判昭48・4・25刑集27巻3号418頁－国鉄久留米駅事件)

【違法の相対性－可罰的違法性論について】

違法性に関する規範に関連して、違法の相対性という考え方が学説上有力に主張されている。違法性は法秩序の全体を基礎として考えられなければならないが、個々の法域において必要とされる違法性の程度については―刑法，民法，労働法等々の―それぞれの法域によって目的論的な相対性が認められるとするのである。このような違法の相対性を前提として、学説は、刑法の領域における犯罪成立要件としての違法性を、可罰性を基礎づける違法性の意義で、**可罰的違法性**と称している。

可罰的違法性の観念を肯定することができるのか、またこれを肯定するとしても、その観念にどのような内容を盛り込むべきなのかは困難な問題である。学説

第2編　犯　罪

の中には，刑罰は国家が科する最も峻厳な制裁であることに照らし，可罰的違法性が認められるためには，具体的に，(a)　違法の程度が一定の量的な重さを有していることが必要であり，(b)　質的にも刑法上の制裁に値するものが必要であるとする立場もある。

　判例がこの問題に対しどのように解しているのかは必ずしも明確ではないが，上記学説の主張する(a)(b)の点については，以下に述べるように，いずれについてもかなり消極的な態度を採っているように思われる。

i　まず，(a)の問題に関する著名な判例としては下記のいわゆる**一厘事件**判決がある。事案は，煙草耕作人の被告人が，政府に納入すべき葉煙草のうち，重さにして約7分（約2.6ｇ），価額約1厘の葉煙草を手刻として飲んでしまい，政府に納入しなかったというものである。このような被告人の行為につき旧煙草専売法違反の罪が成立するか否かが争点となったが，大審院は次のような判断を示し，犯罪の成立を否定した。

【57】「零細なる反法行為は，犯人に危険性ありと認むべき特殊の情況の下に決行せられたるものにあらざる限り，共同生活上の観念において刑罰の制裁の下に法律の保護を要求すべき法益の侵害と認めざる以上は，これに臨むに刑罰法を以てし刑罰の制裁を加ふるの必要なく，立法の趣旨もまたこの点に存するものといわざるをえず，…被告の所為は零細なる葉煙草の納付を怠りたるの外特に之を危険視すべき何らの情況存せざりしことは原判文上明白なれば被告の所為は犯罪を構成せざるものとす」（大判明43・10・11刑録16輯1620頁）

　この判決の意義に関しては，違法の軽微性を根拠として違法性の要件を否定したものであると解するのが一般であるが，これに対し構成要件を目的論的に解釈して構成要件該当性そのものを否定したという考え方も有力である。しかし，仮に前者のような解釈をとるとしても，これをもって一般的に判例は違法性が軽微な場合には違法性の要件を否定する立場を採っていると解するのは早計である。例えば，次の【58】の最高裁決定が参考となろう。事案は，被告人がマジックホンと称する電気機器（受信側の電話回線に取り付けることにより発信側の電話通話料金の計算を不可能にする機能を有する。）1台を自己の事務所に架設している電話の回線に自ら取り付け，その機能を確かめるため，従業員に命じて，試しに公衆電話から上記事務所の電話に1回通話させた（その結果，事務員が公衆電話機に投入した10円硬貨が戻ってきた。）というものである。被告人は，上記マジックホンの取り付け使用行為により，度数計器の作動を不能にし，日本電信電話公社（当時）の電気通信を妨害するとともに，偽計を用いて同公社の通話料金課金業務を妨害したとし

第3章　違　法　性

て，有線電気通信妨害罪（昭和59年改正前の有線電気通信法21条違反の罪）・偽計業務妨害罪に問われたが，一審の横浜簡裁は可罰的違法性がないとして無罪を言渡した。これに対し，最高裁は，下記のように述べて，一審判決を破棄して有罪を認めた原判決を支持した。

【58】「被告人がマジックホンと称する電気機器1台を加入電話の回線に取り付けた本件行為につき，たとえ被告人がただ1回通話を試みただけで同機器を取り外した等の事情があるにせよ，それ故に，行為の違法性が否定されるものではないとして，有線電気通信妨害罪，偽計業務妨害罪の成立を認めた原判決の判断は，相当として是認できる。」（最決昭61・6・24刑集40巻4号292頁）

なお，この決定には，被告人の本件行為は処罰相当性を欠き，上記各罪の構成要件該当性がないとして，一審判決の結論を支持する谷口裁判官の反対意見が付せられている。

ⅱ　これに対し，(b)の点は，労働争議事件や公安事件等でしばしば問題となるところであるが，これに対しても判例はおおむね消極的な態度を採っている。最高裁は，いわゆる全逓東京中郵事件に関する昭和41年10月26日の大法廷判決（刑集20巻8号901頁）で，違法の相対性を明確に認める態度をうちだし，民事上の違法性と刑法上の違法性との違いを理由に犯罪の成立を否定したが，その後態度を改め，いわゆる全逓名古屋中郵事件に関する昭和52年5月4日の大法廷判決（下記【59】）で前記全逓東京中郵事件の判例を変更し，違法の相対性につき消極的な態度を示している（ただし，全面的に可罰的違法性を否定したものではない。）。

【59】「…次に，刑事法上の効果についてみると，右の民事法上の効果と区別して，刑事法上に限り公労法17条1項違反の争議行為を正当なものと評価して当然に労組法1条2項の適用を認めるべき特段の憲法上の根拠は見出しがたい。かりに，争議行為が憲法28条によって保障される権利の行使又は正当な行為であることの故に，これに対し刑罰を科することが許されず，労組法1条2項による違法性阻却を認めるほかないものとすれば，これに対し民事責任を問うことも原則として許されないはずであって，そのような争議行為の理解は，公労法17条1項が憲法28条に違反しないとしたところにそぐわないものというべきである。…」（最大判昭52・5・4刑集31巻3号182頁－全逓名古屋中郵事件）

(4)　**違法性の判断の特色**

ア　違法性判断の特色の第1は，違法性の判断は客観的になされなければ

ならないということである。「客観的に」というのは，行為者の人格にまで掘り下げて判断するのではなく，当該行為それ自体を対象としてそれが法秩序全体の見地から許容されるべきものであるか否かを客観的に判断しなければならないという意味である。この点で，行為を行為者人格と結び付けてその深みにまで掘り下げた上，当該行為に関し行為者自身を非難できるかどうかを考える責任判断とは性質がかなり異なる。このような違法性判断の性質を**違法の客観性**という。

しかし，違法の客観性は，違法性の判断対象が客観的であることまでも意味するものではない。行為の要素として上述の違法性の実質に影響を及ぼすものである限り，行為者の故意などの主観的違法要素や行為者の身分のような人的な要素をも判断の対象とする。違法判断は，外界に表れた行為の動態だけを対象に純客観的になされるのではなく，具体的な行為者との関連において行われなければならないのである（**人的違法論**）。

イ　違法性の判断の第2の特色は，それが，構成要件該当性判断などとは異なって，違法性の存否のみならず，その強弱の程度についてもなされるということである。例えば，綿密な計画の下に人を殺害する行為は一時の激情から衝動的に人を殺害する行為よりも違法性が強いといえるし，また，時価1000万円相当の絵画を盗む行為が定価100円のパン1個を盗む行為よりも違法性の強いことは明らかである。このような違法性の強弱の程度は，裁判官が刑の量定の判断を行うに際し極めて重要な要素となるとともに，場合により違法性が極めて微弱な場合には可罰性そのものを否定する立場もあることは前述したとおりである。

4　違法性阻却事由

(1)　違法性阻却事由の意義と基本的性質

第3章　違　法　性

違法性阻却事由とは，構成要件に該当する行為につき違法性の推定を覆して，行為を適法なものとする特別の事情をいう。

　「違法性を阻却する」というのは，いったん違法となった行為からその違法性を除去することを意味するものではなく，一応特定の犯罪構成要件に該当するという判断が下された行為につき，最初からその行為は違法ではなかったということを意味するのである。上記のような誤解を避けるため，近時は違法性阻却事由という言葉に換えて「正当化事由」という言葉を用いる立場もある。

学説・実務上認められている違法性阻却事由には種々のものがあり，その個別的な内容や問題点については後に詳しく検討することとするが，これら違法性阻却事由すべてに共通するような基本的性質は存在するのであろうか。

およそ構成要件に該当する行為について違法性が阻却されるのは，その行為が実質的違法性を有しないからであろう。ところで，実質的違法性は，前述したように社会的相当性を逸脱した法益の侵害又はその危険性を内容とするものであるが，ある行為について特定の犯罪構成要件に該当し実行行為性が認められる以上，その行為が法益の侵害又はその危険性という要素を有していることは否定できないところである。そうすると，結局その行為について実質的違法性が阻却されるのは，その**行為が社会的相当性の範囲内**にある，すなわち**行為が社会倫理秩序の枠内にある**からであるということができよう（**社会的相当性説**）。違法性阻却事由に共通する基本的性質は，その行為が他者の法益を侵害し又は侵害の危険を及ぼしているという点を考慮に入れても，なお，その行為が，一般的な社会生活上あるいは社会生活の基本的単位としての個々の生活領域・職域・経済活動の領域等において，日常性・通常性が認められているため，健全な社会通念によって許容されているという点に求めるべきである。

近時，実質的違法性が阻却されるか否かが問題となった最高裁判例として，以下のものがある。

第2編 犯　　罪

【60】〔事案〕在留期間更新の申請をした後在留期間を経過した外国人である被告人は，同申請を不許可とする決定の通知が発出したころ以降も本法に残留し，これが不法残留罪を構成するか否かが争われた。最高裁は，在留期間の更新又は変更を受けないで在留期間を経過して本法に残留した以上，不法残留罪の構成要件に該当するとした上で，違法性阻却について以下のとおり判示した。

〔判旨〕「被告人は，上記申請に当たり，居住地や日本人の配偶者等としての在留資格の基礎に係る妻との同居の事実について虚偽の申出をしたほか，上記申請の審査のために入国管理局が求めた出頭要請等にも誠実に対応していないから，これまで5回に及ぶ在留期間の更新がいずれも許可されてきたことなどを考慮しても，被告人の残留について，違法性が阻却されるものということはできない。したがって，被告人については，在留期間更新の申請が不許可とされるのに先立って，既に不法残留罪が成立しているのであり，不許可の通知が被告人に到達したか否か同申請が不許可となったことについての被告人の認識の有無がこれを左右するものではない。」（最決平17・4・21刑集59巻3号376頁）

【61】〔事案〕被告人は，別居中の妻が養育している当時2歳の長男と会うこともままならないことから，長男を妻の下から奪い，自分の支配下に置いて監護養育しようと考え，同児を連れ去ることを企てた。そして，東京から妻らの住む青森県八戸市内に赴き，長男が通う保育園の南側歩道上において，妻の母，すなわち被害児の祖母に連れられて帰宅しようとしていた長男を，祖母のすきをついて抱きかかえて，同所付近にエンジンを掛けたまま駐車中の普通乗用自動車に同乗させた上，祖母が制止するのを振り切って同車を発進させて連れ去り，被害児を自分の支配下に置いた。なお，被告人と妻とは離婚係争中であったが，本件当時，長男に対する被告人の親権ないし監護権について，これを制約するような法的処分は行われていなかった。最高裁は，被告人の行為が未成年者略取罪の構成要件に該当するとし，被告人が親権者の1人であることは，その行為の違法性が例外的に阻却されるかどうかの判断において考慮されるべき事情であるとした上で，以下のとおり判示した。

〔判旨〕「被告人は，離婚係争中の他方親権者であるBの下からCを奪取して自分の手元に置こうとしたものであって，そのような行動に出ることにつき，Cの監護養育上それが現に必要とされるような特段の事情は認められないから，その行為は，親権者によるものとしても，正当なものということはできない。また，本件の行為態様が粗暴で強引なものであること，Cが自分の生活環境についての判断・選択の能力が備わっていない2歳の幼児であること，その年齢上，常時監護養育が必要とされるのに，略取後の監護養育について確たる見通しがあったとも認め難いことなどに徴すると，家族間における行為として社会通念上許容され得る枠内にとどまるものと評することもできない。以上によれば，本件行為につ

き，違法性が阻却されるべき事情は認められないのであり，未成年者略取罪の成立を認めた原判断は，正当である。」（最決平17・12・6刑集59巻10号1901頁）

上記【61】の判例が「社会通念上許容され得る」か否か，といった文言を使用していることは，社会的相当性説に親和的であるということができよう。

(2) **違法性阻却事由の種類**

刑法は，違法性阻却事由の典型的なものとして，法令行為（刑35前），正当業務行為（刑35後），正当防衛（刑36），緊急避難（刑37）の四つを規定している。しかし，違法性の判断自体は構成要件該当性判断と異なり非類型的なものであるから，違法性阻却事由に関しても，刑法は上記四つのものに限定する趣旨であるとは解されず，上述のような違法性阻却の基本的性質を備えているものである限り，ほかにも違法性阻却事由を認める余地は十分あるものと思われる。そして，今日の学説や実務も，このような見地から刑法の規定していない違法性阻却事由をかなり広く認めている。

今日認められている違法性阻却事由を，その性質の違いに応じて大きく分けると，正当行為と緊急行為の二つに分けることができよう。

① **正当行為（一般的正当行為）**

社会生活上，正当なもの（適法なもの）として許容される行為である。刑法35条は，直接的には法令行為及び正当業務行為のみを規定しているが，今日では，同条は正当行為の包括的な根拠規定であると解するのが通説的見解となっている。そこで，刑法35条の直接規定するところではないが，同条が準用又は類推適用されるものとして，労働争議行為，被害者の承諾に基づく行為，推定的被害者の承諾に基づく行為，治療行為，義務の衝突等が挙げられる。

② **緊急行為**

緊急状態において，法による本来の保護を受ける余裕がない場合に，

法の自己保全のために許容される行為である。緊急行為には，正当防衛（刑36），緊急避難（刑37）及び自救行為の3種がある。

第3章 違法性

第2　正当行為

1　法令行為

法令行為とは，法律・命令その他の成文法規が，それを行うことを許容している行為である。

法令が許容するものである以上，それが適法な行為であることは当然である。したがって，刑法35条前段は単なる注意的な規定にすぎない。

法令行為は，以下の三つの類型に分けることができる。

(1)　**職権行為・権利行為**

職権行為とは，法令の規定上，これを行うことが一定の公務員の職権（職務）とされている行為をいう。例えば，警察官が被疑者を逮捕した場合に逮捕罪（刑220）が成立しないのは，一定の法令（この例では刑訴199等）に基づいて行われる行為であるからである。

権利行為とは，法令の規定上，ある者の権利とされている行為である。例えば，私人が現行犯人を逮捕する場合にも逮捕罪が成立しないのは，一定の法令（この例では刑訴213）の規定上それがその者の権利とされているからである。

職権行為・権利行為に関しては，次の2点に注意する必要がある。

ア　第1に，上官や監督官庁の違法な命令（「違法拘束命令」と呼ばれる。）に基づく行為は違法性を阻却するかという問題がある。本来，上官等の職務命令である以上はそれに従う義務があり（例えば，国家公務員法98Ⅰ），したがってその命令に基づいて行われた行為も職権行為となるはずであるが，職務命令そのものが違法であるときは，それに従った行為についても違法性は阻却されないと考えられる（もっとも，命令に従わざるを得なかった事情があるときは，期待可能性を欠くものとして責任

第2編　犯　　罪

が阻却される余地がある。）。

　イ　第2に，職権又は権利行使の体裁を有する行為であっても，その権利行使の方法が社会通念上一般に認容すべきものと認められる程度を逸脱した場合には違法性は阻却されない（のみならず，公務員の職権行為が濫用にわたる場合には，更に職権濫用罪〔刑193等〕が成立する場合すらある。）。例えば，債権者が債権の実行にかこつけて恐喝した事案に関し，最高裁は以下のように述べている。

【62】「他人に対して権利を有する者が，その権利を実行することは，その権利の範囲内であり且つその方法が社会通念上一般に忍容すべきものと認められる程度を超えない限り，何等違法の問題を生じないけれども，右の範囲程度を逸脱するときは違法となり，恐喝罪の成立することがあるものと解するを相当とする（…）。本件において，被告人等が所論債権取立のために執った手段は，原判決の確定するところによれば，若し債務者Aにおいて被告人等の要求に応じないときは，同人の身体に危害を加えるような態度を示し，且同人に対し，被告人B及び同C等は『俺達の顔を立てろ』等と申向けAをして若しその要求に応じない時は自己の身体に危害を加えられるかも知れないと畏怖せしめたというのであるから，もとより，権利行使の手段として社会通念上，一般に忍容すべきものと認められる程度を逸脱した手段であることは論なく，従って，原判決が右の手段によりAをして金6万円を交付せしめた被告人等の行為に対し，被告人DのAに対する債権額のいかんにかかわらず，右金6万円の全額について恐喝罪の成立をみとめたのは正当であって，所論を採用することはできない。」（最判昭30・10・14刑集9巻11号2173頁）

(2)　法が一定の政策的理由から本来違法である行為の違法性を排除している場合がある。財政上あるいは経済政策上の理由に基づく場合が多い。例えば，競馬法による勝馬投票券（同法5）を発売しても賭博罪（刑185等）が成立しないのは，このような理由に基づくのである。

(3)　理論上，違法性の阻却が認められる行為について，特に法令の規定を設けて，その合法性を注意的に明らかにするとともに，その方法・範囲などにつき技術的な制限を置いて，相当性の逸脱を防止しようとしている場合

がある。例えば，母性保護のための人工妊娠中絶については，それが本人等の同意に基づき医師が医学上適切な方法において行われる限り，一般的に社会的相当性の範囲内にあると認められる（したがって，この範囲内にある限り堕胎罪〔刑212等〕は成立しない。）が，母体保護法14条は，人工妊娠中絶の逸脱適用を防止するため，特にその許される範囲を限定して更にその手続を明記しているのである。

2　正当業務行為

正当業務行為とは，社会生活上正当なものと認められる業務行為である。ここにいう「業務」とは，社会生活上反復・継続して行われる性格の事務であれば足り，必ずしも経済的な対価を追求する性質の職業である必要はない。したがって，プロボクシングはもとより，アマチュアボクシングにおいても，スポーツの目的で一定のルールを守って行われる限りにおいては，正当業務行為として違法性が阻却されるため，たとえその結果相手の選手に傷害を負わせたとしても傷害罪は成立しない。他のスポーツ競技においても同様であろう。

正当業務行為においては，業務が正当なものであるとともに，具体的な行為自体も社会通念上是認される範囲内のものであることを要する。例えば，「さくら」を使って劣悪な商品を売りつけるのは，商人としての正当な行為に属しないから，正当業務行為であるとは認められず，したがって詐欺罪の成立を免れない。この点は，特に刑事弁護人の弁護活動や新聞記者の取材活動に関しては困難な問題を生ずる。最高裁判例は，当該行為が弁護目的や取材目的で行われたというだけでは違法性は阻却されず，「その手段・方法が法秩序全体の見地に照らし相当なものとして社会観念上是認されるものである」ことを要するとしている。

新聞記者の取材活動について，最高裁は下記のように判示している。

第 2 編 犯　　罪

【63】「報道機関の国政に関する取材行為は，国家機密の探知という点で公務員の守秘義務と対立拮抗するものであり，時としては誘導・唆誘的な性質を伴うものであるから，報道機関が取材の目的で公務員に対し秘密を漏示するようにそそのかしたからといって，そのことだけで，直ちに当該行為の違法性が推定されるものと解するのは相当ではなく，報道機関が公務員に対し，根気強く執拗に説得ないし要請を続けることは，それが真に報道の目的からでたものであり，その手段・方法が法秩序全体の精神に照らし，相当なものとして社会通念上是認されるものである限りは，実質的に違法性を欠き正当な業務行為というべきである。しかしながら，報道機関といえども，取材に関し他人の権利・自由を不当に侵害することのできる特権を有するものではないことはいうまでもなく，取材の手段・方法が贈賄，脅迫，強要等の一般の刑罰法令に触れる行為を伴う場合は勿論，その手段・方法が一般の刑罰法令に触れないものであっても，取材対象者の個人としての人格の尊厳を著しく蹂躙する等法秩序全体の精神に照らし社会通念上是認することのできない態様のものである場合にも，正当な取材活動の範囲を逸脱し違法性を帯びるものといわなければならない。」（最決昭53・5・31刑集32巻3号457頁－外務省機密漏えい事件）

　刑事弁護人の弁護活動については，下記の判示が参考になろう。

【64】「名誉棄損罪などの構成要件にあたる行為をした場合であっても，それが自己が弁護人となった刑事被告人の利益を擁護するためにした正当な弁護活動であると認められるときは，刑法35条の適用を受け，罰せられないことは，いうまでもない。しかしながら，刑法35条の適用を受けるためには，その行為が弁護活動のために行われたものであるだけでは足りず，行為の具体的状況その他諸般の事情を考慮して，それが法秩序全体の見地から許容されるべきものと認められなければならないのであり，かつ，右の判断をするにあたっては，それが法令上の根拠をもつ職務活動であるかどうか，弁護目的の達成との間にどのような関連性をもつか，弁護を受ける刑事被告人自身がこれを行った場合にどのような刑法上の違法性阻却を認めるべきかどうかという諸点を考慮に入れるのが相当である。」（最決昭51・3・23刑集30巻2号229頁－丸正事件）

3　労働争議行為

(1)　労働争議行為と憲法28条，労働組合法1条2項

　労働争議行為とは，労働組合の団体交渉その他の行為であって，労働者の地位を向上させ，労働組合を組織し，労働協約を締結するなどの目的を

第3章　違　法　性

達成するためになされる行為である（労働組合法1条参照）。

　憲法28条は，いわゆる労働三権，すなわち勤労者の団結権及び団体交渉権その他の団体行動権を基本的人権の一種として保障しているのであるから，労働争議行為は，それが正当なものと認められる限り，形式上，威力業務妨害罪（刑234）・脅迫罪（刑222）・強要罪（刑223）・暴力行為等処罰に関する法律違反の罪（共同脅迫罪等）等の構成要件に該当しても，正当行為として違法性が阻却されることは明らかである。

　　このような観点から，学説上，労働争議行為を前述の法令行為（特に権利行為）の一種として位置付ける立場もある。

　一方，労働組合法は，前記憲法28条の規定を受けて，「刑法35条の規定は，労働組合の団体交渉その他の行為であって前項に掲げる目的を達成するためにした正当なものについて適用があるものとする。」（労働組合法1Ⅱ本）と規定している。前述のとおり，正当な労働争議行為が刑法上適法とされるのは当然のことであるから，これは一種の注意規定であるが，違法性阻却事由としての労働争議行為の意義・範囲を考える上で重要な解釈上の指針となろう。

(2)　**「正当な労働争議行為」と認められるための要件**

　それでは，具体的にどのような労働争議行為が正当なものとして違法性が阻却されるのであろうか。一般論としては，下記【65】判決が判示するように，当該争議行為の目的と手段・方法の両面から考察して，法秩序全体の見地から相当と目されるものが違法性阻却の対象となるといえよう。

【65】「労働組合法1条2項は，労働組合の団体交渉その他の行為について無条件に刑法35条の適用があることを規定しているのではなく，唯労働組合法所定の目的達成のために為した正当な行為についてのみ適用を認めているにすぎない（…）。如何なる争議行為を以て正当とするかは，具体的に個々の争議につき，争議の目的並びに争議手段としての各個の行為の両面に亘って，現行法秩序全体との関連において決すべきである。」（最大判昭25・11・25刑集4巻11号2257頁－山田鋼業所事件）

第2編　犯　　罪

「正当性」の具体的内容を，争議行為の主体，争議行為の相手方，争議行為の目的，争議行為の手段・方法に分けて考察しよう。

ア　争議行為の主体

争議行為の主体は，使用者との間に勤務関係を有する労働者である。したがって，単なる市民が行った場合はもとより（納税者の有志で組織した民主納税同盟につき最大判昭26・5・16刑集5巻6号1157頁），部外の争議支援者が争議行為を応援するためにした行為も正当な争議行為とは認められない（最判昭26・7・12刑集5巻8号1432頁）。

イ　争議行為の相手方

争議行為は，労使の団体交渉過程における行き詰まりを打開する手段として本来行われるものであり，かつ，そのような手段として行われる限度で労働者に対し憲法上の保障が与えられるのであるから，争議行為は使用者を相手方としてなされた場合に限り正当なものと認められる。したがって，例えば日雇い労働者が職業安定所を相手方として行った失業対策事業の適格審査についての交渉は，正当な争議行為とは認められない（最判昭29・6・24刑集8巻6号951頁）。

ウ　争議行為の目的

争議行為は，労働法上認められる正当な目的に出たもの，すなわち労働者の経済的地位の向上を主たる目的とする場合に限り，正当性を認めることができる（労働組合法1Ⅰ）。

したがって，政治的目的のための争議行為（いわゆる政治ストなど）は正当なものとは認められない（ただし，政治的目的が労働者の地位向上という主たる目的に付随するにすぎないときは，なお正当な争議行為と認める余地もある。）。この点については，下記判例が参考になる。

【66】「私企業の労働者たると，公務員を含むその他の勤労者たるとを問わず，使用者に対する経済的地位の向上の要請とは直接関係があるとはいえない警職法

の改正に対する反対のような政治的目的のために争議行為を行うがごときは，もともと憲法28条の保障とは無関係のものというべきである。」（最大判昭48・4・25刑集27巻4号547頁－全農林警職法事件）

エ　争議行為の手段・方法

正当な争議行為と認められるためには，その目的が正当であるだけでは足りず，目的達成のための争議行為の手段・方法も正当なものでなければならない。一般に，争議の手段・方法には，ストライキ（同盟罷業，すなわち集団的に労務を停止する方法。全部スト，指名スト，波状スト，時限スト，納金スト等種々の態様がある。），怠業（サボタージュ，すなわち労務の能率を低下させる方法），ピケッティング（後述），生産管理（後述），職場占拠（労働組合が職場を占拠し，そこに居座る方法），ボイコット（使用者の取引関係に妨害を加える方法）等種々の態様があるが，これらすべてが正当性を肯定されるものではないことはもちろんである。労使間の具体的事情のもとで社会通念上相当と認められる限度において，正当な争議行為と認められるべきであろう。

　　このうち，生産管理（労働組合が，使用者の企業施設を占有し，自らの手で企業を経営する方法）については，判例は，私有財産制度に反するものであり違法であるとしている（前掲【65】最大判昭25・11・25刑集4巻11号2257頁－山田鋼業所事件）。
　　また，ピケッティング（スト中の組合が，スト破りの防止，公衆への宣伝，自らの組合員の士気高揚，使用者への心理的圧迫を加えることなどを直接の目的として，工場事業場の入口等に立つなどして，見張り，説得などの行為に出る方法）について，最高裁判例は，おおむね，それが平和的説得にとどまる限りは正当な争議行為と認められるが，これを超えるもの，特に暴力の行使は正当な争議行為とは認められないとしている（例えば，最判昭50・11・25刑集29巻10号928頁－光文社事件）。

争議行為の方法の正当性の関係では，労働組合法1条2項ただし書が「いかなる場合においても，暴力の行使は，労働組合の正当な行為と解釈されてはならない」と規定していることに注意しなければならない。

第2編　犯　罪

私人の生命・身体・自由の保障は，労働権の保障に先行するものであるから，これらの法益に危害を及ぼすような行為は，労働組合活動として行われた場合であっても合法とはされないのである。

【公務員・公共企業体等職員の争議行為の違法性】

争議行為の正当性をめぐって最も困難な問題は，公務員・公共企業体等職員の場合のように，争議行為が法令によって禁止又は制限されている場合に，これらの禁止法令に違反する行為が刑法上も違法となるかどうかである（労働法上違法であることは明らかであり，懲戒処分の対象となる）。

ⅰ　公務員に関しては，争議行為が禁止されている（国家公務員法98Ⅱ，地方公務員法37Ⅰ）。そして積極的に争議行為の共謀・そそのかし・あおり等の行為を行った者については罰則が設けられている（国家公務員法110Ⅰ⑰，地方公務員法61④）ので，単に労働争議行為としてそのような行為を行ったというだけでは違法性が阻却されないことは明らかである。

ⅱ　他方，公共企業体等の職員などに関しては，争議行為が禁止され，また争議行為の共謀・そそのかし・あおり等の行為も禁止されてはいるが（公共企業体等労働関係法17Ⅰ等），公務員の場合と異なって，その違反行為に対する罰則が設けられていない。

そこで，その争議行為が他の法令の罰則の構成要件に該当する場合（例えば，郵便局の職員に，勤務時間中，郵便物の取扱いをしないで職場集会に参加することを教唆することが，郵便法79Ⅰ「ことさらに郵便の取扱を遅延させた」行為の教唆犯の構成要件に該当する場合）に，それに対してなおも労働組合法1条2項の適用があり，正当な争議行為であると認められるときには刑法上の違法性が否定されるかどうかが問題となる。この点については，判例上大きな変遷があったが，最終的に前掲【59】最大判昭和52・5・4刑集31巻3号182頁（全逓名古屋中郵事件）が，公共企業体等の職員が公共企業体等労働関係法17条1項により禁止されている争議行為を行った場合には，その争議行為に労働組合法1条2項の適用はないとの立場を明確にするに至った。

4　被害者の承諾

(1) 被害者の承諾の意義とその法的効果

被害者の承諾とは，法益の帰属者（法益の主体）である被害者が，自己

第3章 違法性

の法益を放棄し，その侵害に承諾又は同意を与えることである。「承諾者には，不法はなされない」とのローマ法の法諺に示されているように，被害者の承諾は，古くから，被害者に対する侵害行為の違法性を阻却する効果を持つものと解されてきた。しかしながら，今日では，被害者の承諾は，単なる違法性阻却事由として存在するだけではなく，個々の犯罪の特性に応じた種々の法的効果が与えられている。被害者の承諾が犯罪の成否・軽重に与える影響については，下記のような類型に分けることができる。

① **被害者の承諾のないことが明示的又は黙示的な構成要件要素になっている場合**

例えば，住居侵入罪（刑130前），窃盗罪（刑235）等がこの類型に当たる。これらはいずれも，被害者が承諾しないこと，すなわちその行為が被害者の意思に反することによって初めて実行行為の実質を有することになるので，被害者の承諾がある場合には，そもそも構成要件該当性が認められないのである。

② **被害者の承諾のあることが構成要件要素になっている場合**

例えば，承諾殺人罪（刑202），同意堕胎罪（刑213）等がその例として挙げられる。これらは，被害者の承諾を構成要件要素とする独立の犯罪類型として規定されているが，この場合の被害者の承諾は類型的に違法性を軽減させる効果を有するところから，被害者の承諾がない場合（上例に対応するものとしては，殺人罪，不同意堕胎罪等）より軽い法定刑が定められている。

また，特殊な犯罪類型として決闘罪（決闘罪に関する件2）がある。この場合には，決闘に加わる者双方の承諾（合意）が構成要件要素となっている。

③ **被害者の承諾があっても何ら犯罪の成否に影響しない場合**

例えば，13歳未満の被害者に対する強姦罪（刑177後）・強制わいせ

つ罪（刑176後）等がこれに当たる。刑法典は，13歳未満の婦女は，姦淫やわいせつ行為について承諾能力がないものとみなし，たとえ事実上の承諾があっても法律上は犯罪の成否に影響しないことを構成要件上明らかにしている。

④ **被害者の承諾が違法性の存否・強弱に影響を与える場合**

以上①～③のいずれの類型にも該当しない場合には，被害者の承諾は，当該侵害行為の違法性を阻却し，又は軽減する（具体的には，刑の量定に際し被告人に有利な犯情として考慮される。）効果を有している。問題は，被害者の承諾はいかなる根拠で違法性阻却事由とされるのか，そしてどのような要件があれば違法性阻却事由として認めることができるのかである。

(2) **被害者の承諾が違法性阻却事由とされる根拠**

この問題は，違法性の実質の問題と根深く結びついている。

ここでも，徹底した結果無価値論の立場に立つと，被害者の承諾は被害者が自ら処分可能な利益（法益）を放棄することを意味するから，被害者の承諾がある場合には結果の無価値性が否定され，違法性が阻却されるということになる。その結果，違法性阻却もかなり広い範囲で認められることになろう。

これに対し，結果無価値と行為無価値の両面を総合的に考慮して違法性の実質を論ずべきであるという本書の立場においては，被害者が保護されるべき利益を自ら放棄しているという面は確かに重要であるが，それだけではなく，その承諾を得た動機・目的や，被害者の承諾を得てなされた侵害行為の手段・態様・程度等をも総合的に考慮した結果，その行為が社会的に相当であると認められて初めて違法性が阻却されることになる。

この点，最高裁判例は，行為無価値的側面も考慮に入れるべきであると解しているようである。

第3章　違　法　性

【67】「被害者が身体傷害を承諾した場合に傷害罪が成立するか否かは，単に承諾が存在するという事実だけでなく，右承諾を得た動機，目的，身体傷害の手段，方法，損傷の部位，程度などの諸般の事情を照らし合せて決すべきものである。」(最決昭55・11・13刑集34巻6号396頁)

(3) 被害者の承諾が違法性阻却事由と認められるための要件

上述のような観点に立つと，被害者の承諾が侵害行為の違法性を阻却するためには，承諾可能な法益についてなされた判断能力ある被害者の真意に出た事前の承諾が存することはもとより，その承諾に基づいて行われる行為態様自体も社会生活上是認できる相当なものでなければならないということになろう。これを分説すると－

① 承諾は，被害者自ら処分し得る法益に関するものでなければならない。

したがって，承諾は事実上個人的法益に関するものに限られ，国家的法益に対する罪や社会的法益に対する罪については被害者の承諾が通常観念できないことはもとより，被害者の個人的法益を主として保護法益とする罪であっても，同時に競合して国家的法益や社会的法益をも保護法益にしている犯罪については，たとえ被害者の承諾があっても，その承諾は違法性阻却事由とはならない。

② 承諾自体が有効なもの，すなわち判断能力ある被害者の真意に出たものでなければならない。

幼児や高度の精神障害者の承諾，強制や錯誤に基づく承諾は有効な承諾とは言い難いであろう。この関係で，錯誤に基づく承諾は無効であるとした下記【68】判例が参考となろう。構成要件要素としての被害者の承諾の有効性が争われた事案であるが，違法性阻却事由としての承諾についても同様に解することができよう。

【68】〔事案〕被告人は，交際中の被害者の女性に別れ話を持ちかけたが，同女がこれに応じずかえって心中を申し出たため，心中を装って同女を毒殺しようと考え，同女が被告人を熱愛し追死してくれるものと信じているのに乗じ，真実は

第 2 編　犯　　罪

追死する意思がないのに追死するもののように装って同女にその旨誤信させた上，あらかじめ買い求めておいた青化ソーダ致死量を同女に与えて自ら飲ませ，その結果同女を中毒死させたというものである。被告人は殺人罪で起訴されたが，弁護人は，被害者は真実自殺を決意していたのであるから，被告人の行為は自殺幇助罪に該当するにすぎない旨主張して争ったが，これに対し最高裁は下記のような判断を示した。

〔判旨〕「（原判決は，）被害者の意思に重大な瑕疵がある場合においては，それが被害者の能力に関するものであると，はたまた犯人の欺罔による錯誤に基づくものであるとを問わず，要するに被害者の自由な真意に基づかない場合は刑法202条にいう被殺者の嘱託承諾としては認め得られないとの見解の下に，本件被告人の所為を殺人罪に問擬…したもの（であって）…この点に関する原判断は正当であ（る。）…本件被害者は，被告人の欺罔の結果被告人の追死を予期して死を決意したものであり，その決意は真意に添わない重大な瑕疵ある意思であることが明らかである。そしてこのように被告人に追死の意思がないにもかかわらず，被害者を欺罔し被告人の追死を誤信させて自殺させた被告人の所為は通常の殺人罪に該当する」（最判昭33・11・21刑集12巻15号3519頁）

【錯誤に基づく被害者の承諾】

　判例は，前記のとおり，錯誤に基づく被害者の承諾について，その意思に重大な瑕疵がある場合には無効であると解している。その錯誤がなければ承諾をしなかったであろうといった，意思決定に重大な影響を及ぼす錯誤に基づく承諾の有効性を否定する考え方だといってよい。

　これに対し，近時の有力説は，判例の考え方では被害者の承諾が無効になる範囲が広くなりすぎるおそれがあるため，何らかの限定が必要であるとして，当該構成要件で保護された法益に関連する錯誤だけを重要な錯誤と解し，そのような錯誤がある場合に限って承諾を無効とすべきであると主張する（**法益関係的錯誤説**）。この説に立つと，前記【68】の事案では，被害者の錯誤は，保護法益である被害者自身の生命に関してではなく（被害者が死亡すること自体は錯誤なく認識されている），被告人の生命に関してのみ存する（被告人が追死するか否かについて錯誤がある）ことになるから，被害者の承諾は有効であり，自殺関与罪が成立するに止まることになる。なお，同説に立っても，たとえば，医師が患者に対し，余命幾ばくもないとの嘘を述べて患者を絶望させ自殺させたという場合には，患者は自分が死ぬこと自体は認識しているものの，その余命の長さについて錯誤があるから，この錯誤はなお自己の生命に関する錯誤であって，法益関係的錯誤と評価され，医師には殺人罪が成立する。

　法益関係的錯誤説の問題意識は，ある構成要件で保護されている法益以外の他

の法益に関する錯誤を理由に無条件に承諾を無効とすると，当該構成要件に基づく犯罪を成立させることによって，実質的には他の法益を保護することになり，刑法が種々の保護法益に対応して個別に構成要件を定めている意義が没却されるというものであり，傾聴すべきものを含んでいる。しかしながら，法益関係的錯誤とはいえなくとも，なお，被害者の意思決定に重大な影響を与える錯誤であって，その錯誤に基づく被害者の承諾を真意に沿わない不本意なものとして無効とすることによって当該法益を保護すべき場合もあるのではなかろうか。前記【68】の事案について，自殺関与罪ではなく殺人罪を成立させることは，被害者の生命の保護という観点からみたとき，なお相応に合理性があるように思われる。

③　承諾は，犯罪行為時に存在しなければならない。

犯罪終了後に被害者が行為者の犯行を宥恕したとしても，行為者に有利な情状として考慮されるにすぎず，さかのぼって行為の違法性を阻却するものでないことは当然である（ただし，推定的被害者の承諾が認められる場合は別論である。）。

④　承諾は外部的に表示されることが必要であり（ただし，明示的なものだけでなく，黙示的な表明でもよい。），かつ行為者は被害者の承諾のあることを認識して侵害行為を行ったことが必要である。

　　　結果無価値論の立場では，要は客観的に被害者の承諾が存在すれば足りると解する結果，承諾は被害者の内心に存在すれば足り，外部的に表示されることは必要でないし（意思方向説），行為者が被害者の承諾を認識して侵害行為を行うことも必要ではないと解するのが一般的である。しかし，被害者の承諾による違法性阻却が認められるためには単に結果無価値の観点だけではなく行為無価値をも考慮すべきであるという本書の立場においては，被害者の承諾を認識していたという点は侵害行為の社会的相当性を判断するに際し重要な要素となる（主観的正当化要素）。そして，その前提として，被害者の承諾が外部的に表示されていたことも必要であると解される（意思表示説）。

⑤　承諾に基づいて行われる行為態様自体，社会生活上是認できる相当なものでなければならない。

そして，行為態様の相当性を判断するためには，前述のように，承諾を得た動機・目的，侵害行為の手段・方法，結果発生の部位やその程度

などの諸般の事情を照らし合わせて検討しなければならない。

前掲【67】の最高裁判例は、被害者の承諾に基づく違法性阻却の判断要素につき前述のような一般論を述べたのち、当該具体的事案に関し下記のような判断を示している。

【69】「本件のように、過失による自動車衝突事故であるかのように装い保険金を騙取する目的をもって、被害者の承諾を得てその者に故意に自己の運転する自動車を衝突させて傷害を負わせたばあいには、右承諾は、保険金を騙取するという違法な目的に利用するために得られた違法なものであって、これによって当該傷害行為の違法性を阻却するものではないと解するのが相当である。」（最決昭55・11・13刑集34巻6号396頁－【67】と同一）

この事案においては、被害者が現実に負った傷害はかなり軽微なものであったようであるが、それにもかかわらず最高裁が本件において違法性阻却を否定したのは、承諾を得た動機が保険金詐欺目的という極めて違法性の強いものであったからであろう。結局、違法性阻却が認められるか否かは、上記各判断要素の強弱の兼ね合いによるものと考えられる（なお、本事案については、業務上過失傷害罪の確定判決に対する再審請求事件であったという特殊性も存しているところである。）。

5 推定的被害者の承諾

推定的被害者の承諾に基づく行為とは、明示的にはもちろん、黙示的にも承諾があったわけではないが、被害者がその当時の事情を知っていたら、当然に承諾をしたであろうと客観的かつ合理的に判断される場合に、その推定される承諾を前提として行う行為である。例えば、火災の際に不在者の家屋に侵入して、中から家財道具等を搬出してやる行為（住居侵入罪の構成要件該当行為ではあるが、違法性が阻却される。）などがその典型である。

推定的被害者の承諾は、行為当時現実に承諾が存在しなかったという点で前述の被害者の承諾と異なるものの、その法的性質やそれが違法性を阻却す

る根拠自体は被害者の承諾の場合と同様であると解される。したがって，その要件等についても，被害者の承諾の場合とほぼ同様に解してよい。

ただし，承諾の推定の判断は，被害者の立場に立って客観的・合理的に行われなければならない。所与の具体的状況の下において合理的に判断して通常人ならば承諾するであろうと客観的に認められる限り，承諾は推定され，その行為は社会的に相当なものとして違法性を阻却されるのである。このようにして承諾の推定が認められた場合には，現実の被害者が何らかの理由により事後に不承諾の意思を表明しても，さかのぼって行為が違法性を帯びるものではないと解される。

6 治療行為

治療行為とは，治療の目的で行われる医療上の措置（手術など）である。治療行為は，一般に傷害罪等の構成要件に該当するが，後述の要件を満たす限り，違法性が阻却される。

治療行為につき違法性が阻却される根拠については争いがあり，大別すると，(a) 治療行為が，被害者としての患者等の承諾又は推定的承諾に基づいて行われる点に社会的相当性が認められるとする考え方と，(b) 治療行為は，治療の目的で，医学上一般に承認された手段・方法により行われる点に社会的相当性を認めることができるとする考え方とがある。

> 違法性阻却の根拠をめぐる上記両説の対立は，傷病者（又はその保護者）の承諾又は推定的承諾なく行われた治療行為（いわゆる**専断的治療行為**）につき違法性阻却を認めるか否かというより現実的な問題において具体的結論の違いとなって現れる。(a)の考え方によれば，専断的治療行為は，たとえ治療の目的を達したとしても傷病者等の承諾がない以上，原則として違法であるということになるのに対し，(b)の考え方によれば，治療の目的で医学上相当な手段・方法で治療が行われた場合には，原則として違法性が阻却されるということになろう。

学説上は(a)説が多数説である。患者の自己決定権（今日では，インフォー

ムド・コンセント，すなわち医師は治療の内容について十分説明した上で患者の同意を得て治療を行うべきだとする考え方に具体化されている。）が医学の分野でも法律学の分野でも次第に重視されるようになってきている昨今の風潮にかんがみると，(a)説はかなりの説得力を有している。そして，治療行為はできる限り患者等の承諾を得て行われることが望ましいことはいうまでもないところである。しかし，例えば，自殺を企てた者に対する緊急治療行為のように，患者の承諾や推定的承諾をあえて擬制しなくとも，なお一種の事務管理行為として治療行為が社会的相当性が認められる場合もないではない。専断的治療行為が，医師の倫理に反するか否かの点はともかくとしても，それが治療の目的で行われ，かつその手段・方法が医学上一般に承認されているものである限り，少なくとも刑法上は違法性の阻却は認めてもよいと考えられる。(b)の考え方が妥当であろう。

　この考え方に従うと，治療行為につき違法性阻却が認められるためには，当然のことながら，治療行為は次の二つの要件を満たしていることが必要である。

　まず第1に，治療行為は，治療の目的で行われることが必要である。したがって，治療の目的によらない行為は，偶然に治療の効果があがっても違法性が阻却されないことは当然である。

　第2に，治療行為は，医学上一般に承認された手段・方法を用いて行われることが必要である。

　　医学的に承認されるにいたっていない方法を実験的に用いる場合は，もはや治療行為の問題ではない。医師が傷病者等に対し，その点の事情を十分説明のうえ，なおも傷病者等がこれに承諾を与えたような場合には，被害者の承諾一般の問題として，違法性が阻却される余地もあろう。

　上記の要件を満たしている限り，たとえ医師の資格のない者（いわゆるニセ医師）によって治療行為が行われた場合でも，やはり違法性が阻却される。

前述のように，治療行為につき違法性阻却が認められる根拠は，治療の目的で医学上一般に承認された手段・方法により行われる点にあり，医師が行うという形式にあるのではないからである（ただし，ニセ医師が医師法違反の刑事責任を問われることは別論である。）。

7　義務の衝突

義務の衝突とは，両立し得ない複数の法律上の義務が存在するため，その中のあるものを履行するためには，他の義務を怠る以外に方法がない場合をいう。例えば，我が子二人が乗っているボートが転覆したため父親が同時に二人の子を救助しなければならない義務がある場合において，一人の子を救助するためにもう一人の子を放置して死亡させた場合などがこれに当たる。

義務の衝突が存在する場合においては，一方の義務を怠ったという不作為が特定の構成要件（上記設例の場合には殺人の不真正不作為犯の構成要件）に該当する場合に，なお義務の衝突を理由として違法性阻却を認めることができるかどうかが問題となる。

　　義務の衝突は，正なる法益を保護するため別の正なる法益を犠牲にせざるを得ないという性質を有するものであり，それが上記設例のように緊急の事態において問題となる場合には，後述の緊急避難と極めて類似した構造を有している。しかし，(a)　緊急避難においては，危難に直面した者は法益に対する危難を忍受する限り，避難行為を行わないこともできるのに対し，義務の衝突においては，そのような可能性はなく，行為者はいずれの義務をも履行すべきことを法的に要求されていること，(b)　緊急避難の場合の避難行為は作為によってなされるのに対し，義務の衝突の場合は，放置された義務は不作為によって怠られること，の2点において両者は異なると解されている。

義務の衝突が認められる場合には，義務の内容を具体的・個別的に比較し，より高い価値の義務を履行するために，低い価値の義務を怠った場合には，その行為がたとえ特定の構成要件に該当したとしても違法性が阻却される。他方，逆の場合には，違法性の阻却は認められず，場合により期待可能性を

欠くものとして責任が阻却されることがあるにとどまる。義務の価値が同程度の場合（例えば，上記子供が溺れた事例の場合）は問題であるが，やはり違法性が阻却されるものと解すべきである。

いずれにせよ，義務の軽重に差が付けにくいときは，どちらを履行するかについては，行為者の判断を尊重するほかない。

8 安楽死・尊厳死

(1) 安楽死・尊厳死の意義と問題点

安楽死とは，傷病者が激烈な肉体的苦痛に襲われ自然の死期が迫っている場合に，傷病者の嘱託に基づき，苦痛を緩和・除去して安らかに死を迎えさせる措置をいう。

それに対し，**尊厳死**とは，回復の見込みのない末期状態（死が間近に押し迫った状態）の患者に対し，生命維持治療（延命措置）を中止し，人間としての尊厳を保たせつつ，死を迎えさせることをいう。

安楽死と尊厳死とは，前者が楽に死なせることを目的とするのに対し，後者は「品位ある死」の確保を目的とするという点で質的な違いがあるものの，いずれもいまだ死亡していない患者に対し死期を早める措置であるという点で共通した性格を有している。そこで，両者とも，殺人罪又は同意殺人罪（刑202）の構成要件に該当する可能性が濃厚であるため，それらが違法性阻却事由として認められるか否かが問題となるのである。

(2) 安楽死の類型とその適法性

一般に，安楽死と呼ばれているものの中にも，いくつかの類型があり，それぞれ適法性の評価を異にすると思われる。

① 生命短縮を伴わない安楽死（純粋安楽死）

薬物の使用などの方法によって，死期を早めることなく，肉体的苦痛を除去・緩和する場合である。この型の安楽死については，前述した治

療行為の要件を満たす限り適法であることに問題はない（それ以前に，傷害の事実が認められないとして構成要件該当性すら否定される場合もあろう。）。

② **間接的安楽死（治療型安楽死）**

　苦痛の除去・緩和のための薬物等の使用が副作用として生命短縮を伴う場合である。ガンの末期症状の患者に対し，苦痛除去のためモルヒネ注射を多用する場合などがこれに当たる。

　我が国では，この類型は一般に適法であると考えられている。治療行為の一種ともみなし得るが，死期を早める性質上，単に治療行為の要件を満たすだけでは足りない。苦痛の除去・緩和のための高度の必要性，方法の医学的相当性，患者の嘱託等の要件を満たす限り，その適法性を肯定することができよう。

③ **不作為による安楽死（消極的安楽死）**

　死苦を長びかせないために，積極的な延命措置を講じず，そのために死期を早めた場合である。輸血をすれば延命が可能であるが，それだけ苦痛が続き，しかも死期が迫っている場合に，患者の嘱託により，輸血を行わない場合がこれに当たる。

　患者の拒絶にも関わらず死苦を長びかせるだけの措置を講ずるべき義務は医師にはないと考えられるので，この場合も適法であると解されている（不真正不作為犯の構成要件該当性が否定される場合もあろう。）。

④ **積極的安楽死（殺害型安楽死）**

　作為により直接に生命を短縮する（生命を積極的に奪う）ことによって死苦を終わらせる場合である。例えば，致死量の毒薬を飲ませるとか，患者の首を絞めて殺すとかがこれに当たる。

　従前から安楽死の適法性として議論の中心になってきたのはこの類型であり，その適法性（及び適法と認められるための要件）をめぐっては，

第2編　犯　罪

現在でもなお厳しい説の対立がある。過去においてはともかく，今日では，医学の進歩によって苦痛の除去・緩和のための治療方法（いわゆるペインクリニックス）が格段に充実してきているから，この積極的安楽死を適法視しなければならない社会的基盤も次第に小さくなりつつあることは否めないところである。

　この問題については，下記の判例が参考になろう。

【70】〔事案〕被告人の父は脳溢血により長く病床にあったが，やがて全身不随となって，上下肢の激痛や息も絶えそうな長時間のしゃくりの発作のため悶え苦しみ，「早く死にたい」「殺してくれ」と大声で叫ぶようになり，医師からも7日か10日の命脈であると告げられたことから，被告人は，父を病苦から免れさせることこそ，父親に対する最後の孝養であると考え，有機燐殺虫剤を混入させた牛乳を父に飲ませ死亡させたという事案である。被告人は尊属殺人罪の公訴事実により起訴され，公判審理において，弁護人は本件は安楽死の事案であるから尊属殺人罪は成立しないと主張した。これに対し，控訴審の名古屋高裁は，安楽死の適法要件に関する下記のような判断を示した上，本件では下記(1)ないし(4)の要件は充足しているものの，(5)(6)の要件を欠くから違法性を阻却しないとし，承諾殺人罪を認定して，被告人を懲役1年（執行猶予3年）の刑に処した。

〔判旨〕「ところで，所論のように行為の違法性を阻却すべき場合の一として，いわゆる安楽死を認めるべきか否かについては論議の存するところであるが，それはなんといっても，人為的に至高なるべき人命を絶つのであるから，次のような厳しい要件のもとにおいてのみ，これを是認しうるにとどまるであろう。

(1)　病者が現代医学の知識と技術からみて不治の病に冒され，しかもその死が目前に迫っていること。

(2)　病者の苦痛が甚だしく，何人も真にこれを見るに忍びない程度のものであること。

(3)　もっぱら病者の死苦の緩和の目的でなされること。

(4)　病者の意識がなお明瞭であって意思を表明できる場合には，本人の真摯な嘱託又は承諾のあること。

(5)　医師の手によることを本則とし，これにより得ない場合には，医師によりえない首肯するに足る特別な事情があること。

(6)　その方法が倫理的にも妥当なものとして認容しうるものであること。

　これらの要件がすべて充たされるのでなければ，安楽死としてその行為の違法性までも否定しうるものではないと解すべきであろう。」（名古屋高判昭37・

12・22高刑集15巻9号674頁）

なお，その後の注目すべき判例として，横浜地判平7・3・28（東海大学安楽死事件）がある（判時1530号28頁）。

(3) 尊厳死に関する諸問題

尊厳死の問題は，医学の進歩に伴って登場してきた問題である。近年，医療技術を支える機器が急速に進歩し，人工呼吸器などの生命維持装置が高度に発達してきた結果，自発呼吸の不可能ないわゆる脳死の状態などにおいても，呼吸や血液循環など，脳以外の身体部分の機能を人為的に生前に近い状態で，かなりの期間維持できるようになった。そこで，このように脳死などの状態に陥り，生命現象が回帰することのない人間に，長期間にわたり，生命維持装置を働かせて，脳以外の体の機能を人為的に維持する処置をとることが，人間にとっての死の尊厳を汚すことにならないのかが問題となるのである。

尊厳死は，脳死などの状態にあるため，生命維持装置によって生命を維持している患者につき，上記のような生命維持治療を中止して，人間としての尊厳を保たせつつ，死を迎えさせようとするものである。

【脳死と植物状態との区別】

ここで，脳死と植物状態とを区別しておかねばならない。脳の機関は大別して三つの部分，すなわち大脳・小脳・脳幹から成り立っているが，この区別を考える際に重要なのが脳幹である。脳幹には，いろいろな臓器の作用を正常に保つための神経中枢があり，ことに呼吸や循環の中枢があって，生命維持に重要な役割を果たしている。**脳死**は，この脳幹も含め，この脳の機能のすべてを不可逆的に喪失した状態である。したがって，脳死状態では，自発呼吸も不可能なこというまでもない。それに対し，大脳の機能がほとんど失われていても，脳幹の機能が残っているのが，**植物状態**である。植物状態においては，脳幹機能が維持されていることから，自発呼吸が存在し，脳死と異なって回復（重症障害から完全回復まで種々の態様がある。）の可能性もある。このように，自発呼吸があるか否かで，脳死と植物状態とは根本的に異なる。

そして，上述のように，植物状態の患者の多くは自発呼吸があり生命維持装置を必ずしも必要としないため，最も厳格な意味で尊厳死が問題になるのは，専ら

脳死状態の患者についてである。

【死の判定と脳死説】

　従前，医学上は，肺・心臓・脳の3機能の不可逆的停止（具体的には，呼吸停止，心拍停止，瞳孔散大と対光反射喪失の3徴候）を確認して，死の判定を行ってきた（これを**3徴候説**という。）。法律上も，この医学上の判定に特に異論はなかったようである。

　これに対し，問題を投げかけたのが，上述の生命維持装置等の発達である。従前，脳死と心臓死との間にはほとんど時間的な間隔がなかったことから問題は少なかったようであるが，前述のように，近年，人工呼吸器等によって，脳死状態にある患者についても，なお心臓や肺等の機能を人為的に維持させることができるようになってきたため，脳死の時期と心臓死の時期との間に時間的なずれを生ずるようになった。今日においてもなお，医学上又は法律上，従前の3徴候説を維持すべきか，それとも脳死の状態をもって死と判定すべきか（この立場を**脳死説**という。）が，ここでの問題である。

　この点については，なお議論の尽きないところであるが，仮に脳死説に立つならば，少なくとも脳死状態にある患者については，尊厳死の問題は生じないことに注意する必要がある（死の状態にある以上，構成要件該当性が認められない。）。

　なお，臓器の移植に関する法律6条参照。

尊厳死が違法性阻却事由として認められるかどうかについては，そもそも生きる権利の事前放棄は許されないとして否定する説と，患者の自己決定権を重視して肯定する説が対立しており，肯定説の間でも，延命治療拒否の意思表示の方法をリビング・ウィル（「生前発効遺言」あるいは「生者の意思」と訳される。）に限るのか，家族や第三者による代行を認めるのか等多くの点で争いがある。安楽死の場合と異なり，尊厳死の場合には患者の意思が不明確であるというのが問題を難しくさせているゆえんである。

近時，最高裁は，医師による治療中止行為の適法性が争われた事案において，以下のとおりの判断を示した。結論としては違法性阻却を認めなかったが，一般論としては，治療中止が法律上許容される余地があるとしているように受け取れるものであり，更なる議論の深化が望まれるところで

ある。

【71】「被害者が気管支ぜん息の重積発作を起こして入院した後,本件抜管時までに,同人の余命等を判断するために必要とされる脳波等の検査は実施されておらず,発症からいまだ2週間の時点でもあり,その回復可能性や余命について的確な判断を下せる状況にはなかったものと認められる。そして,被害者は,本件時,こん睡状態にあったものであるところ,本件気管内チューブの抜管は,被害者の回復をあきらめた家族からの要請に基づき行われたものであるが,その要請は上記の状況から認められるとおり被害者の病状等について適切な情報が伝えられた上でされたものではなく,上記抜管行為が被害者の推定的意思に基づくということもできない。以上によれば,上記抜管行為は,法律上許容される治療中止には当たらないというべきである。」(最決平21・12・7刑集63巻11号1899頁)

第2編　犯　　罪

第3　正　当　防　衛

1　緊急行為の本質とその基本的問題点

　正当防衛，緊急避難及び自救行為の三者を**緊急行為**という。

　法治国家においては，法秩序の侵害に対する予防又は回復は，本来国家機関の任務に属する。しかし緊急の場合においては，国家機関による救済が不可能又は著しく困難なこともあろう。緊急行為は，このように法秩序の侵害に対する予防又は回復を国家機関が行ういとまがない場合に，補充的に私人に許された法益侵害行為である。したがって，緊急行為は，「法の自己保全」，すなわち法秩序維持の見地から法が自ら必要とする法益侵害行為であるという意味で違法性阻却事由となると考えられるのである。

　しかし，他方，今日の我が国のように法的救済方法の一応完備された法治国家において，私人にこのような法益侵害行為を広く許すことは，かえって法秩序を害する結果ともなりかねない。緊急行為を理由とする違法性阻却は必要最小限度にとどめなければならない。現行刑法典が自救行為を許す何らの規定も設けず，また，正当防衛・緊急避難につき厳格な要件を定めているのもこのような見地に由来する。各緊急行為の要件を検討するに際しては，以上のような緊急行為の本質とその基本的問題点を常に念頭に置いておく必要があろう。

2　正当防衛の意義と本質

　急迫不正の侵害に対し，自己又は他人の権利を防衛するため，やむを得ないでした行為を，**正当防衛行為**という（刑36）。行為が正当防衛の要件を満たしている限り，たとえ殺人罪・傷害罪等の構成要件に該当し，その実行行為性を有していたとしても，違法性が阻却され，犯罪の成立は否定される。

第3章 違 法 性

　正当防衛は，前述のとおり，法的には「法の自己保全」の見地から違法性阻却事由として認められるものであるが，その基本的な性格は人間の自己保存機能に由来する。急迫の侵害に対してとっさに反撃行為に出ることは，人間の言わば本然的な行動である。正当防衛は「書かれた法ではなく生まれた法である」（キケロ）とか，「正当防衛は歴史を持たない」（ガイプ）などといわれるのも，このような正当防衛の基本的性格を端的に物語るものである。他方，正当防衛行為の社会的有用性に着目する見解もある。市民自身が不正の侵害に自ら対抗することは，法秩序の保全に積極的に協力したものとして社会的に見ても有用な行為といえるというのである。

　ここに，正当防衛と緊急避難との基本的相違が見いだされる。正当防衛と緊急避難とは，共に典型的な緊急行為としてその要件等には近似したものがあるものの，何よりも，正当防衛が「不正な侵害が存する場合に，自己等の法益を守るために，その不正な侵害者に対し反撃行為を行う」という基本的性格（言わば「**正対不正**」の関係）を有しているのに対し，緊急避難は「危難が存する場合に，自己等の法益を守るために，正なる第三者を犠牲にして避難行為を行う」という基本的性格（言わば「**正対正**」の関係）を有している点で，根本的に異なっているのである。後に述べるように，緊急避難において要求される補充の原則や法益権衡の原則等の行為の相当性に関する厳格な要件が，正当防衛の場合には必ずしも求められないのは，正に不正に対抗するという正当防衛の上記のような基本的性格に由来しているのである。

　以上述べたような正当防衛と緊急避難との相違を，正当防衛者又は緊急避難者自身に対し「急迫不正の侵害」や「現在の危難」が加えられた場合について簡明に図示すれば，次頁の図のようになろう。

第2編 犯　　罪

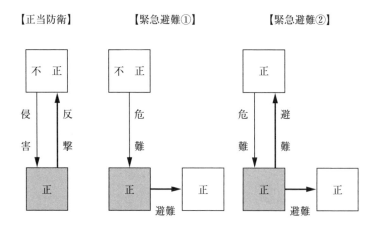

3　正当防衛の成立要件

　正当防衛は，違法性の段階での問題であるから，行為が特定の構成要件に該当していることが前提となる。

　刑法36条1項の規定する要件は，これを大別すると，**急迫不正の侵害**の要件（「急迫不正の侵害」の部分）とこれに対する防衛行為の要件（「…に対して，自己又は他人の権利を防衛するため，やむを得ずにした行為」の部分）とに分けることができる。そして，後者は更に，(a)　**防衛の意思**，(b)　**反撃行為**，(c)　**防衛行為の相当性**の三つの要素に分けて検討するのが一般的である。以下，順次これを検討する。

(1)　急迫不正の侵害

　ある構成要件該当行為が正当防衛行為に当たるとして違法性が阻却されるためには，まずその前提として，当該行為が行われた当時，自己又は第三者に対し，防衛行為を行うことを余儀無くさせるような急迫不正の侵害が存在していたことが必要である。言わば防衛行為を正当ならしめる状況上の要件であるといえよう。

以下，これを「急迫」「不正」「侵害」の三つの要素に分けて，その内容と問題点を検討する。

ア 「急迫」の侵害

急迫とは，法益の侵害が現に存在しているか，又は間近に押し迫っていることをいう（後掲【74】最判昭46・11・16刑集25巻8号996頁）。侵害が現在している場合はもとより，間近に押し迫っただけの段階であっても，防衛者が現に被害を受けるまで正当防衛を待たねばならない道理はないから，正当防衛が許容されるのである。

過去の侵害に対して正当防衛行為を行うことは許されない。相手方から火箸で足を殴打され，その侵害が一応終わった後に，相手の頭を十能で強打して死亡させた場合（大判昭7・6・16刑集11巻866頁）などは，侵害の急迫性がないから正当防衛とは認められない。

> 凶器等を持って襲いかかる侵害者からその凶器等をもぎとったような場合には，その段階で侵害の急迫性がなくなることが多いであろう。しかし，常にそうであるとも限らない。強暴な男であるとの噂のある，どう猛な人相をした男が生木をもって打ち掛かってきたので，これを奪い取ったところ，同人がなおも素手で組み付こうとする気勢を示したことから，同人の頭部を奪った生木で一回殴打して死亡させたという事案につき，最高裁は侵害の急迫性を認め，正当防衛の成立を肯定している（最判昭26・3・9刑集5巻4号500頁）。

目前でない将来の侵害を見越してあらかじめ反撃行為（いわゆる先制攻撃）を行うことも，侵害の急迫性を欠くから，正当防衛とはいえない。

> ただし，防衛のための設備をあらかじめ準備することは，許される。例えば，忍び返しを設置したり，高圧電流の通じた電線を塀の上に張り巡らせるなどがこれに当たるであろう。これらは，いずれも，将来において侵害が急迫した時点（例えば，泥棒が塀を乗り越えて家の中に不法に侵入しようとした時点）で，初めて防衛の現実の効果が生ずるものであるから，上記のようにあらかじめ反撃行為を行う場合に当たらないのである（ただし，これらの場合，特に上記高圧電流の場合には，防衛行為として相当なものといえるの

か疑問の余地があろう。)。

　問題は，行為者が不正の侵害を事前に予期していた場合にも，なお侵害の「急迫」性を認めることができるかということである。例えば，強盗がよく出没するというので，護身用に木刀を準備していたところ，予期していたとおり現に強盗に襲われたので，その木刀で強盗を撃退したという場合，強盗による侵害は「急迫」なものということができるのであろうか。判例は，侵害があらかじめ予期されていたものであるとしても，そのことから直ちに急迫性を失うものではないと解している（後掲【74】最判昭46・11・16）。侵害が当然又はほとんど確実に予期されている場合であっても，同様である（後掲【72】最決昭52・7・21刑集31巻4号747頁）。確かに，突然強盗に襲われた者は反撃行為をすることができるが，上記設例のように，襲われた者がたまたま強盗の出没を予想していた場合には正当防衛はできず，逃げるしかないというのは，おかしな結論であろう。侵害が「急迫」なものであるということは，侵害が「意外な」ものであることを必要としないのである。その理由を突きつめて考えていけば，結局，法が正当防衛について急迫性を要件にしているのは，予期された侵害を避けるべき義務を課する趣旨ではない（後掲【72】最決昭52・7・21）ということになるであろう。

　しかしながら，あらかじめ侵害が予期できる場合において，単に予期された侵害を避けなかったというにとどまらず，その機会を利用し積極的に相手に対して加害行為をする意思で侵害に臨んだような場合には，もはや侵害の急迫性の要件を認めることはできないというべきである（下記【72】判例）。このような事態は，そもそも正当防衛の緊急行為としての本質（「法の自己保全」）に反するというべきであり，他の要件の具備を問題にするまでもなく，防衛行為を正当ならしめる状況上の前提

要件である侵害の急迫性の要件そのものが欠けると解するのが相当である。

【72】〔事案〕いわゆる中核派の学生である被告人らが、集会を開こうとしていた際、いわゆる革マル派の学生らから攻撃を受け、いったん実力で撃退した後、ほどなく再度の攻撃のあることを予期して鉄パイプ等を用意し、バリケードを築くなどの準備をしているうち、案の定再度の攻撃をしてきた革マル派に対し鉄パイプで突くなど共同して暴行を加えたという事案である。被告人らは、凶器準備集合、暴力行為等処罰に関する法律違反の各罪で起訴され、公判審理において正当防衛の成否が争点となったが、この点につき、最高裁は以下のとおり判示した。
〔判旨〕「刑法36条が正当防衛について侵害の急迫性を要件としているのは、予期された侵害を避けるべき義務を課する趣旨ではないから、当然又はほとんど確実に侵害が予期されたとしても、そのことからただちに侵害の急迫性が失われるわけではないと解するのが相当であ（る。）…しかし、同条が侵害の急迫性を要件としている趣旨から考えて、単に予期された侵害を避けなかったというにとどまらず、その機会を利用し積極的に相手に対して加害行為をする意思で侵害に臨んだときは、もはや侵害の急迫性の要件を充たさないものと解するのが相当である。そうして、原判決によると、被告人甲は、相手の攻撃を当然に予想しながら、単なる防衛の意図ではなく、積極的攻撃、闘争、加害の意図をもって臨んだというのであるから、これを前提とする限り、侵害の急迫性の要件を充たさないものというべきであ（る。）」（最決昭52・7・21刑集31巻4号747頁）

侵害を受けた当時、行為者が逃避可能な状況にあったことや、防衛行為以外にほかにとるべき方法があったことなども侵害の急迫性を否定する事情にはならない。これらは、むしろ防衛行為としてやむを得ないものであったかどうか（防衛行為の相当性）の問題であるというべきであろう（後掲【74】最判昭46・11・16）。

イ 「不正」の侵害

不正とは、法秩序に反すること、すなわち違法と同義である（ただし、不正な侵害が犯罪を構成するまでの必要はない。）。正当防衛において反撃行為が広く許容されるのは、侵害者の行為が「不正」であるからにほかならない。

第2編 犯　　罪

単に法秩序にとって好ましくないというにすぎない動物の挙動や自然現象，刑法上の行為として認めることのできないような人の挙動（例えば，睡眠中の動作等）は，いずれも「不正」な侵害という判断を下すことができないから，これらに対しては正当防衛行為を行うことはできない。緊急避難の成否が問題となるにとどまる。

【対物防衛の可否】

いわゆる対物防衛，すなわち動物の攻撃に対し正当防衛が許されるか否かについては学説上争いがある。結果無価値論からは，ここにいう「不正」は「不正の状態」を指すのであって刑法上違法である必要はない，として対物防衛を肯定する見解が有力である。

他方，行為無価値論からは，動物には不正＝違法という評価は下しえないのであるから，動物の侵害に対しては，正当防衛は許されず，緊急避難だけが許されると主張されている（さらに，近時，物が危険源となって危難が引き起こされた場合，その物を損壊する行為について損害賠償責任を否定している民法720条2項を援用して，法秩序の統一性の観点から，同条が適用される場合には，刑法上も違法性を阻却されるべきであるとの主張もみられる。）。

注意しなければならないのは，(a) 動物が無主物であるときは，これを殺傷してもそもそも構成要件該当性が認められないから，正当防衛を問題にする余地がないし（ただし，保護獣の場合は，別に狩猟法違反の罪との関係で正当防衛を論ずる余地がある。），(b) 動物の侵害が所有者の故意又は過失に基づく場合（例えば，犬をけしかけたり，うっかりと犬をつないでおくのを忘れたような場合）には，法的には人の行為に基づく侵害であると評価できるから，これに対しては，対物防衛を一般に否定する説からも，正当防衛をなし得るということである。

このように，現実に対物防衛が問題になるのは極めて限られた場合であるし，仮にこのような事例があったとしても，法益権衡の原則との関係では，人の生命・身体と動物の価値とを比較した場合，前者が優位に置かれるべきは当然である。したがって，対物防衛を否定してこれを緊急避難の問題と解したとしても，緊急避難の成立が認められることが通常であると考えられるから，実際的な不都合は生じないと解される。

他方，当該侵害が不正＝違法でありさえすれば，有責である必要はないから，責任能力のない精神病者や子供の侵害行為に対しても正当防衛

を行うことができる。

ウ 「侵　害」

侵害とは，法益に対する実害又はその危険を生じさせる行為をいう。故意行為・過失行為のいずれでもよい。

また，侵害は，作為であると不作為であるとを問わない。しかし，正当防衛はもともと生命・身体を保全するため加害者を殺害する場合について認められてきたという歴史的沿革や，その違法性阻却事由としての性格等にかんがみると，「侵害」行為は，実力による反撃行為を正当化するにふさわしい**積極的な侵害**であることが必要であると解される。作為の場合には，この点あまり問題にはならないが，不作為の場合には，このような観点から「侵害」と解することに制約を受ける場合が出てこよう。すなわち－

i 不作為であっても，絶えず法益に対する積極的な侵害ないし脅威を及ぼすものは，「不正の侵害」であると評価できる。例えば，他人の住居内に座り込み，要求を受けても退去しない場合や，乳児を餓死させようとして母親が授乳しない場合などがこれに当たるであろう。

ii それに対し，単なる債務不履行等，広い意味で「不正」と評価できる場合であっても，民事手続による解決を本筋とし実力行使による救済を認めるべきでない不正状態は，ここにいう「不正の侵害」に含まれないと解すべきである。この関係で下記の最高裁判例が参考になる。

【73】〔事案〕労組の分会長をしていた被告人が，使用者側の局長から団体交渉を拒否されたことから，局長室に入るためガラスや木製ドア等を損壊したとして，建造物侵入罪や暴力行為等処罰に関する法律1条（刑261）違反の罪に問われたというものである。最高裁は，以下のように述べて，正当防衛の成立を否定している。

〔判旨〕「本件のように，使用者側が団体交渉の申入れに応じないという単なる不作為が存するにすぎない場合には，いまだ刑法36条1項にいう『急迫不正の侵害』があるということはできないと解するのが相当であって，同

局長に団体交渉適格があると否とを問わず，本件被告人の行為を正当防衛行為にあたるとみる余地はない。」（最決昭57・5・26刑集36巻5号609頁）

エ　緊急救助

なお，急迫不正の侵害は，必ずしも，防衛行為者自身に対して加えられたものであることを要しない。他人に対し急迫不正の侵害が加えられたことから，その他人の権利を防衛するため反撃行為を行うことも正当防衛の一つの形態である。これを**緊急救助**という。

なお，ここでいう「他人」には，自然人のみならず法人その他の団体も含まれる。また，その「他人」は，防衛行為を行う者と面識がある必要はなく，ゆきずりの他人であっても何ら差し支えはない。

(2)　防衛の意思

ア　防衛の意思の要否

防衛の意思に関しては，そもそも正当防衛の要件として防衛の意思が必要か否かがまず問題となる。この点，学説上は，これを必要と解する**防衛の意思必要説**と，急迫不正の侵害に対し，客観的に反撃行為に相当する行為が行われれば正当防衛は成立し，防衛の意思という主観的要件は必要ではないという**防衛の意思不要説**とが今日でも厳しく対立している。

しかしながら，判例は，大審院以来一貫して，防衛の意思必要説の立場を採用しており（最高裁の時代になってから最初にこの点を明らかにしたのが後掲【74】最判昭46・11・16である。），実務も必要説を当然の前提として運用されているといってよい。

この問題については，理論的にも実際上も，必要説が妥当と解される。すなわち，(a)　刑法36条1項の文理解釈上，権利を防衛する「ため」という文言は防衛の意思が必要であることを示していると解し得るし，(b)　不要説に立つと，侵害を受けたのを好機として積極的な加害行為を行った場合（口実防衛）も正当防衛（又は過剰防衛）と解する余地があるが，これは不合理である。(c)　のみならず，偶然防衛，すなわちたまたま客観的に防衛の結果を

生じたという場合（例えば，甲が乙を射殺したところ，実はその際たまたま乙も甲を殺そうとして同人を銃でねらっていたのであって，甲が一瞬早く自己の生命を防衛しえたという場合）についても，不要説に立つと正当防衛が成立することになるが，これは常識に反するであろう（もっとも，近時の不要説においては，未遂犯の成立可能性を認める見解も有力である。）。(d) さらに，防衛の意思は反撃行為の節度や相当性を期待するために意味があるし，過剰防衛において刑の減軽・免除が認められる根拠も，正にこのような意思をもってした行為であることを前提として初めて理解することができるのではなかろうか。

しかし，後に見るとおり，判例は，次第に防衛の意思の内容を希薄化する傾向にあり，この関連で必要説と不要説との間には実質的な差異がなくなりつつあるということに留意しておく必要があろう。

イ 防衛の意思の具体的内容

i 防衛の意思必要説に立った場合，防衛の意思の具体的内容としてどのようなものが要求されるのであろうか。

まず，偶然防衛を正当防衛から排除するために，急迫不正の侵害を認識していることは少なくとも必要である。他方，防衛の「意思」という言葉から連想されるような積極的で明確な動機・意図は，必要ではないというべきであろう。正当防衛は緊急状態において，言わば反射的・本能的に行われることも少なくないのであるから，このような明確な意図のようなものまで要求するのは正当防衛本来の姿と相いれない。

防衛の意思が認められるためには，行為者に，侵害に対抗して権利を防衛するために出たという性質を行為に付与するような内心の状態が存することが必要であり（これにより口実防衛が正当防衛から排除される。），かつそれで足りると思われる。防衛の「意思」よりは，むしろ防衛の「意識」という言い方がその実体に沿うであろう。防衛の意思とは，「自己が急迫不正の侵害にさらされていることを意識し，かつ，その侵害を排除するために加害者に立ち向かう旨の意識」（藤

ii ところで，急迫不正の侵害を受けた者が，憤激又は逆上して反撃行為を行う場合は少なくないが，防衛の意思を上記のように理解するのであれば，憤激又は逆上していたという事情は必ずしも防衛の意思の存在と矛盾するものではないであろう。他人から不正な攻撃を受けて憤激の情を持つのは，むしろ人間の自然の感情といえるからである。下記【74】の最高裁判例も，この点同様に解している。

【74】〔事案〕被告人は，Aと口論の末いったん止宿先の旅館を立ち退いたが，Aに謝って仲直りをしようと思い旅館に戻ってきたところ，いきなりAから手拳で2回位顔面を殴打された上，更に立ち向かってこられたため，奥の部屋まで後退りし，ガラス障子のところまで追いつめられた。その時，被告人は，たまたま障子の鴨居の上に「くり小刀」が隠してあることを思い出し，とっさにこれを手に取るや，憤激してAの左胸部を突き刺し，Aを死亡させたというものである。被告人は殺人の罪で起訴され，公判段階で正当防衛の成否が争点となったが，最高裁は，防衛の意思に関し，次のように判示した。
〔判旨〕「刑法36条の防衛行為は，防衛の意思をもってなされることが必要であるが，相手の加害行為に対し憤激または逆上して反撃を加えたからといって，ただちに防衛の意思を欠くものと解すべきではない。これを本件についてみると，…被告人は，旅館に戻ってくるやAから一方的に手拳で顔面を殴打され，加療10日間を要する傷害を負わされたうえ，更に本件広間西側に追いつめられて殴打されようとしたのに対し，くり小刀をもって同人の左胸部を突き刺したものである（…）ことが記録上うかがわれるから，そうであるとすれば，かねてから被告人がAに対し憎悪の念をもち攻撃を受けたのに乗じ積極的な加害行為に出たなどの特別の事情が認められない限り，被告人の反撃行為は防衛の意思をもってなされたものと認めるのが相当である。」（最判昭46・11・16刑集25巻8号996頁）

iii それでは，憤激の問題から一歩進んで，急迫不正の侵害を受けた行為者が攻撃の意思で反撃行為を行った場合には，防衛の意思は否定されるべきであろうか。

少なくとも，「かねてから相手方に対して憎悪の念を持ち，攻撃を受けたのに乗じ積極的に加害行為に出た」という場合（前掲【74】最

第3章 違 法 性

判昭46・11・16）や，「防衛に名を借りて侵害者に対し積極的に攻撃を加える行為」（最判昭50・11・28刑集29・10・983）については，専ら攻撃の意思で反撃行為がなされたものであるから，防衛の意思を欠いているといわざるを得ないであろう。

しかしながら，そのように積極的な加害行為に出たという場合でない限り，防衛の意思は必ずしも攻撃の意思と両立し得ないものではなかろう。緊急状態の下で言わば反射的・本能的に行われるという防衛行為の性格にかんがみると，急迫不正の侵害に対し自己又は他人の権利を防衛するためにした行為と認められる限り，その行為は，同時に侵害者に対し憎悪や怒りの念を抱き攻撃的な意思に出たものであっても，正当防衛のためにした行為に当たると解するのが相当である（下記【75】最判昭60・9・12）。

【75】〔事案〕被告人は，自己の妻Bが被害者Aと情交関係を持っているのではないかと強く疑っていたところ，犯行当日，自己の経営するスナックにAが来店し，Bになれなれしく電話をかけたばかりか，BがAの誘いに応じて同スナックにやってきたことから，不快のあまりBを怒鳴りつけたところ，逆にAから手拳で頭部・顔面等を繰り返し殴打されるなどのかなり激しい暴行を受けた（第1暴行）。この間，被告人は無抵抗であったが，Aが席に戻った後，思わずAの前記暴行に対し小声で不満をもらしたことから，Aは，コップや灰皿などを次々に被告人に投げ付けた（第2暴行）。そのため，被告人はAに対する憤懣が極まり，調理場の文化包丁1丁を持ち出し，Aに「表に出てこい」と言うや，出入口の方に行こうとしたところ，Aからなおも金属性の譜面台を投げ付けられ，更には「お前，逃げる気か。文句があるなら面と向かって話せえ」などと怒鳴りながら後を追ってこられ，背後から肩をつかまれるなどしたため（第3暴行），振り向きざまに右手にもった包丁でAの右胸部を突き刺し，Aを死亡させた。被告人は殺人の罪で起訴され，公判審理において正当防衛の成否が争点になったが，二審の大阪高裁は，防衛の意思が欠けるとして正当防衛のみならず過剰防衛の成立をも否定した。これに対し，最高裁は，上述の防衛の意思と攻撃の意思に関する一般論を述べたのち，次のように判示して，原判決を破棄した。

〔判旨〕「被告人の本件行為が，Aから第3暴行に引続き更に暴行を加えられ

ることを防ぐためのものでもあったことは明らかであると思われるし，原判決が指摘する被告人のAに対する憎悪，怒り，攻撃の意思は，それだけで直ちに本件行為を防衛のための行為とみる妨げになるものでないことは，右に述べたとおりである。…Aにより全く一方的になされた第1ないし第3暴行の状況，包丁を手にした後も直ちにAに背を向けて出入口に向かったという被告人の本件行為直前の行動，包丁でAの右胸部を一突きしたのみで更に攻撃を加えることなく直ちに店外に飛び出したという被告人の本件行為及びその直後の行動等に照らすと，被告人の『表に出てこい』などという言葉は，せいぜい，防衛の意思と併存しうる程度の攻撃の意思を推認せしめるにとどまり，右言葉の故をもって，本件行為が専ら攻撃の意思に出たものと認めることは相当でないというべきである。」（最判昭60・9・12刑集39巻6号275頁）

【攻撃の意思と侵害の急迫性の要件及び防衛の意思の要件との関係】

攻撃の意思の関係では，前述したとおり，【74】最判昭46・11・16，最判昭50・11・28，【75】最判昭60・9・12の各判例（以下，この判例の系統を「昭46判例系」という。）が，専ら攻撃の意思で反撃行為が行われた場合には「防衛の意思」の要件が欠けるとしているのに対し，他方，【72】最決昭52・7・21（以下「昭52判例」という。）は，侵害が予期できる場合において，単に予期された侵害を避けなかったというにとどまらず，その機会を利用し積極的加害意思で侵害に臨んだような場合には，「侵害の急迫性」の要件を満たさないとしている。この一見矛盾するかのように見える昭46判例系と昭52判例との関係をどのように解するべきかが学説上大きな問題となっている。

この点，学説においては，昭52判例は正当でないとして，攻撃の意思の問題はすべて防衛の意思の要件の関係でのみ論じられるべきであるとする考え方が有力である。

しかし，このような理解は，防衛の意思の要件と侵害の急迫性の要件とを同一平面で考えるものであり，正当ではないと思われる。防衛の意思の要件の存否は，不正の侵害に対し現に反撃行為に及ぶ時点すなわち反撃行為の実行時において問題となるのに対し，侵害の急迫性は防衛行為を正当ならしめる状況上の前提要件であるから，その要件の存否は，むしろ現に反撃行為に及ぶ以前の段階（反撃行為の予備又は準備段階）において問題となるのであって，それぞれその要件を検討すべき時点を異にしているのである。そうだとすれば，反撃行為に及ぶ以前の段階で，侵害を予期しながら積極的加害意思で侵害に臨んだような場合は，防衛の意思を問題にす

る以前にまず侵害の急迫性の存否が問題にされるべきであり，しかも，このような事態は，前述したように，そもそも正当防衛の緊急行為としての本質（「法の自己保全」）にそぐわないから，侵害の急迫性の要件を欠くと解されるのである。その意味で，昭52判例は正当であろう。他方，反撃行為に及ぶ以前の段階で特に侵害を予期していたというような事情のない場合には，攻撃意思の問題は専ら防衛の意思の要件との関係で論じられるべきは当然であって，昭46判例系もまた妥当なものである。

　結局，判例は，攻撃の意思の問題を，必ずしも上記両要件のいずれか一方においてのみ論ずべきであるとしているのではなく，まず侵害の急迫性の要件においてこれを検討した上，この要件が満たされていると考える場合には，次いで防衛の意思の要件においてこれを考慮すべきであると解しているように思われる。したがって，昭52判例と昭46判例系との間には何ら矛盾はないというべきである。

iv　正当防衛は「自己又は他人の権利」を防衛する意思で行われることを要する。自己の権利だけでなく，他人の権利を防衛するための正当防衛も許されていることに注意すべきである。

　なお，ここにいう「権利」とは，狭い意味での権利ではなく，広く法益を意味する。そして，法益の中には，個人的法益のみならず，社会的法益・国家的法益も含まれると解される。例えば，公然わいせつ行為（刑174）を制止しようとして行為者に暴行を加えた場合などは，社会的法益を防衛するための正当防衛が成立する余地があろう。しかし，国家的法益等を防衛するための正当防衛を私人にみだりに許すことになると，逆に法秩序を乱すことになる危険性が大きい。したがって，国家的・社会的法益を防衛するための正当防衛は，下記最高裁判決の判示するように，国家又は公共団体の有効な防衛活動を期待し得ない極めて緊迫した場合においてのみ，例外的に許されるものと解すべきである。

【76】事案は，昭和22年の「2・1ゼネスト」を中止させるために，その指導者を傷害したというものであったが，最高裁は，下記のような理由を示し

第2編　犯　　罪

て，本件は公共のための正当防衛を許容すべき場合に当たらないと判示した

「公益ないし国家的法益の防衛が正当防衛として認められ得るか否かについては，これを否定する学説見解もないではないが，公共の福祉を最高の指導原理とする新憲法の理念から言っても，公共の福祉をも含めてすべての法益は防衛せられるべきであるとする刑法の理念から言っても，国家的，国民的，公共的法益についても正当防衛の許さるべき場合が存することを認むべきである。だがしかし，本来国家的，公共的法益を保全防衛することは，国家又は公共団体の公的機関の本来の任務に属する事柄であって，これをた易く自由に私人又は私的団体の行動に委すことは却って秩序を乱し事態を悪化せしむる危険を伴う虞がある。それ故，かかる公益のための正当防衛等は，国家公共の機関の有効な公的活動を期待し得ない極めて緊迫した場合においてのみ例外的に許容さるべきものと解するを相当とする。」（最判昭24・8・18刑集3巻9号1465頁）

(3) **反撃行為**

防衛行為は，侵害者に向けた反撃行為として行われなければならない。したがって，防衛のための行為が第三者に向けられるときは，正当防衛は成立せず，緊急避難の成否が問題となるにとどまる（→216頁の図を参照）。

　この関係で困難な問題は，行為者としては反撃行為の意図で行った行為が結果的に第三者の法益を侵害してしまった場合をどのように取り扱うかである。具体的には，Aから不意に刃物で切り付けられた甲が，とっさに足もとの石を拾ってAに投げたところ，Aには当たらず，たまたま近くを歩いていたBに当たって負傷させたという場合である。具体的事実の錯誤の場合であるから，法定的符合説（抽象的法定符合説）の立場に従うと，甲の行為はBに対する関係でも暴行・傷害の故意が成立し傷害罪の構成要件該当性が認められることになる。そこで，Bの関係で正当防衛による違法性阻却が認められるかどうかが問題となるのである。学説上は，正当防衛が成立すると解する説，緊急避難が成立すると解する説，一種の誤想防衛になると解する説の3説があるがいまだ定説をみていない。純客観的に見れば緊急避難が妥当といえようが，行為者はあくまでも正当防衛の認識で反撃行為を行っているのであるから，緊急避難を問題にするのは誤想防衛との関係で権衡を失するのではなかろうか。本件は，認識（正当防衛）と客観的事実（正当防衛の要件なし）との間に錯誤が存する場合として，典型的な誤想防衛に類似した構造を持つ。したがって，一種の誤想防衛として扱ってよいと解する。

(4) **防衛行為の相当性**

第3章 違法性

　防衛行為は「やむを得ずにした行為」であることを要する。「やむを得ずにした」とは，急迫不正の侵害に対する反撃行為が，自己又は他人の権利を防衛する手段として必要最小限度のものであること，すなわち反撃行為が侵害に対する防衛手段として相当性を有するものであることを意味する（後掲【77】最判昭44・12・4刑集23巻12号1573頁）。これを**防衛行為の相当性**という。

　「やむを得ずにした行為」という要件は，緊急避難を定めた条文（刑37Ⅰ）にも規定されているが，正当防衛と緊急避難とではその意味するところが異なる。緊急避難の場合は「正対正」の関係にあるため，文字どおり厳格に，避難行為が危難を避けるため必要であってほかに方法がないこと（補充の原則）を意味し，避難行為の相当性が認められるためには更に法益権衡の原則をも満たす必要がある（→246頁参照）のに対し，正当防衛の場合は，「正対不正」の関係にある関係上，必ずしもその防衛行為が唯一の方法であることを要しない（補充の原則は適用されない。）し，また，厳格な法益の均衡も要求されない（法益権衡の原則は適用されない。）のである。したがって，反撃行為が防衛手段としての相当性を満たしている以上，反撃行為によって生じた結果が侵害されようとしていた法益よりたまたま大きなものとなっても，その反撃行為が正当防衛行為でなくなるものではないと解すべきである（後掲【77】最判昭44・12・4）。我々は往々にして生じた結果の重大性に目を奪われがちであるが，防衛行為の相当性の観点から重視すべきは，防衛行為によって現実に生じた結果ではなく，防衛行為によって本来ならば害せられるはずであった法益である。この点で，下記の【77】の最高裁判例には熟読がん味すべきものがあろう。

【77】〔事案〕被告人は，Aと押し問答を続けているうち，Aが突然被告人の左手の中指と薬指をつかんで逆にねじあげたので，被告人は，痛さのあまりこれを振りほどこうとして右手でAの胸の辺を1回強く突き飛ばしたところ，Aは仰向けに倒

第2編　犯　　罪

れてその後頭部をたまたま付近に駐車してあった自動車の車体に打ち付け，治療45日間の頭部打撲の重症を負ったというものである。被告人は，傷害の罪で起訴され，正当防衛の成否が争点となったが，この点につき最高裁は，前述のような防衛行為の相当性に関する一般論を述べた後，下記のように判示した。

〔判旨〕「本件で，被告人が右Aの侵害に対し自己の身体を防衛するためにとった行動は，痛さのあまり，これをふりほどこうとして，素手でAの胸の辺を1回強く突いただけであり，被告人のこの動作によって，被告人の指をつかんでいた手をふりほどかれたAが仰向けに倒れたところに運悪く自動車の車体があったため，Aは思いがけぬ判示傷害を蒙ったというのである。してみれば，被告人の右行為が正当防衛行為に当たるか否かは被告人の右行為がAの侵害に対する防衛手段として前示限度（注－防衛の手段として必要最小限度）を超えたか否かを審究すべきであるのに，たまたま生じた右結果にとらわれ，たやすく被告人の本件行為をもって，それによって生じた傷害の結果の大きさにかんがみ防衛の程度を超えたいわゆる過剰防衛であるとした原判決は，法令の適用を誤った結果，審理不尽の違法があるものというべ（きである。）」（最判昭44・12・4刑集23巻12号1573頁）

相当性の判断は，個々の事案の内容によって微妙に異なるものがあり，結局のところ，侵害にさらされている法益の種類や，侵害行為の態様や激しさ，侵害者の凶悪性・危険性，侵害行為による被害が事後において回復が可能であるかどうか等の事情，更には侵害を排除するために防衛者を重大な危険にさらすことなく現実的に可能な防衛手段は何か等の諸々の事情を総合的に判断して決するほかない。

例えば，前掲の各判例の中から具体例を示すと，前掲最判昭26・3・9（→217頁）は，侵害者は凶暴な男との噂のある人物で，背は被告人よりも一寸高く，四角張った身体つきで，どう猛な人相をしており，被告人のような者が2人がかりでかかっても素手では到底かなわないと思われるような場合において，その男が生木（長さ約120cm，直径7.5cm）をもって打ち掛かってきたので，これを奪い取ったところ，同人がなおも素手で組み付こうとする気勢を示したことから，同人の頭を右生木で1回殴打した（結果的に同人は死亡）という事案につき，被告人の反撃行為につき防衛手段としての相当性が認められるとしているのに対し，前掲【74】最判昭46・11・16は，侵害行為が手拳で殴打する程度のものであったのに対し，被告人がくり小刀を用い，しかも相手の左胸部を突き刺したのは，防衛行為として必要な限度を超えたものであるとしている。

また，最判平元・11・13刑集43巻10号823頁は防衛行為の相当性に関する興味ある判決である。事案は，被告人が，自動車の駐車方法をめぐってAと口論となったが，年齢も若く体力も優れたAから「お前，殴られたいのか。」と言って手拳を前に突き出し，足を蹴り上げる動作を示されながら近づかれ，さらに後ずさりするのを追いかけられて目前に迫られたため，その接近を防ぎ，同人からの危害を免れるため，やむなく菜切包丁（刃体の長さ約17.7㎝。平素果物の皮むきなどに用いており，本件当時，自車の運転席前のコンソールボックスの上に置かれていた。）を自分の車の中から取り出し，右手で腰の当たりに構えた上，約3m離れたAに対し「殴れるものなら殴ってみい。」と言ったが，Aがこれに動じないで逆に「刺すんやったら刺してみい。」と言いながら2，3歩近づいてきたので，更にAに対し「切られたいんか。」と言ったというものである。被告人は，上記包丁を腰に構えて「切られたいんか。」などと申し向けた言動につき，暴力行為等処罰に関する法律1条違反の罪（凶器を示して脅迫する罪）などにより起訴され，正当防衛の成否が争点となった。原審の大阪高裁は，防衛手段としての相当性を逸脱しているとして過剰防衛を認定したが，最高裁は，被告人の行為は「Aからの危害を避けるための防御的な行動に終始していたものであるから，その行為をもって防衛手段としての相当性の範囲を超えたものということはできない。」として，原判決を破棄し被告人に無罪を言い渡した。

　さらに，財産的権利等を防衛するために相手の身体に侵害を加えたとしても，直ちに相当性を欠くものということはできない。最決平21・7・16刑集63巻6号711頁は，相手方らが立入禁止等と記載した看板を被告人方建物に取り付けようとすることによって被告人らの建物に対する共有持分権，賃借権等や業務，名誉に対する急迫不正の侵害に及んだのに対し，上記権利等を防衛するために被告人が相手方の胸部等を両手で突いた暴行は，相手方らが以前から継続的に被告人らの上記権利等を実力で侵害する行為を繰り返しており，上記暴行の程度が軽微であるなどの事実関係の下においては，防衛手段としての相当性の範囲を超えるものではないとしている。もっとも，この事案については，相手方の侵害の執拗さや被告人の暴行の程度が軽微であったことなどの特徴があり，財産的権利等を防衛するために身体等に対する実力行使を広く許容したものではないことにも注意が必

要である。

　他方，近時，アメリカ合衆国の「模範刑法典」(Model Penal Code) を参考にしつつ，我が国の判例を詳細に分析した学説において，防衛行為を生命に対する危険の高い行為（致命的防衛行為）とそうでない行為に分け，前者については補充性と大まかな法益均衡性を要求する，すなわち，生命に対する危険の高い防衛行為は，重大な法益を守るためで，かつ，他に侵害を避ける方法がない場合に限って許容すべきであり（そのような場合にはじめて「やむを得ずにした行為」と言える，とする。），判例も実質的には同様の見解を採用していると主張されている。一定の場合には致命的防衛行為に出ることなく退避する義務を科し，退避義務がある場合に退避せず致命的防衛行為に出た場合には正当防衛の成立を否定するというものであり，**退避義務論**といわれることもある（もっとも，退避しなかったこと自体を処罰するものではなく，この点には注意が必要である。）。大変興味深い分析であり，一方ではこの説が正当防衛を制限しすぎることにならないかという懸念はあるものの，他方では，防衛行為として生命に対する危険の高い手段が用いられた事案は現在では原則として裁判員裁判において判断されることから，今後の判例・裁判例の展開が注目されるところである。

　なお，防衛行為が相当性を欠く場合には違法性阻却を認めることはできないが，正当防衛の他の要件を満たしている限り，**過剰防衛**として刑の任意的減軽・免除の対象となる（刑36Ⅱ）。

4　正当防衛に関する二つの実務的問題

(1)　**自招侵害（自ら招いた正当防衛状況）と正当防衛**

　被侵害者の行為が相手方の侵害を挑発する結果となった場合（これを**自招侵害**又は**自ら招いた正当防衛状況**といい，被侵害者の当初の行為を自招

行為ということがある。)，この侵害に対し正当防衛として反撃行為を行うことは許されるのであろうか。実務でも時折出会う問題である。

　まず，正当防衛に名を借りて相手方を攻撃しようとし，意図的に相手を挑発するような場合は，前掲【72】最決昭和52・7・21により，侵害の急迫性の要件を欠くことになり，正当防衛は成立しない。

　他方，結果的に相手方の侵害を挑発する結果となったものの，被侵害者において相手方の挑発を意図していたわけではなかった場合は，侵害の急迫性の要件を欠くということはできないであろう。だからといって，自ら招いた相手の侵害に対し反撃行為を行うことが常に正当防衛に当たるとすることも妥当であるとはいえない。自招行為の態様やその際の被侵害者の認識，自招行為と相手方の侵害との時間的場所的接着性，侵害行為の程度等を考慮して，正当防衛が許されるか否かを判断すべきであろう。この問題に関し，近時，最高裁は，興味深い判断を示した。

【78】〔事案〕被害者（A）は，自転車にまたがったまま，ごみ集積所にごみを捨てていたところ，帰宅途中に徒歩で通り掛かった被告人が，その姿を不審と感じて声を掛けるなどしたことから，両名は言い争いとなった。被告人は，いきなりAの左ほおを手けんで1回殴打し，直後に走って立ち去った。Aは，「待て。」などと言いながら，自転車で被告人を追い掛け，上記殴打現場から約26.5m先を左折して約60m進んだ歩道上で被告人に追い付き，自転車に乗ったまま，水平に伸ばした右腕で，後方から被告人の背中の上部又は首付近を強く殴打した。被告人は，Aの攻撃によって前方に倒れたが，起き上がり，護身用に携帯していた特殊警棒を衣服から取り出し，Aに対し，その顔面や防御しようとした左手を数回殴打する暴行を加え，よって，同人に加療約3週間を要する顔面挫創，左手小指中節骨骨折の傷害を負わせた。
〔判旨〕「被告人は，Aから攻撃されるに先立ち，Aに対して暴行を加えているのであって，Aの攻撃は，被告人の暴行に触発された，その直後における近接した場所での一連，一体の事態ということができ，被告人は不正の行為により自ら侵害を招いたものといえるから，Aの攻撃が被告人の前記暴行の程度を大きく超えるものでないなどの本件の事実関係の下においては，被告人の本件傷害行為は，被告人において何らかの反撃行為に出ることが正当とされる状況における行為とはいえないというべきである。」（最決平20・5・20刑集62巻6号1786頁）

上記の判例の原審は，侵害の予期を認定して侵害の急迫性を否定したものであるが，最高裁は，この点に全く触れることなく正当防衛の成立を否定した。自招侵害の事案においては，相手方の反撃の予期やその可能性の有無のみによって正当防衛の成否を決することが必ずしも適切でないという見方があるのではないかと考えられる。上記の判例の理論構成については様々な理解が可能であろうが，客観的事実関係を前提に「被告人において何らかの反撃行為に出ることが正当とされる状況における行為とはいえない」として，正当防衛を基礎付ける前提を欠いた状況（いわば「正対不正」ではなく「不正対不正」の状況）と評価して，正当防衛の成立を原則として否定したものと考えられるところである。

なお，自招行為が適法である場合，被侵害者の帰責性が軽微なものである場合，相手方の軽微な反撃行為が予測される挑発に対して相手方が予想以上に重大な法益を侵害する行為をしてきたような場合等には，これに対し防衛行為を行うことは上記の判例の射程外であり，なお正当防衛が成立する余地があろう（ただし，自らの行為によって侵害を招いたわけであるから，防衛行為の相当性の要件を慎重に審査する必要がある）。

(2) けんかと正当防衛

自招侵害の問題の延長線上の問題として，けんかと正当防衛の問題がある。けんかの概念は多義的であるが，一応，闘争者双方が攻撃及び防御を繰り返す一団の連続的闘争行為であると定義づけることができる。けんかは，その一こま一こまを見ると，闘争者の一方が専ら防御に終始し，正当防衛の様相を呈している場合があるので，個々の反撃行為につき，それぞれ正当防衛の成立を認めることができるかどうかが問題となるのである。

しかし，一般的に言えば，けんかは，それ自体社会的相当性を欠く行為である上，昔から「喧嘩両成敗」などといわれているように，本来的に正当防衛の観念になじみにくい性質を有している（現に大審院の判例は，上

記喧嘩両成敗の法理により正当防衛の成立を否定していた。）。このようなけんか本来の性質にかんがみると，けんかにつき正当防衛の成否が問題になる場合には，事態を全体的に観察して判断する必要があり，そのような全体的観察をしないで，闘争行為中の瞬間的な部分的攻防だけを切り離して事を判断するような態度は適切とは言い難いであろう（最大判昭23・7・7刑集2巻8号793頁）。部分的には防衛行為の観を呈していたとしても，全体的に観察する限りにおいては，それらの行為も全体としての攻撃行為の一環をなすのがむしろ通常であるから，侵害の急迫性の要件又は防衛の意思の要件を欠き，正当防衛の成立が否定される場合が多いであろう。

もっとも，けんかについても正当防衛の成立する余地が全くないわけではない（最判昭32・1・22刑集11巻1号31頁）。例えば，初めは素手で殴り合っていたのに，突然一方がナイフを出してかかってきた場合や，けんかの途中から一方が攻撃を中止して専ら守勢に回ってしまったような場合などには，正当防衛が成立する余地が出てくるであろう。事態を全体的に観察する態度を忘れないとともに，自招の侵害の法理等を念頭に置きつつ，個々の行為の検討を行うことが必要である。

5 過剰防衛

(1) 過剰防衛の意義

急迫不正の侵害に対し，防衛の意思で，防衛の程度を超えた反撃行為を行った場合を過剰防衛という（刑36Ⅱ）。すなわち，正当防衛の他の要件は満たしているが，防衛行為の相当性の要件だけを欠いているという場合が過剰防衛である。急迫不正の侵害や防衛の意思等の要件を欠いている場合には，過剰防衛が成立する余地がないことに注意すべきである（ただし，場合により誤想防衛が成立する。）。

なお，過剰防衛が成立するためには，行為者が過剰性の基礎となる事実

を認識して反撃行為を行ったことを要する（この点について誤認がある場合には，後に述べるとおり，一種の誤想防衛が成立する。）。

例えば，突然Aが竹刀で殴りかかってきたので，甲が近くにあったおので反撃しようとして，Aの腕におのを降り下ろし，全治2か月の割創を負わせたとしよう。この場合，甲がAにおのので切り付けることを認識していたのであれば，過剰防衛となることに問題はない。竹刀による侵害に対しおので切り付けるという反撃行為を行うのは明らかに防衛手段として相当性を逸脱しているし，かつ，甲においてもAにおので切り付けるという過剰性の基礎となる事実につき認識があるからである。しかしこの場合，甲が，付近が暗かったので，おのを木の棒程度のものと勘違いして，Aの肩に降り下ろしたとすれば，過剰防衛の問題ではなく，誤想防衛の問題であるというべきである。確かに，客観的には，甲の行為は相当性を逸脱しているが，甲には，過剰性の基礎となる事実について認識がなく，仮に甲の認識どおりの事実であったとすれば，一応相当性の範囲内にある反撃行為と認められるからである。

(2) 過剰防衛の類型

過剰防衛には，(a) 防衛の程度を質的に超えた場合（質的過剰）と，(b) 防衛の程度を量的に超えた場合（量的過剰）の二つの類型がある。

(a)は，必要以上に強い反撃を加えた場合であり，その具体例は防衛行為の相当性の要件の説明の際に紹介した。

それに対し，(b)は，当初は防衛の程度の範囲内にある反撃であったが，反撃を続けるうち，相手方の侵害が止み又はその程度が著しく弱まったのに，なおそれまでと同様の反撃を続けた場合である。この場合は，厳密にいえば，当初は正当防衛行為であり，一定の段階以降は一方的な攻撃行為（急迫不正の侵害が欠けるため過剰防衛にすらならない。）という構造を有するものであるが，このような類型については，原則として，前後に分断して考えることなく，その一連の行為を全体として防衛の程度を超えたものとして扱い，全体につき過剰防衛の成立を認める（全体的評価）のが判例・多数説の立場である。最高裁として，初めて量的過剰防衛を認めたとされるのが，以下の判例である。

第3章 違 法 性

【79】「本件のごとく，たとえ当初は急迫不正の侵害に対し防衛行為として已むことを得ざるに出でたものであっても，最初の一撃によって相手方の侵害態勢がくずれ去った後，引続きなお追撃的行為に出て相手方を殺傷したような場合は，それ自体が全体としてその際の状況に照らし正当防衛行為とはいえないのであって過剰防衛にあたると認めるべきである。」（最判昭34・2・5刑集13巻1号1頁の判決要旨）

　この判例は，「相手方の侵害態勢がくずれ去った後」との判示にみられるように，急迫不正の侵害中に行われた当初の一撃と，その侵害が終了した後引き続き行われた追撃的行為を一体のものとして全体的評価を加え，過剰防衛を認めたものと解される。

　他方，近時，この問題に対し，全体的評価を否定した最高裁判例と肯定した最高裁判例が出され，注目を集めている。

　まず，次の【80】の判例は，全体的評価を否定したものである。

【80】〔事案〕被告人が，屋外喫煙所で被害者（甲野）から急迫不正の侵害を受けた際，同人に対し正当防衛としてその顔面を殴打するなどの暴行（第1暴行）を加えたところ，同人は転倒して後頭部を地面に打ち付け，動かなくなったが，被告人において，更に被害者を足蹴にしたり，足で踏み付けたり，その腹部に膝をぶつけるなどの暴行（第2暴行）を加えて同人に傷害を負わせたという事案である。被害者は，本件の6時間余り後に搬送先の病院で死亡しており，被告人は傷害致死罪で起訴されたが，原審は，死亡の結果は正当防衛の範囲に止まっている第1暴行によって生じたものであるとして，傷害罪の限度で有罪とした。最高裁は，以下のとおり，被告人には傷害罪が成立するとした。

〔判旨〕「第1暴行により転倒した甲野が，被告人に対し更なる侵害行為に出る可能性はなかったのであり，被告人は，そのことを認識した上で，専ら攻撃の意思に基づいて第2暴行に及んでいるのであるから，第2暴行が正当防衛の要件を満たさないことは明らかである。そして，両暴行は，時間的，場所的には連続しているものの，甲野による侵害の継続性及び被告人の防衛の意思の有無という点で，明らかに性質を異にし，被告人が前記発言をした上で抵抗不能の状態にある甲野に対して相当に激しい態様の第2暴行に及んでいることにもかんがみると，その間には断絶があるというべきであって，急迫不正の侵害に対して反撃を継続するうちに，その反撃が量的に過剰になったものとは認められない。そうすると，両暴行を全体的に考察して，1個の過剰防衛の成立を認めるのは相当でなく，正当防衛に当たる第1暴行については，罪に問うことはできないが，第2暴行につい

ては，正当防衛はもとより過剰防衛を論ずる余地もないのであって，これにより甲野に負わせた傷害につき，被告人は傷害罪の責任を負うというべきである。」（最決平20・6・25刑集62巻6号1859頁）

この【80】の判例においては，第1暴行と第2暴行は時間的，場所的にみて接着性ないし連続性が認められるものの，第1暴行と第2暴行の間には，被害者が転倒し決定的なダメージを受けてもはや抵抗できなくなったという重大な局面の変化が生じており，これによって被害者による侵害が明らかに終了（消失）したにもかかわらず，被告人は，これを認識しながら，憤激の余りとはいえ，専ら被害者を痛め付けるために（すなわち，防衛の意思を欠く積極加害行為として）被害者に対し相当激しい第2暴行を加えたことから，両暴行を全体的に一体と考えるべきではないと判断したものと推察される。

他方，次の【81】の判例は，全体的評価を肯定したものである。

【81】〔事案〕拘置所に勾留されていた被告人が，同房者である被害者から被告人に向けて机を押し倒されたため，その反撃としてその机を押し返し（第1暴行），その机に当たって押し倒され，反撃や抵抗が困難な状態になった被害者に対し，その顔面を手けんで数回殴打した（第2暴行）ことについて，傷害罪として起訴された。最高裁は，第1暴行には被害者からの急迫不正の侵害に対する防衛手段としての相当性が認められるが，第2暴行は防衛手段としての相当性を逸脱したものであるとした上で，以下のとおり判示し，全体として傷害罪の成立を認めた。
〔判旨〕「被告人が被害者に対して加えた暴行は，急迫不正の侵害に対する一連一体のものであり，同一の防衛の意思に基づく1個の行為と認めることができるから，全体的に考察して1個の過剰防衛としての傷害罪の成立を認めるのが相当であり，所論指摘の点（注・傷害が防衛手段としての相当性の認められる第1暴行から生じた点）は，有利な情状として考慮すれば足りるというべきである。」（最決平21・2・24刑集63巻2号1頁）

この【81】の判例においては，第1暴行と第2暴行が急迫不正の侵害に対する一連一体のものである上に，同一の防衛の意思に貫かれたものであることが，全体的評価を基礎付けていると推察される。

(3) 過剰防衛の効果

　過剰防衛行為については，犯罪の成立は否定されないが，情状により刑を減軽又は免除することができる（刑36Ⅱ）。

　過剰防衛につき刑の減免が認められるのは，急迫不正の侵害に直面するという緊急事態においては，人間は，恐怖の念や興奮状態のため多少の行き過ぎを犯しがちであり，したがって，その点につき行為者を強く非難できない（＝責任が減少する）からであろう。

6　誤想防衛・誤想過剰防衛

(1) 誤想防衛の意義と類型

　誤想防衛とは，正当防衛の成立に必要な客観的要件を現実には具備していないのに，これがあるものと誤信して，防衛の意思で反撃行為を行った場合である。誤想防衛には，その誤想の対象である客観的要件の違いにより，次の3種類の類型が考えられる。

　ア　急迫不正の侵害の要件を誤想した場合

　　客観的には急迫不正の侵害がないのに，このような侵害があるものと誤信して防衛行為を行った場合である。誤想防衛の典型である。

　イ　反撃行為の要件を誤った場合

　　侵害者に対し反撃行為を行うつもりが，客体の錯誤又は方法の錯誤により，第三者に対し反撃行為を行ってしまった場合である（→228頁参照）。

　ウ　防衛行為の相当性の要件を誤信した場合

　　急迫不正の侵害の事実はあるが，防衛のために相当な行為をするつもりで，誤って不相当な（防衛の程度を超える）行為をした場合（すなわち，過剰性の基礎となる事実について認識のない場合）である（→235頁参照）。

第2編　犯　罪

(2) **誤想過剰防衛**

急迫不正の侵害の存在を誤信したことに加え，防衛の程度を超えた反撃行為を行った場合，すなわち客観的には急迫不正の侵害がないのに，このような侵害があるものと誤信して防衛行為を行ったが，それが行為者の誤想した侵害に対する防衛としては過剰であった場合を，**誤想過剰防衛**という。いわば誤想防衛と過剰防衛とが競合した場合である。

(3) **誤想防衛・誤想過剰防衛の処理**

誤想防衛・誤想過剰防衛の処理については問題が多い。少なくとも正当防衛の客観的要件を満たしていないから，違法性が阻却されないことは明らかである。問題は，責任阻却の余地があるか，それとも単に責任を減少させるにとどまるのかである。これを事実の錯誤（又はそれと同種のもの）と解するか，それとも法律の錯誤の問題として解するかにより大きく結論が異なる。いわゆる**違法性阻却事由の錯誤**の問題である。後に，法律の錯誤の箇所で併せて論ずることとする（→304頁以下参照）。

7　盗犯等防止法における正当防衛の特例

盗犯等防止法（「盗犯等の防止及処分に関する法律」）は，刑法の規定する正当防衛の要件に関し，重大な特例を設けている。

(1) まず，同法1条1項は，窃盗犯人や住居侵入犯人がいる場合に，同項各号所定の一定の条件のもとに自己又は他人の生命，身体又は貞操に対する現在の危険を排除するため犯人を殺傷したときは，刑法36条1項の防衛行為があったものとするとしている。この規定の解釈につき，最高裁は次のように判示している。

【82】「同条項の正当防衛が成立するについては，当該行為が形式的に規定上の要件を満たすだけでなく，現在の危険を排除する手段として相当性を有するものであることが必要である。そして，ここにいう相当性とは，同条項が刑法36条1項と異

なり，防衛の目的を生命，身体，貞操に対する危険の排除に限定し，また，現在の危険を排除するための殺傷を法1条1項各号に規定する場合にされたものに限定するとともに，それが「已ムコトヲ得サルニ出テタル行為」であることを要件としていないことにかんがみると，刑法36条1項における侵害に対する防衛手段としての相当性よりも緩やかなものを意味すると解するのが相当である。」（最判平6・6・30刑集48巻4号21頁）とする。

(2) 次に，同法1条2項は，前項各号の場合において，自己又は他人の生命，身体又は貞操に対する現在の危険がない場合であっても，行為者が，恐怖，驚愕，興奮又は狼狽により現場において犯人を殺傷するに至った場合には，これを罰しないとしている。

この規定は，恐怖等に起因する誤想防衛の場合のみ適用され，現在の危険についての誤想がない場合には適用されないとするのが最高裁判例である。

【83】「盗犯等の防止及処分に関する法律1条2項は，同条1項各号の場合において，自己又は他人の生命，身体又は貞操に対する現在の危険がないのに，恐怖，驚愕，興奮又は狼狽により，その危険があるものと誤信して，これを排除するため現場で犯人を殺傷した場合に適用される規定であって，行為者にそのような誤信のない場合には，適用がないものと解するのが相当である。」（最決昭42・5・26刑集21巻4号710頁）

第4 緊 急 避 難

1 緊急避難の意義と法的性質

　緊急避難とは，自己又は他人の生命・身体・自由・財産等に対する現在の危難を避けるため，やむを得ないでした行為であって，他にその危難を避ける方法がなく，またその行為から生じた害悪が行為によって避けようとした害悪を超えないものをいう（刑37Ⅰ本）。

　緊急避難は，危険に瀕している法益を救うために特に許された行為であるという点において正当防衛と共通した性格を有するが，正当防衛が正当な防衛者が違法な侵害者に対し反撃を行うという「正対不正」の関係であるのに対し，緊急避難は，現在の危難を避けるために，元来この危難の発生原因とは無関係の第三者の法益をやむなく侵害する行為であって，いわば「正対正」の関係にあり，この点で正当防衛と本質的な差異を有している。

　　緊急避難は，法の基本的な問題点を含んでいるため，「法のミクロコスモス」といわれることがある。キケロによって伝えられている「カルネアデスの板」の話に，このような緊急避難の問題点が凝縮されているといえよう。紀元前2世紀頃のギリシャの哲学者カルネアデスが，弟子たちに，「大海で船が難破して，人々が海に投げ出された。海には1枚の板が浮かんでいる。多くの人がその板につかまろうとしているが，その板は1人分の重さしか支えることができない。この場合，人はどうすればよいのか。」と尋ねた。弟子たちは様々な答えを返したが，最後にカルネアデスはこう諭したという－「我が身を殺して他人を助けることは愚である。」と。この事例で，1枚の板にたまたまAB2人がつかまったときに，板が沈むのを防ぐため，AがBを板から突き落としてBができ死したとすれば，正に刑法の問題である。Aは殺人罪に問われるべきであろうか，それとも緊急避難行為として罪を問うことはできないのであろうか。ここに示されているように，緊急避難は，いわば我が身に降りかかってくる災厄を振り払うため他人を犠牲にしてよいか，という哲学的問題に直結している。正当防衛が古くから当然のこととして認知されてきたのに対し，緊急避難が犯罪の成立を阻却する事由として認知されるに至った歴史が比較的新しいのは，このあたりの事情に由来している。

第3章 違 法 性

　刑法は，緊急避難行為については「罰しない」としている（刑37Ⅰ本）。これを不可罰とする理由については，違法性が欠けるからであるとする考え方（違法性阻却事由説），違法ではあるが責任が欠けるからであるとする考え方（責任阻却事由説），折衷的に，より大きな法益を守るためにより小さな法益を侵害するときは違法性阻却の問題であり，同程度の法益を侵害するときは責任阻却の問題であるとする考え方（二分説）の3説が主張されている。今日では，違法性阻却事由説が通説である。

　　責任阻却事由説及び二分説は，自己の法益を守るために対等の法益を侵害した場合を一律に違法であると解するのであるが，これには疑問がある。確かに，道徳的にはこの場合種々の考え方があり，先のカルネアデスの言葉のように割り切って考えることができるかどうか疑問なしとしないが，少なくとも，法秩序は，彼に自己の命を犠牲にしてまで他を救うことを強いるものではないと考えられる。しかも，責任阻却事由説に立つと，緊急避難行為に対しては正当防衛をなし得ることになるが，この結論にも疑問があろう（緊急避難行為に対しては緊急避難の限度で法益侵害が許されると解するのが公平の見地から見ても妥当であろう。)。

　　さらに，現行刑法典の緊急避難の規定も，責任阻却事由説と相いれないと考えられる。すなわち，(a)　刑法は，他人の法益保護のための緊急避難も認めているが，この点は責任阻却の見地からは説明困難であるし，(b)　刑法は厳格な法益権衡を要求しているが，責任阻却事由説に立てば，必ずしもこの点を厳格に考える必要はないはずである。このように，理論的に見ても，現行刑法を前提としても，違法性阻却事由説が正当であると考えられる。

2　緊急避難の成立要件

　刑法37条1項本文の要件は，(a)　**現在の危難**の要件（「自己又は他人の生命，身体，自由又は財産に対する現在の危難」の部分），(b)　**避難の意思**の要件（「…危難を避けるため」の部分），(c)　**避難行為の相当性Ⅰ＝補充の原則**（「やむを得ずにした行為」の部分），(d)　**避難行為の相当性Ⅱ＝法益権衡の原則**（「これによって生じた害が避けようとした害の程度を超えなかった場合に限り」の部分）に分けることができる。以下，順次これを検討する。

第2編　犯　　罪

(1) **現在の危難**

「現在」とは，正当防衛における「急迫」と同義であり，危難が現在し，又は間近に押し迫ったことをいう。

「危難」とは，法益に対する侵害又は侵害の危険のある状態をいう。正当防衛の場合と異なり，不正であることは要件とされていないから，人の行為（適法，違法を問わない。）だけでなく，動物の動作であっても，また自然現象であってもよい。例えば，大判昭8・11・30刑集12巻2160頁は，豪雨により稲の苗が水に沈むおそれがあったことから，被告人らが排水のためやむを得ず下流の板せきを損壊した事案につき，緊急避難が成立するとしている。

なお，「急迫不正の侵害」も「現在の危難」の一種である。したがって，急迫不正の侵害を受けた者が，侵害者に対し反撃行為を行えば正当防衛の成否が問題となるのに対し，第三者に対し避難行為を行った場合には緊急避難の成否が問題となる（→216頁の図を参照）。

自ら危難を招く行為をした者は，緊急避難を行うことができるのであろうか。自招の危難は「危難」の要件を満たすか否かの問題である。判例の中には，下記のように述べて緊急避難の成立を否定するものもある。

【84】「刑法37条において緊急避難として刑罰の責任を科せざる行為を規定したるは，公平正義の観念に立脚し，他人の正当なる利益を侵害して尚自己の利益を保つことを得せしめんとするに在れば，同条は，其の危難は行為者が其の有責行為に因り自ら招きたるものにして，社会の通念に照し已むことを得ざるものとして其の避難行為を是認する能はざる場合に之を適用することを得ざるものと解すべき（である。）」（大判大13・12・12刑集3巻867頁）

しかし，上記判例が，自招の危難につき一律に緊急避難を否定する趣旨であるとすれば，その判旨には疑問がある。この場合も，自招の侵害に関し述べたような基準（→232頁参照）を適用して解決すべきものと考える。

(2) **避難の意思**

緊急避難においても，正当防衛の場合と同じく，避難の意思が必要であ

る。その内容についても防衛の意思と同様に解してよい。

　なお，刑法は緊急避難による保全の対象となるべき法益を「自己又は他人の生命，身体，自由又は財産」と規定している（正当防衛の場合は単に「自己又は他人の権利」と規定しているのみである。）。おそらく立法者は保全の対象となる法益をこれに限定する意図であったと思われるが，現在では，学説・実務とも，これは例示列挙にすぎず，これらに限定されるものではないと解している。名誉や貞操のみならず，国家的・社会的法益も保全の対象に含めて考えることができよう。

(3)　**避難行為の相当性**

　緊急避難においては避難行為の相当性が厳しく要求される。自己に降りかかった危難を避けるため，その危難の発生とは無関係の他人の犠牲の下に避難行為を行うという緊急避難の本質に由来するところである。

　避難行為に相当性が認められるためには，二つの要件を充足しなければならない。第1は，避難行為が「やむを得ずにした」ものであるということであり，第2は，「これによって生じた害」が，避難行為により「避けようとした害の程度を超えなかった」ということである。一般に，前者を**補充の原則**と呼び，後者を**法益権衡の原則**と呼んでいる。

　ア　補充の原則

　　補充の原則とは，緊急避難が成立するためには，危難を避けるために当該避難行為を行う以外に他に方法がなく，そのような行動に出たことを条理上肯定し得ることが必要である（最判昭24・5・18裁判集刑事10号231頁）とする原則である。補充の原則を満たしているか否かの判断は困難を伴うことが少なくない。この点が問題となった二つの最高裁判決を紹介しよう。

　　　i　最判昭28・12・25刑集7巻13号2671頁－狩勝トンネル事件
　　　　機関車が，老朽化したトンネル（狩勝トンネル）を通過する際，牽引車両

の減車を行わなければ，トンネル内の熱気上昇や有毒ガスの発生等により，窒息・呼吸困難・火傷等を生じ生命身体に被害を受ける危険が常時存在していたという事案につき，最高裁は，列車乗務員である被告人らが争議行為として（争議行為は当時の昭和20年政令第201号により，処罰の対象となっていた。），牽引車両につき3割減車行為を行うのは緊急避難になるが，進んで職場放棄まで行うのは「やむを得ずにした行為」としての程度を超えたものであると判断した。

ⅱ　最判昭35・2・4刑集41巻1号61頁－つり橋爆破事件

つり橋が腐朽して車馬の通行に危険な状態にあったが，村の予算では架け替えの見込みがなかったので，同部落の道路委員等である被告人らが，雪害による落橋を装って災害補償金を得て架け替えようと企て，ダイナマイトでつり橋を爆破落下させたという事案（爆発物取締罰則違反，往来妨害の各罪で起訴）につき，最高裁は，たとえつり橋がそのように危険な状態にあったとしても，その危険を防止するためには，通行制限の強化その他適当な手段，方法を講ずる余地があるから，被告人らの爆破行為は「やむを得ずにした行為」とはいえないとの判断を示した。

イ　法益権衡の原則

法益権衡の原則とは，緊急避難が成立するためには，価値の大きい法益を救うために価値の小さい法益を害すること（例えば，路上で強姦の危機に直面した婦女が，やむを得ず付近の住宅に家人の承諾なく逃げ込む場合）や，価値の等しい一方の法益を救うために他方の法益を害すること（例えば，自分の飼犬が同価額程度の近所の飼犬にかみ殺されそうになったので，その犬を撲殺する場合）は共に差し支えないが，価値の小さい法益を救うために価値の大きい法益を害すること（例えば，豪雨により自己の稲の苗が水に沈み枯死するおそれがあったことから，排水のため下流の板せきを損壊し，その結果自己の稲苗の価額をはるかに超える損害を下流の水田に与えた場合）は許されないとする原則である。

上例のような財産的被害相互の間では，法益権衡の判断は比較的容易である。しかし，ことがカルネアデスの板の事案のように人命と人命との比較となると，その判断は格段に難しくなる。現にこれが問題となった著名な事件として，イギリスのミネオネット号事件がある。ミネオネット号という船が

難破し，乗員4人がボートで大西洋上を漂流していたが，水も食糧も尽き果てたことから，漂流開始後20日間目にして，そのうちの3人が，自己の生命をつなぐため，他の1人（17歳の少年であり，当時病気のため意識もほとんどない状態であった。）を殺害し，その血をすすり肉を食べたというものである。上記の3人のうち2人が，起訴され，イギリスの裁判所で死刑判決を受けたが，6日後には恩赦により禁錮6月に減刑されている。

困難な問題ではあるが，人の生命は，法的にはすべて同価値と見ざるを得ないから，現行刑法の下では，2人の行為は緊急避難に当たると解するのが相当であろう。

3 「業務上特別の義務がある者」についての緊急避難の特則

「業務上特別の義務がある者」には，緊急避難の規定は適用されない（刑37Ⅱ）。ここに「特別の義務」というのは，業務の性質上，一定の危険に身をさらさなければならない義務のことである。例えば，消防士，警察官，自衛官，水防団員，船長等が，この「業務上特別の義務がある者」に当たる。

これらの義務者は，その義務と相いれない限りで緊急避難の規定の適用が排除される。そのような義務のある者が，他人の犠牲で自己の法益を救うことは許されるべきではないからである。

しかし，このことは逆に，上記の趣旨に抵触しない限度では，義務者であっても緊急避難が許される場合のあることを意味する。義務者においても，他人の法益を保護するための緊急避難が許されることは当然であるが，さらに，自己の生命・身体などの重大な法益に対する危難を避けるために，他人の軽微な法益を侵害するにすぎない場合には緊急避難が許されると解すべきである。

4 過剰避難・誤想避難

過剰避難・誤想避難の意義や類型については，過剰防衛・誤想防衛の場合とほぼ同様に解してよい。

過剰避難行為については，違法性阻却は認められないが，その刑を減軽又は免除することができる（刑37Ⅰ但）。もっとも，相当性の要件に関しては正当防衛の場合以上に厳格なものが要求されているから，避難行為の相当性の逸脱が著しい場合には，過剰避難にすらならないと解される。例えば，前掲の最判昭35・2・4（つり橋爆破事件）は，ダイナマイトでつり橋を爆破した行為につき，過剰避難が成立する余地すらないとしている。

誤想避難の処理については，後に誤想防衛と併せて論じる（→274頁以下参照）。

第5 自救行為

1 自救行為の意義

自救行為とは，権利に対する侵害があり，法律上の正規の手続による救済を待っていては時期を失して当該権利の回復が事実上不可能になるか，又は著しく困難となる場合に，私人が実力によってその救済をはかる行為である（民事では「自力救済」という。）。

【自救行為と正当防衛・緊急避難との異同】
　自救行為と正当防衛・緊急避難とは，ともに緊急行為であって国家機関が法秩序に対する侵害又は侵害の危険を回復するいとまがない場合の問題であるという点では共通しているが，正当防衛・緊急避難が法益に対する侵害又は危難が現在するか又は間近に押し迫っている場合に行われるものであるのに対し，自救行為は，侵害又は危難が既に去り，ただ侵害された状態が継続している場合に行われるものである点で区別される。

2 自救行為の許容性とその要件

　刑法は自救行為について特別の規定を置いていない（ただし，事後強盗罪〔刑238〕の規定は，窃盗犯人を現場から追跡して盗まれた物を取り戻すという形態の自救行為を許容しているようにも読める。）。
　そこで，自救行為を違法性阻却事由として認めることができるかどうかが問題となる。これを広く認めると私人の実力行使の横行を招くことにもなりかねず，かえって法秩序を乱す危険があるが，しかし他方，国家機関の権利救済手続といえども万全ではない上，権利保護の緊急性・必要性が高度に認められる場合もあることにかんがみると，一定の極めて限定された範囲内ではこれを許容し得る余地があるように思われる。学説もこの点同様に解しており，判例も一般論としては自救行為の存在を肯定しているようである。

第2編 犯　　罪

【85】「自救行為とは一定の権利を有するものが，これを保全するため官憲の手を待つにいとまなく自ら直ちに必要の限度において適当なる行為をすること，例えば盗犯の現場において被害者が賍物を取還すが如きをいうのである。」（最判昭24・5・18裁判集刑事10号231頁）

　自救行為の要件に関してはいまだ諸説あって一致をみないが，正当防衛・緊急避難の各要件に照らすと，自救行為として違法性阻却が認められるためには，①　権利に対する侵害がなされたこと，②　被害回復の緊急性があること，すなわち，法律上の正規の手続による救済を待っていては時期を失して当該権利の回復が事実上不可能になるか，又は著しく困難となること，③　自救の意思（権利保全の目的）があること，④　自救行為自体相当性を有していること（補充の原則や法益権衡の原則も適用される。）等の要件をすべて具備している必要があると解される。

3　自救行為に関する判例

　判例は，前述のとおり，一般論としては自救行為の存在を肯定しており，更には，訴訟法上も自救行為の主張は刑訴335条2項の「犯罪の成立を阻却する事由」に当たると解している（最判昭46・7・30刑集25巻5号756頁）。しかし，その具体的適用においては極めて慎重な態度をとっており，最高裁判例に関する限り，自救行為を理由として違法性阻却を認めた判例はいまだ1件もない（下級審判例では，これを認めたものがいくつかある。例えば，福岡高判昭45・2・14高刑集23巻1号156頁など）。下記【86】判例は，自救行為の成立を否定した代表的な最高裁判決である。

【86】「被告人が，その所有家屋（店舗）を増築する必要上，自己の借地内につきていたA所有の家屋の玄関の軒先の間口8尺奥行1尺にわたりAの承諾をえないで切り取った場合において，右玄関はAが建築許可を受けないで不法に建築したものであり，また被告人の店舗増築は経営の危機を打開するため遷延を許さない事情にあって，右軒先の切除によりAのこうむる損害に比しこれを放置することにより被告人の受ける損害は甚大であったとしても，被告人の右建造物損壊行為が自救行為としてその違

法性を阻却されるものではない。」（最判昭30・11・11刑集 9 巻12号2438頁）

第2編　犯　　罪

第4章　責　　　任

第1　責任の本質とその判断

1　責任の意義と責任主義

(1)　**責任の意義**

犯罪が成立するためには，行為が客観的に構成要件に該当し，かつ違法性を有するというだけでは足りない。その行為をしたことについて当該行為者を非難できないような事情がある場合には，人に刑罰という峻厳な制裁を科することはできないというべきである。これが責任の問題にほかならない。

責任とは，違法行為をしたことについて，その行為者を非難し得ること，すなわち行為者に対する**非難可能性**である。

> 行為者に非難を帰せしめることを**帰責**と言い，行為者に責任が認められる場合，行為者は**有責**であるという。したがって，責任のことを**有責性**という場合がある。
> なお，**刑事責任**（又は略して**刑責**）という言葉があるが，これは上記の意味での責任ではなく，いわゆる**罪責**と同じ意義であって，刑を科せられるべき地位を意味する。

(2)　**責任主義**

責任は，犯罪の第3の成立要件である。このように，違法な行為について行為者に非難を加えることができるときに初めて犯罪は成立し，その責任の限度で刑罰を科することができるという考え方を**責任主義**という。責任主義は近代刑法における最も基本的な原理の一つである。

責任主義は，下記のような二つの内容を有している。

①　**帰責における責任主義**

責任主義の基本的な役割は,「**責任なければ,刑罰なし**」の法諺に表されているように,主観的かつ個人的責任がなければ帰責し得ないというものである。古代・中世の刑法にみられる結果責任（客観的責任）や団体的責任は,このような帰責における責任主義に反するものとして排斥される。

i **主観的責任**とは,行為者に責任能力及び故意・過失があって,行為者を非難できる場合にのみ責任を課し得るというものである。いわゆる結果責任又は客観的責任（およそ行為者の行為から客観的に法益侵害の結果が発生すれば,その点について行為者を非難し得るか否かにかかわらず,常に行為者に刑を科し得るという考え方）は,このような主観的責任の原則に反するものとして排除される。

ii **個人的責任**とは,個人はその犯した犯罪についてのみ責任を負い,他人が犯した犯罪について責任を課されることはないとするものである。いわゆる団体的責任（連座・縁座のように,個人について,結果に関し非難の余地があるか否かにかかわりなく,一定の団体の構成員であることの故をもって,その団体に帰せられた責任を負わねばならないとする考え方）は,個人的責任の原則に反するものとして排除される。

② **量刑における責任主義**

「**刑罰は責任の量を超えてはならない**」という標語に表されているように,刑罰の重さは責任の重さを中核的な要素として定めなければならず,責任の量を上回る刑罰は許されないというものである。刑事裁判における柱の一つともいうべき刑の量定の面でも責任主義は重要な役割を果たしているのである。

2 責任の本質

責任は,行為者に対する非難可能性である。それでは,このような非難は,何を基礎として,また,いかなる根拠に基づいて認められるのであろうか。言わば責任の本質の問題である。この点については,道義的責任論,社会的

第2編　犯　罪

責任論，人格責任論の三つの考え方が主張されている。

(1) **道義的責任論（行為責任論，意思責任論）**

客観主義刑法理論の立場から主張される考え方である。人間には自由意思が存在すると解するいわゆる非決定論（→9頁参照）に立脚し，責任の根拠も人間の自由意思に求める。犯罪は人間の自由な意思決定に基づいてなされるものであるがゆえに，そのような悪い意思決定を行ったことについて道義的（倫理的）に非難されるのである。この道義的非難可能性こそが責任の本質であると解する。

> この考え方は，人間はすべて自由意思の主体として平等であり，その自由な意思決定に基づく理性的な行動として犯罪を把握することから，具体的な行為者の性格・環境・動機などは捨象されて，個々の行為についての悪い意思（故意・過失という心理的事実）の存在に道義的非難の根拠を求めることになる。こうした意味で，道義的責任論は行為責任論であり，意思責任論であるといわれる。

(2) **社会的責任論（行為者責任論，性格責任論）**

主観主義刑法理論の立場から主張される考え方である。人間に自由意思はなく，その行動は遺伝的素質と社会的環境によって決定し尽くされたものであるとする決定論に立脚して，責任の根拠も，個々の行為や意思にではなく，行為者の性格の社会的危険性に求める。犯罪者は，素質と環境によって決定づけられた危険な性格を持つ者であって，個々の犯罪行為はその性格から必然的に生ずるものにほかならない。行為者について道義的非難を加える余地はないのである。

> この立場によると，責任能力のない者であっても，社会にとって危険であれば精神病院等に強制的に収容する必要があり，この強制を受けるべき地位が責任ということになる。したがって，社会的責任論は行為者責任論であり，性格責任論であるともいわれる。

(3) **人格責任論（人格形成責任論）**

道義的責任論と社会的責任論の長短にかんがみ，主体性をもった行為者

第4章 責　任

の人格を責任の基礎に据えて，両説を止揚しようとする立場である。本説は，人間は素質と環境による重大な制約を受けながらも自ら主体的に人格の形成を行うものであって，人間の行為は，このような背後にある潜在的な人格が，特定の行為環境の下において，主体的に現実化（生の活動として現実的に露呈）されたものであるという基本認識に立つ。その上で，責任に関しては，第一次的には，行為者人格の主体的現実化としての行為に着眼すべきであるから，行為責任が妥当であるとしつつ，第二次的には，そのような行為の背後には，素質と環境の制約を受けながらも，行為者の主体的選択により形成されてきた潜在的な人格の体系があることにかんがみ，そのような人格形成ゆえに行為者を非難できるのだと考える（人格形成責任）。こうして，行為責任と人格形成責任とは区別されるが，生の現実では不可分であり，その合一されたものを全体として人格責任と呼ぶのである。

　　この立場は，基本的に客観主義刑法理論に立脚するところから，第一次的には，行為者に対する非難可能性の問題を行為責任の見地からとらえる。特に，帰責の問題，すなわち責任の存否を検討する段階では，当面，行為責任のみを検討すればことは足りよう。人格責任論において，人格形成の過程が重要性を有するのは，むしろ責任の軽重を検討する段階（具体的に言えば，裁判官が刑の量定を行う段階）であるといえる。

　道義的責任論は，行為者に対する非難という責任の本質を的確に把握しており，その基本的指向は正しいというべきである。ただ，犯罪を専ら理性の所産とみて，犯罪行動に対する素質と環境の影響を捨象してしまうのは問題であろう。他方，社会的責任論は，具体的な行為者の性格等を責任論に取り入れた点で重要であるが，責任の概念において道義的非難の要素を全く考慮しないその考え方は支持することができない。素質と環境とに制約されつつも常に主体的に自己の行動を選択するという生の人間像を基礎に据え，道義的責任を基本にしながらも，しかも人格形成の過程をも広

く視野に入れて責任論を展開する人格責任論が妥当であろう。

　上述のような責任論の対立に関し，実務がどのような立場をとっているのかは必ずしも明らかではない。しかし，実務では，刑の量定などにおける責任の軽重の判断に際しては，行為者の人格形成に関連する事情をかなり重要視しているように思われる。懲りずに幾度も犯罪を繰り返す累犯者の刑を重くするのも，また一方，不幸な生い立ちが犯罪の縁由となっている場合に刑を軽くするのも，やはり人格形成責任的な思考方法があるからではないだろうか。この点，学説の中には，「実質的行為責任」と称し，行為責任論の立場からも，行為にあらわれた限度で行為者の人格や環境を考慮して責任の軽重を考えることができるとする立場もあるが，ここまで行為責任の概念を広げるならば，人格形成責任か実質的行為責任かはもはや言葉の問題にすぎないといえよう。

3　責任のとらえ方＝規範的責任論

　上述のように，責任非難の根拠についてはなお学説上の解決を見ないところであるが，その問題についていずれの立場をとるにせよ，責任が行為者に対する非難可能性を意味することについては，今日ではもはや異論がないといってよい。

　ところで，この非難可能性については，誰が何に対して何を基準として非難を行うのかという問題がある。かつては，意思責任論の立場から，責任は，個々の行為において悪い意思を有していた（故意）とか，不注意があった（過失）とかいうような行為者の悪い心理状態に対する道義的非難であると解する立場（心理的責任論）が有力であった。しかし，これでは，故意と過失とは別個の責任形式ということになり，故意責任と過失責任とを統一的に把握することは困難である。

　そこで，その後，法規範の側からの適法行為の期待という観点から責任を考えていこうという立場が有力になってきた。前に述べたとおり（→5頁参照），法規範は，行為規範の一種であるから，「～しなければならない」（命令規範）又は「～してはならない」（禁止規範）という形式をとる。そして，

第4章 責　任

　その名宛人は，素質と環境の制約を受けながらも自ら主体的に自己の行動を選択する人間であるから，当然，法規範は，人が法規範の命令・禁止に従って違法行為を避け適法行為を選択することを期待しているといえる。ところが，違法行為を犯した者は，それが故意にせよ過失にせよ，上述のような法規範の側からの適法行為の期待に反して違法行為を行ったのであるから，ここに国家の側からの道義的非難の余地が生まれ，責任の根拠が生ずるのである。このように，「〜すべきであったのにしなかった」「〜すべきでないのにしてしまった」という非難可能性の評価（規範的評価）を中心に，法規範の国民に対する期待との関係において責任を把握する立場を**規範的責任論**という。今日では，規範的責任論が学説上の通説となっている。

　ところで，行為者に対し違法行為を行ったことに対する非難が可能といえるためには，その前提として，そもそもその行為者に適法行為を期待すること自体が可能であったことが必要である。いくら行為者が責任能力を備え，故意又は過失を有していたとしても，適法行為を行うことが期待できないような事情がある場合（期待可能性がない場合）には，その行為者に責任を帰せしめることはできない。このようにして，規範的責任論の立場では，非難可能性と**適法行為の期待可能性**（又は単に「**期待可能性**」ともいう。）とは表裏一体の関係にあるということができる。そして，行為当時，期待可能性が存在していたことは，責任能力，故意又は過失に次ぐ責任の第3の要件として登場することになるのである。

【非難可能性・期待可能性の程度】
　　非難可能性については，「全く非難できない」（責任阻却）の段階から「あまり非難することができない」（責任軽減）の段階を経て，十分に非難可能性の認められる段階まで，無限にその程度の差が存在する。同様に，期待可能性についても，全面的にその存在が否定される場合もあるし，単に期待可能性が薄弱であるという場合もあることに注意する必要がある。

【期待可能性の理論と判例・実務】

期待可能性の理論については後に改めて検討するが、ここでは取りあえず、判例・実務が期待可能性の理論に対しどういう態度をとっているのかを概観しておこう。

まず、大審院・最高裁を通じ最上級審の判例で、期待可能性がないことを理由に犯罪の成立を否定したものはいまだ1件もない。そればかりか、大審院・最高裁の判例は期待可能性の理論を否定も肯定もしていない旨述べた判決もある（最判昭33・7・10刑集12巻11号2471頁）。

しかし、このことは必ずしも今日の実務が期待可能性の考え方に冷淡であることを意味するものではない。むしろ、規範的責任論＝期待可能性の理論は今日の実務に完全に根を下ろしていると言っても過言ではないと思われる。期待可能性の不存在を理由に犯罪の成立を否定した下級審判決は少なくないが、実務では、むしろ期待可能性の存在そのものは否定しようがないが、しかし期待可能性がかなり乏しいという事案において、責任を軽減し刑を軽くさせる根拠として期待可能性の理論は真価を発揮しているように思われる。日本において判例上最初に期待可能性の理論を採用したとされている第五柏島丸事件判決（大判昭8・11・21刑集12巻2072頁）は、正にこのような事案に関するものであった。定員の5倍余りの乗客を乗せて瀬戸内海を航行中の第五柏島丸が沈没し、その結果乗客等27名ができ死し、7名が傷害を負ったという事件において、船長である被告人が業務上船舶覆没、業務上過失致死傷の罪で起訴されたが、大審院は、乗船当時多数の通勤乗客が殺到したのに、取締りの警察官が出航時刻の励行のみを促し、定員超過の点は看過していたこと、被告人の再三の注意にもかかわらず、船主が採算上の理由から多数の乗客を乗せることを命じていたことなどを考慮した結果、原審の禁錮6月の刑を変更して、罰金300円の寛刑を言い渡したのである。

4　責任の判断

責任の判断は、構成要件該当性が認められ、かつ違法性が肯定される事実につき、その事実が非難可能なものであるか否か、非難可能である場合には、どの程度の非難に値するのかを評価するという構造をとる。

(1) 責任の判断対象と判断資料

責任判断の対象となるのは、構成要件に該当しかつ違法性の認められる事実である。しかし、責任判断においては、さらに、責任要素（構成要件該当事実及び違法性に関する事実には属さないが、責任の存否・軽重に影

第4章 責　任

響を与える事実）が判断資料として重要な役割を演ずる。

　責任要素としては，次のようなものが考えられる。①〜③が責任の存否・軽重に関する責任要素，④は責任の軽重のみに関する責任要素である。

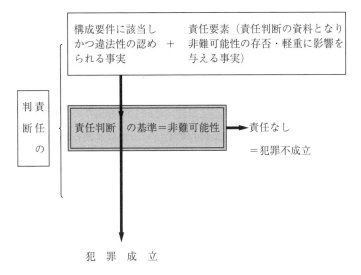

① **責任能力**

　ことの善し悪しを判断できない者がたまたま違法行為をしたからといって，その者に非難を加えることはできない。行為者に対する非難が可能であるためには，まずその前提として，行為者に非難を帰せしめるに足りるだけの人格的適性がなければならない。これが責任能力である。したがって，責任能力は最も基礎的な責任要素であるといえる。

② **責任故意・責任過失**

　行為者に故意・過失のあることが第2の責任要素である。責任要素としての故意・過失を**責任故意・責任過失**という。

　故意・過失については，構成要件該当性判断の段階で既に一応の判断を経ているので，責任判断の段階では，以下の各点につき検討が行われることになる。

第2編 犯　　罪

i **責任故意について**

　故意は，違法な犯罪事実に向けられた意思である。その内容を子細に見ると，故意は，犯罪事実を認識・認容しているという事実的側面と，その事実が違法であることを認識し又は認識しえたという規範的側面の両面から成り立っている。構成要件該当性判断の段階では，前者＝事実的側面を検討することが主たる課題であった。責任故意の判断においては，このようにして認められた構成要件的故意の存在を前提として，更に行為者が違法性の意識又は違法性の意識の可能性を有していたか否かという規範的側面について検討が行われることとなる。なぜなら，違法性の意識，すなわち「悪いことをしている」という認識の有無・程度の問題は，客観的・形式的であるべき構成要件該当性判断にはなじまないものであって，むしろ非難可能性判断の対象となるべき問題であるからである。

　さらに，構成要件的故意の判断においては，それが存在するかしないかという存否の検討のみが行われたのに対し，責任故意の判断においては，その存否の問題とともに，その故意がどの程度の強さのものなのかという強弱の検討も併せて行われることとなる。前述のとおり，責任は，その存否の問題だけでなく軽重の問題も実務上極めて重要であり，故意の強弱はこの責任の軽重を判断する上でかなり重要な要素となるのである。

ii **責任過失について**

　構成要件的過失の要素としての予見可能性や注意義務は，いずれも構成要件該当性判断の性質上，一般人の能力を基準に客観的にその存否が検討された（→152，155頁参照）。しかし，一般人に予見可能性が認められ，かつ注意義務を負わせることができたとしても，当該行為者が一般人よりも能力が劣るため，結果の発生を予見できず，また

注意義務を尽くすことができないのであれば，その者に非難可能性を認めることはできない。そこで，責任過失の判断においては，当該行為者の能力を基準に予見可能性や注意義務の存否が改めて検討されることになるのである。

　また，責任過失においては，責任故意の場合と同じく，その存否の判断のみならず，その軽重の判断も行われる（具体的には，結果予見・結果回避の容易性が検討対象となる。）。

③ **期待可能性**

　責任能力があり，かつ責任故意又は責任過失が認められる場合には，当該違法行為を行ったことにつき行為者に対し十分に非難可能であるのが通常であろう。しかし，たとえ責任能力や故意・過失が満たされていても，行為当時の具体的状況の下においては，その行為者に違法行為を避けて適法行為に出ることを全く期待することができないという場合もあり得ないではない。このように行為当時，適法行為の期待可能性が全く認められない場合には行為者に対し責任非難を帰せしめることができないし，欠如するまでには至らなくとも期待可能性が乏しい場合には責任の軽減を認めるのが規範的責任論の帰結である。期待可能性は第3の責任要素となると解するのが今日の通説的見解である。

④ **行為者の人格形成に関する一切の事情**

　以上①～③は責任の存否の判断に不可欠の要素であった。これに対し，責任の存否の問題には直接関係しないが，責任の軽重の判断において重要な役割を演ずる事情として，行為者の人格形成に影響を及ぼした一切の内面的・外面的事情が考えられる（→254頁の人格責任論の説明を参照）。

　　もっとも，この要素は実務上すべての犯罪において一律に考慮の対象となるわけではなく，例えば，死刑・無期懲役等の相当重い刑が予想される事案

や常習的犯行の事案，また犯人が若年者の事案等においては，この要素は責任判断（具体的には刑の量定の判断）においてかなり重要な影響を及ぼすのに対し，他方，軽微な犯罪や過失犯の事案等においては実際上あまり考慮の対象とならないといってよい。

(2) **責任判断の基準と特色**

責任の存否・軽重を判断するに際し，その基準となるのは非難可能性であることは上述したところから明らかであろう。

責任の判断は，具体的かつ実質的であり，かつ，類型化された判断基準がないという点において非類型的になされる。以上の点では違法性の判断と共通しているが，行為を客観的見地から判断するのではなく，行為者人格との結びつきにおいて，行為者を基準に主観的に判断する点で，違法性の判断と異なった面を有している。

責任の判断に当たっては，違法性判断と同様，常にその軽重の検討も欠かすことができないことは繰り返し述べたとおりである。

第4章 責　任

第2　責　任　能　力

1　責任能力の意義と役割

(1) 責任能力の意義

　　行為者に対する非難可能性は，行為者が法規範たる禁止規範・命令規範を理解し，これに従ってことの善し悪しを判断し行動することができるという前提の上に成り立っている。ところが，精神の障害又は未成熟のために行為規範としての法の作用を期待できない行為者については，たとえその者が違法行為を行ったとしても，そもそも非難を帰すべき素地を欠くため，責任を認めることはできない。行為者に帰責をなし得るためには，その前提として，行為者に，全人格的な能力として，自己の行為の違法性を意識し，そのような行為をしないように自己を統御することができる能力がなければならないのである。これが責任能力の問題にほかならない。すなわち，責任能力とは，有責に行為する能力（有責行為能力）であって，非難可能性の前提となる人格的適性にほかならないのである。

　【責任能力と他の概念との区別】
　　　 i　行為能力との関係
　　　　　行為能力とは，刑法上の行為をなし得る能力であるから，責任能力を欠く場合でも，行為能力は認められるのが通常である。しかし，高度の精神病者のように，意思能力をも失ったような場合には，責任能力のみならず行為能力をも欠くこととなるから，その動作はそもそも刑法上の「行為」といえないということになる。
　　　 ii　犯罪能力との関係
　　　　　犯罪能力とは，構成要件の主体となり得る能力であって，自然人がすべて犯罪能力を有することには争いがない（→44頁参照）。しかし犯罪能力を有する者が，すべて責任能力を有するとは限らないのは当然である。
　　　 iii　受刑能力との関係
　　　　　受刑能力とは，刑の執行に適する能力をいう。受刑能力は，刑の執行の時

点で要求されるから，責任能力とは直接の関連はない。

なお，死刑又は自由刑の言渡しを受けた者が心神喪失の状態にあるときは刑の執行を停止しなければならない（刑訴479，480）が，ここにいう「心神喪失」は，刑法上の心神喪失とは必ずしも内容的に一致するものではないことに注意を要する。

　　iv　訴訟能力との関係

訴訟能力とは，有効に訴訟行為をなし得る能力である。これは，責任能力とは，その要求される時点も異なるし（訴訟能力は，各訴訟行為を行う時点で要求される。），内容的にも全く無関係である。

なお，被告人が心神喪失の状態にあるときは，公判手続を停止しなければならない（刑訴314）が，ここにいう「心神喪失」も，訴訟能力を欠く状態をいう（最決平7・2・28刑集49巻2号481頁）。

(2) **責任能力の存否と程度，及びその法効果**

　ア　**責任無能力**

責任能力を全く欠く場合を**責任無能力**という。もとより犯罪は不成立である。刑法は，責任能力を欠く場合として，心神喪失者の行為（刑39Ⅰ）及び刑事未成年者の行為（刑41）を規定している。

　イ　**限定責任能力**

責任能力には，無限にその程度の差が存在する。責任能力を欠くまでには至っていないが，その程度が著しく低い一定の段階を**限定責任能力**という。刑法は，限定責任能力に当たる場合として心神耗弱者の行為（刑39Ⅱ）を規定している。限定責任能力の下で行われた行為については，必ず刑を減軽する。

　ウ　**責任能力の減退**

限定責任能力の程度にまでは至らなくとも，責任能力がある程度減退している場合には，それだけ非難可能性の程度も弱くなるのであるから，宣告刑の量定に際し，被告人に有利な事情として考慮されることになる。

(3) **責任能力の存在時期**

第4章 責　任

　責任能力は，有責に行為する能力であるから，原則として実行行為の時に存在しなければならない。これを**行為・責任能力同時存在の原則**という。責任主義の具体的帰結である。

　ただ，すべての場合にこの原則を貫徹すべきか否かは問題である。後述の原因において自由な行為に関し特にこの点が問題となる。後に第3節において詳論する。

2　心神喪失者・心神耗弱者

(1)　心神喪失・心神耗弱の意義とその内容

　刑法は心神喪失者の行為を不可罰であるとし，心神耗弱者の行為については刑の必要的減軽を認めている（刑39）。この心神喪失・心神耗弱はどのような内容を有する概念なのであろうか。

　まず，心神喪失・心神耗弱が認められるためには，行為者の精神状態の異常（精神障害）という生物学的な基礎が認められなければならないだろう（生物学的要素）。両概念の文言からしてそのように解するのが素直であるし，また非難可能性の前提となる人格的適性という責任能力の概念自体が生物学的な基礎を含んでいるからである。

　しかし，精神の障害があるからといって常に責任能力が否定されるわけではない。行為者の全人格的な能力として，自己の行為の違法性を意識し，そのような行為をしないように自己を統御することができる能力こそが責任能力にほかならないから，逆に，責任無能力又は限定責任能力の状態にあるというためには，自己の行為の是非を弁識する能力やこの弁識に従って行動する能力が全くないか，又は著しく減退しているという心理学的基礎も必要であろう（心理学的要素）。

　このように，心神喪失・心神耗弱の概念は，生物学的要素と心理学的要素の両要素から成り立っていると解するのが相当である（混合的方法）。

判例の定義によれば，**心神喪失**とは，精神の障害により，行為の是非を弁識する能力（**是非弁識能力**）がないか，又はこの弁識に従って行動する能力（**行動統御能力**）のない状態であり，**心神耗弱**とは，精神の障害により，是非弁識能力又は行動統御能力が著しく減退した状態である（大判昭6・12・3刑集10巻682頁）ということになる。今日の通説・実務もこの判例の定義を支持している。

なお，ここにいう「行為の是非」は「行為の違法性」と同じ意味であると解してよい（最決昭29・7・30刑集8巻7号1231頁）。

以上を整理して図示すれば下図のようになろう（括弧内は心神耗弱の場合である。）。

【精神の障害】

ここにいう「精神の障害」の中には，狭義の精神病（統合失調症，そううつ病，てんかん等）だけではなく，精神病質，精神薄弱，神経症等の継続的な精神の障害や，酩酊，催眠状態等の一時的な精神状態の異常も含むと解される。

【実務上問題となる各種の精神障害と責任能力】

心神喪失・心神耗弱の認定は，後に述べるとおり，最終的には裁判官が個々の具体的事案ごとに生物的要素と心理的要素の両面を総合して行う法的判断であるから，必ずしも一般的な基準になじむものではないが，従前の判例や実務の傾向等に徴すると，今日では，個々の精神障害ごとに責任能力の有無・程度についておおまかな基準が形成されつつあるように思われる（このような基準を，犯罪精神医学では「慣例」と呼んでいる。）。ここでは今日の実務上しばしば問題となる，あるいは重要な意義を有する四つの精神障害につき，その実務上の基準について概観することとする。

　i　**統合失調症（かつての精神分裂病）**

最も代表的な精神病であり，実務上も殺人等の重大犯罪において問題になることが少なくない。かつての犯罪精神医学の通説は，統合失調症は人格の中核的部分を犯す病であるから，表面に現れた症状の程度にかかわらず原則として心神喪失を認定すべきであるとしていたが，近時の有力説は，症状の人格に及ぼす影響・支配力等を慎重に考慮して，個々の行為ごとに是非弁識能力や行動統御能力の有無・程度を判断し，心神喪失か心神耗弱かを決すべきであるとしている。

判例・実務は従前からおおむね後者の考え方と同様の傾向を示してきたが，後掲【87】最決昭59・7・3刑集38巻8号2783頁が「被告人が，犯行当時精神分裂病に罹患していたからといって，そのことだけで直ちに被告人が心神喪失の状態にあったとされるものではなく，その責任能力の有無・程度は，被告人の犯行当時の病状，犯行前の生活状態，犯行の動機・態様等を総合して判定すべきである。」（決定要旨）と判示し，実務の従前の傾向を追認するに至ったことが注目される。

ⅱ **アルコール中毒（飲酒酩酊）**

アルコール中毒は，急性アルコール中毒と慢性アルコール中毒とに大別することができる。

急性アルコール中毒は，更に単純酩酊・複雑酩酊・病的酩酊の3種に分けられるが（ビンダーの分類），かつての犯罪精神医学上の通説は，それぞれ完全責任能力・心神耗弱・心神喪失に対応すると解していた。しかし，この点についても，近時の有力説や判例・実務は，単純酩酊や複雑酩酊でも，その程度いかんで完全責任能力を認めたり心神耗弱を認めたりする一方，病的酩酊の場合にも，一律に心神喪失とはせず，その程度いかんでは心神耗弱を認めるべきであるとしている。

他方，慢性アルコール中毒の場合には，単なるアルコール依存にとどまっている限り完全責任能力と解して妨げないが，更に進んでアルコール精神病やアルコール痴呆の段階にまで達すると心神耗弱・心神喪失を認定する場合が多いようである。

ⅲ **覚せい剤中毒**

統合失調症と症状が似ている場合が多いが，統合失調症は人格の核心部分が根源的に侵される病であるのに対し，覚せい剤中毒においては人格の障害はさほど深いものではなく，むしろ現実認識に誤謬を来している程度のものにすぎない場合が多いと解されている。両者を分けて扱うのが今日では常識になっている。近時の有力説や判例・実務は，症状の程度や人格への支配の程度にかんがみ完全責任能力か又は心神耗弱を認める傾向が強いようであり，

心神喪失まで認定する例は極めて少ない。

iv **精神病質（病的性格）**

異常な性格の持ち主のうち，「その性格の異常性のために自ら悩むか，又は社会が悩むような人々」を精神病質者と称する。発揚型，抑うつ型，自信欠乏型，狂信型，自己顕示型，気分易変型，爆発型，情性欠如型，意思薄弱型，無力型の10類型及びその複合型に更に分けられる（シュナイダーの分類）。精神病質は，単なる性格の異常にすぎないのであって，精神病ではない。したがって，精神病質者については，よほど特殊な事情がない限り，心神喪失・心神耗弱の認定がなされることはない。

常習的な粗暴犯や性犯罪者のかなり多くが精神病質者によって占められているといわれる。

(2) **心神喪失・心神耗弱の認定・判断の方法**

心神喪失・心神耗弱の概念は，いずれも精神医学上の概念ではなく法律上の概念であるから，行為者の精神状態がこれに該当するか否かは法律判断であって最終的には専ら裁判所が決すべきものである。したがって，両概念の構成する生物学的要素・心理学的要素のうち，後者はもとより前者についても，究極的には裁判所の評価にゆだねられるべき問題である（最決昭58・9・13裁判集刑事232号95頁）。

それゆえ，その判断に当たっては，必ずしも専門家の鑑定によることなく，他の証拠によってその要素の存否を判断しても差し支えないし（最判昭23・7・6刑集2巻8号785頁），また，鑑定をした場合であっても，鑑定の結論を採用せず，裁判所が独自の立場から他の証拠によって異なった結論を導き出してもよい（鑑定結果の採否は裁判所の合理的裁量に属する。）。

【87】「被告人の精神状態が刑法39条にいう心神喪失又は心神耗弱に該当するかどうかは法律判断であるから専ら裁判所の判断に委ねられているのであって，原判決が，所論精神鑑定書（鑑定人に対する証人尋問調書を含む。）の結論部分に被告人が犯行当時心神喪失の情況にあった旨の記載があるのにその部分を採用せず，右鑑定書全体の記載内容とその余の精神鑑定の結果，並びに記録により認められる被告人の犯行当時の病状，犯行前の生活状態，犯行の動機・態様等を総合して，被告人

第4章 責　任

が本件犯行当時精神分裂病の影響により心神耗弱の状態にあったと認定したのは，正当として是認することができる。」（最決昭59・7・3刑集38巻8号2783頁）

【心神喪失・心神耗弱の認定に関する実務】

ⅰ　実務では，責任能力を争う主張が荒唐無稽である場合や，心神喪失又は心神耗弱の主張の根拠として犯罪精神医学上の通説が完全責任能力を認めているような精神異常（例えば，精神病質，アルコール単純酩酊等）が述べられたような場合は別として，いわゆる大精神病（統合失調症，そううつ病，てんかん，進行麻痺等）や犯罪精神医学上争いがある点（例えば，覚せい剤中毒患者の責任能力等）について弁護人が争うような場合には，精神医学者に被告人の精神鑑定を依頼する場合が多い。

そして，鑑定結果の報告がなされた場合には，その精神医学的診断の資料となった客観的諸事実につき誤りがなく，かつ首肯しうる合理的方法でそれらの診断が行われたものである限り，その精神医学的診断の結果を尊重しているものと思われる。

特段の合理的根拠もないのに，鑑定意見を無視して法律的判断を下せば，経験則違背になるであろう。裁判所による鑑定意見の評価に関し，最高裁は，近時以下のような判断を示した。

【88】「生物学的要素である精神障害の有無及び程度並びにこれが心理学的要素に与えた影響の有無及び程度については，その診断が臨床精神医学の本分であることにかんがみれば，専門家たる精神医学者の意見が鑑定等として証拠となっている場合には，鑑定人の公正さや能力に疑いが生じたり，鑑定の前提条件に問題があったりするなど，これを採用し得ない合理的な事情が認められるのでない限り，その意見を十分に尊重して認定すべきものというべきである。」（最判平20・4・25刑集62巻5号1559頁）（なお，本件は，被告人の統合失調症による幻覚妄想の強い影響下で行われた行為について，正常な判断能力を備えていたとうかがわせる事情があるからといって，そのことのみによって被告人が心神耗弱にとどまっていたと認めるのは困難であるとして，心神耗弱を認定した原判決を破棄し，原審に差し戻したものであるが，差戻審（東京高判平21・5・25高刑集62巻2号1頁）は，新たな事実取調べを行った上で，改めて心神耗弱を認定し，これに対する上告は棄却されている（最決平23・11・28公刊物未登載）。）

鑑定も証拠方法の一つであって，証拠の証明力の判断は，経験則と論理法則に従ってされるべきであるから，専門家の意見を採用しない

場合には，それだけの合理的な根拠が必要となるのは当然のことといえる。他方，証拠の証明力の判断は，自由心証主義の機能する場面であり，裁判所は法律上鑑定に拘束されるわけではなく，また，鑑定の信用性だけを焦点として判断すればよいというものでもない。裁判所は，鑑定の内容を正確にかつ法的観点から理解した上で，鑑定意見を参考にしつつ，被告人の犯行当時の病状，犯行前の生活状態，犯行動機・態様等を総合し，最終的な責任能力の判断に至らなければならない。この点，最高裁がやはり近時に示した以下の判断にも留意すべきであると思われる。

【89】「裁判所は，特定の精神鑑定の意見の一部を採用した場合においても，責任能力の有無・程度について，当該意見の他の部分に事実上拘束されることなく，上記事情等を総合して判定することができるというべきである。原判決が，前記のとおり，佐藤鑑定について，責任能力判断のための重要な前提資料である被告人の本件犯行前後における言動についての検討が十分でなく，本件犯行時に一過性に増悪した幻覚妄想が本件犯行を直接支配して引き起こさせたという機序について十分納得できる説明がされていないなど，鑑定の前提資料や結論を導く推論過程に疑問があるとして，被告人が本件犯行時に心神喪失の状態にあったとする意見は採用せず，責任能力の有無・程度については，上記意見部分以外の点では佐藤鑑定等をも参考にしつつ，犯行当時の病状，幻覚妄想の内容，被告人の本件犯行前後の言動や犯行動機，従前の生活状態から推認される被告人の人格傾向等を総合考慮して，病的体験が犯行を直接支配する関係にあったのか，あるいは影響を及ぼす程度の関係であったのかなど統合失調症による病的体験と犯行との関係，被告人の本来の人格傾向と犯行との関連性の程度等を検討し，被告人は本件犯行当時是非弁別能力ないし行動制御能力が著しく減退する心神耗弱の状態にあったと認定したのは，その判断手法に誤りはなく，また，事案に照らし，その結論も相当であって，是認することができる。」（最決平21・12・8刑集63巻11号2829頁）

ii 精神医学的診断の尊重は，生物学的要素に関しては妥当するところであるが，心理的要素，ことに是非弁別能力や行動制御能力の有無及び程度の評価については，本来純然たる法律判断事項である。それにもかかわらず，従前は，この点も含めて精神科医である鑑定人に意見を求めることも少なくなかった。しか

第 4 章　責　　任

しながら，それは少なくとも理論的には適切な鑑定事項とは言い難いであろう。近時，精神鑑定から責任能力判断に至る過程について，次の8段階のステップに整理することが有用であると指摘されている。
　① 精神機能や精神症状に関する情報収集
　② 精神機能や精神症状（健常部分を含む。）の認定
　③ 疾病診断
　④ 精神の機能，症状，病態，病理（健常部分を含む。）と事件との関連性（影響の機序）
　⑤ 善悪の判断や行動の制御への焦点化
　⑥ 法的な弁識・制御能力としての特定
　⑦ 弁識・制御能力の程度の評価
　⑧ 法的な結論（心神喪失，心神耗弱，完全責任能力）
　そして，精神医学的診断というべきなのは概ね上記④の段階までであり，上記⑤の段階以降は，専ら法的判断であるとされる。
　以上の分類整理は，尊重すべき精神医学的診断の分野と，法律家（ことに裁判所）が責任を持ってすべき法的判断とを適切に切り分ける視点として，有益であると思われる。

iii　なお，行為者の責任能力が問題になるような事件では，起訴前に，検察官が，簡易鑑定と呼ばれる簡易な鑑定方式によって，またあるいは正式な鑑定嘱託によってなされる本格的な起訴前の精神鑑定によって，その責任能力を一応チェックしているのが通例である。そして，明らかに責任能力を欠くと思われる事件については，この段階で不起訴の処理がなされるので，結局，この種の事件で裁判所に起訴されてくる事件は，おおむねボーダーラインケースということになり，法廷で本格的に責任能力を争われるようなことになると，その処理や判断に大変な困難を伴うことが少なくない。

【心神喪失者等の入通院】
　被告人が一定の重大な他害行為を行い，かつ，心神喪失又は心神耗弱を理由に無罪又は刑を減軽する旨の言渡しがなされ，これが確定した場合（検察官が心神喪失又は心神耗弱を理由に被疑者を不起訴処分にした場合も同様），裁判所は，他害行為を行なった際の精神障害を改善し，これに伴って同様の行為を行なうことなく，社会に復帰することを促進するため，入院又は通院させて医療を受けさせる必要があると認める場合には，検察官の申立てにより，指定医療機関に入院又は通院させる決定をする（心神喪失等の状態で重大な他害行為を行った者の医療及び観察等に関する法律42条）。検察官は，前記申立てをしない場合には，都道府県知事に通報しなければならず（精神保健及び精神障害者福祉に関する法律

25条)，この通報を受けた知事は，精神保健指定医の診断を受けさせた上（同法27Ⅰ)，その者が「精神障害者であり，且つ，医療及び保護のために入院させなければその精神障害のために自身を傷つけ又は他人に害を及ぼすおそれがあると認めたときは，その者を国若しくは都道府県の設置した精神病院又は指定病院に入院させることができる｡」（同法29)。これを措置入院という。

3　刑事未成年者

(1)　刑法上の取扱い

14歳未満の者を**刑事未成年者**という。刑事未成年者は責任無能力者とされる（刑41)。

是非弁識能力・行動統御能力だけを基準にすると，14歳未満の者であっても，十分それらの能力を備えているものと考えられるが，少年の人格は形成途上にあって可塑性に富んでいること等にかんがみ，14歳未満の者に対しては刑罰という形で非難を加えることは適当でないとしたのである。

(2)　少年法上の取扱い

少年法は，20歳未満の者を**少年**とし（同法2)，少年の刑事事件についてはこれをすべて家庭裁判所に送致しなければならず（同法41，42)，送致を受けた家庭裁判所は少年に対しては原則として保護処分をすべきものとし，例外的に死刑・懲役・禁錮に当たる罪の事件で，その罪質及び情状に照らして刑事処分を相当と認めるときは，これを検察官に送致して刑事処分に付することができるものとしている（同法20Ⅰ。これに対して，故意の犯罪行為により被害者を死亡させた罪の事件で，その罪を犯すとき16歳以上の少年に係るものについては，保護処分を相当と認めるとき以外は，検察官に送致しなければならない。同条Ⅱ)。

なお，少年法は，犯罪行為の当時18歳未満であった少年の刑事処分については，死刑をもって処断すべきときは無期刑を科し，無期刑をもって処

断すべきときでも10年以上20年以下の懲役又は禁錮を科することができるものとし（同法51），また少年に対する刑事処分について長期3年以上の有期の懲役又は禁錮をもって処断すべきときは，短期10年以下，長期15年以下の範囲内で不定期刑を科すべきものとしている（同法52）。

第3　原因において自由な行為

1　原因において自由な行為の意義と問題点

　責任能力は，原則として実行行為の時に存在しなければならない（行為・責任能力同時存在の原則。以下「同時存在の原則」という。）。実行前の責任能力の十分な時点で犯行を決意していたとしても，実行行為の際に責任無能力の状態にあった場合には，責任が否定されて犯罪が成立しないというのがこの原則の素直な帰結であろう。しかし，あらかじめ人を傷つける意思で，度胸を付けるため多量に飲酒した上，現に人に切り付け大けがを負わせたというような場合に，たまたま犯行当時飲酒酩酊のため心神喪失状態にあったからといって犯人を無罪とすることは，素朴な法感情からして納得できないものがあるし，また刑事政策的見地からもこの結論は妥当とは言い難い。そこで，このような行為の可罰性を根拠づけるため主張されるようになったのが，原因において自由な行為の理論である。

　原因において自由な行為とは，ある違法行為が責任無能力又は限定責任能力の状態でなされた場合であっても，その責任無能力等の状態が行為者の責任能力ある状態における行為によって自ら招いたものであるときは，当該違法行為に対し，完全な責任を問うことができるとする法理である。この責任無能力等の状態を招く原因となった行為を原因行為といい，責任無能力等の状態でなされた違法行為を結果行為という。

　　これを「原因において自由な行為」と称するのは，結果行為の時には完全な責任能力はないものの，原因行為の時点では，そのような完全責任能力の欠ける状態に陥るかどうかを行為者が自由に決定し得たからである。

　原因において自由な行為の理論は，現在では我が国の判例も採用するところとなっているが，理論的に困難な問題が少なくない。

まず第1に，原因において自由な行為の理論は，前述のように同時存在の原則を形式的に適用した場合に生ずる不合理を解消するために産み出されたものであるが，同時存在の原則は責任主義の基本的要請に基づくものであるから，この法理を同原則の基礎にある責任主義とどのように調和させるのかが最も大きな問題である。

第2に，限定責任能力の状態で結果行為を行った場合にも，原因において自由な行為の理論を適用できるのかが問題となる。原因において自由な行為の理論は，もともと責任無能力の状態の下で結果行為が行われた事例に対処するため生み出された理論であるが，結果行為当時行為者が限定責任能力の状態にあったときは，曲がりなりにも結果行為自体責任を問い得る状態であるため，果たしてこのような場合にまで，原因において自由な行為の理論を適用し得るのかどうかが問題となるのである。

2　原因において自由な行為をめぐる学説の状況

(1)　原因行為が実行行為であるとする考え方

かつての通説的見解であった。間接正犯が他人を「道具」として利用する形態であるのに対し，原因において自由な行為は，自己の責任無能力状態を「道具」として利用した形態であると解する。その上で，間接正犯においては利用行為に実行行為性を認めるべきであるとする基本的立場から，原因において自由な行為においても，結果行為ではなく原因行為こそが実行行為であると解すべきであるとする。この考え方によれば，実行行為＝原因行為の時点では責任能力に欠けるところがないから，原因において自由な行為においても同時存在の原則は完全に満たされることとなる。

しかしながら，(a)　もともと実行行為が何であるかは構成要件該当性の判断の段階で決定されることがらであり，たまたま結果行為当時責任能力が認められないからといって，責任判断の段階で実行行為を原因行為にさ

かのぼらせることには理論の筋道として疑問がある上，(b) そもそも，他人を殺害又は傷害するためのものとはいえ飲酒行為自体を殺人や傷害の実行行為と考えるのは常識に反するのではなかろうか。しかもこれを実行行為とすると，犯行決意のうえ飲酒だけして殺傷行為に及ばなかった場合にも，未遂犯が成立してしまうことになる。この説の主張者は，この点を認識して，飲酒行為などは殺人罪・傷害罪の実行行為としての定型性を有しないから，事実上故意犯に関しては原因において自由な行為が成立する余地はないとするのであるが，これでは原因において自由な行為の理論を認める意味がほとんどなくなるであろう。さらに，(c) 道具理論を前提とする限り，限定責任能力の状態において犯行を行った場合には，道具状態にあるとはいえないから，原因において自由な行為を認めることができない。しかしながら，責任無能力の状態にまで達していた場合には犯罪が完全に成立すると考えながら，たまたま限定責任能力の状態にとどまった場合には刑の必要的減軽の対象となるというのはいかにも均衡を失するといわざるを得ない。

(2) **結果行為が実行行為であるとする考え方**

上記のように間接正犯理論を準用して原因行為を実行行為と考えることには種々の難点が存在するところから，近時は，結果行為が実行行為であると解した上で，同時存在の原則を修正したり，又は端的にその例外を認めたりして，原因行為の時点で責任能力があれば行為者に完全な責任を認め得るとする考え方が有力になりつつある。その基本的な考え方は，十分な責任能力の下にある原因行為時の行為者の意思決定を重視し，責任無能力又は限定責任能力の下にある結果行為を，その意思決定の実現過程として把握しようというものである。

そして，この立場は上記のように基本的発想を共通にしながらも，その理論構成の違いによって更に下記の各説に分かれる。

第4章 責 任

 i 端的に同時存在の原則の例外を認め,自らの意思で責任無能力状態を招いておきながら,犯罪となる結果が発生したときに,その事情を自己の刑事責任を否定する趣旨で有利に援用することは社会的公平の見地から妥当性を欠くから,禁反言の法理にかんがみ,原因行為時に自由に意思決定をなし得た以上,結果行為時に責任無能力であったとしてこれを自己の有利に援用することは許されないとする説
 ii 原因行為から結果行為＝実行行為までの一連の過程が1個の意思の実現過程であると認められる場合には,全体を当初の意思決定によって貫かれた一つの「行為」としてとらえることができる。そして,責任非難は違法な行為をなす最終的な意思決定,すなわち原因行為時における意思決定に対して向けられているから,その時点で責任能力があれば結果行為を含む「行為」全体に対して責任を問うことができるとする説(この考え方は,同時存在の原則は「行為」と責任能力との同時存在を要求するものであるから,必ずしも実行行為と責任能力との同時存在は必要でないと解し,これにより原因において自由な行為と同時存在の原則との整合性を維持する。)
 iii 責任能力の存する原因行為時において故意・過失が存在し,かつ原因行為と結果行為との間に相当因果関係が認められる場合には,原因行為における結果発生の危険が結果行為において実現したと認められるから,結果行為時には責任能力を欠いていたとしても完全な責任を問い得るとする説

基本的には,この(2)の考え方が正当と思われる。実行行為は,法益侵害の現実的危険性を有する行為でなければならないが,原因行為だけでは法益侵害の危険性はいまだ現実的なものとはいえないから,結果行為が実行行為であると解するのが妥当である。このように解すると,表面的には同時存在の原則と抵触することになるが,(2)説の述べるように,結果行為自体が原因行為時になされた意思決定の実現過程と把握されるような性質を有している場合には,実行行為の時に責任能力があった場合とほぼ同視して考えることができるのであり,その行為はもともと有責とみられるべき性質を具備するものと解されるから,これを処罰の対象にしても同時存在の原則の基礎となっている責任主義の考え方には何ら反するものではないと考えられる。そこで次に,この立場を前提として,原因において自由な

第2編 犯　　罪

行為の要件を故意犯の場合と過失犯の場合とに分けて若干検討してみよう。

① **故意犯について**

　原因において自由な行為の問題は，責任の要件に関する問題であるから，結果行為＝実行行為につき故意犯の構成要件該当性及び違法性が認められることが前提となる（結果行為時に，精神障害の程度が進んで行為能力すら欠くに至ったような場合には，そもそも実行行為性を肯定できないから，原因において自由な行為を問題にする余地はないというべきである。）。したがって，故意犯の原因において自由な行為が認められるためには，まず，結果行為の時点においても構成要件的故意が認められなければならない。

　他方，結果行為時に責任能力があった場合と同視して考えられるためには，前述のように，結果行為が責任能力十分な原因行為時になされた意思決定の実現過程と把握される事態であることを要するから，原因行為時においても，結果行為時と同様の故意が存在していることが必要であると解される。

　このように考えると，故意犯の原因において自由な行為を肯定し得るためには，原則として，原因行為から結果行為にかけて故意が連続していることが必要であろう（もとより，意思の実現過程として把握されるためには，原因行為と結果行為及び現実に発生した結果との間に因果関係が存在することを要するのは当然である。）。

　そして，以上のような要件を具備する限り，結果行為の時に，責任無能力の状態まで至らず限定責任能力の状態にあった場合であったとしても，責任能力ある状態での故意が結果行為時に実現される構造は同一であるから，同じく原因において自由な行為の理論を適用することができよう。

② **過失犯について**

学説上は、例えば、酒を飲むと病的酩酊の状態に陥り他人に危害を加える性癖のある者が、今回は大丈夫だろうと思って飲酒したところ、案の定、病的酩酊による責任無能力状態になって暴行を働き他人に傷害を負わせたというような事例が、過失犯の原因において自由な行為の例として挙げられる。

しかし、上記の事例は、真に原因において自由な行為の理論を適用すべき事案なのであろうか。過失犯の成立要件の項で述べたとおり、過失犯が成立するためには、過失犯の実行行為である過失行為の時点で結果予見可能性及び結果回避可能性が存在しなければならない。しかし、結果行為の時に行為者が責任無能力又は限定責任能力の状態にある場合には、結果予見可能性及び結果回避可能性は存在しないか、又は極めて乏しいというべきであろう。したがって、結果行為自体は、故意犯の構成要件該当性を認めることができても、過失犯の構成要件該当性は肯定することができない。上記事例でも暴行を働いた時点では過失犯を肯定することができないのは当然である。

そうすると、原因行為の時点ではどうか。上記事例の場合、故意を認めることができない（なぜなら、傷害・暴行の認識はあっても認容がない。）から、故意犯の原因において自由な行為は成立しない。他方、過失犯に関しては、責任無能力等の状態に陥って他人に危害を加えることがないよう飲酒を差し控えるべき義務を注意義務（結果回避義務）として構成すれば、結果予見可能性・結果回避可能性はともに認められるし、上記の注意義務に反して飲酒した行為を過失行為として構成することができ、その成立を肯定することができる（同時存在の原則を満たしていることは明らかである。）。しかし、この場合、過失犯が成立するのは、原因において自由な行為の理論によったからではなく、単に原因行為の時点で過失犯の成立要件が満たされていたからにすぎないのである（結

果行為は実行行為から結果に向かって進行する因果の一過程として把握される。)。

このように，過失犯の場合には，原因行為の時点で，責任無能力の状態に陥らないようにすることを結果回避義務として構成すれば容易にその成立が認められるから（後掲【93】最大判昭26・1・17刑集5巻1号20頁参照），原因において自由な行為の理論を適用すべき必要性はほとんどないというべきである。

3 原因において自由な行為に関する判例の状況

原因において自由な行為の理論を採用して具体的事案の解決を図っている判例は少なくない。しかし，その理論構成が明確でないため，具体的にどのような場合にまで同理論の適用を認める趣旨であるのかは必ずしも明らかではないが，判例においても，おおむね，上述したような故意の連続性というような観点から判断を行っているように見受けられる。そこで，上記基準により場合を分けて判例の考え方を概観することにしよう。

(1) 原因行為時の故意と結果行為時の故意とが連続している場合

このような事案では，判例も原因において自由な行為の理論の適用を認めるのが一般的である。まず，下記【90】最高裁判決は，旧麻薬取締法4条4項（昭和23年法律第123号）が「麻薬中毒のため自制心を失うこと」を処罰の対象にしていたことに関し下記のように判示して，最高裁としては初めて明示的に原因において自由な行為の理論を採用した。

【90】「右自制心を失った行為の当時には被告人に責任能力がなくとも，麻薬を連続して使用する際被告人に責任能力があり，且つ麻薬の連続使用により麻薬中毒症状に陥ることについての認識（未必の認識）があれば，いわゆる原因において自由な行為として，処罰することを得るのである。」（最判昭28・12・24刑集7巻13号2646頁）

また，下記【91】は，酒酔い運転罪（改正前の道路交通法118Ⅰ①）の

事案につき，結果行為の時に限定責任能力の状態にある場合にも原因において自由な行為の理論の適用を認めている。

【91】「本件のように，酒酔い運転の行為当時に飲酒酩酊により心神耗弱状態にあったとしても，飲酒の際酒酔い運転の意思が認められる場合には，刑法39条2項を適用して刑の減軽をすべきではないと解するのが相当である。」（最決昭43・2・27刑集22巻2号67頁）

(2) **原因行為時に故意があるものの，その故意と結果行為時の故意とが連続していない場合**

　前述したところからすれば，原則として故意犯の原因において自由な行為は否定されるべきであろう。ただ，全面的に連続はしていないものの，部分的に故意の連続が認められる場合には，連続している限度で故意犯の原因において自由な行為の成立を肯定してよい。

　この類型に関し故意犯の成立を認めた代表的な判例が下記【92】名古屋高裁判決である。原因行為時に暴行の未必的故意があり，それが結果行為時には殺人の故意に発展していたという事案であるが，同判決は，暴行罪の結果的加重犯である傷害致死罪の成立を認めている。

【92】〔事案〕覚せい剤中毒者である被告人が，姉の結婚先に寄寓中，昭和29年6月5日ころ，覚せい剤を自己の身体に注射して幻覚妄想を生じるとともに厭世観に陥り，姉を殺害して自殺しようと決意し，同月7日，短刀で姉を刺して死に至らしめたという事案である。被告人は殺人罪で起訴されたが，名古屋高裁は，前記決意の時点で被告人は覚せい剤注射に基づく症候性精神病のため心神喪失であったと認定した後，下記のように判示した。

〔判旨〕「果たしてしからば本件犯行を心神喪失者の行為として刑法39条第1項により無罪の言渡をなすべきか否かにつき更に審究するに，薬物注射により症候性精神病を発しそれに基づく妄想を起こし或いは他人に暴行を加えることがあるかも知れないことを予想しながら敢てこれを容認して薬物注射を為した時は，暴行の未必の故意が成立するものと解するを相当とする。而して本件の場合…被告人は平素素行が悪く昭和28年1月頃からヒロポンを施用したが，精神状態の異常を招来し如何なる事態となり又如何なる暴行をなすやも知れざりし為に，同年8月以降之が施用を中止したる処，翌29年6月5日頃A方において薬剤エフェドリンを

買受け之が水溶液を自己の身体に注射したのであるが，其の際薬物を注射するときは精神上の不安と妄想とを来し所携の短刀を以て他人に危害を加えるかも知れなかったかも知れなかったので之を懸念し乍ら，敢えて之を容認して右薬剤を自己の身体に注射し，其の結果原判示の如き幻覚妄想に捉われて同判示日時前記短刀をもってB子を突刺し因って同女を死亡するに至らしめた事実を認めることができるから，被告人は本件につき暴行の未必の故意を以てB女を原判示短刀で突刺し死に至らしめたものと謂うべく，従って傷害致死罪の罪責を免れ得ないものと謂わねばならない。」（名古屋高判昭31・4・19高刑集9巻5号411頁）

しかしながら，この類型では，故意の連続を欠くため，故意犯の原因において自由な行為は成立せず，過失犯の成立が認められるにとどまるケースの方がむしろ多いであろう。下記【93】の最高裁判決はそのような事案である。

【93】「本件被告人の如く，多量に飲酒するときは病的酩酊に陥り，因って心神喪失の状態において他人に犯罪の害悪を及ぼす危険のある素質を有する者は居常右心神喪失の状態において右心神喪失の原因となる飲酒を抑止又は制限する等前示危険の発生を未然に防止するよう注意する義務あるものといわねばならない。しからば，たとえ原判決認定のように，本件殺人の所為は被告人の心神喪失時の所為であったとしても，(イ) 被告人にして既に示示のような己れの素質を自覚していたものであり且つ(ロ) 本件事前の飲酒につき前示の注意義務を怠ったがためであるとするならば，被告人は過失致死の罪責を免れ得ないものといわなければならない。」（最大判昭26・1・17刑集5巻1号20頁）

(3) **原因行為時に故意がなかった場合**

原因行為時には故意がなく，責任無能力又は限定責任能力の状態に陥った後に初めて故意・過失を生じたような場合には，原因において自由な行為の理論は適用されないのは当然であり，原則どおり結果行為＝実行行為時の責任能力の程度いかんにより刑法39条の規定が適用される。下記【94】判決は，飲酒運転の末交通事故を起こし人に傷害を負わせたという事案（酒酔い運転罪と業務上過失致傷罪で起訴）に関し，その旨を明らかにしている。

【94】「記録によれば，被告人は，…本件当夜友人と共に徳島市内の洋酒喫茶店等

で多量のビールや清酒を飲んだため，したたか酩酊して心神耗弱の状態におちいり，眠気を催したので，たまたま実弟が運転して来た普通乗用自動車が飲酒先付近の路上に駐車してあるのを奇貨とし，これに乗りこみ一休みしているうち，酔余俄にこの自動車の運転を思い立ち，よって本件の各犯行に及んだものであることが明らかである。即ち被告人は，飲酒開始の時点においては，自動車の運転を全く予期しておらず，その後酩酊して心神耗弱の状態に陥った段階で始めてその意思を生じ，これを実行するに至ったものであって，本件については，所謂原因において自由な行為の理論を適用すべき余地はなく，さきに判示したところに照らし刑法39条2項を適用してその刑責を減軽せざるを得ないものである。」（高松高判昭44・11・27高刑集22巻6号901頁）

(4) **実行行為継続中に心神喪失又は心神耗弱の状態に陥った場合**

(1)の類型のやや特殊な形態である。この場合には，故意の連続があることが明らかであるから，容易に故意犯の原因において自由な行為を認めることができよう。下記【95】の東京高裁判決は，このような事案に関するものである。

【95】〔事案〕被告人は，夫のAと激しいけんかの末，Aが死亡するもやむなしとの意思の下に鋭利な洋はさみでAの上体を数回突き刺したが，その際，Aと激しくもみ合ううちに，やがて被告人は激昂・恐怖等の感情がせきを切ったようにほとばしり出たことにより，精神的に強度に興奮して情動性もうろう状態に陥るとともに，Aを殺害する意思を抱くに至り，更に上記洋はさみでAの全身を合計約150箇所にわたって滅多突きにするなどして，Aを失血死させるに至ったというものである。東京高裁は，殺害行為の中途から被告人は情動性もうろう状態による心神耗弱の状態に陥ったとする一審の認定を支持した上，次のように判示した。

〔判旨〕「かかる場合に刑法39条2項が適用されない旨の原判断も，本件の具体的事案に則してなおこれを是認すべきものであると考える。即ち，本件事実関係に見る被告人の実行開始時の行為は，鋭利な洋鋏をもって相手方の上体部等を数回連続してそれもかなりの力で突き刺すというものであり，当然その加害の程度も重大である。すなわち，被告人は，その責任能力に特段の減弱のない状態において既に未必的殺意をもって積極的に重大な加害行為に及んだものであって，以後の実行行為は右殺意のおのずからなる継続発展として，かつ主としては右と同じ態様の加害行為をひたすら反復継続したという関係なのである。本件犯行行為の中の右開始当初の部分が，被告人に対する本件行為全体の非難可能性の有無，程度を判定するうえに無視して差支えないほどの，或は見るべき意味をもたない程の

軽微僅少なものであるとはとうていいえない。そしてまた，被告人が行為中途でおちいった情動性朦朧状態も，それは被告人が相手方に対して意図的に右のような重大な加害を開始してしまったことによる激しい精神的昂奮が少なからず起因しているものであることは容易に窺知できるところであり，それならば，その精神的昂奮は被告人において自ら招いた面が多いという関係もそこに認められるのである。被告人に対し非難可能性の減弱を認めるべき実質的根拠はますます薄弱にならざるを得ない。

　結局，この点に関する原判断はこれを肯認するに足り，被告人の心神耗弱の事実は本件においては量刑上の事情として参酌されるにとどまるものである。」（東京高判昭54・5・15判時937号123頁）

第4 違法性の意識と法律の錯誤

1 違法性の意識

(1) **違法性の意識の意義と問題点**

違法性の意識（違法性の認識，違法の意識）とは，自己の行為が法秩序によって許されないこと（すなわち違法であること）を知っていることである。平たく言えば，「悪いことをしている」という意識ということになろう。確定的な認識がある場合だけでなく，未必的な認識がある場合も含めて考えてよい。

責任能力を有する者が犯罪事実を認識・認容しながら実行行為を行う場合には，行為者は自己の行為の違法性を容易に認識することができ，また現に認識しているのが通常であろう。このように，行為者が「悪いことだ」と認識しながらも犯罪行為を行っているようなときは，当然行為者を強く非難することができ，重い故意責任を負わせることができよう。ところが，現実の事件を見ると，行為者が自己の犯罪事実を認識・認容しながらも，何らかの事情によって違法性の意識を有しないまま実行行為を行っている事例もまれではない。果たしてこのような場合，行為者に対する非難可能性を肯定することができるのであろうか。これが違法性の意識の要否，及びその裏返しの議論としての**法律の錯誤**の問題にほかならない。

(2) **違法性の意識の要否をめぐる学説の状況**

上記の問題を解決するためには，まず，違法性の意識は，そもそも犯罪の成立要件なのかという点から検討を始めなければならない。この問題に関しては従前から種々の考え方が主張されているが，大別すると以下の3説に分けることができよう。

① **違法性の意識必要説（厳格故意説）**

違法性の意識は責任故意の要件であると解する。道義的責任論を徹底させる立場である。もともと故意の責任は，自己の行為が違法であることを意識し，これをやめるよう内心の反対動機が生じたのにこれを押し切って，あえて行為したことにこそ認められるものであるから，違法性の意識こそが故意の本質的要素であるとするのである。この説によると「違法性の意識は故意と過失とを分かつ分水嶺」ということになる。

② **違法性の意識不要説**

「法の不知は許さず」との法諺に代表される考えであり，違法性の意識の有無は犯罪の成否に無関係であるとする。国民一般は法が何であるかを知っているものと推定されると解する。いちいち法の不知を弁解として認めていては取締りの目的を達成できないという考慮が背景にある。

③ **違法性の意識の可能性必要説**

違法性の意識そのものは犯罪成立の要件ではないが，違法性の意識の可能性は責任故意の要件（制限故意説）又は責任の要件（責任説）であるとする。違法性の意識がなかったとしても，それだけでは犯罪の成立は否定されないが，行為当時違法性の意識の可能性すらなかった場合，すなわち違法性の意識を欠いたことにつき相当の理由がある場合には，責任故意又は責任が阻却されると解する。

　制限故意説と責任説とは，ともに違法性の意識の可能性を犯罪の成立要件の一つとして考える点では共通しているが，上述のとおりその犯罪成立要件上の位置付け方を異にする。責任説は，基本的に故意は責任要素ではなく違法要素であると解し，責任の要件としては故意を論じないため，違法性の意識の可能性も必然的に独立の責任要素と位置付けることになるのである。これに対し，制限故意説は，故意は責任要素でもあると解し，責任故意が認められるためには，単に犯罪事実の認識・認容があるだけでは足りず，違法性の意識の可能性という規範的な要素も必要であると解する立場である。ただし，近時は，故意を責任要素であるとしながらも，違法性の意識の可能性は責任故意の要素ではなく，責任の要素であるとする立場が有力に主張されつ

つある。
　いずれにせよ，両説の具体的帰結に大差はない。
　以上の各説のいずれを採用すべきであろうか。
　この問題を考えるに当たっては，まず，故意の事実的要素はどのような役割を果たしているのかというところから出発しなければならない。犯罪事実を認識・認容していることが故意犯成立の大前提であるが，そもそも故意犯においてこのような事実的基礎が要求されるのは，行為者が自己の犯罪事実を認識・認容することによって違法性の意識を喚起され，違法行為を避けるよう良心の抑止力を生ぜしめることが期待されているからではなかろうか。故意犯に対し強い道義的非難が加えられるのも，正にそのような認識・認容に基づいて違法性の意識が喚起されているのに，行為者が良心の抑止を振り切って犯罪行動に向かったからであるといっても言い過ぎではない。その意味で，①の違法性の意識必要説は，故意犯における道義的非難の本質をつくものであって，その基本的指向には正当なものがあると考えられる。
　しかし，問題は，違法性の意識を責任故意の成立要件として貫徹することによって，すべての故意犯に対する非難可能性の評価を適切になし得るか否かである。これを要件とすると，例えば，(a) 常習犯人の場合，犯罪の反覆によって違法性の意識が鈍麻しているから軽い非難しかできないということになるが，これは常習犯を重く罰している諸刑罰法規の立場と相いれないし，(b) 激情にかられて前後の見境もなく殺傷の犯罪を犯した激情犯人の場合には，行為当時自己が「悪いことをしている」というはっきりした意識がないから，違法性の意識必要説の立場では犯罪が成立しない可能性もある。また，(c) 自己の行為は現存の法秩序よりももっと正しい価値基準に合致していると確信して犯罪を犯すいわゆる確信犯人については，違法性の意識がないから犯罪が成立しないということになるし，(d)

行政犯の場合，違法性の意識の存在を立証することは困難であり，違法性の意識を故意の要件とすると，行政取締りの目的を達成し得ないということにもなりかねないなど，種々の困難な問題を生ずることとなる。

しかし，逆に，②説のように違法性の意識の問題は犯罪の成否に全く影響しないとすることも妥当ではなかろう。刑罰法規による社会統制が単純であった時代ならばともかく，今日のように複雑化した社会のもとでは，一般人が合法と違法の限界を見分けることが容易でない場合（特に行政犯の場合）も少なくないと思われる。そして，このようにして行為の違法性の意識を欠いたことが全く無理もないと認められるような場合にまで，取締りの便宜を理由に故意犯の罪責を認めることは責任主義の原理に抵触する疑いすらある。

現実に違法性の意識を有しながら実行行為を行う場合が故意犯の典型であることには疑問の余地がない。しかし，仮に違法性の意識がなかったとしても，行為者が現に犯罪事実を認識・認容している場合には，違法性の意識を喚起し，良心の抑止力を形成すべき現実かつ直接の機会はあったということができる。同じく犯罪事実を認識・認容しながら，違法性の意識を喚起し良心の抑止力を押し切って悪に向かった場合と，違法性の意識を喚起されないまま悪に踏み切った場合とでは，確かに事実としては質的な差があるにしても，行為の非難可能性の評価の面から見ると，良心の抑止の形成が現実に可能な状況（違法性の意識の可能性が認められる状況）にあったという点では同じであるから，両者に本質的な違いはないといえよう。故意犯においては，厳格故意説が指摘するように，違法性の意識の有無・強弱が責任の軽重に重要な影響を及ぼすことは事実であるが，しかし，違法性の意識がなければ責任故意を認めないという結論を導くまでの必然性はないと思われる。

このようにして，違法性の意識の可能性必要説が正当であると思われる

そして，違法性の意識の可能性は，本来故意犯のみならず過失犯においても同様に要求されると考えられるから，これを故意の要件とするよりは，故意過失とは独立した別個の責任要素と位置付ける責任説が理論的には正当であると思われるが，責任説を採る際の隘路は，同説によれば，違法性の意識の可能性を欠く場合の免責根拠が実定法上直接的には存在せず，超法規的責任阻却事由と解さざるを得ないところにある（論者は，刑38Ⅲただし書の延長線上に導かれる責任阻却事由であると説明する。）。他方，制限故意説によれば，刑38Ⅰの「罪を犯す意思」すなわち故意の内容として，違法性の意識の可能性を要求するということになり，実定法の解釈論として違法性の意識の可能性必要説を採ることができる。故意というのは事実の認識，認容の有無（あるか，ないか）であり，可能性という概念を容れることが困難であるとの批判にもかかわらず，下級審裁判例において制限故意説を採るものが多いことの背景には，以上のような理由があるのではないかと推測される。もっとも，通説も下級審裁判例の大勢も，理論構成はともかく，結論としては，違法性の意識の可能性必要説を支持しているのが現状である。

(3) **違法性の意識に関する判例の立場**

判例は，大審院以来最高裁も昭和40年代ころまでは一貫して違法性の意識不要説を採用していた。

しかし，その間にも，下級審判例の中には，上記最高裁の確定判例に反して，違法性の意識の可能性必要説を採用するものが相次いでいたところ，昭和50年代以降，最高裁判例においても変化の兆しが見受けられるようになってきた。

すなわち，最高裁は，まず，昭和53年の羽田空港ロビーデモ事件判決（最判昭53・6・29刑集32巻4号967頁）において，原審が，違法性の意識の可能性必要説の立場から，被告人は違法性の意識を欠いておりその点に

つき相当の理由があったとして被告人に無罪の言渡しをした一審判決を支持したのに対し，判例違反（刑訴405②）を理由としてではなく，違法性の意識に関する事実誤認（刑訴411③）を理由に，原判決を破棄して事件を差戻した。当時最高裁においては違法性の意識不要説が確定判例になっていたのであるから，原判決を破棄しようとすれば判例違反を理由に破棄し得たのに，あえてこれを持ち出さなかったのは，上記違法性の意識不要説の立場を維持することにつき検討の余地を示したものと解されている。

その後，東京高裁第3特別部が，石油カルテル生産調整事件において，違法性の意識の可能性必要説を採用する旨極めて明確に判示した上，被告人全員に無罪を言渡し（後掲【97】東京高判昭55・9・26高刑集33巻5号359頁），かつ，これに対して検察官が最高裁に上訴をしなかったことが注目を集めた。

その後更に，最高裁は，昭和62年の百円札模造事件決定（後掲【98】最決昭62・7・16刑集41巻5号237頁）において，違法性の意識の可能性必要説を採用するか否かの明言は避けたものの，違法性の意識を欠いたことについての相当の理由に関する原審の事実認定を，具体的に事実関係を明示して是認し，違法性の意識の可能性必要説に対し好意的な態度を示すに至った。

このように，判例においても，学説と同様，近時次第に違法性の意識の可能性必要説への傾斜を深めつつあるようである。

2 法律の錯誤

(1) 法律の錯誤の意義

法律の錯誤とは，行為者が錯誤によって違法性の意識を欠いた場合をいう。客観的にみれば当該行為は違法であるにもかかわらず，行為者が錯誤によって自己が「悪いことをしている」と思わなかった場合である。近時

は，後述の「あてはめの錯誤」との混同を避けるため，**違法性の錯誤又は禁止の錯誤**と呼ぶこともある。

法律の錯誤は，以下に述べるような①②の2種類の原因のいずれかにより生ずる。

① **法律の不知（法の不知，法規の不知）**

刑罰法規が自己の行為を禁止していること自体を知らないか，又は忘れてしまったため，自己の行為を許されないものと思わなかった場合である。自己の行為が違法であるかどうかを当初から全く意識しなかった場合であるといえる。例えば，刑法192条（変死者密葬罪）の存在を知らずに検視を経ないで変死者を埋葬してしまったような場合がこれに当たる。

② **あてはめの錯誤（包摂の錯誤）**

刑罰法規の解釈を誤った結果自己の行為は許されていると誤信した場合である。例えば，市の教育委員会委員に対しては贈賄罪（刑198）が成立しないと誤信してこれに賄賂を供与したような場合がこれに当たる。

もっとも，行為者が具体的な刑罰法規の存在を知らないとか，その解釈を誤ったとかいう事情があっても，常に法律の錯誤になるわけではない。たとえ具体的な刑罰法規の存在を知らなくとも，行為者自身，「悪いことをしている」という認識を有している場合もあり得る（後掲【96】最判昭32・10・18刑集11巻10号2663頁）のであって，法律の不知又はあてはめの錯誤の結果，違法性の意識を欠いた場合が正に法律の錯誤の問題なのである。

(2) **法律の錯誤の効果**

行為者に法律の錯誤がある場合これがどのような効果を生ずるのか，言い換えると，錯誤により行為者が違法性の意識を欠いている場合にこれが責任の存否・軽重にどのように影響するのかは，違法性の意識の要否と裏

腹の関係にある問題である。法律の錯誤が「裏返しの違法性の意識論」と言われるゆえんである。

前記1の(2)に分類した①から③の各説に従って考えると，

① 違法性の意識必要説の立場では，違法性の意識を欠いた場合，責任故意が阻却され故意犯は成立しない（過失犯処罰規定があれば，過失犯成立の余地はあり得る。）。

② 違法性の意識不要説の立場では，違法性の意識を欠いても犯罪の成否には何ら影響しない。しかし責任の軽減はあり得る。

③ 違法性の意識の可能性必要説の立場では，違法性の意識を欠いても，原則として責任故意（又は責任）は阻却されない。しかし，違法性の意識の可能性すらなかったという場合には責任故意（又は責任）が阻却される。違法性の意識の可能性すらなかった場合というのは，言い換えれば「その事情のもとでは行為を違法でないと信じるのが全く無理もないという場合」であり，要するに違法性の意識を欠いたことにつき「相当の理由」がある場合である。

なお，違法性の意識の可能性が認められるため犯罪の成立は否定されない場合であっても，現に違法性の意識を欠いている場合には，責任が軽減されることはあり得る。

前述のとおり，今日では違法性の意識の可能性必要説が学説上の通説であり，かつ判例の傾向でもある。そこで，同説における最大の問題である「相当の理由」の具体的内容につき，次のにおいて更に掘り下げて検討することとしよう。

【刑法38条3項の解釈】

刑法38条3項には「法律を知らなかったとしても，そのことによって，罪を犯す意思がなかったとすることはできない。ただし，情状により，その刑を減軽することができる。」という規定がある。この規定が法律の錯誤に関するものであることについては学説上異論を見ないが，その具体的内容の解釈をめぐっては，

法律の錯誤に関する上記①から③説の各立場から種々の考え方が主張されている。この点，違法性の意識の可能性必要説によれば，本条3項本文にいう「法律」とは違法性の意であり，したがって3項本文は，違法性の意識がなかったとしても原則として故意がなかったとはいえないということを定めた規定ということになる（ただし，前述のように，違法性の意識を欠いたことにつき相当の理由のあるときは責任故意又は責任が阻却される。）。また，3項ただし書は，違法性の意識を欠いたがその点について相当の理由を具備しないため犯罪の成立が否定されない場合において，違法性の意識を欠いたことにつき斟酌又は宥恕すべき事情があるときは，責任非難が減少し，刑の減軽をすることができる旨を定めたものと解することになる。3項ただし書の解釈については，最高裁判例もほぼ同様に解している。

【96】「刑法38条3項但書は，自己の行為が刑罰法令により処罰さるべきことを知らず，これがためその行為の違法であることを意識しなかったにもかかわらず，それが故意犯として処罰される場合において，右違法の意識を欠くことにつき斟酌または宥恕すべき事由があるときは，刑の減軽をなし得べきことを認めたものと解するを相当とする。従って自己の行為に適用される具体的な刑罰法令の規定ないし法定刑の寛厳の程度を知らなかったとしても，その行為の違法であることを意識している場合は，故意の成否につき同項本文の規定をまつまでもなく，また前記のような事由による科刑上の寛典を考慮する余地はあり得ないのであるから，同項但書により刑の減軽をなし得べきものでないことはいうまでもない。」（最判昭32・10・18刑集11巻10号2663頁）

(3) **違法性の意識の欠如と「相当の理由」**

違法性の意識の可能性必要説の立場に立つと，違法性の意識を欠いたことにつき相当の理由があるか否かが，犯罪の成否の分かれ目となる。そこで，相当の理由は具体的にどのような場合に認められるのかが問題となるが，前述のような違法性の意識可能性必要説の根拠等にかんがみると，一般論としては，特別の事情があって行為者が違法性の意識を欠いたのは無理もないという場合，すなわち違法性の意識そのものの喚起を期待できないという場合がこれに当たるであろう。前述の「法律の不知」と「あてはめの錯誤」の分類に従って，相当の理由につき更に具体的に検討しよう。

ア 法律の不知の場合

国家は法律を国民に周知徹底させる努力を怠ってはならないことはいうまでもない。しかし，国家の機構がこれだけ巨大化し，法律の数も膨大なものになっている今日，個々の法律を個々の国民に知らしめることは実際上不可能に近い。そこで，国家が合理的な方法で公知を図った以上，国民，特に業務者などが一定の行為をする場合には，その関係法規を知るように努めるべき義務があるといってよい。このように解すると，法律の不知の場合には，原則として違法性の意識の可能性を肯定してよいと思われ，相当の理由を認めることができるのはよほど特殊な事情がある場合に限られることとなろう。

　　前述のとおり，法令を知っていることは，違法性の意識を持つ上で必ずしも不可欠の要素ではない。たとえ法令の存在を知らなくても，その他の事情から自己の行為の違法性を意識し得る場合はかなり多いと思われる。

イ　あてはめの錯誤の場合

　行為者が法律の有効性や解釈について一定の解釈を信じ込んでいるため，自己の行為が違法だとは全く思わず実行行為に及んだが，最終的には裁判所がその解釈を誤りであるとして，その行為を違法と判断する場合もあり得る。このように刑罰法規の解釈を誤った結果，自己の行為が許されていると誤信した場合，そのことにつき相当の理由があるといい得るであろうか。実務上この種の事例で多いのは，法律に反しない旨の第三者の意見を聞き，それを盲信して行動した場合である。第三者が公的機関である場合と私人である場合とに分けて考えてみよう。

①　公的機関の意見を信頼した場合

　一般に公的機関の法解釈，特に，ある法律の執行に当たる行政機関がその法律について下した解釈は信頼に足るものとされている。しかし，ひとくちに公的機関の法解釈といっても，公式の法解釈と非公式の法解釈とでは重みが違うし，また，所管の官庁の下した法解釈と，

違法行為の取締りに当たる官憲の下した法解釈とではおのずから性質が異なるものがあろう。そのような違いを無視して，ただ公的機関の法解釈を信じたというだけで直ちに相当の理由があるいうことはできない。結局，違法性の意識を欠いたことにつき相当の理由があると認められるのは，例えば，後掲【98】の最高裁決定の原審の示したような基準に該当するような場合，すなわち「刑罰法規に関し確立していると考えられる判例や所管官庁の公式の見解又は刑罰法規の解釈運用の職責のある公務員の公の言明などに従って行動した場合ないしこれに準ずる場合など」（札幌高判昭60・3・12最高刑集41巻5号251頁）に限られるように思われる。

i　このような見地からすると，例えば，検察庁の回答により自己の行為が適法なものであると確信して一定の行動を行ったような場合には，違法性の意識を欠いたことにつき相当の理由があるというべきであろう（その点で，同様の事案につき犯罪の成立を免れないとした名古屋高判昭24・9・27判特3号42頁には疑問がある。）。

ii　比較的最近の事例では，いわゆる石油カルテル生産調整事件において，石油連盟加盟の石油精製会社各社に対し石油生産調整を行ったことにより独禁法（「私的独占の禁止及び公正取引の確保に関する法律」）違反の罪（同法89Ⅰ②，8Ⅰ①）に問われた被告人ら（石油連盟会長，同需給委員会委員長ら）に対し，東京高裁が，下記のような理由で，被告人らには違法性の意識が欠けていたとした上，その意識を欠いたことについても相当の理由が認められるとして無罪判決を下したことが注目される。

【97】「本件のように，昭和37年7月10日の石油業法施行当初から同41年度上期まで通商産業省又はその指示を受けた石油連盟による生産調整が公然と行われ，その後も本件に至るまで必要に応じ同省の要請又はその容認のもとに同連盟による生産調整が続けられ，その間の経緯が国会審議，通商産業省編集の公刊物及び業界紙等により関係者間に周知の事実となっていたのに，公正取引委員会がこれに対し何ら注意，警告，調査等の措置をとらなかったばかりか，昭和41年3月同委員会委員長が国会において通商産業省の行政指導による石油の生産調整を容認するように受け取られる答弁をしていることなどの諸事情が存在する（…）ときは，被告人らが自己の本件行為について違法性が阻却されると誤信していたため違法性の意識を

欠いていたと認められ，かつこれを欠いたことに相当の理由があるというべきであるから，被告人らには独禁法違反の罪の故意がなかったと認められる。」(東京高判昭55・9・26高刑集33巻5号359頁の判決要旨)

iii 逆に，下記最高裁決定は，被告人が百円札を模造した事案について，その模造百円札を見た警察署防犯係長らが暗にこれを容認するかのような言動をした程度では，被告人が違法性の意識を欠いたことにつきいまだ相当の理由があったとはいえないとしている。

【98】「甲，乙がそれぞれ百円紙幣に紛らわしい外観を有する飲食店のサービス券を作成した行為につき，甲において，事前に警察署を訪れて警察官に相談した際，通貨模造についての罰則の存在を知らされるとともに，紙幣と紛らわしい外観を有するサービス券にならないように具体的な助言を受けたのに，右助言を重大視せず，処罰されることはないと楽観してサービス券Aを作成し，次いで作成したサービス券Aを警察署に持参したのに警察官から格別の注意も警告も受けず，かえって警察官が同僚らに右サービス券を配付してくれたのでますます安心して更にほぼ同様のサービス券Bを作成し，また，乙において，甲からサービス券Aは百円札に似ているが警察では問題がないと言っていると聞かされるなどしたため，格別の不安を感ずることもなく類似のサービス券Cの作成に及んだことが認められる本件事実関係（…）の下においては，甲，乙が右各行為の違法性の意識を欠いていたとしても，それにつき相当の理由があるとはいえない。」(最決昭62・7・16刑集41巻5号237頁－百円札模造事件－の判決要旨)

② 私人の意見を信頼した場合

実務では，弁護士のアドバイスを信じ，違法とは知らず犯罪行為をしたというような事案において，相当の理由の存否が争われることが少なくないが，①で示したような基準によれば，この類型で相当の理由があると認められることはまずあり得ないといってよいであろう。たとえ意見を述べた私人が弁護士や法律学者であろうと，その法解釈・適用について一般社会から絶対の信頼を得ているわけではないから，それを信じた結果違法性の意識を欠くに至ったとしても，相当の理由を認めることはできない。このように考えないと，結局，法制度はこれらの人の意見によって左右されることにもなりかねないであろう

(弁護士の意見に従って住居侵入を行った事案につき同旨 - 大判昭9・9・28刑集13巻16号1230頁)。

ましてや，法律の専門家でない一私人の法解釈を信頼したとしても相当な理由があるとは認められないことはいうまでもない。前掲【98】最決昭62・7・16 (百円札模造事件) の事案では，前示のとおり，甲の言を信じてやはり百円札を模造した乙につき，最高裁は相当の理由が認められないとしている。

3　事実の錯誤と法律の錯誤の区別

以上述べたとおり，法律の錯誤は，原則として責任故意を阻却しない。他方，事実の錯誤は，構成要件的故意を阻却するのが原則である (→108頁以下参照)。そうすると，同じく行為者の内心に錯誤がある場合であっても，これを法律の錯誤と見れば有罪になる可能性が強く，逆に事実の錯誤と見れば無罪になる可能性が強いということになるから，両者の区別は行為者の罪責の確定にとって極めて重要な問題である。しかし，実際上，この区別は困難なことが少なくない。以下，まずその区別の一般的基準を述べた上，判例の事案をもとに区別の具体的問題を検討しよう。

(1)　**区別の一般的基準**

事実の錯誤は，言わば犯罪事実の認識に誤りがある場合であるのに対し，法律の錯誤の場合は，その点についての誤りはなく，むしろそのような正当な認識にかかる犯罪事実に対し，行為者が違法性の評価を誤った場合である。もともと，犯罪事実の認識は，それによって行為者に違法性の意識を喚起し，違法行為を避けるよう良心の抑止力を生じさせるという機能を営んでいるのであるから，この認識を誤ると，結局そのような違法性の意識の喚起が促される基盤 (違法性の意識の可能性) がなくなり，非難可能性の前提となる事実的基礎が失われてしまうことになる。それゆえ，事実

第2編 犯　　罪

の錯誤は原則として故意を阻却するとされるのである。他方，法律の錯誤の場合には，そのような違法性の意識を喚起し得る事実認識を有しながら，何らかの理由で違法性の意識を喚起しないまま悪に赴いたという場合であって，そのため原則として責任故意を阻却しないのである。

　そうすると，結局，事実の錯誤と法律の錯誤の基本的な違いは，違法性の意識を喚起し得る事実認識を有していたか否か，換言すれば，違法性の意識を可能とする事実の認識を有していたか否かという点に帰着するであろう。この点を整理すると，「一般人ならば違法性を意識し得る程度の事実認識を有する場合が法律の錯誤。一般人ならば違法性を意識し得る程度の事実の認識すら錯誤によって欠いている場合が事実の錯誤。」ということになる。

【たぬき・むじな事件ともま・むささび事件】

　　上記基準を具体的事例において検討してみよう。この問題に関する著名な事件として，**たぬき・むじな事件**ともま・**むささび事件**がある。両事件は事案が酷似している上，時期をほぼ同じくして判決が出されたという点で，この問題を考える際の格好の材料である。まず，判旨を紹介しよう。

【99】大判大13・4・25刑集3巻364頁（もま・むささび事件）

　　「刑法38条第1項にいわゆる罪を犯す意なき行為とは，罪となるべき事実を認識せざる行為の謂にして，罪となるべき事実は即ち犯罪の構成に必要なる事実なるを以て，捕獲を禁せられたるむささびをかかる禁制なき他の動物なりと観念するは明かに犯罪構成事実に関する錯誤にして此の観念に基づくむささびの捕獲は犯意なき行為なること勿論なれども，…むささびと『もま』とは同一の物なるにかかわらず，単に其の同一なることを知らず，『もま』はこれを捕獲するも罪とならずと信じて捕獲したるに過ぎざる場合においては，法律を以て捕獲を禁じたるむささびすなわち『もま』を『もま』と知りて捕獲したるものにして犯罪構成に必要なる事実の認識に何等の欠缺あることなく，ただその行為の違法なることを知らざるに止るものなるが故に，右弁疏はひっきょう同条第3項に所謂法律の不知を主張するものなるに外ならざれば，原判決において被告人が『もま』とむささびとが同一なることを知らざりしは結局法律を知らざることに帰するを以て罪を犯すの意なしとなすを得ざる旨判示したるは正当（なり）」

【100】大判大14・6・9刑集4巻378頁（たぬき・むじな事件）

第4章　責　任

「被告人は，狸とむじなとは全然種類を異にし，まみ（注－あなぐまの異称）に該当する獣を以て狸なりと誤信し，ひいて本件の獣類は十文字の斑点を有し被告人の地方において通俗十文字むじなと称するものにして狩猟禁止の目的たる狸に非ずと確信し，これを捕獲したるものな（り。）…然らば被告人の狩猟法において捕獲を禁ずる狸中に俚俗にいわゆるむじなをも包含することを意識せず，従て十文字むじなは禁止獣たる狸と別物なりとの信念の下にこれを捕獲したるものなれば，狩猟法の禁止せる狸を捕獲するの認識を欠如したるや明かなり。けだし，学問上の見地よりするときはむじなと狸と同一物なりとするも，かくの如きは動物学上の知識を有するものにしてはじめてこれを知ることを得べく，かえって狸，むじなの名称は古来併存し，我国の習俗また此の二者を区別し毫も怪しまざるところなるを以て，狩猟法中において…単に狸なる名称を掲げてその内に当然むじなを包含せしめ，我国古来の習俗上の観念に従いむじなを以て狸と別物なりと思惟しこれを捕獲したる者に対し，刑罰の制裁を以てこれに臨むが如きは決してその当を得たるものと謂うを得ず。故に本件の場合においては，法律に捕獲を禁ずる狸なるの認識を欠缺したる被告に対しては，犯意を阻却するものとしてその行為を不問に付するはもとより当然なりといわざるべからず。」

　これらは，いずれも捕獲禁止獣である動物（【99】ではむささび，【100】ではたぬき）を捕獲したということで狩猟法違反の罪に問われたものである上，いずれの被告人もその動物が狩猟を禁止されていることを認識しないまま（【99】ではもまあると思って，【100】ではむじなであると思って）捕獲したという点において共通している。ところが，大審院は，もま・むささび事件については法律の錯誤の事例であるとして有罪とし，逆にたぬき・むじな事件については事実の錯誤の事案であるとして無罪を言い渡したのであって，この結論の違いをどのように解するかが問題とされている。

　この点については，両判決は内容的に矛盾しているとする考え方もあるものの，近時はむしろ大審院の上記両方の結論を支持する立場が次第に多くなりつつあるように思われる。というのも，両事件には下図に示したように，わずかではあるが重要な事案の違いがあったからである。たぬき・むじな事件の被告人は，禁止の対象となっているたぬきと捕獲しようとしたむじなとは別の動物であると明確に認識していたのであり，しかもその点は一般国民も同一の認識であったのであって，動物学上の知識を有する者にして初めてたぬきとむじなが実は同じ動物であることを認識し得たという事情があった。たぬき・むじな事件は，前記基準に従えば，被告人の認識していた事実だけでは，被告人のみならず一般人においても違法性の意識を喚起することのできない場合であって，正に事実の錯誤の事案であったといえよう。

第2編　犯　罪

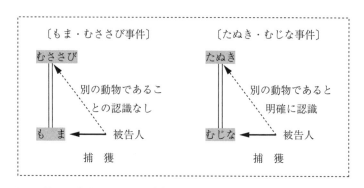

　それに対し，もま・むささび事件の被告人は，もまがむささびとは別の動物であると認識して捕獲したわけではなく，単にもまをもまとして捕獲したにすぎない。そうすると，被告人は，狩猟の対象である獣が狩猟を禁止されているものであることを知らずに狩猟を行なったにすぎないものであり，本件は単なる法律の不知の事案にすぎないと考えられる。したがって，大審院がこれを法律の錯誤としたのは正当である（更に，これを前提に，違法性の意識を欠いたことにつき相当の理由があるか否かを考えると，この事件に関しては，それが法律の不知の事案であることに加え，ほかに，(a)　もまというのは，その地方におけるむささびの俗称にすぎなかったこと，(b)　むささびという動物は肢間膜があって木と木の間を滑空する獣であるなどその形状は一般に知られており，行為者が認識したのも，正にそのような獣であって，それを捕獲したという事実が存するから，違法性の意識を喚起し得る余地は十分にあったと認められ，相当の理由も見出し難い。）。

(2)　**法律的事実についての錯誤**

　事実の錯誤の中には，純粋の事実（例：「人を殺した」の「人」）に関する錯誤と，法律的事実（例：「他人の財物」の「他人の」）に関する錯誤とがある。そして，民事法規等の非刑罰法規を誤解した結果，上記法律的事実について錯誤を来した場合であっても，やはり事実の錯誤の一種として構成要件的故意を阻却する。前記の基準によれば，一般人ならば違法性を意識し得る程度の事実の認識すら欠いているという点では，通常の事実の錯誤の場合と差異がないからである。下記【101】の最高裁判決は，この問題に関する好事例である。

第4章 責　任

【101】〔事案〕本件当時，大分県には飼犬取締規則という条例があり，同規則1条には飼犬証票なく且つ飼主分明ならざる犬は無主犬と看做す旨規定されていた。被告人は，この規定を誤解して，鑑札をつけていない犬はたとえ他人の飼犬であっても直ちに無主犬と看做されるものと考え，鑑札を付けていないポインター犬を撲殺した上，皮をはぎ売却した。被告人は器物損壊罪（動物傷害罪）及び窃盗罪で起訴されたが，最高裁は下記のように判示して，両罪の成立を認めた原判決を破棄した。
〔判旨〕「被告人の各供述によれば被告人は本件犯行当時判示の犬が首環をつけていたが鑑札をつけていなかったところからそれが他人の飼犬ではあっても無主の犬と看做されるものであると信じてこれを撲殺するにいたった旨弁解していることが窮知できる。そして明治34年5月14日大分県令飼犬取締規則第1条には飼犬証票なく且つ飼主分明ならざる犬は無主犬と看做す旨の規定があるが同条は同令第7条の警察官吏又は町村長は獣疫其の他危害予防の為必要の時期に於て無主犬の撲殺を行う旨の規定との関係上設けられたに過ぎないものであって同規則においても私人が檀に前記無主犬と看做される犬を撲殺することを容認していたものではないが被告人の前記供述によれば同人は右警察規則等を誤解した結果鑑札をつけていない犬はたとい他人の飼犬であっても直ちに無主犬と看做されるものと誤信していたというのであるから，本件は被告人において右錯誤の結果判示の犬が他人所有に属する事実について認識を欠いていたものと認むべき場合であったかも知れない。されば，原判決が被告人の判示の犬が他人の飼犬であることは判っていた旨の供述をもって直ちに被告人は判示の犬が他人の所有に属することを認識しており本件について犯意があったものと断定したことは結局刑法38条1項の解釈適用を誤った結果犯意を認定するについて審理不尽の違法があるものといわざるを得ない。」（最判昭26・8・17刑集5巻9号1789頁）

　この事案で，最高裁は，上記理由により事実の錯誤の可能性があるとしたが，仮に被告人が規則を誤解し，鑑札のない犬はたとえ飼主が分かっていても誰でも当然に無主犬と同様に殺すことが許されているのだと認識していたのであれば，被告人は，他人の犬を殺すという認識に欠けるところはないのであるから，一般人ならば違法性を意識する程度の事実の認識としては十分であり，むしろあてはめの錯誤による法律の錯誤として処理されることになろう。

　同様に事実の錯誤か法律の錯誤かが問題になった事案として，会社代表者が，実父の公衆浴場営業を会社において引き継いで営業中，県係官の教示により，当初の営業許可申請者を実父から会社に変更する旨の公衆浴場営業許可申請事項変更届を県知事宛に提出し，受理された旨の連絡を県議

を通じて受けたため，会社に対する営業許可があったと認識して営業を続けていたときは，公衆浴場法8条1号の無許可営業罪における無許可営業の故意は認められないとして，被告人に無罪を言い渡した最判平元・7・18刑集43巻7号752頁がある。他方，座席の一部が取り外されて現実に存する席が10人分以下となったが乗車定員の変更につき自動車検査証の記入を受けていなかったため，なお道路交通法上の大型自動車に該当する自動車について，当該自動車を普通自動車免許で運転することが許されると思い込んで運転した者に，無免許運転の故意が認められるとして，被告人に有罪を言い渡した最決平18・2・27刑集60巻2号253頁も参考となる。

4 違法性阻却事由の錯誤

(1) 違法性阻却事由の錯誤の意義

違法性阻却事由が存在しないのに，行為者がそれがあるものと誤信して行為した場合を**違法性阻却事由の錯誤**という。誤想防衛，誤想避難がその典型である。

> 違法性阻却事由に関する認識に錯誤がある場合としては，次の二つが考えられる。一つは，違法性阻却事由の要件や限界の解釈を誤った場合であり，もう一つは，違法性阻却事由の前提となる事実の認識を誤った場合である。前者は，行為の違法性自体に関する誤解であるから，法律の錯誤に当たる。ここで問題にする違法性阻却事由の錯誤は後者の場合であることに注意する必要があろう。

(2) 違法性阻却事由の錯誤の効果

違法性阻却事由の錯誤は犯罪の成否にどのような影響を及ぼすのであろうか。この点に関しては，大別すると，下記のような二つの考え方が主張されている。

① 事実の錯誤説

構成要件要素に関する事実の錯誤の場合に原則として故意が阻却されるのは，そのような錯誤があると犯罪事実の認識を欠くことになるため，

違法性の意識が喚起される余地がなくなるからである。他方，違法性阻却事由の錯誤の場合は，違法性を否定する事実（例えば，急迫不正の侵害があると誤信して正当防衛を行うという事実）を錯誤により認識することによって，同じく違法性の意識を喚起する余地を欠いている。そうすると，両錯誤は，対象となる事実こそ違うものの，「事実」に関する錯誤によって違法性の意識を喚起する余地を欠いている点では共通した性格を有するから，違法性阻却事由の錯誤についても，やはり「事実の錯誤」として故意（この場合には責任故意）の成立が否定されると解すべきである（通常の事実の錯誤は構成要件的故意を阻却し，違法性阻却事由の錯誤は責任故意を阻却するという違いはあるが，この点は重要な問題ではない。）とする。

② **法律の錯誤説**

違法性阻却事由の錯誤は，行為の違法性に関する問題であるから法律の錯誤であると解するのが相当である。実質的に考えても，この場合には，犯罪事実の認識・認容があり，すでに例えば「人を殺してよいか」という規範の問題は与えられているから，事実の錯誤と同一に論ずることはできない。これを事実の錯誤であるとすると，違法性阻却事由を誤解して安易に自己の行為を許されていると思った者についてまで無罪とせざるを得なくなり，不合理である。このような者については，一応故意責任を認めた上で，刑法38条3項ただし書により責任の軽減をはかれば足りるとする。

　　事実の錯誤説が今日の多数説であり，かつ正当であると考えられる。上記事実の錯誤説の指摘するとおり，行為者は，違法性を基礎づける事実を認識して，初めて違法性の評価を意識する手がかりが与えられるのであり，この意味では，違法性阻却事由の前提となる事実と構成要件に該当する事実との間には本質的な差異は認められない。やはり違法性阻却事由の前提となる事実の認識に錯誤がある場合は，違法性の意識そのものの問題というよりは，

その前提をなす事実の問題と解するのが正当である。したがって，事実の錯誤の一種であるとして責任故意が阻却されると解するのが相当であろう（なお，これを構成要件的錯誤や法律の錯誤と区別する意味で「違法性に関する事実の錯誤」又は「第三の錯誤」と呼ぶ立場もある。）。

この問題に関しては，いまだ最高裁判例はない。大審院判例は傍論ではあるが事実の錯誤説を支持しており（大判昭8・6・29刑集12巻1001頁），また，戦後の下級審判例の大勢も事実の錯誤説を採っているようである。下級審判決では，下記【102】の高裁判決が，違法性阻却事由の錯誤の典型である誤想防衛に関し，事実の錯誤であると明確に判示している。

【102】「本件においては，急迫不正の侵害が存在したものとはいえないけれども，右の如く急迫不正の侵害があるものと誤認して防衛行為を行った場合に，右防衛行為が相当であったときは，いわゆる誤想防衛として事実の錯誤により故意が阻却され犯罪は成立しないものと解するのが相当である。しかし，防衛行為が相当性を欠き，過剰にわたるものであるときは，少なくとも後記のように防衛行為の相当性を基礎づける事実につき錯誤の存しない本件の如き場合においては，事実の錯誤として故意の阻却は認められないものと解するのが相当である。ただ，この場合においては正当防衛との均衡上，過剰防衛に関する刑法36条2項の規定に準拠して，刑の軽減又は免除をなし得るものと解するのが相当である（最高裁昭和41年7月7日第二小法廷決定・刑集20巻6号554頁参照）。

なお，所論は，誤想防衛が成立するためには，右の相当性のほかに，当時の客観的事情からみて，犯人が認識（誤信）したような急迫不正の侵害があると誤想したことが相当と認められることが必要である旨主張するが，勿論錯誤の有無の認定は慎重になされる必要があることは言うまでもないけれども，所論のような相当性が認められることが誤想防衛成立の法律的要件であると言えないことは，誤想防衛が事実の錯誤の一場合であることから当然の帰結であると言わざるを得ず，前記最高裁判例も右の趣旨に出たものと解するのが相当であると考える。」（東京高判昭59・11・22高刑集37巻3号414頁）。

(3) 誤想過剰防衛・誤想過剰避難

違法性阻却事由の錯誤の特殊な形態として，誤想過剰防衛・誤想過剰避難がある（→239，247頁参照。以下，誤想過剰防衛を例に説明するが，理論的には誤想過剰避難に関しても同様に解してよい。）。誤想過剰防衛は，

誤想防衛（違法性阻却事由の錯誤）と過剰防衛とが複合した形態であるため，単なる違法性阻却事由の錯誤以上に困難な問題が生ずる。学説上は，違法性阻却事由の錯誤の処理に関する前述のような立場の違いに対応して，ここでも種々の説が主張されているが，近時は，行為者が過剰性の基礎となる事実（以下「過剰事実」という。）についての認識していたか否かにより場合を分けてこの問題の検討を行うのが通例となっている（前掲【102】東京高判昭59・11・22が，このような考え方を採用していることはその判文から明らかである。また，同判決の上告審決定である後掲【104】最決昭62・3・26も，確定事実を要約した部分の中で，「とっさにBの顔面に当てるべく空手技である回し蹴りをして」という事実を摘示して行為者が過剰事実についても認識していた旨を明らかにしており，この理論に好意的な態度を示している。）。そこで，前記事実の錯誤説に立脚し，上に述べた基準により場合分けをしてこの問題を考えることとする。

① **過剰事実について行為者に認識のない場合**

急迫不正の侵害の存在について誤想しただけでなく，防衛行為の相当性についても誤想した場合，すなわち，行為者としては，誤想した急迫不正の侵害に対し，相当性を有する防衛行為を行ったつもりが，客観的には，防衛の程度を越えていた場合である。

> 過剰防衛に関する説明の部分で挙げた例（→236頁参照）に基づいて具体例を挙げると，酒に酔ったAが甲に倒れかかってきたのを，甲が，Aは竹刀で殴りかかってきたものと思い込み，自己の身を守るために，近くにあったおのを木の棒程度のものと更に誤解して，そのおのをAの腕に降り下ろし，全治2か月の重傷を負わせたというような場合がこれに当たるであろう。

この場合は，行為の違法性を基礎づける過剰事実について認識がないのであるから，結局，全体として一種の誤想防衛にほかならず（→236頁参照），事実の錯誤の処理に従って，責任故意が阻却されると解すべきである（後掲【103】【104】最高裁判例は，あくまで②の類型に関す

るものであり，①の類型についてまでも刑法36条2項により処理すべきであるとする趣旨を含むものではないと解される。）。

② **過剰事実について行為者に認識のある場合**

急迫不正の侵害の存在を誤想しながらも，誤想した侵害に対する防衛行為としては防衛の程度を越えていることを認識しながら，行為者が過剰な反撃行為を行う場合である。

この場合には，行為者は，不正な侵害行為を誤想してはいても，過剰な，すなわち違法な反撃行為と知りながらあえて当該行為に及んでいるのであるから，もはや責任故意の阻却を認めることはできず，全体として故意犯の成立を免れないと解される。

ただ，過剰防衛の場合と同様，責任を減少させる事情もあろうから，刑法36条2項や37条1項ただし書に準じて，刑の減免を行い得るものと解すべきである（このように解しないと，現実に急迫不正の侵害が存在していたが防衛の程度を超えた反撃行為をした場合，すなわち過剰防衛の場合の処理と権衡を失することになる。）。最高裁も，下記【103】【104】判例に見るように，この類型に属する誤想過剰防衛に関し，同様の結論を採っている。

【103】「被告人の長男AがBに対し，同人がまだなんらの侵害行為に出ていないのに，これに対し所携のチェーンで殴りかかり，なお攻撃を加えることを辞さない意思で庖丁を擬したBと対峙していた際に，Aの叫び声を聞いて表に飛び出した被告人は，右のごとき事情を知らず，AがBから一方的に攻撃を受けているものと誤信し，その侵害を排除するためBに対し猟銃を発射し，散弾の一部を同人の右頸部前面鎖骨上部に命中させたものであること，その他原判決認定の諸事情のもとにおいては，原判決が被告人の本件所為につき，誤想防衛であるがその防衛の程度を超えたものであるとし，刑法36条2項により処断したのは相当である。」（最決昭41・7・7刑集20巻6号554頁）

【104】「原判決の認定によれば，空手3段の腕前を有する被告人は，夜間帰宅途中の路上で，酩酊したA女とこれをなだめていたBとが揉み合ううち同女が倉庫の鉄製シャッターにぶつかって尻もちをついたのを目撃して，BがA女に暴行を

第4章 責　任

加えているものと誤解し，同女を助けるべく両者の間に割って入った上，同女を助け起こそうとし，次いでBの方を振り向き両手を差し出して同人に近づいたところ，同人がこれを見て防御するため手を握って胸の前辺りにあげたのをボクシングのファイティングポーズのような姿勢をとり自分に殴りかかってくるものと誤信し，自己又は同女の身体を防衛しようと考え，とっさにBの顔面付近に当てるべく空手技である回し蹴りをして，左足を同人の右顔面付近に当て，同人を路上に転倒させて頭蓋骨骨折等の傷害を負わせ，8日後に右傷害による脳硬膜外出血及び脳挫滅により死亡させたというのである。右事実関係のもとにおいて，本件回し蹴り行為は，被告人が誤信したBによる急迫不正の侵害に対する防衛手段として相当性を逸脱していることが明らかであるとし，被告人の所為について傷害致死罪が成立し，いわゆる誤想過剰防衛に当たるとして刑法36条2項により刑を減軽した原判断は，正当である。」（最決昭62・3・26刑集41巻2号182頁－勘違い騎士道事件）

第5 期待可能性

1 責任の要件としての期待可能性

期待可能性の意義と役割，そして期待可能性の存在が責任の第3の要件であることについては前述した（→261頁以下参照）。

期待可能性の不存在に基づく責任の阻却については明文の根拠規定がない。期待可能性の不存在は超法規的な責任阻却事由であると解される（最判昭31・12・11刑集10巻12号1605頁）。

もっとも，定型的に期待可能性がないか又は弱いことを根拠として，当初から可罰性を否定したり，刑の減免を認めている規定は存在する。前者の例としては，例えば，証拠隠滅罪（刑104）が「他人の」刑事被告事件の証拠を隠滅した場合のみを処罰し，犯人が自己の刑事被告事件に関する証拠を隠滅する行為を犯罪としていないことが挙げられるし，後者の例としては過剰防衛（刑36Ⅱ）・過剰避難（刑37Ⅰ但）が刑の任意的減免を認めていることが挙げられる。しかし，期待可能性の欠如・減弱を理由に責任阻却・軽減が認められるのは，このように明文の規定が存する場合に限られるものではないことは，前述したところからして明らかであろう。

2 期待可能性の判断基準

適法行為の期待可能性が存在するかどうか，あるいはその程度を問題にする場合，何を基準にこれを判断するのかが問題となる。この点については，

(a) 行為者個人の通常の能力や行為の際における行為者自身の具体的事情を基準として，そのような行為者に対し適法行為を期待し得るかどうかを決定すべきであるとする**行為者標準説**，(b) 当該行為事情のもとに平均人を置いた場合に，やはり他の行為を期待し得たかどうかを判断の基準とすべきであるとする**平均人標準説**，(c) 行為者に適法行為を期待する側としての国家ないし国法秩序を標準とし，当該行為事情のもとにおいて国家又は法秩序が何

を期待しているかを基準とすべきであるとする**国家標準説**の3説が主張されている。

　責任は，当該違法行為をしたことにつき行為者に対し非難が可能であるか否かを問題にするものであることにかんがみると，当然，非難可能性と裏腹の関係にある期待可能性についても行為者自身を基準にその存否・程度を検討すべきものと思われる。したがって，行為者標準説が妥当である。

　解釈上，期待可能性が欠けるか否かが問題とされている事例には次のようなものがある。
ⅰ　違法拘束命令に基づく行為
　　違法拘束命令とは，命令に対する服従が絶対的に義務付けられている場合において，その命令自体が違法な場合である。実務では，暴力団組長の命令を受けたいわゆる「鉄砲玉」が殺害行為を行った事案などにおいて，「鉄砲玉」の行為は違法拘束命令に基づく行為として期待可能性を欠くことになるか否かが問題とされることがあるが，このようなケースでは期待可能性がなかったとは到底いえないであろう。
ⅱ　義務の衝突の場合
　　前述のように義務の衝突は，原則として違法阻却事由と解されるが，大なる義務を犠牲にして小なる義務を尽くした場合には，もはや違法性は阻却されず，場合により，期待可能性の不存在による責任阻却が認められることになる。

第2編 犯　　罪

第5章 未　　遂

第1　未遂Ⅰ（総論）

1　未遂犯処罰の意義と根拠

　構成要件には，基本的構成要件と修正された構成要件とがあることは前述した（→60頁参照）。このうち，刑法各本条に規定されている基本的構成要件が完全に満たされること，すなわち構成要件的結果の発生をも含め，全構成要件要素が満たされることを**構成要件の充足**と呼んでいる。言わば犯罪が完成した状態である。構成要件が充足されて，犯罪は初めて**既遂**となる。刑法は，既遂となった犯罪行為の処罰を原則としている。

　しかし，たとえ現実には構成要件的結果が発生しなかったとしても，その態様からして，法益侵害の高度の危険性が認められる行為は少なくない。一定の重要な法益の保護を全うし，ひいて社会秩序の維持をはかるためには，言わば未完成の段階にあるこれらの犯罪についても，処罰の必要が生じるのである。このような見地から，刑法は，犯罪実現の発展段階（→64頁参照）に対応して，未完成の犯罪につきいくつかの犯罪形態を規定している。

(1)　犯罪の実行に着手する以前に，単に犯罪の陰謀をしただけの段階がある。**陰謀**とは，二人以上の者が特定の犯罪を実行することについて謀議することである。

　　陰謀を行っただけでは，法益侵害の客観的な危険性はいまだ希薄であるから，処罰の対象にはならないのが通常である。しかし，刑法は，内乱（刑78）等，国家の存立にかかわる犯罪については，その保護法益が極めて重要なものであることにかんがみ，陰謀行為を独立の犯罪として規定し

ている。**陰謀罪**は行為者が陰謀をすれば直ちに成立し，それ以上の行為は犯罪成立の要件とされていない。

(2) 同じく犯罪の実行に着手する以前の段階として，犯罪の予備行為をしただけの段階がある。**予備**とは，犯罪の実行を目的としてなされる犯罪の準備行為である。

　予備は，陰謀に比べ，具体的な犯罪準備行為に携わる点で，法益侵害の危険性は客観的なものとなっているが，それでもなおこの危険性は現実味に乏しいものといわざるを得ない。そこで，刑法は，殺人（刑201），放火（刑113），強盗（刑237）等一定の重大な法益に対する犯罪についてのみ，独立の犯罪類型として**予備罪**を規定し，これを処罰することとしている。予備罪が規定されている場合には，実行の着手に至らなかったときでも，予備行為自体が処罰の対象になるのである。

(3) 更に進んで，犯罪の実行に着手しただけの段階がある。実行の着手により構成要件の一部が満たされることとはなったが，結局，構成要件的結果が発生しなかったため犯罪が未完成に終わった段階である。

　実行の着手とは実行行為に着手することであるが，実行行為は法益侵害の現実的危険という実質を有するものでなければならない（→62頁参照）から，実行の着手の段階にまで進むと，法益侵害の危険性は予備・陰謀に比べはるかに現実味を帯びたものとなる。そこで，刑法は，かなり多くの罪について，実行の着手があったが結果が不発生のため犯罪が未完成に終わった場合を，**未遂罪**として処罰の対象にしている。

　予備・陰謀と未遂に対する刑法の対処の仕方の違いは，構成要件の規定形式の違いにも表れている。刑法は，陰謀罪・予備罪については個別的に構成要件を規定しているのに対し，未遂罪に関しては，前述のとおり（→60頁参照），刑法各則中に個別的に「…条の未遂は，罰する」という形式の未遂犯処罰規定を設けるとともに，刑法総則において，未遂犯に関する

第2編　犯　罪

一般規定（刑43，44）を置いて，言わば各本条の基本的構成要件を未遂犯の構成要件に修正する方法により処罰しているのである。

【未遂的形態を独立の犯罪として規定している場合】

行為の性質上，未遂犯の処罰という形式をとらず，他の犯罪の既遂に至るまでの部分が独立した犯罪類型として規定されている場合がある。例えば，収賄罪（刑197）における賄賂要求罪や賄賂約束罪は，言わば賄賂収受罪の未遂的段階であるが，独立の犯罪類型として規定されているのである。また，暴行罪も傷害未遂としての意義も有している。

【独立教唆・せん動の罪】

予備・陰謀のほかに，特別法上では，実行行為がなされる以前の教唆・せん動が独立の犯罪類型として規定されている場合がある。破壊活動防止法38条の内乱教唆罪や内乱せん動罪，国家公務員法110条1項17号に規定されている違法争議行為の「共謀」「そそのかし」「あおり」「企て」の罪などがその例である。

2　未遂犯の成立要件

未遂犯とは，「犯罪の実行に着手してこれを遂げなかった」場合である（刑43本）。したがって，未遂犯の成立が認められるためには，(a)　犯罪の実行に着手したこと，(b)　構成要件的結果が発生しなかったこと，の二つの要件が必要である。といわれることがあるが，後に見るように，(b)については未遂犯の成立要件そのものではないのであって，未遂犯の本質的な成立要件は(a)にある。

(1)　実行の着手

　ア　実行の着手の意義と要件

実行の着手とは，実行行為の一部を開始することである。

したがって，実行の着手があったというためには，まず，①　構成要件的故意がなければならない。例えば，実弾の入っているけん銃を他人に向けて構えた行為について見ると，それが殺人の故意でなされたのであれば殺人罪の実行の着手が認められるのに対し，逆にたわむれにけん

第5章　未　遂

銃を向けただけであれば実行の着手が認められないのは当然である。また，この故意の内容いかんにより，いかなる罪の実行の着手であるかが決まることにも注意する必要がある。上記行為についても，殺人の故意であれば殺人罪の実行の着手であるし，相手の足に傷を負わせるだけの故意であれば傷害罪の実行の着手であると認められる。

　さらに，②　実行の着手があったと認められるためには，基本的構成要件に該当する行為の一部が開始されたと客観的に認められる行為がなされたことが必要である。これを，実行行為の実質の考え方に照らして更に実質的にみれば，**犯罪実現の現実的危険性を含んだ行為の開始**が実行の着手に当たるというべきであろう（**実質的客観説**）。

　　実行の着手の判断基準については従前から学説上の対立がある。主観主義刑法理論の立場からは，犯意が外部的に明らかになった時点で実行の着手を認める主観説が主張されるのに対し，客観主義刑法理論の立場からは，客観的行為を基準に着手時期を考える客観説が主張された。客観説は，更に形式的客観説，すなわち構成要件に属する行為及びそれと直接密接する行為の開始をもって実行の着手であると解する立場と，上記のような実質的客観説とに分かれるが，両者はことの形式と実質とを見たにすぎないもので，実質的な差異はない。
　　判例の立場は必ずしも明確ではないが，その多くは実質的客観説によっているように思われる。次の【105】判例は，強姦罪における実行の着手時期について判示したものであるが，判文中の「強姦に至る客観的な危険性」などという言い方は上記現実的危険性とほぼ同義と考えてよいと思われる。
　【105】「被告人は，昭和43年1月26日午後7時30分頃，ダンプカーに友人のAを同乗させ，ともに女性を物色して情交を結ぼうとの意図のもとに防府市内を徘徊走行中，…付近にさしかかった際，一人で通行中のB子（当時23歳）を認め，『車に乗せてやろう。』等と声をかけながら約100メートル尾行したものの，相手にされないことにいらだったAが下車して，同女に近づいていくのを認めると，付近の…空地に車をとめて待ち受け，Aが同女を背後から抱きすくめてダンプカーの助手席まで連行してくるや，Aが同女を強いて姦淫する意思を有することを察知し，ここにAと強姦の意思を相通じたうえ，必死に抵抗する同女をAとともに運転席に引きずり込み，発進して同所より約5000メートル西方にある…に至り，同所において，運転席内で同女の反抗を

抑圧してＡ，被告人の順に姦淫したが，前記ダンプカーに同女を引きずり込む際の暴行により，同女に…の傷害を負わせたというのであって，かかる事実関係のもとにおいては，被告人が同女をダンプカーの運転席に引きずり込もうとした段階においてすでに強姦に至る客観的な危険性が明らかに認められるから，その時点において強姦行為の着手があったと解するのが相当である。）」（最決昭45・7・28刑集24巻7号585頁）

なお，前掲【42】判例は，計画的犯行の事案において，実行の着手の時期を判断するに当たっては，犯人の計画をも判断資料に加えているものと解される。犯人の計画等の主観的要素も，犯罪実現の危険性の有無及び程度に影響し得るのであるから，現実的危険性を判断するに際しては，これを考慮することは許容される。

他方，次の【106】判例は，外国で覚せい剤を密輸船に積み込んだ上，海上に投下し，回収担当者において小型船舶で回収して本邦に陸揚げするという方法による覚せい剤輸入を計画し，本邦内海の湾内に至って覚せい剤を投下したが，悪天候等のため回収できなかったという事案において，覚せい剤取締法の輸入罪及び関税法の禁制品輸入罪の実行の着手を否定したものであり，やはり客観的な危険性を重視していると思われる。

【106】「本件においては，回収担当者が覚せい剤をその実力的支配の下に置いていないばかりか，その可能性にも乏しく，覚せい剤が陸揚げされる客観的な危険性が発生したとはいえないから，本件各輸入罪の実行の着手があったものとは解されない。」（最判平20・3・4刑集62巻3号123頁）

いずれにせよ，上記実質的客観説によれば，実行の着手の時期は各罪ごとにその危険性の内容を検討して決すべき事柄であり，詳しくは刑法各論の問題である。

イ　間接正犯における実行の着手時期

実行の着手時期に関して問題が多いのは，間接正犯である。この問題は，間接正犯において何を実行行為と見るかによって結論を異にすると

解されてきた。(a) 間接正犯者が利用者を犯罪に誘致する行為をもって実行行為であると解するのであれば，誘致行為の開始時が実行の着手時期であるということになろう（**利用者標準説**）。それに対し，(b) 被利用者の犯罪的行為が実行行為であると解するならば，被利用者が犯罪的行為を開始した時が実行の着手時期であるということになる（**被利用者標準説**）。しかし，(c) 近時は，間接正犯における実行行為は何かという一般的な問題設定自体適当ではなく，むしろ，個々の具体的な事案に照らして，結果発生の現実的危険性を含んだ行為は何かを検討すべきであり，そうであるとすると，間接正犯行為の態様いかんによって誘致行為の開始をもって実行の着手と解する場合もあれば，被利用者の行為を基準に実行の着手を考える場合もあるとする考え方が有力になりつつある。

(a)説によれば，例えば，前掲【16】最決昭58・9・21刑集37巻7号1070頁（→81頁参照）の事案の場合，意思を抑圧されているA女に窃盗を命ずることが実行行為であり，その行為の開始が実行の着手であると解することになる。しかし，たとえ意思を抑圧されているとはいえ12歳の養女に窃盗を命ずることをもって直ちに窃盗の実行行為であると解することはそもそも疑問であり，また仮に同女がたまたまその指示に従わず，そのまま逃走した場合，同説に従うと窃盗未遂罪の成立を認めざるを得なくなるが，これはいかにも不合理である。このように(a)説は，その具体的帰結に疑問がある。

他方，(c)説は，理論的には確かにそのとおりであるが，やはり間接正犯の特殊性を十分考慮に入れた結論を導くべきであろう。

(b)説が妥当であると解される。間接正犯は，純然たる単独犯行ではなく他人利用の犯罪行動の一種であるということに注意しなければならない。被利用者は，規範的にみれば利用者の道具的役割を演ずるものであるが，被利用行為そのものは，多くの場合被利用者の意思に基づくものであり，機械のように一挙手一投足まで間接正犯者にあやつられるという関係にはない。そうすると，利用行為（誘致行為）を終了したからといって，それだけで直ちに犯罪実現の現実的危険が顕著なものになったとはいえないのが通常である。したがって，基本的には，単独犯行の場合と同様，被利用者が犯罪実現の現実的危険性を有する行為を開始した時点をもって実行の着手時期であると解

第2編　犯　　罪

すべきである。ただ，例外的に，利用行為時と被利用者の行為時で，犯罪実現の危険性にほとんど差異のないような場合には，利用行為の開始をもって実行の着手と解することができよう。

判例は，下記判決に示されているように，基本的に(b)説に立脚していると解される。

【107】「他人が食用の結果中毒死に至ることあるべきことを予見しながら毒物を其飲食し得べき状態に置きたる事実あるときは，是れ毒殺行為に著手したるものに外ならざるものとす。原判示によれば，被告は，毒物混入の砂糖をAに送付するときはA又は其家族に於て之を純粋の砂糖なりと誤信して之を食用し中毒死に至ることあるを予見せしにかかわらず，猛毒薬昇こう1封度を白砂糖1斤に混し，其1匙（10グラム）は人の致死量15倍以上の効力あるものと為し，歳暮の贈品たる白砂糖なるが如く装い小包郵便に付してこれをAに送付し，同人は之を純粋の砂糖なりと思惟し受領したる後，調味の為めその1匙を薩摩煮に投じたる際，毒薬の混入しおることを発見したる為め，同人及其家族は之を食するに至らざりし事実なるを以て，右毒薬混入の砂糖はAが之を受領したる時に於て同人又は其家族の食用し得べき状態の下に置かれたるものにして既に毒殺行為の著手ありたるものと云うを得べきこと上文説明の趣旨に照らし毫も疑なき所なりとす」（大判大7・11・6刑録24輯1352頁）

しかし，この判例に関しては，事件当時の郵便事情ならともかく，今日の郵便事情の下においては，上記例外の場合に当たるとして小包郵便に付した時点で，実行の着手を認めてもよいという考え方も十分成り立ち得るであろう。

(2)　**構成要件的結果の不発生**

「これを遂げなかった」（刑43本）とは，当該構成要件の要素となっている構成要件的結果が発生しなかったということである。したがって，一般的な結果が発生しているかどうかは，未遂犯の成否と無関係である。

例えば，甲が殺意をもってAの腹部を包丁で刺し，Aに刺創を負わせたとしよう。この場合，傷害という一般的な結果は発生している。しかし，行為者が殺意を有している以上殺人罪の成否を問題とすべきであり，本事例では人の死という殺人罪の構成要件的結果は発生していないから，殺人未遂罪の成立が認められる

（傷害の結果が発生しているからといって，傷害罪となるわけではない。）。それに対し，行為者が傷害の故意しか有していなかったのであれば，傷害罪の構成要件的結果は発生しており，傷害罪が成立する。

もっとも，構成要件的結果の不発生が未遂犯の成立要件かといえば，そうではない。甲が殺意をもってＡの腹部を包丁で刺したという上記の例で説明すると，仮にその後Ａが入院先で死亡したが，その原因が甲の行為によるのか，それとも侵入した第三者により別途殺害されたことによるのかが不明であるとしても，少なくとも甲を殺人未遂罪で処罰できることは疑いがない（さらに言えば，事実関係としては甲の行為によりＡが死亡した，すなわち理論的には殺人既遂罪が成立するという場合であっても，検察官が立証上の理由その他により殺人未遂罪で起訴した場合，同罪で有罪判決をなし得ることは当然であると考えられている。）。したがって，「これを遂げなかった」とは，未遂犯が，既遂犯と比べて，構成要件的結果が発生しなかった場合にまで処罰を拡張していることを示しているにすぎないものであって，構成要件的結果の不発生は厳密な意味での未遂犯の成立要件というわけではないと解される。

未遂犯は，「遂げなかった」理由により，中止未遂と障害未遂とに分けられる。「自己の意思により犯罪を中止した」場合が**中止未遂（中止犯）**であり，それ以外の方法で未遂に終わった場合が**障害未遂**である。両者は，後に述べるとおり法律上の効果に重要な違いがある。中止未遂は解釈上種々の問題があるから，節を改めて詳細に検討しよう。

なお，未遂犯は，「遂げなかった」態様により，着手未遂と実行未遂とに分けることができる。着手未遂とは，実行の着手はあったが実行行為そのものを終了しなかった場合であり，実行未遂とは，実行行為は終了したが構成要件的結果が発生しなかった場合である。

3　未遂犯の処分

障害未遂の場合は，刑を減軽することができる（刑の任意的減軽事由，刑43本）。これに対し，中止未遂の場合には，必ず刑を減軽又は免除しなければならない（刑の必要的減免事由，刑43但）。

なお，特別刑法の分野では，未遂の場合にも既遂の場合と同一の法定刑を定めている規定がある（刑8但参照）。例えば，関税法110条（関税逋脱罪），同法111条

(無許可輸入罪）などがこれに当たる。

第2 未遂Ⅱ（中止未遂）

1 中止未遂の意義と法的性格

　犯罪の実行に着手したが，「自己の意思により犯罪を中止した」ために，犯罪が既遂とならなかった場合を**中止未遂（中止犯）**という。

　　　中止未遂は広義の未遂犯の一種であるが，通常，未遂犯というときは障害未遂を指すことが多いようである。

　中止未遂に当たる場合は，必ず刑が減軽又は免除される（刑43但）。このように中止未遂が障害未遂の場合に比して寛大な扱いを受ける根拠については以前から種々の見解が主張されている。これは中止未遂の法的性格を問う問題であるともいえよう。今日では，(a) 中止未遂を寛大に扱うことによって犯罪の完成を未然に防止し得ることが根拠となっている，したがって中止未遂の規定は「あと戻りのための黄金の橋」（リスト）を行為者に与えるものであるとする**刑事政策説**，(b) 中止により結果発生の具体的危険性が減少することが根拠になっているとする**違法減少説**，(c) 「自己の意思により」中止したことによって責任が軽くなることが根拠となっているとする**責任減少説**，(d) 違法性と責任の双方の減少が根拠となるとする**違法・責任減少説**が主張されている。(b)ないし(d)の各説は，犯罪成立要件としての違法性ないし責任に関連付けて通常の犯罪論の枠内で説明しようとするものであり，**法律説**というカテゴリーに含められるところ，さらに，刑事政策説と法律説を結びつける**併合説**も主張されている。

　中止犯は，未遂犯の成立を前提とした刑の減免の制度であり，未遂犯の成立そのものを否定するものではない。その意味では，一旦認められた違法性や責任が中止行為によって当然に減少するわけではないのであって，中止未遂の刑の減免は，中止犯の規定によってはじめて創設されたものと言わざる

を得ず，刑事政策説に一定の正しさがあることは否定し難い。従来，刑事政策説に対しては，中止未遂を不可罰にしない現行法と相容れないとか，その規定を知る者にしか効果がないといった批判が向けられてきたが，前者に対しては，不可罰にしないと刑事政策として意味がないとはいえないのであって，これは正に政策判断というほかないし，後者に対しては，法律というもの自体の性質として知る者にしか効果がないのであって，中止未遂の規定に限ったことではないという反論が可能である。

　他方，刑事政策も合理的なものでなければならず，法律説は，中止未遂の規定を合理的に解釈するために，犯罪論の体系における違法性や責任といった概念に結びつけた主張をしてきたものと考えられる。その意味では，法律説の主張するところにも理由があるのであって，刑事政策説と法律説を統合した併合説の立場が妥当といえよう。そして，中止犯という制度が，実行に着手した者に対し，中止行為を行って結果発生を阻止すれば刑の減免という恩典を与えるということにして，既に発生させた結果発生の危険を自ら消滅させることを動機付け，これによって法益に対する切迫した危険を除去し，その保護を図ろうとする制度であると解するならば，行為者が，既に発生させた危険を意識的に除去することが要件となる。すなわち，中止行為，中止結果，中止行為と中止結果の因果関係及び中止行為の認識が必要という帰結になる。この中で，中止行為により中止結果をもたらしたという面については，法益侵害の危険性に関連するという意味でこれを違法減少ということ，そして，中止行為の認識については，行為者の主観に関連するという意味でこれを責任減少ということは，それぞれ可能であり，その意味では，従来の学説整理における違法・責任減少説の立場と同一に帰する。このような考え方は，中止犯の規定を刑罰規定と同じ目的をもった反対方向の規定と考えるものであり，「裏返しの構成要件」などといわれることもある。もっとも，上記のとおり，中止犯は政策的規定なのであるから，通常の犯罪論における

構成要件該当性,違法性及び責任と全く同一に考える必要はない。

後記のとおり,実務的には,中止犯に対する寛大な処分は,自発的に中止を決意した行為者の態度や,中止行為に表れた結果発生防止に向かっての行為者の真摯な態度によって非難可能性が減少することを根拠としているという見方が根強く,この見方が,中心犯の成立要件のうち,特に主観面における要件解釈に反映しているところである。

2 中止未遂の成立要件

中止未遂が成立するためには,既に犯罪の実行の着手がなされていることを前提として,行為者が,①「自己の意思により」,②「犯罪を中止した」ことが必要である(一般に,前者を**中止の任意性**の要件,後者を**中止行為**の要件と呼んでいる。)。後者は,さらに,(a) 結果発生防止のために真摯な努力をしたこと,(b) 構成要件的結果が発生しなかったことの二つの要件からなる。

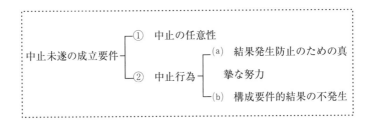

(1) 中止の任意性

中止未遂の要件としては,まず第1に,行為者が「自己の意思により」中止したことが必要である。「自己の意思により」というのは,**自発的な意思**によること,すなわち中止が任意のものであることを意味する。

中止の任意性は,障害未遂と中止未遂とを画する重要な要件であるが,どのような場合に中止の任意性を肯定することができるかについては,中止未遂の法的性格のとらえ方の違いともからんで,学説上様々な考え方が

ある。今日主張されている基準としては，(a) 犯罪遂行の外部的障害が行為者の動機に影響を与えた場合に任意性がなく，外部的障害の影響を受けずに自発的に中止した場合には任意性があるとする**主観説**，(b) 悔悟，同情，憐憫など，広義の後悔に基づいて中止した場合にのみ中止の任意性を認めることができるとする**限定的主観説**，(c) 未遂の原因が，社会一般の通念に照らし，犯罪の既遂となることに通常障害となるべき性質のものであるかどうかという客観的基準により，これが肯定されるときは任意性がなく，否定されるときは任意性が認められるとする**客観説**，(d) 上記主観説と客観説とを総合し，外部的事情を行為者がどう受け取ったか，その受け取り方を客観的に判断して任意性の有無を決すべきであるとの考えの下に，① 外部的事情が，その行為者に対しある程度必然的に（あるいは強制的に）中止を決意させた場合は，障害未遂であり，② 外部的事情に触発されたにせよ，自由な意思によって中止した場合には，中止未遂であるとする**折衷説**，の各説が主張されている。

　この点，判例の立場は明確でない。最高裁の判例に関しては，客観説的な色彩の強い判例もあるものの（最判昭24・7・9刑集3巻8号1174頁），下記【108】の判例などは，折衷説的な考え方を採っているようである。しかし，最高裁・下級審を通じ，中止未遂を肯定した判例として公刊物に登載された判決のほとんどすべてが行為者に広い意味での悔悟が存する事案に関するものであることから，判例も実際のところは限定的主観説に立っているのではないかとの指摘もある（もっとも，中止が悔悟に基づいていれば容易に任意性を肯定できるから，肯定例の判例が悔悟を強調するのは自然であり，判例が限定的主観説に立っているとは断定できない旨の指摘もある。）。

【108】「本件の事実関係は，被告人はかねて賭博等に耽って借財が嵩んだ結果，実母Aや姉B等にも一方ならず心配をかけているので苦悩の末，服毒自殺を決意する

第5章 未　遂

と共に，自己の亡き後に悲歎しながら生き残るであろう母親の行末が不憫であるからむしろ同時に母をも殺害して同女の現世の苦悩を除いてやるに如かずと考え，昭和28年10月18日午前零時ころ自宅6畳間において電灯を消して就寝中の同女の頭部を野球用バットで力強く1回殴打したところ，同女がうーんと呻き声をあげたので早くも死亡したものと思い，バットをその場に置いたまま自己が就寝していた隣室3畳間に入ったが，間もなく同女が二郎二郎と自己の名を呼ぶ声を聞き再び右6畳間に戻り，同女の頭部を手探りし電灯をつけて見ると，母が頭部より血を流し痛苦していたので，その姿を見て俄に驚愕恐怖し，その後の殺害行為を続行することができず，所期の殺害の目的を遂げなかったというのである。右によれば，被告人は母に対し何ら怨恨等の害悪的感情をいだいていたものではなく，いわば憐憫の情から自殺の道伴れとして殺害しようとしたものであり，従ってその殺害方法も実母にできるだけの痛苦の念を感ぜしめないようにと意図し，その熟睡中を見計い前記のように強打したものであると認められる。しかるに，母は右打撃のため間もなく眠りからさめ意識も判然として被告人の名を続けて呼び，被告人はその母の流血痛苦している姿を眼前に目撃したのであって，このような事態は被告人の全く予期しなかったところであり，いわんや，これ以上更に殺害行為を続行し母に痛苦を与えることは自己当初の意図にも反するところであるから，所論のように被告人において更に殺害行為を継続するのがむしろ一般の通例であるというわけにはいかない。すなわち被告人は，…前記母の流血痛苦の様子を見て今さらのごとく事の重大性に驚愕恐怖するとともに，自己当初の意図どおりに実母殺害の実行完遂ができないことを知り，これらのため殺害行為続行の意力を抑圧せられ，他面事態をそのままにしておけば，当然犯人は自己であることが直ちに発覚することを怖れ，…ことさら便所の戸や高窓を開いたり等して外部からの侵入者の犯行であるかのように偽装することに努めたものと認めるのが相当である。…そして右のような事情原因の下に被告人が犯行完成の意力を抑圧せしめられて本件犯行を中止した場合は，犯罪の完成を妨害するに足る性質の障がいに基づくものと認むべきであって，刑法43条但書にいわゆる自己の意思により犯行を止めたる場合に当たらないものと解するを相当とする。」(最決昭32・9・10刑集11巻9号2202頁)

「自己の意思により」というのは，素直に読めば，外部的な（物理的・心理的）事情によらないという意味であろう。しかし，人の意思決定は何らかの外界の刺激（以下，これを「外部的事情」という。）に基づいてなされるのが通常であるから，外部的事情が原因となっているからといって，それだけで直ちに自己の意思によらなかったものとはいえないのではなか

ろうか。この点で、主観説はやや基準が画一的に過ぎる。他方、行為者の認識いかんを問わず、外部的事情の性質のみで中止犯の成否を決する客観説も妥当とは言い難い。また、限定的主観説は、実務的ではあるが、中止の任意性としてここまで要件を絞るのは法文上無理があるように思われる。どのような外部的事情があって、行為者がこれに対しどのような認識を持ったかを基準に中止の任意性を考えようとする折衷説が妥当である。

　なお、折衷説は「当該外部的事情がある程度必然的・強制的に行為者に中止を決意させたか否か」を基準とするものであるが、ここにいう「必然的」と見るべきか否かの基準者となるのは、その行為者であって、一般人ではないことに注意すべきである（たとえ、一般人ならば、通常それによって中止しない事情であっても、当該行為者が強い迷信を抱いていた結果中止したような場合には、やはり障害未遂なのである。）。また、上記の検討を行うに際しては、外部的事情が実在したかどうかではなく、行為者がどのような外部的事情を認識したのかが重要である。したがって、実際には誰も来なくても、警察官が来たと行為者が思って中止すれば、やはり障害未遂である。

任意性の判断基準としてよく用いられているものに、いわゆる**フランクの公式**がある。「しようと思えばできたが、しなかった」場合は中止未遂であるが、「したかったが、できなかった」場合は障害未遂であるとするものである。この公式には種々の解釈を施し得るため、近時はこの公式の妥当性に疑問を呈する立場もあるが、上記折衷説と同様の趣旨であれば十分有用であると考えられる。

　上記のような折衷説の立場に立つと、恐怖・驚愕・嫌悪の情などに基づいて中止したような場合も一概に任意性がないとはいえないであろう。場合を分けて、若干検討してみよう。
　i　悔悟・同情・憐憫等の倫理的動機で中止した場合
　　任意性が認められることは明らかである。実際の事件では、被害者から哀願されて中止するというケースもまれにあるが、この場合には同情・憐憫等の心情に基づくものと認められるから、任意性を肯定してよいと思われる。
　ii　恐怖心から中止する場合
　　外部的事情によりある程度強制的に中止を決意した場合と認められるから、

第5章 未　遂

原則として任意性を肯定するのは困難である。
　iii　驚愕して中止する場合
　　実務上，被害者の多量の出血を見て驚愕して中止するというケースは少なくない。この場合には，判例・実務は，おおむね任意性を否定する傾向にあるように思われる。
　　しかし，単に驚愕したという事実だけから任意性を否定するのは正しくない。行為者の内心に対しどの程度の影響を与えたかを考察すべきであろう。この点で，前掲【108】最決昭32・9・10が，「…前記母の流血痛苦の様子を見て今さらの如く事の重大性に驚愕恐怖するとともに…これらのため殺害行為続行の意力を抑圧せられ」と判示していることが注目される。
　　また，驚愕は，必ずしも悔悟の念と両立しえないものでもない（両者の併存を認めて中止未遂が成立するとした下級審裁判例として，福岡高判昭61・3・6高刑集39巻1号1頁）。
　iv　嫌悪の情を催して中止する場合
　　嫌悪の情は，生理的な不快感により生ずる場合が多いであろうから，そのような不快感に基づいて中止を決意したとすれば，外部的事情によりある程度強制的に中止を決意した場合に当たるというべきである（仙台高判昭26・9・26判特22号73頁は，強姦犯人が被害者の月経帯を見て嫌悪の情を催し犯行を止めたという事案につき中止未遂の成立を否定している。）。

(2) **中止行為**

　中止未遂の第2の成立要件は，自己の意思により犯罪を「中止した」，すなわち中止行為をしたことである。「中止した」と認められるためには，第1に結果の発生を阻止するため真摯な努力をしたことが必要であり，第2に現実に構成要件的結果が発生しなかったことを要する。以下，これを分説しよう。

① **結果発生阻止のための真摯な努力（真摯性の要件）**

　中止未遂の法的性格を責任減少説に求めれば当然のことではあるが，仮に他の立場に立つ場合でも，中止未遂が成立するためには，行為者が結果発生阻止のために「真摯な努力」をしたことを要すると解するのが近時の多数説であり，判例も同様に解しているように思われる。もっとも，「真摯な努力」といっても，単に道徳倫理的な問題ではなく，要す

第2編　犯　罪

るに，結果発生阻止に有用な尽力をしたか否かが問題となっていることには注意を要する。

問題は，「真摯な努力」をしたと評価するためには具体的にどのような事実が必要かということである。中止を決意する以前に行った行為によって事態が既に結果発生に向かって動き出しているか否かにより，要求される「真摯」性の程度にも違いがあろう。場合を分けて検討する。

(a) **結果発生に向けて因果の過程がいまだ進行を開始していない場合**

例えば，甲がA女を強姦しようと思い，同女を数回殴打するなどしてその反抗を抑圧したが，同女が脅えきっているのを見てかわいそうになり，姦淫するのを中止したような場合がこれに当たる。

この場合には，結果発生の危険は，専ら行為者の犯行継続の意思に基づいているのであるから，原則として犯意を放棄し以後の実行行為を中止すれば，結果の発生はなくなるから，それだけで中止行為としては十分である。

他方，例えば，甲がBを射殺しようと思って1発のみ銃弾を込めたけん銃を発射したものの，銃弾が外れてしまい，更に発砲することができなくなって諦めて立ち去ったというような場合は，結果の不発生は犯意を自発的（任意）に放棄したことに基づくものではなく，中止行為が存在しないというべきであるから，中止犯が成立しないことは当然である。

(b) **結果発生に向けて因果の過程が既に進行し始めている場合**

例えば，甲がナイフでAの胸を刺したため，傷口からどくどくと多量の血があふれ出ているような場合である。この場合には，行為者は，既にした行為によって結果に向かって因果の過程を進行させてしまっているのであるから，原則として，自ら結果発生阻止のために積極的な努力をしなければならない。既にした行為によって結果の発生する

可能性が大きければ大きいほど，結果発生阻止のための努力も大きなものが要求されよう。そして，このことは，行為者が当初計画していた実行行為を全て行ったか，その一部を行ったにすぎないかによって左右されるものではない。

下記判例のケースなどは努力が真摯でなかった典型である。

【109】〔事案〕被告人は，殺人の目的で青酸カリをAに交付した後，自ら翻意してA宅に赴き，その青酸カリを取り戻そうとしたのに，Aが偽って既に服用したと告げたため，被告人は異常のなかったことに安心して立ち去った。ところが，その数日後，Aは，現にそれを服用して死亡したというものである。弁護人の中止犯の主張に対し，大審院は下記のように判示した（既に結果が発生しているのでそもそも中止犯を認める余地はないが，大審院は一応中止行為について判断している。）。

〔判旨〕「いやしくも青酸加里の如き毒物を服用して激変なかりしが如きはたやすく首肯すべき事柄に非ず。被告人にして真に結果の発生を防止せんとせば，宜しく其のさきに交付したる薬品が毒物なりしことを告白するの真摯なる態度に出でざるべからざるを以て，被告人が単にAの言に依りて其のまま放任し置きたるはいまだ結果の発生を防止する行為をなしたりと云うを得（ず。）」（大判昭13・4・19刑集17巻336頁）

中止行為をするに当たり，他人（医師，警察官等）の助けを借りることは差し支えない。被害者が負傷している場合などは，自らその手当てをするより，むしろ早期に専門医にその処置をゆだねる方が適当である場合も少なくないであろう。しかし，この場合でも，行為者自身は，自ら結果の発生を阻止するのと同視できるだけの積極的な行為をしなければならないことは当然である。平たく言えば，「素人なら素人なりにできるだけの精一杯の努力」をしたことを要する。

判例の事案に照らし，この問題を少し具体的に検討しよう。
　ⅰ　被害者が重傷を負っている事例について
　　他の者に医師を呼び迎えることを依頼したにとどまる場合には，未だ真摯な努力があったとはいえないであろう（東京高判昭25・11・9判特15・23）。しかし，自ら救急車の派遣を依頼し，救急車の到着を待って，

消防署員とともに被害者を同車に運び込んだような場合はもちろん（前掲福岡高判昭61・3・6高刑集39巻1号1頁），他人に医者の手配を依頼した場合でも警察官に自己の犯行を打ち明けたうえ医者の手配を頼むとか（宮崎地都城支判昭59・1・25判タ525号302頁），その他自分でなし得るだけの応急手当てを尽くして医者の到着を待つとかした場合には，真摯な努力をしたものと評価することができる。

ⅱ 放火の事例について

放火後，恐怖の念にかられ，「放火したからよろしく頼む」と依頼して逃げ去った場合（大判昭12・6・25刑集16巻998頁），単に近隣の者の消火に協力したに止まる場合（大判昭2・10・25法律評論16巻刑法322頁）等は真摯な努力をしたとは言い難い。

② 構成要件的結果の不発生

結果発生阻止のために真摯な努力をしたにもかかわらず，結果が発生してしまったという場合には，もはや中止未遂成立の余地はない。既遂となった以上，中止未遂を論ずるのは無意味である（もっとも，行為者が真摯な努力をしたこと自体は，刑の量定に際し，被告人に有利な事情として考慮される。）。

問題は，結果の不発生が行為者の行った真摯な努力と無関係の事情から生じた場合（例えば，他人の消火行為によって鎮火したとか，毒物が致死量に達しなくて初めから結果が発生しえなかったなど）に中止未遂の成立が認められるかである。これは，言い換えれば，中止未遂が成立するためには行為者の真摯な努力と結果不発生との間に因果関係が認められることを必要とするかという問題である。判例の中には必要説に立つもの（大判昭4・9・17刑集8巻446頁）がある一方，このような場合にも中止未遂の成立を認める見解もある。責任減少説からは，行為者が結果発生阻止のため真摯な努力を行ったことが認められるのであれば，あえて因果関係を要求するまでもないということになるが，違法減少説ないし違法責任減少説からすれば，中止行為により中止結果がもたらさ

第5章　未　遂

れたという関係が必要になるから，因果関係が必要だということになる。

【予備罪の中止】

例えば，強盗罪を実行する意図で予備行為をしていたが，途中で翻意して強盗の実行に着手するのをやめた場合，行為が強盗予備罪（刑237）に該当することは疑いない。

この場合，中止未遂の規定（刑43但）の準用を認めて，刑の免除も許されるべきだとする考え方が学説上多数説を占めている。強盗の実行に着手した後に中止すれば，中止未遂となって刑の免除まであり得るのに，実行の着手前に中止の決意をしたような場合には刑が免除される余地がないのは不合理だとするのである（この点，殺人予備罪〔刑201〕・放火予備罪〔刑113〕の場合には，それぞれただし書で刑の免除をなし得る余地が規定されているから問題は少ないが，強盗予備罪についてはそのような規定がない。）。

刑法43条ただし書は，「犯罪の実行」に着手することを要件としているので，予備の中止未遂を予定していないことは明らかである。最大判昭29・1・20刑集8巻1号41頁は，「予備罪には中止未遂の観念を容れる余地のないものである」として，このような準用を否定している。

第2編　犯　罪

第3　不　能　犯

1　不能犯の意義と本質

　ある行為が実行行為であると認められるためには，単に構成要件（基本的構成要件又は修正された構成要件）に形式的に該当するだけでは足りず，法益侵害の現実的危険性という実質を有することが必要である（→62頁参照）。それゆえ，犯罪実現の現実的危険性を含んだ行為が開始されて初めて実行の着手が肯定されることは前述のとおりである。

　ところで，行為者としては犯罪を実現するつもりで特定の行為をしたものの，例えば「丑の刻参り」のように，そのような行為によってはおよそ結果が発生しないことが明らかであるため，処罰を必要としない場合がある。このように，行為者としては犯罪を実現する意思で行為をしたが，その行為の性質上犯罪実現の現実的危険性が極めて希薄であるため，実行の着手すら認められず，したがって未遂犯にもならない場合を不能犯という。不能犯は，行為の性質上，実行行為の実質を欠く場合にほかならない。

　【不能の種類】
　　客観的に見た場合におよそ結果を発生させることが不能な場合としては，客体の不能と方法の不能とが考えられる。**客体の不能**とは，構成要件的行為の客体が存在しないために結果の発生が不能である場合である。人であると思って人形に発砲したような場合がこれに当たる。**方法の不能**とは，その方法の性質上，結果を発生させることの不可能な場合である。砂糖に殺傷力があると信じて，殺害の目的で人に砂糖水を飲ませる行為がその典型例である。
　　これらは，いずれも不能犯の問題を検討する前提としての分類であって，いずれかに当たるからといって，当然に不能犯と認められるわけではないことに注意する必要がある。

2 不能犯と未遂犯との区別

(1) 不能犯に関する問題点

　不能犯と未遂犯とは，抽象的には前述のように区別することができる。しかし，具体的事例に当てはめると，両者いずれに当たるかその判断に困難を来す場合が少なくない。どのような観点から「不能」であると評価するのかにより，不能犯の範囲が大きく異なってくるからである。例えば，甲がAを殺すつもりでけん銃の引き金を引いたが，たまたまその時けん銃から弾丸が抜き取られていたため不発に終わったとしよう。この場合，純物理的な観点からすればその行為は人を殺害する危険性が全くないから不能犯と評価できる。しかし，行為者である甲本人はもちろん，一般人の立場から見ても弾丸が入っていると思われる場合には，その行為は，偶然の事情から未遂に終わったにすぎないものであって，その行為の性質自体は人を殺害する現実的危険性を有するものというべきであるから，未遂犯として処罰するのが相当だということになる。このように，不能犯の中心的課題は，何を基準に「不能」であると判定するのか，特にその際，物理的・科学的な観点に重きを置くのか，それとも行為者や一般人の目から見た危険性という点に重きを置くのかである。

(2) 不能犯と未遂犯との区別に関する学説

　この問題に関する主たる学説としては，下記のような3説がある。

① 主観的危険説

　行為者の認識したことがそのまま事実だとしたとき，結果発生の危険がある場合が未遂犯であり，ない場合が不能犯であるとする。この説は，何らかの外部的行為から犯罪的意思がうかがわれる以上は，処罰を行う必要があるとする主観主義的な考え方が背景となっている。

② 客観的危険説

行為自体の客観的・抽象的危険性の有無を基準として両者を区別しようとする立場である。このうち、「不能」を、行為の客体・手段の性質から一般的に見て結果の発生があり得ない場合と、特別の事情から結果が発生しなかった場合とに分け、前者を絶対的不能と呼んで不能犯とし、後者を相対的不能と呼んで未遂犯とする見解があり、後記のとおり、大審院及び最高裁の初期の判例には、このような見解に基づくとみられるものが少なからず存在した（絶対的不能・相対的不能説）。

他方、学説においては、あらゆる要素を客観的に考慮すれば、結果が発生しなかったときには、それはそうなるべくしてなったと言わざるを得ず、常に「不能」になりかねないとして、純客観的かつ事後的な判断を徹底するのではなく、まず、結果が発生しなかった原因を解明し、どのような事実が存在したら結果が発生し得たのかを科学的に明らかにした上で、そのような事実があり得た可能性（仮定的事実の存在可能性）の有無及び程度を判断し、「結果が発生しなかったのはたまたまであって、結果が発生することも十分あり得た」と言い得る場合には、未遂犯の成立を肯定するという見解が有力に主張されている。この説は、「**修正された客観的危険説**」とも呼ばれる。

③ 具体的危険説

行為当時行為者が特に認識していた事情、及び一般人が認識し得たであろう事情を基礎とし、行為の時点に立って、一般人の立場から事後的かつ客観的に犯罪実現の危険性の有無を判断し、それが肯定されるときは具体的危険が認められるから未遂犯であるが、否定されるときは具体的危険が存しないから不能犯であるとする。例えば、甲が殺害の目的で既に死んでいるAの体を突き刺したとしよう。具体的危険説によれば、行為当時、甲だけでなく一般の人の目から見てもAはまだ生きていると認められるような事情があれば殺人未遂罪が成立するのに対し、一般の

人が見ればAは既に死んでいると考えられるようであれば，殺人の関係では不能犯である（事実の錯誤により，死体損壊罪の成立の余地はある。）。

　上記各説のいずれが妥当であろうか。まず，主観的危険説によると，迷信犯（例えば，丑の刻参り）だけが不能犯となり，それ以外はすべて未遂犯になってしまうので，妥当とはいえない。次に，客観的危険説のうち，絶対的不能・相対的不能説は，何が絶対的不能で何が相対的不能かの区別があいまいである。例えば，前記の弾丸が入っていないけん銃でAを殺そうとした事例を考えても，「およそけん銃で人を殺せるか」という基準によると甲の行為は相対的不能に当たるのに対し，「そのけん銃で人を殺せるか」という基準を立てれば甲の行為は絶対的不能に当たるということになる。これは基準として妥当ではなかろう。他方，修正された客観的危険説は，事後判断の立場から危険性の有無及び程度を判断する手法として明快なものであり，特に結果無価値論の立場からは一貫した見解であるということができる。もっとも，あらゆる危険につき科学的に論証されなければ未遂犯として一律に処罰できないこととするのは，実務的に行き過ぎの感もないではない。また，行為者が規範に違反したか否かを重視する行為無価値論の立場からは，必ずしも事後判断にこだわる必要があるわけでもない。

　そもそも実行行為の実質をなす法益侵害の現実的危険性は，必ずしも物理的・科学的な危険性のみを意味するものではなく，所与の具体的状況の下において，社会一般人の目から見た危険性を意味するものと解するのが相当である。科学的には危険性が低いあるいは危険の有無が不明であるという場合でも，なお，通常合理的な一般人が危険を感じるものであって，これを抑止すべき行為はあるのではなかろうか。具体的危険説は，行為の客観的危険性に着目しながらも，これをただ物理的・科学的見地からだけ見るのではなく，社会一般人と行為者の立場からその危険性判断を行おうとするものであって，基本的に妥当であると考えられる。

(3)　**不能犯に関する判例**

　大審院及び最高裁の初期の判例はいずれも絶対的不能という言葉を判文中で用いることが多かったため，従前，判例は客観的危険説を採用しているものと考えられていたが，近時は，むしろ具体的危険説に親和的な説示が多くみられる。下記の各判例の結論は，いずれも具体的危険説の立場からは容易に導き出され得るが，徹底した客観的危険説の立場では困難な場

第2編　犯　　罪

合が多いであろう。

i **客体の不能の事案に関するもの**
① 大判昭21・11・27刑集25巻55頁
　窃盗の目的で物置内を物色したが，目的物が存在しなかったため窃取にいたらなかった場合は，窃盗未遂罪が成立するとした。
② 広島高判昭36・7・10高刑集14巻5号310頁
　犯人が行為当時被害者の生存を信じていたばかりでなく，一般人の立場から見てもそのように信ずるであろうと考えられる状況下において，殺意を以て人を殺害するに足りる行為のなされた場合には，たとえ後日鑑定の結果，行為の寸前被害者が死亡していたことが判明したとしても，行為の危険性から判断して死体損壊罪ではなく，殺人未遂罪を認定するのが相当であるとした。

ii **方法の不能の事案に関するもの**
③ 最判昭27・8・5裁判集刑事67号31頁
　殺人の目的で被害者に青酸カリを飲ませたが，たまたまその純度が低く，かつその分量が致死量に達していなかったため死亡しなかった場合は，殺人未遂罪が成立するとした。
④ 最判昭37・3・23刑集16巻3号305頁
　空気を被害者の静脈に注入したが，空気が致死量以下であったため殺害できなかった場合は，殺人未遂罪が成立するとした。
⑤ 最決昭35・10・18刑集14巻12号1559頁
　覚せい剤の製造方法が科学的根拠を有し，当該薬品を使用して当該工程を実施すれば，本来覚せい剤の製造が可能な場合には，その工程中に使用したある種の薬品の量が基準以下であったために製品を得ることができなかった場合でも，覚せい剤製造罪の未遂犯が成立するとした。

iii **単純行為犯に関するもの**
【110】最判昭51・3・16刑集30巻2号146頁
〔事案〕被告人が，自ら製造したピース罐爆弾の1個の導火線に点火して，これを機動隊の庁舎正門前に投げつけたが不発に終わったというもの（爆発物取締罰則違反の罪で起訴）であるが，その行為が爆発物取締罰則1条の「爆発物」の「使用」に当たるか否かが問題となった。一，二審は，当該ピース罐爆弾は導火線を雷管に接続するために用いた接着剤が導火線内の黒色火薬にしみ込み，その部分の黒色火薬が湿りあるいは固化して燃焼しなくなったため，点火しても燃焼が中断して雷管を起爆させることのできないものであった旨認定した上，このようなものであっても爆発物取締罰則1条にいう「爆発物」には当たるとしながら，

同爆弾は，そのままでは導火線に点火しても絶対に爆発を起こす危険性のないものであったから，本件投てき行為は「使用」には当たらないとした。これに対し，最高裁は，下記のように判示して原判決を破棄した。

〔判旨〕「本件爆弾には，原判示のような欠陥はあったものの，これは基本的構造上のものではなく，単に爆発物の本体に付属する使用上の装置の欠陥にとどまるものであるから，法的評価の面からみれば，導火線に点火して投げつけるという方法により爆発を惹起する高度の危険性を有するものと認められ，したがって，被告人らが爆発物取締罰則1条所定の目的で，本件爆弾の本来の用法に従い，これを爆発させようとして導火線に点火して，警察官らが立番中の第8・第9機動隊の正門めがけて投げつけた行為は，結果として爆発しなかったとしても，爆発物を爆発すべき状態においたものであり，同条にいう『爆発物ヲ使用シタル者』に当たると解すべきである。」

この判例において特に注目されるのは，上記判断を導く前提とした事実関係の一つとして，下記のような事実を認定していることである。

「本件行為当時，被告人は，導火線を工業用雷管に取り付けるに際して接着剤を使用することが燃焼中断，不爆発の原因となるとは全く予想しておらず，かえって接着剤によって導火線が雷管に一層強度に固定され，したがって，導火線に点火すれば確実に爆発する構造，性質を有する爆弾であると信じており，また，一般人においてもそのように信ずるのが当然であると認められる状況にあったことがうかがえるのである。」

もっとも，最高裁判例や下級審裁判例においては，その表現はともかくとして，客観的な危険を全く認定せず一般人から見た危険だけで未遂犯を肯定したものはないとの指摘もされている。実務上も，危険の存否を判断するに際し，科学的見地からの鑑定等が実施されることは少なくないし，前記のとおり，実行の着手の場面においても，客観的な危険性の有無及び程度が重視されているところである（実行の着手の問題と不能犯の問題は表裏の関係にある。）。その意味で，特に修正された客観的危険説と具体的危険説の差はさほど大きくないということができよう。

第2編 犯　　罪

第6章　共　　　犯

第1　共　犯　総　説

1　共犯の意義と種類

　共犯とは，最も広い意味では，二人以上で犯罪を行う場合である。
　刑法は，原則として，一人の者が単独で犯罪を実行する場合（単独犯）を予定して構成要件を規定している。そのため，犯罪に複数人が関与した場合の対処の方法として，刑法は，(a)　二人以上の者の加功を初めから予定した構成要件を特別に設ける方法（これを**必要的共犯**という。）と，(b)　刑法総則の第11章共犯の各規定（刑60～62）により，単独犯を予定した基本的構成要件を複数人が主体である形態に修正して処罰を広げる方法（これを**任意的共犯**という。）の2種類の対応の仕方を定めている。

(1)　**必要的共犯**

　構成要件の性質上，初めから二人以上の行為者による実現を予定して規定されている犯罪をいう。必要的共犯は，更に集団犯（集合犯，多衆犯）と対向犯に分けることができる。
　集団犯（集合犯，多衆犯）とは，同一目標に向けられた多数人の集団的行為を独立の構成要件とする犯罪をいう。例えば，内乱罪（刑77）や騒乱罪（刑106）がこれに当たる。集団犯においては，その集団的・群衆心理的特質にかんがみ，関与者の処罰は，関与の態様・程度に応じて段階付けられているのが通例である。
　　一例を挙げると，上記内乱罪の場合，刑法は，その関与者を関与の態様に応じて，首謀者，謀議参与者，群衆指揮者，その他諸般の職務従事者，付和随行者そ

の他の単なる暴動関与者に区分し,首謀者には死刑又は無期禁錮を（刑77Ⅰ①），謀議参与者及び群衆指揮者には無期又は3年以上の禁錮を（同②），職務従事者には1年以上10年以下の禁錮を（同②），そして付和随行者等には3年以下の禁錮を（同③）それぞれ法定刑として規定している。

それに対し，**対向犯**とは，二人以上の行為者の互いに対向した行為の存在することが要件とされる犯罪をいう。例えば，収賄罪・贈賄罪（刑197, 198），重婚罪（刑184）がその典型例である。対向犯における処罰の形式をみると，対向者双方に同一の法定刑が規定されている場合（例えば，重婚罪），異なった法定刑が規定されている場合（例えば，収賄罪・贈賄罪），対向者の一方だけを処罰している場合（例えば，わいせつ文書販売罪〔刑175〕－買主不処罰）がある。

(2) **任意的共犯**

単独犯を予定して構成要件が定められている犯罪を二人以上の者が実現する場合をいう。

前述のように，任意的共犯に対しては，刑法総則の共犯規定すなわち刑法60条から62条のいずれかを適用し，各則に規定された基本的構成要件を二人以上の行為者を主体とする形に修正して処罰を行う。したがって，任意的共犯は構成要件の修正形式の一つであり，処罰範囲を拡張するものである（→60頁参照）。

任意的共犯には，共同正犯（刑60），教唆犯（刑61），幇助犯（刑62）の三つの態様がある。犯罪へのそれぞれの関与態様の違いに応じて，刑法は異なった処断の仕方を定めている。**共同正犯**は，二人以上が共同して犯罪を実行する場合であって，全員が正犯として処断される（刑60）。共同正犯は，共犯であるとともに正犯の一種でもある特殊な犯罪形態である。それに対し，教唆犯と幇助犯は，正犯に加担した者自体を処罰するものであるから，**加担犯**又は狭義の共犯といわれる。このうち，**教唆犯**は，犯罪意

思のない者をそそのかし，犯罪を決意させて実行させた場合であって，正犯に準じて処断される（刑61）。他方，**幇助犯**は，犯罪の実行を援助し容易にした場合であって，その刑は，正犯の刑に照らして減軽される（刑63）。

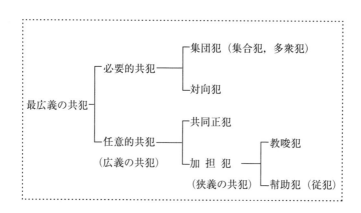

以上に述べた各種共犯のうち，必要的共犯に関しては独立の構成要件が規定されているため，次に述べる2の問題を除けば，各構成要件の解釈上の問題のみが残る。共犯固有の困難な問題があり，かつ事件数も圧倒的に多いのは任意的共犯（以下，単に「共犯」というときは任意的共犯を指すものとする。）である。

2 必要的共犯の処罰と任意的共犯に関する規定の適用

必要的共犯は，いずれも複数の行為者が関与することを予想して独立した構成要件として各則中に規定されたものであるから，当該構成要件が予定している共犯行為に関しては，任意的共犯に関する刑法総則の共犯規定は原則として適用されない。特に問題が多いのは，対向犯である。場合を分けて検討しよう。

(1) **対向する行為者双方が処罰される場合**

対向者はそれぞれの規定で処罰されるから，対向者間に任意的共犯の規

第6章　共　　犯

定の適用はない。したがって，例えば，贈賄者が公務員に対し自ら差し出した賄賂を収受するように教唆して受領させたとしても，贈賄者には贈賄（供与）罪が成立するのみで，収賄教唆罪は成立しない。

(2)　**対向関係にある行為者のうち，一方の行為者についてだけ処罰規定がある場合**

　当該犯罪が成立するに際し当然予想され，むしろそのために欠くことができない他方の関与行為について，法があえて処罰規定を設けていない以上，これに任意的共犯の規定を適用して処罰を行うことは法の趣旨に反することになろう。したがって，構成要件上当然に予想される共犯行為である限り，任意的共犯の規定の適用はないと解すべきである。例えば，甲が，わいせつ物販売業者のAに，わいせつ物を売ってくれるように積極的に働きかけ，Aからこれを買った場合，Aにわいせつ物販売罪が成立するのは当然であるが，買受人の甲にはわいせつ物販売罪の教唆犯は成立しないのである。最高裁も，この点同様に解しているようである。

　【111】〔事案〕被告人らが，自己の法律事件の示談解決を，弁護士でない者に依頼し，その報酬を支払ったというものである。このような被告人らの行為につき，弁護士法77条，72条の罪（非弁行為の禁止に反する罪）の教唆犯が成立するか否かが問題となったが，最高裁は，この点につき下記のように判示して犯罪の成立を否定した。
　〔判旨〕「弁護士法72条は，弁護士でない者が，報酬を得る目的で，一般の法律事件に関して法律事務を取り扱うことを禁止し，これに違反した者を，同法77条によって処罰することにしているのであるが，同法は，自己の法律事件をみずから取り扱うことまで禁じているものとは解されないから，これは，当然，他人の法律事件を取り扱う場合のことを規定しているものと見るべきであり，同法72条の規定は，法律事件の解決を依頼する者が存在し，この者が弁護士でない者に報酬を与える行為もしくはこれを与えることを約束する行為を当然予想しているものということができ，この他人の関与行為なくしては，同罪は成立し得ないものと解するべきである。ところが，同法は，右のように報酬を与える等の行為をした者について，これを処罰する趣旨の規定をおいていないのである。このように，ある犯罪が成立するについて当然予想され，むしろそのために欠くことのできない

関与行為について，これを処罰する規定がない以上，これを，関与を受けた側の可罰的な行為の教唆もしくは幇助として処罰することは，原則として，法の意図しないところと解すべきである。

そうすると，弁護士でない者に，自己の法律事件の示談解決を依頼し，これに，報酬を与えもしくは与えることを約束した者を，弁護士法72条，77条違反の罪の教唆犯として処罰することはできないものといわなければならない。」（最判昭43・12・24刑集22巻13号1625頁）

もっとも，前にも述べたとおり，必要的共犯の関係で任意的共犯の規定が適用されないのは，対向関係にある者相互の関係についてであり，これに対し，対向関係の一方の者が第三者と共犯の関係に立つ場合には，任意的共犯の規定が適用される。例えば，二人の者が贈賄罪の共同正犯に立つ場合や，贈賄者の妻が贈賄を幇助したりする場合がこれに当たる。

3　共犯の処罰根拠

前記のとおり，共犯は，単独犯を予定している構成要件を修正し，処罰範囲を拡張するものである。それでは，そのような処罰の拡張は，なぜ認められるのであろうか。共犯が処罰される根拠（共犯の処罰根拠）は，共犯論の出発点であるといえる。これについては，以下の3説が主張されてきた。

(1)　**責任共犯論**

共犯が処罰されるのは，正犯に構成要件に該当し，違法で，かつ有責な行為を行わせたためであるとする考え方である。正犯をいわば堕落させ，罪責と刑罰に陥れたことが共犯固有の処罰根拠であると考えるのである。「正犯者は殺人を行い，教唆者は殺人者を作る。」という標語にこの考え方が端的に表されている。このように，責任共犯論は，犯罪のいわば「誘惑要素」に処罰根拠を求めるのであるが，このような「誘惑要素」自体実体が不明確であるし，正犯から共犯を誘惑して犯罪に巻き込むこともあるのであって，説得的とはいえない。さらに，この見解からは，共犯の要素従

属性については，当然極端従属性説（正犯には構成要件該当性・違法性・責任の全ての要素が充足されている必要があるとする説）を採用べきことになるが，極端従属性説の妥当性には疑問があり，判例通説ともこれを採っていないのである。

(2) **違法共犯論**

共犯が処罰されるのは，正犯に構成要件に該当しかつ違法な行為を行わせたためであるとする考え方である。この見解は，前記の責任共犯論の発想を，違法性のレベルに移し替えたものであるということができる。この見解は，違法の連帯性といった考え方に整合的であり，現在有力な制限従属性説（正犯には構成要件該当性及び違法性が充足されている必要があり，かつそれで足りるとする説）にも親和的である。もっとも，この説によれば，甲が自己の殺害を乙に依頼したところ，乙がこれを実行したが失敗したという場合，甲は，乙に嘱託殺人未遂罪という構成要件に該当し違法な行為を行わせたことになるから，甲には嘱託殺人未遂教唆罪が成立することになりかねないが，この結論は不当であろう。この問題は，違法共犯論が，共犯の違法を正犯の違法からいわば「借り受けて」いることに起因しており，根本的な問題点であるというべきである。

(3) **因果共犯論（因果的共犯論）**

共犯が処罰されるのは，正犯の行為を介して法益侵害を自ら惹起したためであるとする考え方である（したがって，この考え方は「**惹起説**」とも呼ばれる。）。単独正犯は法益侵害を単独で惹起するのに対し，共同正犯は法益侵害を共同で惹起し，加担犯は法益侵害を正犯を通じて間接的に惹起するのであり，これらの犯罪類型の差は，法益侵害の惹起の在り方の違いということになり，本質においては統一的に説明できることになる。ちなみに，前記(2)で挙げた例については，甲について，自己の生命は自分自身に対して刑罰により保護されていない（自殺を処罰する規定はない）から，

甲において法益侵害ないしその危険を惹起したとはいえないため，甲に嘱託殺人未遂教唆罪は成立しないとの帰結が導かれることになる。

　因果共犯論からは，共犯は正犯を介して法益侵害結果を惹起することで処罰されることになるが，結果を惹起したというためには，共犯としての因果関係（因果性）が必要である。この因果性には，心理的因果性と物理的因果性があるとされる。たとえば，甲が，建物に侵入して強盗を行おうとしている乙に対し，激励したり，あるいは見張りをして何かあればすぐ逃げられるように手配するから大丈夫だと告げて安心させたりすることは，心理的因果性を通じて結果を惹起しているものであり，侵入場所の鍵や侵入用具を与えて犯行を容易にすることは，主として物理的因果性を通じて結果を惹起しているものである。

　現在では，因果共犯論が多くの支持を集めており，判例も，後記のとおり，基本的には因果共犯論の発想に立つものとみることができる。刑法の重要な任務は法益の保護にあり，これを出発点に据える因果共犯論は，共犯に関する議論の出発点として妥当であるということができよう。今日議論があるのは，因果共犯論を前提としつつ，これをどこまで理論的に徹底するかという場面であるように思われる。

第2 共同正犯

1 共同正犯の意義とその基本的課題

「二人以上共同して犯罪を実行した者」は「すべて正犯と」される（刑60）。これを**共同正犯**という。

正犯ではないが「正犯の刑を科する」扱いを受ける教唆犯（刑61）や，その刑が「正犯の刑を減軽」される幇助犯（刑62，63）と異なって，共同正犯の場合には，共犯者全員が単独正犯と同様に扱われるのである。刑法がこのような取扱いをしているのは，法に言う「二人以上共同して犯罪を実行した」場合（以下これを「犯罪の共同実行」という。）には，その全員を正犯と呼ぶにふさわしい実態を備えていると見たからであろう。そこで，共同正犯に関しまず問題となるのは，このような「犯罪の共同実行」があったと認められるためには，各共犯者が具体的にどのような行為を行う必要があるのかということであり，これは視点を換えて言えば，「犯罪の共同実行」のいかなる点に正犯性を認めるべき基礎が存在するのかということである。

前者の問題は，特に，共同正犯が成立するためには，共犯者全員が実行行為の全部又は一部を分担している必要があるのか（このように，実行行為の一部でも担当した共同正犯者を**実行共同正犯**と呼んでいる。），それとも，各共同正犯者は犯罪の共謀に加わっておれば足り，必ずしも全員が実行行為を分担している必要はないのか（これを肯定する立場は，実行行為を全く行わず，共謀にのみ加わった共同正犯者を**共謀共同正犯**と呼んでいる。）－いわゆる共謀共同正犯の成否－という形で学説上厳しく争われてきたところである。

第2編　犯　罪

2　共同正犯の「正犯」性―併せて共謀共同正犯の成否について

(1)　共同正犯の「正犯」性

　　この問題を考えるに当たっては，やはり正犯とは何かという点にさかのぼってことを論じなければならない。前述のとおり（→77頁参照），正犯とは，「自ら犯罪を実行した者」，すなわち「**自己の犯罪を行った者**」である。近時有力な行為支配説に従ってこれを更に実質的に定義付けるなら，正犯とは，自己の犯罪意思を実現するために自ら事態の成り行きを操作し，それによって所期の犯罪実現の目的を遂げた者ということになる。ところで，単独正犯の場合を考えてみると，まず直接正犯の場合には自ら全面的に実行行為を行っているからその正犯性に何ら問題はない。また間接正犯の場合は，確かに利用者が直接手を下してはいないものの，そこには被利用者が利用者の「道具」と化してしまっているという実態があるため，間接正犯者である利用者が自ら実行行為を行っているものと規範的に評価することができるのであり，やはり正犯性を肯定することができよう。

　　それでは，共同正犯の場合はどうか。まず，共犯者全員が各自実行行為の全部を行ったような場合（いささか非現実的な例であるが，甲と乙とが二人で手を携えてけん銃の引き金を引き，Aを射殺したような場合）には，各自に正犯性が肯定されることは明らかである。しかし，この場合にはあえて共同正犯という観念を持ち出すまでもなく，単独正犯としても十分構成できるから，刑法60条は専らこのような事例を予想した規定ではないというべきであろう。

　　そうすると，次に問題となるのは，共犯者全員がそれぞれ実行行為の一部を分担して実行した場合である。例えば，甲と乙とが商店に強盗に入ろうと謀議を行い，深夜二人でA商店に侵入した上，甲が中にいた店員のBにけん銃を突きつけて脅迫するとともに，その間乙が店内を物色し金庫内

から多額の現金を取り出してこれを奪ったというような事例がこれに当たる。この場合，甲は脅迫のみを，乙は財物の取得のみを担当し，いずれも実行行為の全部を行ったわけではないが，社会的評価としては，甲・乙いずれも強盗罪に問われるべきことは明らかである。学説上，共謀共同正犯を認めない立場(**共謀共同正犯否定説**)の学者は，正にこのような場合こそが刑法60条の予定した「犯罪の共同実行」の形態であり，実行行為の一部しか行っていなくとも共同で犯罪を行ったという点にかんがみて全部について刑事責任を負わせるところに刑法60条の意義があるのだと主張する(そして，これを「一部行為の全部責任の原則」と呼んでいる。)。この立場に立つと，実行行為の一部でも担当したという点にこそ共同正犯の「正犯」たるのゆえんが認められることになるであろう。

しかし，このような考え方は果たして正当であろうか。例えば，上記強盗の事例で，甲・乙のほかに丙という者がいて，事前の強盗の謀議に際し，強奪した金は山分けする約束の下にくじ引きで役割分担を決めたところ，たまたまその結果甲が脅迫の役，乙が財物奪取の役，丙が見張りの役に決まったため，丙は，甲・乙が強盗に入っている際，外で人が来ないか見張りをしていたとしよう。この場合，上記共謀共同正犯否定説の立場では，この見張りを強盗の実行行為の一部に当たると解するか否かにより，丙が共同正犯となるか幇助犯となるかが決定されることになる(この点，否定説の学者の間でも見解が分かれており，「全体的観察」を強調して実行行為の実質的な一部であるとする説と，実行行為を厳格に解して幇助犯の成立を認める説とがある。)。しかし，常識的に見て，この場合，丙は単に「他人の強盗」を助けたという関係にはなく，むしろ甲・乙とともに「自己の犯罪」として強盗罪を行ったものというべきであろう。見張りが実行行為の一部に当たるか当たらないかは，丙の正犯性を考えるに当たっては必ずしも本質的な問題ではないと考えられる。

更に進んで，実行行為を全く担当しない者がいた場合はどうであろうか。例えば，上記強盗の事例で，甲・乙・丙のほかに更に丁というリーダーがいて，事前の強盗の謀議に際し，強盗の具体的な計画を提案するとともに，甲・乙・丙に実行を命じ，脅迫に用いるけん銃等も自ら用意したが，自身は実行行為を行わず，後に乙が強奪してきた金を甲・乙・丙に分配して自らもその一部を取得したとしよう。この事例では，丁は，全く実行行為を行っていないから，共謀共同正犯否定説の立場では，強盗罪の教唆犯と幇助犯の成立が認められるにとどまる。しかし，この場合も，やはり丁は単に「他人の強盗」に関与したにとどまる存在ではなく，むしろ犯罪の社会的・現実的な評価の問題としては，丁は甲・乙・丙と同じように「自己の犯罪」として強盗罪を敢行したものと評価すべき存在であることは疑いがないように思われる。実行行為の一部分担の事実だけを基準に共同正犯の「正犯」性を考えると，ここでも妥当な結論を得ることはできない。

 それでは，上記のように犯罪の社会的・現実的評価において，丙や丁が甲・乙とともに強盗を「自己の犯罪」として行ったと評価されるべき素地は，どのような点に存するのであろうか。このような観点から改めて先の事例を振り返ってみると，甲・乙・丙・丁全員が事前の強盗の謀議に加わっており，ここでできた計画や役割の割り振りに従って，甲・乙が実行行為の各一部を行い，また丙が見張りを行っていることが注目されるのである。この謀議は単なる犯罪の打合せの意義を有するにとどまるものではない。甲・乙・丙・丁いずれもが，たとえ単独では侵入強盗のような大胆な犯行に及ぶことができなくても，ほかに謀議の仲間がいるという心強さから，内心の規範的障害（犯罪を行うことについての心理的な抵抗）を容易に乗り越えることができるし，またそれによって互いに他の仲間を犯行に駆り立てる役割を知らず知らずのうちに演じているのである。また，このような謀議を経ることによって，互いに犯行の計画につき知恵を出し合い，

準備も十分なものとなって，犯行の手段・方法もより巧妙なものとなろう。さらに，実行担当者の実行の容易性という点から見ても，このような謀議を経ることで，実行担当者は，背後に仲間がいるという意識によって心理的に鼓舞され，単独犯では到底なし得ないようなことでも容易に実行できるし，逆に他の謀議関与者は，謀議を通じて実行担当者に支援を与える結果となっている。そして，このような謀議における拘束性が強ければ強いほど，より謀議と実行行為との結びつきが強いものとなり，実行担当者である甲・乙は，自己の独断ではもはや自己の犯罪意思を翻し得ないものとなっているのである。

このように考えてくると，「犯罪の共同実行」の本質は，全員が，互いに相補い相利用しあって「自己の犯罪」を実現しようとする**犯罪共同遂行の合意**（これを**共謀**という。）を行い，そのような合意に基づいて実行行為が行われるという点にこそあるというべきである。そして，各共同正犯者は，このような共謀に加わることによって，他の共同正犯者との間に相互に利用・依存する関係を形成し，ひいては実行担当者の行動を方向づけ支配することになるのであるから，結局，共謀への加担という事実を通じ，実行行為担当者を介して犯罪を自ら実行したものと規範的に評価することができるように思われる（この点，間接正犯における利用関係にも比すべき実体がここに認められる。）。このように，各共同正犯者は，他の共同正犯者と共謀を行うことによって「自己の犯罪意思を実現するためにみずから事態の成り行きを操作し，それによって所期の犯罪実現の目的を遂げ」ることとなるのであるから，共同正犯の「正犯」性は，実行行為の一部を形式的に分担したという点においてではなく，各共同正犯者が犯罪遂行に関する共謀に加わったという事実にこそ求めるべきものである。

(2) **共謀共同正犯について**

以上のように解する限り，いわゆる共謀共同正犯を認めることには何ら

妨げはないということになろう。後述のように，共謀の認定自体は厳格になされなければならないとしても，犯罪の実体として犯罪共同遂行の合意としての共謀が存在し，かつ行為者がこれに加わった事実が認められる限り，実行行為を自ら分担したか否かは共同正犯の成否に関しては必ずしも本質的な問題ではないと考えられるからである。

しかし，この点は，従前，学説と判例との間で厳しい対立のあった問題であり，今日でもなお学説の一部には共謀共同正犯を否定する考え方が有力に主張されているところである。そこで，以下，この問題に関する学説・判例の動向を概観した後，共謀共同正犯否定説の論拠について若干の検討を加えることとしたい。

ア 共謀共同正犯に関する判例・学説の動向

まず判例についてみると，共謀共同正犯も共同正犯の一種であるという点では今日判例は確定不動の状態にあるといってよい。大審院は，当初知能犯（詐欺・恐喝）に限って共謀共同正犯を肯定していたが，その後次第に適用する犯罪の幅を広げてゆき，下記【112】刑事連合部判決において，全犯罪に共謀共同正犯理論の適用をする旨明言するに至ったのである。

【112】「共同正犯の本質は，2人以上の者，一心同体の如く互いに相依り相援けて各自の犯意を共同的に実現し，以て特定の犯罪を実行するに在り，共同者が皆既成の事実に対し全責任を負担せざるべからざる理由ここに存す。若し夫れその共同実現の手段に至りては必ずしも一律に非ず，或いはともに手を下して犯意を遂行することあり，或いは共に謀議を凝らしたる上その一部の者に於て之が遂行の衝に当たることあり，その態様同じからずといえども，二者均しく協心協力の作用たるに於てその価値異なるところなし。従て，そのいずれの場合においても共同正犯の関係を認むべきを以て原則なりとす」（大刑連判昭11・5・28刑集15巻715頁－銀行ギャング事件）

上記のような共謀共同正犯に関する大審院の判例理論は，その後最高裁にも継承されていたところ，次の【113】**練馬事件大法廷判決**は，従

第6章 共　　犯

前とはやや異なった理由付けを行って共謀共同正犯の無制限な適用拡大に歯止めをかける態度を示すに至った。

【113】「共謀共同正犯が成立するには，2人以上の者が，特定の犯罪を行うため，共同意思の下に一体となって互いに他人の行為を利用し，各自の意思を実行に移すことを内容とする謀議をなし，よって犯罪を実行した事実が認められなければならない。したがって，右のような関係において共謀に参加した事実が認められる以上，直接実行行為に関与しない者でも，他人の行為をいわば自己の手段として犯罪を行ったという意味において，その間刑責の成立に差異を生ずると解すべき理由はない。さればこの関係において実行行為に直接関与したかどうか，その分担又は役割のいかんは右共犯の刑責自体の成立を左右するものではないと解するを相当とする。」（最大判昭33・5・28刑集12巻8号1718頁－練馬事件，印藤巡査殺し事件）

　実務では，上記大審院・最高裁の判例に従って，今日では，共謀共同正犯を言わば当然のこととして肯定した運用がなされている。

　一方，学説は，従前，主観主義・客観主義いずれの立場を問わず，共謀共同正犯否定説が圧倒的多数を占めていたが（その唯一の例外が，後述の共同意思主体説である。），戦後，特に上記練馬事件大法廷判決を契機として，肯定説が次第に支持者を増していった結果，今日では，考え方の違いはあれ，結論的にはこれを肯定する立場がむしろ多数を占めている。

【共同意思主体説とその批判】

　共同意思主体説は，かつては共謀共同正犯を理論的に基礎付ける唯一の学説であった。数人が犯罪を共謀することによって「同心一体的」な共同意思主体なる団体が成立し，そのうちのある者が実行行為を行ったとしても，それは共同意思主体の活動にほかならないから，右活動の結果惹起された事態については，共同意思主体の構成員全員がその寄与度に応じて刑事責任を負担すべきであると解するのである。

　この考え方は，犯罪が共同実行される実態を社会心理の観点からよく把握しているものと評価することができ，「転嫁罰を認めるものである」というような批判は当たらないと思われる。むしろ，この説の難点は，その具体的妥当性にあるというべきであろう。まず第1に，実務感覚からしても，共謀共

第2編　犯　　罪

同正犯の成立を肯定してしかるべき事案について，すべて上記のような共同意思主体の実体が備わっているのか疑問である。この点で，理論としてやや不十分の感を否めない。第2に，もともと共同意思主体説は加担犯をも含めた広義の共犯を理論的に説明しようとして登場したものであるため，正犯概念との整合性が問題である上，共同正犯と加担犯との区別があいまいになる可能性を否定できない。

イ　共謀共同正犯否定説の論拠とその検討

　i　刑法60条の文理

　　共謀共同正犯否定説は，刑法60条は「二人以上共同して犯罪を実行した」ことを要件にしているのであるから，同条の文理からしても全員が実行行為の一部を分担している必要がある旨主張する。しかし，この点は否定説・肯定説いずれにとっても決定的な論拠にはなり得ないと考えられる。共謀共同正犯を肯定する立場においても，「犯罪の共同実行」の本質が共謀に基づく実行にあると考えるのであれば，共謀共同正犯を肯定したとしても，刑法60条の文理に何ら反するものではないからである。

　ii　共謀共同正犯と内心の処罰

　　共謀共同正犯否定説は，共謀共同正犯は主観的・心理的な共謀の事実のみから処罰を認めるものであるから，あたかも単独犯の場合に犯意を形成したというだけで処罰を行うことに匹敵し，危険である旨主張する。しかし，この主張は正当とは言い難い。共謀共同正犯は，共謀者の全部又は一部の者が共謀に基づく実行行為を行うことによって初めて可罰性を取得するのであるから，単独犯の場合の意思形成のみの処罰とは全く同視できないのである。それだけでなく，後に見るように，共謀そのものは単なる心理的事実ではなく，むしろ客観的な実在というべきものである。

　iii　教唆犯による処理

第6章 共　　犯

　共謀共同正犯否定説は，実務上共謀共同正犯とされている事例の多くは教唆犯として構成することができ，しかも教唆犯は「正犯の刑を科する」とされており（刑61Ⅰ），処断上も共同正犯を認めた場合と変わりはないのであるから，あえて共謀共同正犯の概念を認めなくとも，これを教唆犯と構成することによって十分妥当な結論を導くことができる旨主張する。

　しかし，これは犯罪の実態に沿わない主張であるというべきである。まず第1に，実際の事件では，共謀のみに関与した者が，実行行為の一部を現に担当した者に比べて実質的に必ずしも軽い役割とはいえず，かえって犯罪の遂行にとって欠かすことのできない重要な役割を演じている場合もまれではない（例えば，配下の組員に襲撃を指示する暴力団組長を想起すれば，このことは容易に了解できよう。）。このようなケースで，共謀のみに関与した者に教唆犯・幇助犯という法的評価を下した場合には，この者に対し実行行為者と同じか又はこれより重い刑を量定することは，実際上困難であるといわざるを得ないのである。「他人の犯罪」に関与した者の刑が「自己の犯罪」を行った者よりも重いというのは，常識にそぐわないのではないだろうか。「正犯」という名は，単なる形式的な行為の枠を示すだけではなく，その犯罪の「主犯」であるという実質的な評価をも含んでいるのである。実務家の立場からすると，この評価機能は決してないがしろにできない重みがある。

　第2に，「教唆・幇助→実行」という法の予定する類型が，共謀共同正犯における現実の共謀形成の過程と必ずしも合致しないことが挙げられる。「教唆・幇助→実行」という類型は，教唆犯はあらかじめ犯意を持っていて，教唆により正犯に犯意を生ぜしめるのであり，正犯が一度犯意を持った以上，他の者は幇助としてこれを強化するだけ

第2編　犯　罪

だという理論的な「モデル」に従って作られている。しかし，実際の事件に見える共謀共同正犯の実態は，話し合いの過程で，お互いに影響し合って次第に犯意が形成されていくことが多いのである。言わば相互教唆，相互精神的幇助の複合した形態を取ることが多いのである。この実態をとらえるには，「共謀」という概念がより適しているというべきであろう。

結局，以上見たように，共謀共同正犯を否定する考え方が主張する論拠はいずれも薄弱なものであるといわざるを得ない。

3　共同正犯の成立要件

以上述べてきたところによれば，共同正犯が成立するためには，実行共同正犯・共謀共同正犯のいずれにおいても，①　共謀（犯罪共同遂行の合意）と，②　その共謀に基づき，共謀者の全部又は一部の者が実行行為を行ったこと，の二つの要件が必要であると思われる。以下，上記各要件について更に検討を加えよう。

【実行共同正犯と共謀共同正犯との関係】

共謀共同正犯を肯定する立場が多数説を占めるようになった今日でさえ，学説においては，なお実行共同正犯を原則とし，共謀共同正犯は例外という扱いをする立場が少なくない。しかし，前述の説明から明らかなとおり，共謀への参加に共同正犯の「正犯」性を求める立場に立つ以上，共同正犯の成否という観点では，実行共同正犯と共謀共同正犯との間には何ら本質的な差異はないというべきである。両者の区別は，その共謀に基づいて自ら現に実行行為を行ったか否かという便宜的なものにすぎないものであって，この区別はむしろ訴因の特定や訴因変更等の訴訟法上の問題を検討する際に意義を有するものと考えられる。

(1)　共　　謀

　ア　共謀の意義・内容

共謀とは，犯罪の共同遂行に関する合意である。共同謀議ともいう。

その具体的内容は，「2人以上の者が，特定の犯罪を行うため，共同意

思の下に一体となって互いに他人の行為を利用し、各自の意思を実行に移すことを内容とする謀議」(前掲【113】練馬事件大法廷判決)であることを要する。このような共謀をなすことによって初めて、実行行為を担当しない共謀者も「他人の行為をいわば自己の手段として犯罪を行なった」(同判決)と評価し得るのである。

　上記練馬事件判決の説示にかんがみ、共謀の内容を更に分析すれば、共謀は、次のような二つの要素からなり、しかも共謀の存在を認定するためには、そのいずれもが認められなければならないと解される。

i　第1に、各関与者が、それぞれ、他の関与者と協力し、特定の犯罪を言わば「自分達の犯罪」として共同遂行しようという認識(これを**共同犯行の意識**という。)を有していることが必要である。

　　これは、正犯の意思、すなわち当該犯罪事実を自ら実現する意思の共犯における表れであるといってよい。したがって、仮に事前の犯罪の計画の協議に加わった事実があっても、犯罪の共同遂行に賛成しなかったときは、その者については共同犯行の意識が欠けるから、共謀への加担は認めることができない。

ii　第2に、各関与者が共同犯行の意識を各人の内心に持っているというだけではいまだ不十分であり、共謀が成立するためには、更にそのような共同犯行の意識につき相互に意思の連絡が存すること、言い換えれば、互いに相利用し相補う旨の意思の連絡が成立していること(これを**意思の連絡又は意思疎通**という。)が必要である。

　　したがって、犯罪の遂行につき協力を求められこれを応諾した事実があっても、犯罪計画の重要部分を知らされていないような場合には意思連絡があったとはいえないから、共謀への加担を認めることはできないと考えられる。また、一般に片面的共同正犯と称せられているケース、すなわち甲が犯罪を実行している間に、乙も自ら犯罪を行う

第2編　犯　　罪

意思でその実行行為の一部に参加したが，そのことを甲が知らなかった場合には，乙には共同犯行の意識が認められるものの，甲と乙との間には意思連絡が認められないから，共同正犯は成立せず，場合により片面的幇助犯が成立するにとどまる（大判大11・2・25刑集1巻79頁）。

イ　共謀形成過程と共謀との関係

共謀は，種々の形成過程をたどって成立するに至るが，前記のような共謀の意義・内容にかんがみると，要するに，共謀は，実行行為の時点で形成されていれば足りるのであって，それがいかなる経過で形成されたのかは，共同正犯の成否を考える上で必ずしも本質的な問題ではない。したがって，

① 　共謀は，必ずしも事前の協議によって成立している（これを**事前共謀**という。）必要はなく，実行行為の現場において，各実行行為者間で意思連絡の結果，瞬間的に形成されてもよい（実務では，これを**現場共謀**と呼んでいる。）。

【114】「共同正犯たるには，行為者双方の間に意思の連絡のあることは必要であるが，行為者間において事前に打合わせ等のあることは必ずしも必要ではなく，共同行為の認識があり，互いに一方の行為を利用し全員協力して犯罪事実を実現せしめれば足るのである。」（最判昭23・12・14刑集2巻13号1751頁）

② 　共謀は，必ずしも明示的な方法で行われる必要はなく，暗黙のうちに黙示的な意思の合致がなされることによって形成されてもよい（最判昭23・11・30裁判集刑事5号525頁）。その具体例として，下記の判例が参考になる。

【115】「共謀とは，数人相互の間に共同犯行の認識があることを云うのであって単に他人の犯行を認識しているだけでその者が共謀者であると云うことのできないことは所論のとおりである。…しかし原判決挙示の証拠を綜合す

第6章 共　　犯

ると被告人は相被告人A等において強盗に行くことを知りながら同行したのみならず被害者宅近くに行ったときに相被告人等は強盗に入るため覆面はするし又日本刀を持っており右Aが自分とBが切れ物を持っているから脅かし役を遣るCとDは座敷に上がって金を探せ，被告人は表で見張っておれと云い，被告人がこれを承諾したことが認められるのである。してみると，被告人は単に他人の犯行を認識していたに止まらず，強盗の犯行の一部として見張の役をすることを承諾したものといえるのであるから被告人は右承諾のときに相被告人等との間に共同犯行の認識すなわち共謀があったものと認めることができるのである。」（最判昭24・2・8刑集3巻2号113頁）

【116】〔事案〕被告人は，広域暴力団の幹部で大阪を本拠とする組織の組長であり，遊興等のため，被告人の警護を担当するスワットと称されるボディガードを含む組員らを引き連れて，大阪から度々上京していたが，その際，東京側で受入れを担当する暴力団関係者が，5，6台の自動車で羽田空港に出迎えに行き，車列を作り，被告人の乗車車両の前後をスワットの乗車車両が挟むなどして，都内を移動する行動を繰り返していた。警官は，この行動の際，スワットがけん銃等を所持している旨の情報を得たことから，上記自動車等に対する捜索を実施し，けん銃等の所持が発覚したため，被告人を現行逮捕したという事案。

〔判旨〕「本件では，前記一(5)の捜索による差押えや投棄の直前の時点におけるスワットらのけん銃5丁とこれに適合する実包等の所持について，スワットらに対してけん銃等を携行して警護するように直接指示を下さなくても，スワットらが自発的に被告人を警護するために本件けん銃を所持していることを確定的に認識しながら，それを当然のこととして受け入れて認容していたものであり，そのことをスワットらも承知していたことは，前記一(6)で述べたとおりである。なお，弁護人らが主張するように，被告人が幹部組員に対してけん銃を持つなという指示をしていた事実が仮にあったとしても，前記認定事実に徴すれば，それは自らがけん銃等の不法所持の罪に問われることのないように，自分が乗っている車の中など至近距離の範囲内で持つことを禁じていたにすぎないものとしか認められない。また，前記の事実関係によれば，被告人とスワットらとの間にけん銃等の所持につき黙示的に意思の連絡があったといえる。そして，スワットらは被告人の警護のために本件けん銃等を所持しながら終始被告人の近辺にいて被告人と行動を共にしていたものであり，彼らを指揮命令する権限を有する被告人の地位と彼らによって警護を受けるという被告人の立場を併せ考えれば，実質的には，正に被告人がスワットらに本件けん銃等を所持させ

ていたと評し得るものである。したがって，被告人には本件けん銃等の所持について，Ａ，Ｂ，Ｃ及びＤらスワット５名等との間に共謀共同正犯が成立するとした第一審判決を維持した原判決の判断は，正当である。」（最決平15・5・1刑集57巻5号507頁）

　なお，上記【116】の判例の判示中には，「確定的に認識しながら」との文言があり，さらに，【116】の判例と類似の事案に係る最決平17・11・29裁判集刑事288号543頁も，「概括的とはいえ確定的に認識し認容していた」との表現を用いていたことから，共謀共同正犯において，共謀者の故意は未必の故意では足りないのではないかとの見方も存在したが，次の判例は，これを明確に否定し，共謀者に未必の故意しかない場合であっても，なお共謀共同正犯は成立し得るとした（ただし，「可能性を強く認識しながら，それでもやむを得ないと考え」たという事実認定が前提となっていることには注意が必要である。）。

【117】「被告人５名は，甲野や実際に処理に当たる者らが，同ドラム缶を不法投棄することを確定的に認識していたわけではないものの，不法投棄に及ぶ可能性を強く認識しながら，それでもやむを得ないと考えて甲野に処理を委託したというのである。そうすると，被告人５名は，その後甲野を介して共犯者により行われた同ドラム缶の不法投棄について，未必の故意による共謀共同正犯の責任を負うというべきである。」（最決平19・11・14刑集61巻8号757頁）

③　共謀が成立するためには，必ずしも全員が一堂に会して謀議をこらし同一目的の下に意思を一致させる必要はなく，同一の犯罪について，ＡとＢが共謀し，次いでＢとＣが共謀するというようにして数人の間に順次共謀が形成された場合には，これらすべての者の間で当該犯行の共謀が成立したと解することができる（実務ではこれを順次共謀と呼んでいる。）。判例も，下記【118】練馬事件大法廷事件判決において，順次共謀は，共謀として欠けるところがない旨明確に認めている。

【118】「数人の共謀共同正犯が成立するためには，その数人が同一場所に会

し，かつその数人間に一個の共謀の成立することを必要とするものではなく，同一の犯罪について，甲と乙が共謀し，次で乙と丙が共謀するというようにして，数人の間に順次共謀が行われた場合は，これらの者すべての間に当該犯行の共謀が行われたと解するを相当とする。本件について原判決によれば，被告人Ａが昭和26年12月25日被告人Ｂ方を訪れ，同人に対し，北部地区の党員らが協力して同月26日夜2班に分かれＸ巡査およびＹを殴打すること，および参加人員，集合場所，実行方法等について指示し共謀したというのであり，その指示を受けた右Ｂが順次各被告人と共謀していったというのであるから，各被告人について本件犯行の共謀共同正犯が成立することをなんら妨げるものでは…ない。」（最大判昭33・5・28刑集12巻8号1718頁－前掲【113】と同一）

④ したがって，順次共謀の事案においては，場合により，共謀者の一部の者において，実行担当者が誰であるか知らないというような事態も生じ得るが，この点は共謀の成否に影響を与えるものではない。窃盗事件につき，下記のような最高裁判例がある。

【119】「被告人は，ＡＢ等と協力して判示犯罪の実行方を通謀し，被告人自らは右実行行為には加担しなかったが，贓品の売込先に残って現物の搬入を待ったというのであり，他の共謀者の実行行為を介して自己の犯罪遂行の意思を実現したものと認めるに十分であるから，被告人において実行担当者，実行方法について関知するところがないとしても共同正犯の罪責を免れるものではない」（最判昭27・4・18裁判集刑事63号341頁）

ウ **共謀内容の具体性**

共謀が成立したといえるためには，共謀はどの程度具体性のあるものでなければならないのであろうか。これを実行方法と罪名の点から考察してみよう。

① 前述のとおり，犯罪計画の重要部分を知らされないまま当該犯罪に協力した場合には，意思連絡があったとは認められないから，共謀は成立していないと解すべきである。しかし逆に，犯罪の中核的部分についてさえ意思連絡が認められれば，各共謀者間で実行の具体的方法についてまで逐一意思連絡がなされていなくとも共謀は成立している

ものと解される。

【120】「凡そ共犯者が共同正犯として処罰せられる所以は共犯者が共同意思の下に一体となって互いに他人の行為を利用して自己の意思を実行に移す点にあり数名の者がある犯罪を行うことを通謀しそのうち一部の者がその犯罪の実行行為を担当し遂行した場合には他の実行行為に携わらなかった者も之を実行した者と同様にその犯罪の責を負うべきもので，必ずしも通謀者において実行者の具体的行為の内容を逐一認識することを要しないものといわなければならない。」（最判昭26・9・28刑集5・10・1987頁。同旨－前掲【119】最判昭27・4・18裁判集刑事63号341頁）

② 共謀は「特定の犯罪」についてなされる必要がある（前掲【113】練馬事件大法廷判決参照）。しかし，ここでいう「特定の犯罪」とは，社会的事実として特定された犯罪の趣旨であって，必ずしも法的評価を下した結果としての罪名の同一まで要求するものではないと解される。各種の事件からうかがわれる犯罪共謀の現実を見ても，当該犯罪行為の法的評価まで考えて共謀を行っているのはむしろまれであって，その多くは「A方から金品を取ろう」とか「Bをやっつけろ」といったような含みのある合意をするにとどまっているものと思われる。特に後者の場合などは，共謀者甲にとってはそれがBに対する殺人を意味し，また共謀者乙にとっては傷害を意味するというようなことも十分あり得る。このような場合，当該共謀に基づく実行行為の結果Bが死亡したとしても，事案の処理としては，共犯の錯誤の問題（甲－殺人罪の共同正犯又は傷害致死罪の共同正犯を内包する殺人罪，乙－傷害致死罪の共同正犯）として解決すれば足り，共謀の成立まで否定する必要は全くないと考えられる。

(2) **共謀に基づき，共謀者の全部又は一部の者が実行行為を行ったこと**

たとえ共謀がなされても，共謀者のうちのいずれかの者が実行行為をしない限り犯罪が成立しないことはいうまでもない。共同正犯の客観的成立

要件ということができよう。

　当該実行行為は，共謀に基づいてなされる必要がある。それによって初めてその実行行為及びそれによって生じた結果についての刑事責任を他の共謀者に帰せしめることができるのである。

【共謀内容の変遷】
　　この関係で問題となるのが，共謀内容に変遷がみられる場合である。順次共謀などの事案において，共同謀議行為を何回も繰り返しているうちに，次第に共謀内容が変遷してゆき，その結果当初の共謀内容と最終段階での共謀内容とが大きく食い違ってしまうというケースも実務上まれではない（この点は「伝言ゲーム」という遊びを想起すれば容易に理解できよう。）。このような場合，最初の共謀にのみ加わった者に，最終的に成立した共謀に基づいて行われた実行行為及びそれによって生じた結果を帰せしめることができるであろうか。いわゆる**共謀の同一性・連続性**の問題である。
　　前述のとおり，共謀が成立するためには，共謀の具体的内容について各共謀者が逐一認識している必要はないが，少なくとも共謀の基本的部分又は中核の部分については意思連絡が存在している必要があろう。したがって，謀議の形成過程において，共謀内容が変遷した結果，前後の共謀の基本的部分に食違いが認められる場合には，両共謀は同一性・連続性が欠くことになるため，実行行為及びそれにより発生した結果を当初の共謀関与者に帰せしめることはできないであろう（この問題に関する判例として，東京高判昭60・9・30刑月17巻9号840頁）。

4　共同正犯の効果

　以上述べたような要件を満たして共同正犯が成立する場合には，共同正犯者各人の行った実行行為の有無・程度のいかんにかかわらず，共同正犯者全員が正犯として扱われるのである。その結果，共同正犯者は，各自の行為により生じた結果についてだけではなく，他の共同正犯者の行為により生じた結果についてもまた，自らが生じさせた場合と同じく扱って，各自が結果全体について刑事責任を問われることになる。

　このことは，反面，当該結果を現実に生ぜしめた者が共同正犯者のうちのだれであるかは，犯罪の成否を考える上で必ずしも重要な問題ではないとい

うことを意味する（もとより刑事責任の軽重を考える上では大きな意義を有するが，それは刑の量定を行う際に考慮すれば足りる事柄である。）。共同正犯者中のいずれかの者の行為によって当該結果が生じたことが明らかになっていさえすれば，具体的にだれの行為によって結果が発生したのかが不明であったとしても，全員が，すべての結果について正犯としての責任を免れないのである。この点は，最高裁判例も同様に解している。

【121】「数名の者が同一婦女を強姦しようと共謀し，各自強いて同女を姦淫し，因って同女に傷害を与えた以上，その傷害が数名のうちいずれの者の行為によって生じたのか不明であっても，その数名にはすべて強姦致傷罪の責任がある。」（最判昭24・7・12刑集3巻8号1237頁の判決要旨）

これは重要な帰結である。共同正犯と，いわゆる**同時犯**，すなわち二人以上の者が，共謀なくして，同一の客体に対し時期をほぼ同じくして同一の犯罪を実行する場合とは，この点で決定的に異なる。同時犯の場合には，個人責任の原則に立ち戻って，各行為者の行為と結果との間の因果関係が個別的に立証されない以上，生じた結果について各自に刑事責任を負わせるわけにはいかないのである。

したがって，例えば，甲と乙とがAを殺害するため同時にピストルを発射しAを死亡させたが，甲乙どちらの弾丸が命中したのか不明であったとしよう。甲乙間に共謀のない場合，すなわち同時犯の場合には，各人の行為とAの死亡との間の因果関係が立証されない以上，甲乙ともに殺人未遂罪が成立するにとどまるが，甲乙が共同正犯の場合には，両者とも殺人既遂罪の刑事責任を負うことになる。

なお，共同正犯が成立する場合における過剰防衛の成否は，共同正犯者の各人につきそれぞれその要件を満たすかどうかを検討して決するべきであって，共同正犯者の一人について過剰防衛が成立したとしても，その結果当然に他の共同正犯者についても過剰防衛が成立することになるものではないとした最高裁判例がある（最判平4・6・5刑集46巻4号245頁）。

5 共同正犯に関する訴訟法上の諸問題

(1) 共謀と訴因

共同正犯の成立要件のうち，実行行為の要件については，それが刑訴335条1項の「罪となるべき事実」に当たり，したがって厳格な証明を要するものであることは当然である。

それでは，共謀の要件についてはどうか。前述のような共謀の意義・役割に照らすと，共謀共同正犯か実行共同正犯かを問わず，いずれの場合にも，その共謀は，実行行為と同様，「罪となるべき事実」に当たり，厳格な証明を要するものと解すべきであろう。

しかしながら，前述のように共謀形成の過程は共謀の論理的前提をなすにすぎないものであり，必ずしも共謀の成否にとって本質的なものではないのであるから，共謀の行われた日時・場所やその詳細な内容等は訴因の特定に不可欠の要素ではなく，したがって判決においてもその点についてまで具体的に判示することは必要でないと解される。

【122】「『共謀』又は『謀議』は，共謀共同正犯における『罪となるべき事実』にほかならないから，これを認めるためには厳格な証明によらなければならないことはいうまでもない。しかし，『共謀』の事実が厳格な証明によって認められ，その証拠が判決に挙示されている以上，共謀の判示は，前示の趣旨において成立したことが明らかにされれば足り，さらに進んで謀議の行われた日時，場所またはその内容の詳細，すなわち実行の方法，各人の行為の分担役割等についていちいち具体的に判示することを要するものではない。」(最大判昭33・5・28刑集12巻8号1718頁－練馬事件－前掲【113】【118】と同一)

ただし，このことは，現に訴因の中で共謀の日時・場所が明らかにされている場合に，訴因変更の手続を経ないで，判決で訴因と異なる日時・場所の共謀を認定できるか否かの問題とは，一応切り離して考える必要があろう。この問題に関しては，共謀独自の問題のほかに，訴訟当事者に対する不意打ち防止の観点をも考慮に入れる必要があるのである。

第2編　犯　　罪

　この点につき，判例は，訴因において現場共謀であることが明らかにされている場合，このような訴因につき事前共謀に基づく犯行を認定するには，原則として，訴因変更の手続が必要であると解している（最判昭58・9・6刑集37巻7号930頁－日大仮処分事件）。また，3月12日から同月14日までの謀議への関与を理由にハイジャックの共謀共同正犯として起訴された被告人につき，13日及び14日の謀議とりわけ13日の夜の第一次謀議への関与を重視してその刑責を肯定した一審判決に対し，被告人のみが控訴を申し立てた事案において，右第一次謀議への関与の有無がハイジャックに関する謀議の成否の判断上とりわけ重要であるとの基本的認識に立つ控訴審が，13日夜の被告人のアリバイの成立を認めながら，一審判決が認定せず控訴審において被告人側が何らの防禦活動を行っていない12日夜の謀議の存否を争点として顕在化させる措置をとることなく，卒然として，第一次謀議の日を12日夜であると認めてこれに対する被告人の関与を肯定した本件訴訟手続は，被告人に不意打ちを与え違法であるとした最高裁判例もある（最判昭58・12・13刑集37巻10号1581頁）。

(2)　**共謀の認定**

　実務では，共同正犯，特に共謀共同正犯の事案につき，共謀の存否が争われることが多い。また，犯罪に加功したことは認めながらも，それは共謀者としてではなく，単なる幇助の意思で加功したにとどまるから共謀共同正犯は成立せず，幇助犯が成立するにすぎない旨の主張が出されることも少なくない。実行共同正犯においては実行行為の一部でも自ら行ったという事実があるから，通常，その点から容易に共謀の存在を認定することができるが，共謀共同正犯においては，明確な事前の協議をしているような事案であれば格別，そのような事実のない場合には，間接事実から推認してこれを認定するほかない。

　特に問題が多いのは，共同犯行の意識の存否であるように思われる。具体的にどのような間接事実からこれを推認するかについては，必ずしも類型化に親しまないものもあるが，実務では，例えば，(a)　当該関与者は犯罪事実の実現を希望する理由を持っていたか，特に，犯罪事実実現に関し利害関係を有していたか，(b)　領得罪などのように財産的利益の取得を内

容とする犯罪では，取得した利益の分配を受けたか，分配を受けた場合にはどの程度の割合であったか，事前の相談の際にそのような利益の分配についても約束があったか，(c) 謀議の際に，その関与者の意見が合意成立にどの程度の影響力を有していたか，(d) 謀議に際し，関与者が自ら実行担当者になり得る可能性はあったか，(e) 実行行為そのものは担当しないが，実行行為に必要かつ密接な行為（例えば，見張り行為）をしたか，(f) 組織による犯罪の場合には，その組織の拘束性の強さ，当該関与者の組織における地位はどのようなものか，などの事情を重視しているようである。この関係で，近年，最高裁が大麻密輸入の事件に関し共謀の成立を認めた下記の判断が参考になろう。

【123】「被告人は，タイ国からの大麻密輸入を計画したAからその実行担当者になって欲しい旨頼まれるや，大麻を入手したい欲求にかられ，執行猶予中の身であることを理由にこれを断ったものの，知人のBに対し，事情を明かして協力を求め，同人を自己の身代わりとしてAに引き合わせるとともに，密輸入した大麻の一部をもらい受ける約束のもとにその資金の一部（金20万円）をAに提供したというのであるから，これらの行為を通じ被告人が右A及びBらと本件大麻密輸入の謀議を遂げたと認めた原判断は，正当である。」（最決昭57・7・16刑集36巻6号695頁）

【124】刑事未成年者に指示命令して強盗を実行させた事案につき，最高裁は次のように判示した。

「本件当時Cには是非弁別の能力があり，被告人の指示命令はCの意思を抑圧するに足る程度のものではなく，Cは自らの意思により本件強盗の実行を決意した上，臨機応変に対処して本件強盗を完遂したことなどが明らかである。これらの事情に照らすと，所論のように被告人につき本件強盗の間接正犯が成立するものとは，認められない。そして，被告人は，生活費欲しさから本件強盗を計画し，Cに対し犯行方法を教示するとともに犯行道具を与えるなどして本件強盗の実行を指示命令した上，Cが奪ってきた金品をすべて自ら領得したことなどからすると，被告人については本件強盗の教唆犯ではなく共同正犯が成立するものと認められる。」（最決平13・10・25刑集55巻6号519頁）

第2編 犯　罪

第3　共同正犯に関する諸問題

1　承継的共犯

(1)　承継的共犯の意義と問題点

　　承継的共犯とは，ある者（先行行為者。以下「先行者」という。）が特定の犯罪の実行に着手し，まだ実行行為の全部を終了しないうちに，他の者（後行行為者。以下「後行者」という。）が，その事情を知りながらこれに関与した場合である。後行者が，先行者と共謀の上，残りの実行行為を自ら，又は先行者と共に行った場合を特に承継的共同正犯ということもある。承継的共犯は，理論的には共同正犯に限られないのであるが，実務的には共同正犯の成否がもっとも争われるところであるので，便宜上ここで説明することとする。

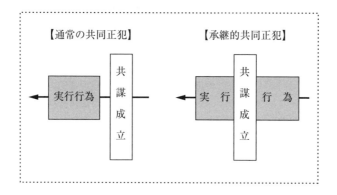

　　承継的共犯においては，途中から加担した後行者に対し，加担前の先行者の行為及びこれによって生じた結果をも含めた当該犯罪全体について共犯としての刑責を問い得るのか否かが問題となる。およそ共犯は，正犯を介して結果を惹起したことについて共犯として刑責を問われるのであるか

-364-

ら，承継的共犯においても，原則として，後行者の関与以降に行われた行為についてのみ共犯が成立し，その限度で責任を問われるものと解するのが一応論理的である。しかしながら，一般に承継的共犯（ことに承継的共同正犯）が問題になるような事案では，後行者は，先行者の実行行為に関与するに際し，先行者の行った行為やその結果を自ら認識・認容しつつ，あえてこれに共謀加担するというような事実が認められることが通例であるが，このような場合にまで，後行者において共犯が成立する範囲を関与後の実行行為に限定する必要があるのか，ということが問題となるのである。

(2) **承継的共犯の成立範囲をめぐる学説**

この問題については，(a) 個人責任の原則を重視して，後行者が共犯としての責任を負わねばならないのは，後行者が加担した後の行為に限られるとする**全面否定説**，(b) 実体法上の一罪は，分割不可能な1個の犯罪であるから，そのような犯罪に後行者が加担したものである以上，加担前の先行者の行為等を含む不可分的全体につき当然に共犯の成立を認めるほかないとする**全面肯定説**，(c) 後行者が先行者の行為等を自己の犯罪遂行の手段として利用したとみられる場合にのみ，後行者にも関与前の行為及びその結果につき刑事責任を問い得るなどとする**限定的肯定説**の3説があり，今日では全面否定説と限定的肯定説が有力である。

上記各説の当否につき若干検討しよう。

まず，全面肯定説は，実体法上の一罪の不可分性を理由に全体につき共同正犯の成立を認めるのであるが，単に犯罪が不可分であるというだけでは，個人責任の原則との抵触を完全に避けることができるか疑問が残る。しかも実体法上一罪だからといって常に分割不可能とまではいえないであろう（例えば，包括一罪や継続犯などは分割可能である。）。現在では，全面肯定説を支持する者はほとんどいない。

因果共犯論からは，全面否定説に至るのが最も自然である。因果性はこれから起こる将来に向けたものであって，既に終わったことについて遡って因果性を持

第2編　犯　罪

つことは不可能だからである。後記のとおり，判例も一般論としてはこの論理を肯定する（【126】）。もっとも，全面否定説を採ると，後行者の刑責の範囲が一律に狭くなりすぎないかという懸念が生ずる。たとえば，強盗犯人が被害者の反抗を抑圧した後に，財物の奪取にのみ関与した者，詐欺犯人が被害者を騙して錯誤に陥れた後に，財物の詐取にのみ関与した者，恐喝犯人が被害者を畏怖させた後に，財物の喝取にのみ関与した者に対し，それぞれ，強盗，詐欺，恐喝の共犯の成立を認め得なくなり，結論の妥当性に疑問が生ずるのではないかという問題が指摘されている。

そこで，確かに，後行者が先行者の行為等を認識・認容するというだけでは後行者に犯罪全体について刑事責任を負わせることは十分な根拠があるとはいえないかもしれないが，それにとどまらず，後行者が，先行者の行為及びこれによって生じた結果を自己の犯罪遂行の手段として積極的に利用する意思のもとに，先行者の犯罪に途中から加担し，その行為等を現にそのような手段として利用した場合には，先行者の行為等を実質上後行者の行為と同視してもよいと考えられるから，後行者についても先行者の行為等を含む当該犯罪の全体につき共犯の成立を認めたとしても，何ら個人責任の原則に反しないし，また結論的に見ても相当というべきである（後掲【125】大阪高判昭62・7・10高刑集40巻3号720頁参照）とする限定的肯定説が有力に主張されている。

この問題については，全面否定説の立場からも，上記のような各場合には，財物の奪取や受交付は，先行者から見ればそれぞれ強取，詐取，喝取であり，後行者はこの強取，詐取，喝取にそれぞれ関与するのであるから，なお，強盗罪，詐欺罪，恐喝罪の共犯を認め得るとの主張がみられる。さらに，共同正犯が認められるには構成要件該当事実全体にわたって因果性を有していなければならないから，途中から関与した後行者に共同正犯を認めることはできないが，幇助犯は実行行為が行われている限り成立し得るとして，承継的共同正犯は否定し，承継的幇助犯は肯定する見解など，様々な説が主張されている。

(3) **承継的共犯に関する判例**

この問題に関しては，かつて，夫が強盗目的で被害者を殺害した後，事情を告げられた妻である被告人が，ろうそくで犯行現場を照らし，夫の金品物色行為を幇助したという事案において，強盗殺人罪の幇助犯の成立を認めた大審院の判例が最上級審として唯一の事例であり，同判例は全面肯定説を採用したと解されてきた（大判昭13・11・8刑集17巻839号）。

第6章　共　　犯

　もっとも，戦後の下級審裁判例は，限定的肯定説の立場に立って，承継的共同正犯の成立範囲に一定の合理的制限を加えようとするものが比較的多くあった。下記【125】の大阪高裁の判決はその典型的なものである。

【125】〔事案〕暴力団A組組長の友人であるBが，C女にからむトラブルから被害者Xに憤激して，A組組員Dと共謀の上X方及びA組事務所に連行するタクシー内でXの顔面を殴打し，さらに同事務所内（1階応接室）でも居合わせた組員Eと共謀の上，こもごも顔面・頭部を殴打し，下腿部を足蹴りしていたところ，A組幹部で，当時同事務所3階で寝ていた被告人甲が，折からの階下の物音で目を覚まして，現場に現れた後，Xの負傷している様子やC女の説明などから，いち早く事態の成り行きを察知し，BらがXに対して暴行を加えて負傷させたことを認識・認容しながら，自らもこれに共同して加担する意思で，Xの顎を2，3回突き上げる暴行を加え，その後，さらにDがXの顔面を一回殴打したというものである。一審は，被告人甲につき傷害罪の共同正犯を認定したが，大阪高裁は，下記のとおり判示して，暴行罪の共同正犯が成立するにとどまるとした（傷害は，加担前の他の者らの暴行により生じたと認定）。

〔判旨〕「思うに，先行者の犯罪遂行の途中からこれに共謀加担した後行者に対し先行者の行為等を含む当該犯罪全体につき共同正犯の成立を認め得る実質的根拠は，後行者において，先行者の行為等を自己の犯罪遂行の手段として積極的に利用したということにあり，これ以外には根拠はないと考えられる。従って，いわゆる承継的共同正犯が成立するのは，後行者において，先行者の行為及びこれによって生じた結果を認識・認容するに止まらず，これを自己の犯罪遂行の手段として積極的に利用する意思のもとに，実体法上の一罪（狭義の単純一罪に限らない。）を構成する先行者の犯罪に途中から共謀加担し，右行為等を現にそのような手段として利用した場合に限られると解するのが相当である。
　もっとも，例えば，「暴行又ハ脅迫」により被害者の反抗を抑圧した状態に置き，その所持する財物を「強取スル」ことによって成立する強盗罪のように，一罪であっても一連の行為により一定の結果を発生させる犯罪（強姦，殺人等についても同様である。）については，後行者が，先行者の行為等を認識・認容して犯行に共謀加担すれば（例えば，先行者が強盗目的で暴行中，自らも同様の目的で右暴行に加わり，あるいは，反抗抑圧の結果を生じた段階でこれに加わって，自ら金品を強取するなど），多くの場合，先行者の行為等を自己の犯罪遂行の手段として積極的に利用したと認めるのが相当であるといい得るから，これらの犯罪については，当裁判所の見解によっても，全面肯定説によった場合と（特異な場合を除き）概ね結論を異にしないと考えられる。しかし，例えば，先行者が遂

第2編 犯　　罪

行中の一連の暴行に，後行者がやはり暴行の故意をもって途中から共謀加担したような場合には，一個の暴行行為がもともと一個の犯罪を構成するもので，後行者は一個の暴行そのものに加担するものではない上に，後行者には被害者に暴行を加えること以外の目的はないのであるから，後行者が先行者の行為等を認識・認容していても，他に特段の事情のない限り，先行者の暴行を，自己の犯罪遂行の手段として積極的に利用したものと認めることができず，このような場合，当裁判所の見解によれば，共謀加担後の行為についてのみ共同正犯の成立を認めるべきこととなり，全面肯定説とは結論を異にすることになる。…ところで，前示の認定によれば，被告人はA組事務所1階応接室へ現れた段階で，同室内におけるBらの行動や被害者Xの受傷状況，更にはC女の説明などにより，事態の成行きを理解し，同室内におけるBらのXへの暴行及びこれによる同人の受傷の事実を認識・認容しながら，これに途中から共謀加担したものといい得る。しかし，前示のような暴行罪そのものの性質，並びに被告人がXに対し現実にはその顎を2，3回突き上げる程度の暴行しか行っていないことからみて，被告人が先行者たるBらの行為等を自己の犯罪遂行の手段として利用する意思であったとか，これを現実にそのようなものとして利用したと認めることは困難である。従って，本件において，被告人に対しては，Bらとの共謀成立後の行為に対して共同正犯を認め得るに止まり，右共謀成立前の先行者の行為等を含む犯罪全体につき，承継的共同正犯の刑責を問うことはできないといわざるを得ない。」（大阪高判昭和62・7・10高刑集40巻3号720頁）

このような中，近時，最高裁は，傷害罪の承継的共同正犯の成否が問題となった事案において，極めて注目すべき判断を示した。

【126】〔事案〕A及びBが，C及びDに対し，暴行を加えて傷害を負わせた後，被告人が現場に到着し，被告人，A及びBの3名で，引き続きC及びDに対して暴行を加え，更に傷害を負わせたというものである。被告人は，共謀加担前のAらの暴行による傷害を含めた全体について，傷害罪の共同正犯として責任を負うとして起訴された。

〔判旨〕「被告人は，Aらが共謀してCらに暴行を加えて傷害を負わせた後に，Aらに共謀加担した上，金属製はしごや角材を用いて，Dの背中や足，Cの頭，肩，背中や足を殴打し，Dの頭を蹴るなど更に強度の暴行を加えており，少なくとも，共謀加担後に暴行を加えた上記部位についてはCらの傷害…を相当程度重篤化させたものと認められる。この場合，被告人は，共謀加担前にAらが既に生じさせていた傷害結果については，被告人の共謀及びそれに基づく行為がこれと因果関係を有することはないから，傷害罪の共同正犯としての責任を負うことはなく，

共謀加担後の傷害を引き起こすに足りる暴行によってＣらの傷害の発生に寄与したことについてのみ，傷害罪の共同正犯としての責任を負うと解するのが相当である。原判決の…認定は，被告人において，ＣらがＡらの暴行を受けて負傷し，逃亡や抵抗が困難になっている状態を利用して更に暴行に及んだ趣旨をいうものと解されるが，そのような事実があったとしても，それは，被告人が共謀加担後に更に暴行を行った動機ないし契機にすぎず，共謀加担前の傷害結果について刑事責任を問い得る理由とはいえないものであって，傷害罪の共同正犯の成立範囲に関する上記判断を左右するものではない。」（最決平24・11・6刑集66巻11号1281頁）

最高裁の判示中，「被告人は，共謀加担前にＡらが既に生じさせていた傷害結果については，被告人の共謀及びそれに基づく行為がこれと因果関係を有することはないから，傷害罪の共同正犯としての責任を負うことはな（い）」とした部分は，因果共犯論によく整合するものである。少なくとも，最高裁が，全面肯定説を明確に否定したことは疑いがない。もっとも，この判例は，傷害罪に関するものであって，前記のような，強盗罪，詐欺罪，恐喝罪といった犯罪に途中から関与した後行者についても，承継的共犯を否定するのか否かは，必ずしも明らかではない。この判例自体は，全面否定説と限定的肯定説のいずれからも説明できるものであるが，この判例の千葉勝美裁判官の補足意見においては，「なお，このように考えると，いわゆる承継的共同正犯において後行者が共同正犯としての責任を負うかどうかについては，強盗，恐喝，詐欺等の罪責を負わせる場合には，共謀加担前の先行者の行為の効果を利用することによって犯罪の結果について因果関係を持ち，犯罪が成立する場合があり得るので，承継的共同正犯の成立を認め得るであろうが，少なくとも傷害罪については，このような因果関係は認め難いので（法廷意見が指摘するように，先行者による暴行・傷害が，単に，後行者の暴行の動機や契機になることがあるに過ぎない。），承継的共同正犯の成立を認め得る場合は，容易には想定し難いところである。」と指摘されており，同補足意見においては，なお承継的共犯

を認める余地が留保されているように読めるところである。

2 過失犯の共同正犯

(1) 過失犯の共同正犯をめぐる問題点

　前述の共同正犯の意義・要件をめぐる議論は，いずれも故意犯の共同正犯を念頭においてなされている。それでは，過失犯についても共同正犯は成立するのであろうか。これが一般に過失犯の共同正犯の成否として議論されている問題である。

　ところで，一定の発生した結果について数名の者の過失が関与しているという場合には，実務では，過失犯の単独犯の競合を認めるという形で事件の処理を行うことが通常のようである。過失犯は，いわゆる開かれた構成要件であって構成要件要素の規定の仕方が緩やかであるため，各関与者につき異なった注意義務を認めてそれぞれ単独犯の成立を肯定するという柔軟な処理の仕方が可能なのである。この意味では，過失犯の競合が認められる通常のケースでは，あえて過失犯の共同正犯の成否を議論するだけの実際上の必要性は乏しいといわざるを得ない。

　しかし，過失犯の競合という形では処理が不可能な事例もないではない。過失犯の単独犯が成立するためには，あくまでも個々の過失と結果との間の因果関係が明白であることが不可欠の前提であることに注意しなければならない。この点の因果関係が不明の場合には，結局過失犯は成立せず（過失犯の未遂は処罰されない。），過失犯の競合による処理も不可能となる。例えば，甲と乙とが建築増築現場で溶接作業をしていたが，その際，溶接により発生する輻射熱や火花により溶接箇所周辺にある可燃物に着火する危険性があるのに，両名とも何ら遮へい措置等の発火防止措置を講じないまま溶接を続けた結果，可燃物に着火して近隣の建物に燃え移り，これを焼損した（業務上失火罪の成否が問題となる。）としよう。この場合，

甲・乙いずれの溶接から可燃物の着火が生じたのか因果関係が明らかであるならば，過失犯の競合による処理は可能である（仮に甲の溶接から生じたとすれば，甲の直接過失と乙の監督過失とが問題となろう。）。しかし，実際上，このような事例では，甲・乙が対等の立場で共同して作業を行うことが多いため，両名のうちいずれの過失から結果が生じたのか因果関係が必ずしも明らかでないという場合が少なくないのである。このような場合には，過失犯の単独犯が成立する余地がないため，過失犯の共同正犯の成否を考えるほかないということになる（→共同正犯の効果につき，359頁参照）。ここに過失犯の共同正犯を肯定するか否かを論ずる実益があるのである。

(2) 過失犯の共同正犯の成否に関する学説

この問題については，今日でも，過失犯の共同正犯というものを一切否定する考え方と過失犯にも共同正犯はあり得るとする考え方の対立がある。否定説は，過失犯は不注意という無意識的な部分にこそその本質があるから，そのような無意識的部分を共同して実行することはあり得ないと主張する。それに対し，肯定説は，過失犯において法益侵害の現実的危険性を有するのは，単なる不注意ではなく，過失行為という一定の行為であるから，そのような過失行為を共同することは十分可能であると主張するのである。かつては否定説が通説であったが，近時は，次第に肯定説が有力になりつつあるようである。

> 従前，この問題は，後述の行為共同説・犯罪共同説の議論を前提に，「行為共同説→過失犯の共同正犯肯定」，「犯罪共同説→過失犯の共同正犯否定」という図式で論じられることが多かったようである。しかし，近時は，両議論の間には論理的な対応関係はないと考えられるようになってきている。むしろ，この問題は，過失犯の要件事実をどのように把握するかと関連の深い問題であるといえよう。従前の多数説は，不注意と結果との間に因果関係を肯定できれば直ちに過失犯が成立すると考えていたため，そこに過失の共同実行という観念を容れる余地がなかったのに対し，近時は，過失犯にも過失行為という実行行為があるということ

が明確に認識されるようになった結果(→147頁参照),過失行為においても共同実行の観念を肯定することが容易になったのである。かつては少数説であった過失犯の共同正犯肯定説がいまや多数説をしめるに至った背景には,このような過失犯の要件事実の把握の仕方に関する考え方の移り変わりがあるものといえる。

さらに,最近の肯定説は,過失犯の共同正犯を無制限に肯定するのではなく,一定の合理的な限度,具体的に言えば,**共同の注意義務に共同して違反して法益侵害の現実的危険性を有する行為をした**と認められるような場合に限定して,これを肯定しようとする傾向にある。実務的見地からしても,このような考え方は,妥当なものと支持することができよう。

過失犯の共同正犯を認める実益は,前述のとおり,結果と個々の過失との間の因果関係が不明であるという場合に,行為者全員に対し発生した結果全部につき帰責し得るという点にある。過失犯の共同正犯を肯定するとしても,それは,このような法的効果を認めても実質的に不当と考えられないという事情のある場合に限定するのが相当であろう。そうだとすると,過失犯の共同正犯をどのような場合に肯定するかは,結局,共同正犯の処罰根拠にまでさかのぼって,ことを論じなければならない。前述のように,共同正犯の正犯性は,共謀を通じて,犯罪遂行のため相互に利用・依存する関係を形成する点にあった。過失犯においても,注意義務を怠って結果発生の現実的危険性を有する行為を行う過程で,このような関係を肯定することができるならば,共同正犯を肯定すべき実体が備わっているものと解することができよう。そのためには,単に危険な作業を共同でしているというだけでは足りない。結果発生の危険が予想される状態の下で,事故防止の具体的対策を行うについての相互利用・補充という関係に立ちつつ,結果回避のための共通の注意義務を負う者に,共同作業上の落度が認められる場合に,初めて過失犯の共同正犯を肯定することができよう。

(3) **過失犯の共同正犯に関する判例**

最高裁の判例には,理由は必ずしも明らかではないものの,結論的に過失犯の共同正犯の成立を認めたものがある。

【127】〔事案〕飲食店を経営していた甲と,その長女の夫で無職の乙とが,乙の叔父からウイスキーを買い入れ,甲が販売していたところ,そのウイスキーの中にメタノールが31〜33%含まれていたために,それを買って飲んだ客6人が死亡したというものである。被告人甲・乙は,当時の有毒飲食物取締令(その後廃止)4条1

第6章　共　　犯

項後段の罪（過失に因りメタノール等を含有する飲食物を販売した者は3年以上15年以下の懲役又は2000円以上1万円以下の罰金に処する。）の共同正犯に当たるものとして起訴された。弁護人は過失犯に共同正犯は相いれないと主張したが，最高裁は，これに対し下記のような判断を示した。
〔判旨〕「原判決の確定したところによれば，右飲食店は，被告人両名の共同経営にかかるものであり，右の液体の販売についても，被告人等は，その意思を連絡して販売したというのであるから，此点において，被告人両名の間に共犯関係の成立を認めるのを相当とするのであって原判決がこれに対し刑法60条を適用したのは正当であ（る。）」（最判昭28・1・23刑集7巻1号30頁）

　その後の下級審判例も，上記最高裁判例に沿って，おおむね過失犯の共同正犯を肯定する傾向にあるが，下記【128】の名古屋高裁判決は，前に例として挙げた溶接作業による失火の事案に関し，下記のような詳細な判断を示して，過失犯の共同正犯の成立を認めており，注目される。

【128】「…本件溶接作業においては，被告人甲が一応現場の責任者となっていたとはいえ，被告人乙は決して被告人甲の指揮命令に拘束されるといった関係にあったわけではなく，溶接職人としては被告人甲とほぼ対等同格の立場で右作業に従事したものであるというべきであり，また，前記溶接箇所付近には，これとほぼ接着し若しくは接着に近い状態でベニヤ板，フエルトなどの前記可燃物が存在し，この状態でスパッタ（注－火花）を周囲に飛散させ，かつ高温度の輻射熱を周辺に発散放射させるという溶接作業を行う被告人両名としては，このままの状態で本件溶接作業を行うならば右輻射熱やスパッタなどのため右可燃物が発火し，その結果建物が燃焼，焼燬するといった大事に至るということを当然予見することができ，また予見していなければならないことであり（前記のごとく，被告人両名が交互に地上でスパッタの飛散状況を監視し，ばけつの水を溶接箇所に掛けたことなどは現に可燃物の発火や火災の危険性を予測していた証左である。），以上のことは電気溶接機を用いて行う鋼材溶接作業の業務に従事する者一般についてもいい得るところであるから，被告人両名には，電気溶接機を用いて本件溶接作業を行うに当たり，作業開始前にあらかじめ溶接箇所周辺の可燃物が発火しないよう輻射熱やスパッタなどを遮へいする措置を講じておかなければならない（換言すれば右措置を講じないまま右作業を始めてはならない）という業務上の注意義務があったといわざるを得ない。
　以上によると，⑴被告人両名の行った本件溶接作業（電気溶接機を用いて行う鋼材溶接作業）は，まさに同一機会に同一場所で前記H鋼梁とH鋼間柱上部鉄板とを溶接固定するという一つの目的に向けられた作業をほぼ対等の立場で交互に（交替

して）一方が，溶接し，他方が監視するという方法で二人が一体となって協力して行った（一方が他方の動作を利用して行つた）ものであり，また，(2)被告人両名の間には，あらかじめ前説示の遮へい措置を講じないまま本件溶接作業を始めても，作業中に一方が溶接し，他方が監視し作業終了後に溶接箇所にばけつ一杯の水を掛ければ大丈夫である（可燃物への着火の危険性はない）からこのまま本件作業にとりかかろうと考えていること（予見義務違反の心理状態）について相互の意思連絡の下に本件溶接作業という一つの実質的危険行為を共同して（危険防止の対策上も相互に相手の動作を利用し補充しあうという共同実行意思の下に共同して）本件溶接作業を遂行したものと認められる。つまり，被告人両名は，単に職場の同僚としてあらかじめ前記措置を講ずることなくして前記危険な溶接作業（実質的危険行為）をそれぞれ独立に行ったというものではない。このような場合，被告人両名は，共同の注意義務違反行為の所産としての本件火災について，業務上失火の同時犯ではなく，その共同正犯としての責任を負うべきものと解するのが相当である。」（名古屋高判昭61・9・30高刑集39巻4号371頁）

3　共犯関係からの離脱（共犯関係の解消）と共同正犯の中止

(1)　共犯関係からの離脱（共犯関係の解消）

　　共謀者のうちの一人が，一度は犯罪遂行の共謀に加わったものの，翻意して犯罪をやめようと思った場合，既に形成された共謀から離脱するにはどのようにすればよいのであろうか。これが**共犯関係からの離脱（共犯関係の解消）**の問題である。

　　この問題は，共謀に基づく実行の着手がいまだなされていない場合と既になされている場合とで場合分けをして検討されてきた。もっとも，因果共犯論の考え方からすれば，要は一旦形成された共謀に基づく因果性（心理的因果性，物理的因果性）が離脱によって断ち切れた（＝解消した）と評価できるか否かの問題であり，実行の着手前か着手後かという区別が絶対的なものではないことに注意が必要である。判例も，そのような観点から，因果性の遮断を具体的な事実関係に照らして判断している。

①　実行の着手前の共犯関係からの離脱（共犯関係の解消）

従来，下級審裁判例は，おおむね，実行の着手前は，他の共謀者に対して共謀関係から離脱する旨の意思を表明し，残余の共謀者がこれを了承すれば，その時点で心理的因果性は解消し，その後の残余共謀者による犯行は，別個の共謀によるものと評価すべきであると解しており，学説の多数説もこれを支持してきた。代表的な裁判例として，東京高判昭25・9・14高刑集3巻3号407頁などがある。

　ある共謀者が翻意して犯罪を中止したいと思い勝手に逃走しても，他の共謀者がその離脱を知らないときは，実行担当者は，その離脱者の支援を受けているとの意識の下に犯罪を実行するであろうから，離脱者の影響力（心理的因果性）は消滅していないといわざるを得ないであろう。それに対し，離脱の意思を表明し，残余の共謀者がこれを了承して，なお犯罪の実行の着手に及んだ場合には，離脱者の影響力は消滅ないし有意に減少し，新たな共謀に基づいて実行の着手がなされたものと見るべき場合が少なくなく，その場合，離脱者は，残余の共謀者らの行った実行行為及びその結果につき刑事責任を問われない（ただし，離脱前にした行為が他の罪〔例えば，強盗予備罪〕の構成要件に該当している場合には，その限度で刑事責任を問われる。）。

　このような離脱の意思の表明と残余の共謀者によるその了承と評価できるものでありさえすれば，それは必ずしも明示的になされる必要はなく，黙示的になされてもよいと解される（福岡高判昭28・1・12高刑集6巻1号1頁参照）。

　なお，離脱の意思の表明と残余の共謀者によるその了承により心理的因果性が解消されたとしても，物理的因果性が残存する場合には，これをも解消しなければ，共犯関係の解消は認められない。たとえば，住居侵入窃盗を共謀した後，そのうちの一人が離脱を表明し，残余の共謀者もこれを了承したが，離脱者が用意した合い鍵と侵入用具を用いて，残

第2編 犯　　罪

余の共謀者が後日犯行に及んだというような場合である。
② **実行の着手後の共犯関係からの離脱（共犯関係の解消）**
　　実行の着手後は共犯関係からの離脱（共犯関係の解消）は認められないと解するのが，従来の学説の考え方であった。確かに，自己の共謀加担によって，実行の着手という法益侵害の現実的危険性を有する段階にまで事態を進展させた以上，全面的に罪責を免れるということが許されないのは当然である。しかし，実行行為の途中において，共謀者の一人が他の共謀者に対し離脱の意思を表明し，残余の共謀者がこれを了承したというにとどまらず，更に進んで，他の共謀者が現に行っている実行行為を中止させた上，以後は自己を含め共犯者の誰もが当初の共謀に基づく実行行為を継続することのない状態を作り出したような場合には，その時点で共犯関係は解消されたと認め得るから，たとえ他の共謀者が何らかの事情によりなお実行行為を継続したとしても，その時点以後の実行行為及びその結果については，離脱者は帰責されない（したがって，例えば，甲・乙・丙の3名が共謀の上，被害者Aに暴行・脅迫を加えるなどして強姦の実行に着手したが，姦淫に及ぶ前に甲が離脱を申し出たため上記要件を満たして3名の共謀関係が解消したというような場合には，たまたまその後更に乙・丙の2名がAを姦淫したというような事情があったとしても，甲には強姦未遂の共同正犯が成立するにとどまる。）ものと解すべきである（東京高判昭63・7・13高刑集41巻2号259頁）。その場合，離脱者は，自己の加担した共謀に基づく心理的・物理的因果性を一旦除去したということができるからである。下記【129】の最高裁決定は，実行の着手後の共同正犯の解消を否定したものであるが，上記のような解消の要件を踏まえた判示であると解される。
　【129】〔事案〕被告人甲は，乙とともにスナックで飲酒していたところ，相客のAの酒癖が悪いことなどから，これに憤慨してAを乙方に連行し，乙の部屋でA

第6章 共　　犯

に謝らせようとしたが，Ａが反抗的な態度をとり続けたため，激昂の余り，Ａの身体に対し暴行を加える意思を乙と相通じた上，約１時間ないし１時間半にわたり，木刀などでこもごもＡの顔面等を多数回殴打するなどの暴行を加えた。その後，被告人甲は，乙方を立ち去ったが，その際「おれは帰る」と言っただけで，自分としてはＡに対しこれ以上制裁を加えることを止めるという趣旨のことを告げず，乙に対しても，以後はＡに暴行を加えることを止めるよう求めたり，あるいは同人を寝かせてやってほしいとか，病院に連れていってほしいなど頼んだりせずに，現場をそのままにして立ち去った。その後ほどなくして，乙は，Ａの言動に再び激昂して，同部屋でＡの顔を木刀で突くなどの暴行を加えた。Ａは，その後，同部屋において甲状軟骨左上角骨折に基づく頸部圧迫等により窒息死したが，その死の結果が被告人甲の帰る前の甲・乙両名の暴行によって生じたものか，その後の乙による前記暴行により生じたものかは断定できないというものである。

　被告人甲は傷害致死罪で起訴されたが，弁護人は，乙が単独の暴行を加えた時点では甲・乙の共犯関係は既に解消しているから，被告人甲にはＡの死亡の結果について共同正犯としての刑事責任を負わせることはできないと主張し，これに対し最高裁は下記のような判断を示した。

〔判旨〕「(上記) 事実関係に照らすと，被告人が帰った時点では，乙においてなお制裁を加えるおそれが消滅していなかったのに，被告人において格別これを防止する措置を講ずることなく，成り行きに任せて現場を立ち去ったに過ぎないのであるから，乙との間の当初の共犯関係が右の時点で解消したということはできず，その後の乙の暴行も右の共謀に基づくものと認めるのが相当である。そうすると，原判決がこれと同旨の判断に立ち，かりにＡの死の結果が被告人が帰った後に乙が加えた暴行によって生じていたとしても，被告人は傷害致死の責を負うとしたのは，正当である。」(最決平元・６・26刑集43巻６号567頁)

　また，【130】の最高裁判決は，共犯関係の解消を考える上で参考になる。

【130】「本件のように，相手方の侵害に対し，複数人が共同して防衛行為としての暴行に及び，相手方からの侵害が終了した後に，なおも一部の者が暴行を続けた場合において，後の暴行を加えていない者について正当防衛の成否を検討するに当たっては，侵害現在時と侵害終了後とに分けて考察するのが相当であり，侵害現在時における暴行が正当防衛と認められる場合には，侵害終了後の暴行については，侵害現在時における防衛行為としての暴行の共同意思から離脱したかどうかではなく，新たに共謀が成立したかどうかを検討すべきであって，共謀の成立が認められるときに初めて，侵害現在時及び侵害終了後の一連の行為を全体と

第2編 犯　　罪

して考察し，防衛行為としての相当性を検討すべきである。」（最判平6・12・6刑集48巻8号509頁）

なお，近時，最高裁は，共犯関係の解消について，以下のとおりの判断を示した。

【131】「被告人は，共犯者数名と住居に侵入して強盗に及ぶことを共謀したところ，共犯者の一部が家人の在宅する住居に侵入した後，見張り役の共犯者が既に住居内に侵入していた共犯者に電話で『犯行をやめた方がよい，先に帰る』などと一方的に伝えただけで，被告人において格別それ以後の犯行を防止する措置を講ずることなく待機していた場所から見張り役らと共に離脱したにすぎず，残された共犯者らがそのまま強盗に及んだものと認められる。そうすると，被告人が離脱したのは強盗行為に着手する前であり，たとえ被告人も見張り役の上記電話内容を認識した上で離脱し，残された共犯者らが被告人の離脱をその後知るに至ったという事情があったとしても，当初の共謀関係が解消したということはできず，その後の共犯者らの強盗も当初の共謀に基づいて行われたものと認めるのが相当である。」（最決平21・6・30刑集63巻5号475頁）

上記【131】の判例の事案においては，住居侵入と強盗の共謀がされていたところ，被告人は，住居侵入罪の実行後，強盗罪の実行の着手の前に現場から離脱している。したがって，従来の実行の着手の前か後かという枠組みからすると，その中間に当たる類型であるといえるが，強盗罪についての共犯関係の解消が問題となっているという意味では，なお実行の着手前の範疇に入るものともいえる。その上で，上記判例は，強盗自体は未だ実行の着手に至っていないとはいえ，当初の共謀に基づく住居侵入による物理的・心理的効果が存在しており，これを利用して犯行が継続され強盗に至る危険性が十分あったという状況を重視して，共犯者に格別それ以後の犯行を止めさせる措置を講ずることなく，現場を立ち去って離脱しただけでは，共犯関係は解消されないとしたもので，単に実行の着手の前か後かという形式的な区別に依拠するのではなく，事案に応じた具体的な事情を考慮して，当初の共謀に基づく因果性（心

理的因果性及び物理的因果性）が実質的に解消されたといえるか否かを考察すべきである旨示唆しているものといえよう。

(2) **共同正犯の中止**

共同正犯においても，中止未遂の成否が問題となり得る。しかし，共同正犯の場合には，単独犯の場合と異なりほかにも正犯者がいるため，共謀者の一人が単に中止を決意して犯行を中止すれば足りるというものではない。通説・判例は，共同正犯において中止未遂が成立するためには，(a) まず，共謀者が任意に中止を決意することが必要であるとともに，(b) 当該共謀者が，真摯な努力により，他の共謀者の実行を阻止するか，又は結果の発生を防止しなければならない（→325頁参照）と解している。下記【132】の最高裁判決も同様に解するものである。

【132】〔事案〕被告人甲は，多額の借財に窮したことから，乙と強盗を共謀の上，深夜Ａ方において，乙が就寝中のＡに包丁を突き付け「あり金を皆出せ」などと脅迫するとともに，被告人甲もその傍らでジャックナイフを手にして立ち，Ａの家人を脅迫した。そのうちＡの妻がたんすの中から現金900円を出して被告人甲に差し出したところ，甲はこれを受け取るのを差し控えて，そのままＡ宅を立ち去った。その後，上記900円は乙がこれを受け取って強取したというものである。被告人甲は強盗既遂の罪で起訴されたが，弁護人は，甲が上記のように現金の受領を自ら拒否して立ち去ったことを根拠に，甲の行為は強盗の中止未遂に当たると主張した。〔判旨〕「被告人がＡの妻の差し出した現金900円を受け取ることを断念して同人方を立ち去った事情が所論の通りであるとしても，被告人において，その共謀者たる乙が判示のごとく右金員を強取することを阻止せず放任した以上，所論のように，被告人のみを中止犯として論ずることはできないのであって，被告人としても右乙によって遂行せられた本件強盗既遂の罪責を免れることを得ないのである。」（最判昭24・12・17刑集3巻12号2028頁）

この中止未遂の効果は，その共謀者についてのみ及び，他の共謀者にとっては障害未遂の効果が認められるにすぎないことは，中止未遂の法的性格について，違法責任減少説ないし責任減少説に立脚すれば，当然である。

【実行の着手後の共犯関係からの離脱と共同正犯の中止との関係】

実行の着手後の共犯関係からの離脱の成否の問題と，上述の共同正犯の中止の問題とは，かなり問題状況が似ているものの，必ずしも全面的に重なり合うわけではない。場合分けをして若干検討してみよう。
i　実行の着手後の共犯関係からの離脱が認められる場合
　どの段階で離脱したのかにより結論を異にする面があるが，共同正犯の中止が認められるためには，(a) 離脱の意思表明自体が任意になされたことが必要であり，しかも，(b) 離脱前に行われた実行行為により既に結果に向かって因果の過程が進行を開始している場合には，自らの積極的努力により結果の発生を阻止することが必要とされるであろう。
ii　実行の着手後の共犯関係からの離脱が認められない場合
　結果が発生した場合には，中止未遂はそもそも問題にならない。しかし，たとえ実行の着手後の共犯関係からの離脱が認められなくとも，共謀者のうちの一人が任意に中止を決意し，しかも，自らの積極的努力により結果の発生を阻止した場合には中止未遂が成立する余地がある。

4　結果的加重犯の共同正犯

　結果的加重犯が成立するためには，重い結果の発生につき行為者に過失又は予見可能性があることを要せず，基本行為と重い結果との間に因果関係が認められることをもって足りると解するのが判例である（→49頁参照）。この点は共同正犯の場合においても同様であって，判例は，基本行為について共謀があれば，たとえその共謀の範囲を超えて一定の重い結果が発生しても，その重い結果と基本行為との間に因果関係が認められ，かつそれが結果的加重犯を構成する限り，共謀者全員につき結果的加重犯の共同正犯が成立すると解している。

5　予備罪の共同正犯

　予備罪に関しても，基本となる犯罪を犯す目的を有する者が二人以上共同して基本犯罪の準備をしたときには，予備罪の共同正犯が成立する。
　問題は，自ら基本となる犯罪を実行する意思はないが，他人が基本犯罪を

実行する意思のあることを知って，単にこれを幇助するだけの意思で当該犯罪の予備罪に当たる行為をその他人と共同してした者が，予備罪についての共同正犯と認められるかどうかである。最高裁は，予備罪の共同正犯の成立を肯定している。

【133】〔事案〕甲は乙からA殺害のため青酸カリの入手を依頼されたので，殺害に使用するものであることを知りながら青酸カリを入手し，これを乙に手渡したが，乙が殺害の実行に着手しなかったというものである。甲に殺人予備罪の共同正犯が成立するかどうかが問題となったが，これに対し最高裁は下記のような判断を示している。
〔判旨〕「殺人の目的を有する者から，これに使用する毒物の入手を依頼され，その使途を認識しながら，右毒物を入手して依頼者に手交した者は，右毒物による殺人が予備に終わった場合に，殺人予備罪の共同正犯として責任を負うものと解すべきである。」（最決昭37・11・8刑集16巻11号1522頁の決定要旨）

第4　加担犯

1　加担犯の処罰

　教唆犯と幇助犯とを総称して**加担犯**という。広義の共犯のうち，共同正犯が言わば「自己の犯罪」として犯罪を共同実行した形態であるのに対し，加担犯は「他人の犯罪」に対し加功したにすぎないものであるという点で，両者は本質的に異なる。

　既に述べたとおり，加担犯も，正犯者を通じて違法な犯罪結果を間接的に惹起したことにその処罰の理由が存在する。

　もっとも，加担犯の現実の処罰は，共同正犯に比して極めて少数にとどまっている。

2　加担犯の従属性

(1)　加担犯の従属性の意義と問題点

　加担犯は「他人の犯罪」に加功するものであり，正犯のないところに加担犯はあり得ないから，加担犯はその性質上当然に正犯を前提としているといえる。これを**加担犯の従属性**という。

　問題は従属性の中味である。第1に，加担犯が成立するためには正犯が現実に犯罪の実行に着手する必要があるのであろうか。言い換えると，教唆・幇助したにもかかわらず正犯が実行しなかった場合に，正犯が成立しないにもかかわらず，加担犯を独自に処罰することができるのであろうか。これを**実行従属性**の問題という。第2に，仮に正犯が実行の着手に及ぶことにより初めて加担犯が成立するとした場合，正犯は犯罪成立要件のうちどの段階まで満たしている必要があるのだろうか。単に構成要件該当性を満たしていれば足りるのか，それとも違法性，更には責任まで満たしてい

る必要があるかという問題である。これを**要素従属性**の問題という。

(2) **実行従属性**

　この問題に関しては，学説上，共犯独立性説と共犯従属性説との対立がある。**共犯独立性説**は，加担犯は独立した可罰性を有しているから，正犯が実行行為を全く行わなくとも教唆・幇助の未遂として処罰することができるとする。主観主義刑法理論は，犯罪を犯人の社会的危険性の徴表としてとらえるが，教唆・幇助を行えば，その徴表としては十分であるから，正犯の成否と関係なく加担犯を処罰する必要が生じよう。したがって，主観主義刑法理論は共犯独立性説に結びつきやすいといえる。これに対し，**共犯従属性説**は，正犯が実行行為に着手して初めて加担犯は可罰性を帯びるから，正犯が実行に着手しない限り，教唆・幇助を独立に処罰することはできないとするものである。刑事責任の基礎を外部的に表現された犯人の行為に求める客観主義刑法理論の立場は，共犯従属性説に親しみやすいといえよう。

　判例・実務は一貫して共犯従属性説の立場を採っており，今日の通説も同様に共犯従属性説を支持している。(a)　「人を教唆して犯罪を実行させた」（刑61Ⅰ）や「正犯を幇助した」（刑62）という条文の文言の中に既に共犯従属性説の考え方をうかがうことができるし（なお，破壊活動防止法は，その38条から40条において後述の独立教唆罪の規定を置いているが，その41条が，「この法律に定める教唆の規定は，教唆された者が教唆に係る犯罪を実行したときは，刑法総則に定める教唆の規定の適用を排除するものではない。この場合においては，その刑を比較し，重い刑をもって処断する」と規定しているのは，同法の独立教唆罪が正犯の実行がなくとも成立することを示すとともに，反面，刑法典上の教唆犯は正犯の実行行為があって初めて成立することを明らかにしているものと解することができよう。)，(b)　理論的にみても，正犯の実行の着手は，因果の過程の単なる

一段階ではなく，正犯の行為が法益侵害の現実的危険性を有するに至った段階なのである（→313頁参照）から，それ自体としては法益侵害の危険性が希薄な行為である教唆・幇助については，正犯が実行の着手にまで進んだ段階で初めて可罰性を認めることは十分理由があるといえよう。甲が乙に対し「Aの物を盗んでこい。」と言ったが，乙が全く相手にせず，これを黙殺したような場合にまで，窃盗教唆の未遂としてこれを処罰の対象にすることは明らかに行き過ぎであるというべきである。

【独立教唆罪と煽動罪等】

特別刑法には，その保護法益の重要性などにかんがみ，教唆犯又はそれに類似する犯罪形態が独立の罪として規定されている場合がある。これらは，いずれも正犯の実行を待たないで，教唆又はその類似行為自体がなされれば直ちに犯罪が成立する点に特徴がある。

独立教唆犯とは，教唆者の教唆行為が行われただけで犯罪が成立する罪である。前記破壊活動防止法38条等や爆発物取締罰則4条の罪等がこれに当たる。国家公務員法110条1項17号，98条2項等の「**そそのかす**」行為も同様に解すべきである。他方，「**煽動**」（爆発物取締罰則4，公職選挙法234等），「**あおる**」（国家公務員法110Ⅰ⑰，98Ⅱ等）行為は，特定の犯罪を遂行させるために，不特定若しくは多数人に対して，その決意を生じさせ，又は既に生じている決意を助長させるような勢いのある刺激を与えることを意味する。

さらに，独立幇助犯の形態も存する。国家公務員法111条の罪や軽犯罪法3条の罪がこれである。

(3) **要素従属性**

要素従属性とは，加担犯が成立するためには，正犯の行為は犯罪成立要件のうち，どの段階まで満たしている必要があるのかという問題である。刑法61条は「教唆して<u>犯罪</u>を実行させた」と規定するが，この「犯罪」とは何かという問題であるといってよい。

この問題について，下記のような四つの考え方があり得よう。

① **最小従属性説**－正犯の行為は，構成要件に該当していれば足りるとする立場

② **制限従属性説**——正犯の行為は，構成要件に該当し，かつ違法であることを要するとする立場
③ **極端従属性説**——正犯の行為は，構成要件に該当し，かつ違法・有責であることを要するとする立場
④ **誇張従属性説**——正犯の行為は，構成要件に該当し，かつ違法・有責であるとともに，処罰条件等の可罰性の条件を具備することを要し，一身的な刑の加重減軽の事由も加担犯の成立に影響を及ぼすとする立場

　以上いずれの考え方が妥当であろうか。まず，④の立場は，現行刑法が，244条3項等において人的な処罰の条件は共犯者に及ばないと明示しているから，適当ではない。また，①説に立つと，例えば，医師に子供の手術を依頼した場合，医師の手術行為は傷害罪の構成要件に該当している（ただし，治療行為として違法性が阻却される。）ため，手術の依頼行為につき傷害罪の教唆犯が成立することとなり，不合理である。構成要件に該当しても，実質的に違法でない行為ならばこれに対する加功を処罰する必要はないはずであり，したがって①説も適当でない。逆に，③説に立つと，是非弁識能力の十分な刑事未成年者に窃盗をそそのかした場合にも教唆犯は成立しないことになるから，間接正犯の理論で解決するほかない。しかし，これは間接正犯自体の処罰根拠（→77頁参照）に反するであろう。のみならず，責任無能力者の犯行を幇助したようなケースでは，結局不可罰ということにならざるを得ない。このように考えると③説も妥当とは言い難い。

　②の制限従属性説が妥当というべきである。現行法の解釈としては，正犯が犯罪を実行するとは，構成要件に該当する違法な行為を行うことにほかならないから，正犯に責任が認められなくとも，加担犯の成立は妨げられないと解される。同説の考え方を標語的に述べるならば，「**違法は連帯**

的に，**責任は個別的に**」ということになろう。学説においても，近時は制限従属性説が通説となっており，実務もおおむねこの立場に立って運用されているものと思われる（ただし，この立場においても，構成要件の要素として故意・過失が要求される結果，少なくとも，正犯が事実的な故意・過失を備えていることは必要であることに注意すべきである。）。

この問題に関し，判例は，従前，極端従属性説を採用しているように解されてきたが，前掲【16】最判昭58・9・21刑集37巻7号1070頁（→81頁の判文参照）は，責任無能力者である刑事未成年者を利用して犯罪を行った場合であっても，教唆犯の成立する余地のあることを肯認するに至った結果，判例も制限従属性説を採用する方向に大きく一歩を踏み出すこととなった。

3 教唆犯

(1) 教唆犯の意義

他人を教唆して犯罪を実行するに至らしめた者を**教唆犯**という（刑61）。

教唆犯は，外形上，共謀共同正犯と近似している。共謀共同正犯における共謀形成の過程においても，相互教唆の形で次第に共謀が形成されていく場合が少なくないからである。しかし，教唆犯は「他人の犯罪」に加担するものにすぎないものであって，共同犯行の意識を欠き，犯行の決意から実行までを被教唆者の意思にゆだねる点において，共同正犯と基本的に異なっている。

このような観点から，犯罪の社会的実態に目を向けると，犯罪に関与した者が教唆的方法を用いた場合でも，それが上述のような意味での教唆犯の限度にとどまる場合はむしろまれだといってよい。いやしくも他人に犯罪をそそのかす以上，その犯罪結果につき何らかの利害関係を有しているのが通常であり，かつそのような場合にはむしろ「自己の犯罪」として犯

罪を遂行する意思はあるが，ただ実行行為のみを他人に依頼するということが通例であるからである。前述のように，教唆犯の処罰が極めて少ないことの主たる理由は，このような点に求めることができる。

(2) **教唆犯の成立要件**

① **教唆行為**

教唆とは，犯罪実行の意思のない者に対して，特定の犯罪の実行を決意させるような刺激を言語・動作によって与えることである。その手段・方法のいかんを問わないが，具体的には，嘱託，命令，哀願，誘導等の方法が考えられよう。欺罔，脅迫を伴う働きかけも教唆の手段として考えられるが，その程度が強すぎると間接正犯が成立することになる。また，その方法は明示的なものに限らず，黙示的なものでもよい。

犯罪の教唆といえるためには，漠然と犯罪一般をそそのかすだけでは足りないというべきである。しかし，一定の犯罪を実行する決意を被教唆者に生じさせれば十分であり（最判昭26・12・6刑集5巻13号2485頁），犯罪の日時・場所・方法・被害物件まで具体的に特定して教唆するまでの必要はない。他方，被教唆者において特定の犯罪を実行する決意を既に固めていた場合には，教唆犯の成立が否定されるが（その場合，共同正犯又は幇助犯の成立可能性を別途検討する必要がある。），被教唆者が一定の犯罪実行意思を有しているものの，特定の犯罪を実行する決意が未だ確定していない段階においては，なお教唆犯は成立し得る（証拠偽造教唆罪の事案であるが，最決平18・11・21刑集60巻9号770頁参照）。

また，教唆犯が成立するためには，教唆犯の故意がなければならない。この故意の内容としては，被教唆者が違法な実行行為を行うことの認識・認容（要するに，修正された構成要件事実の認識・認容）で足り，自ら構成要件的結果の発生を認容することまでは必要でないと解される。したがって，当初から未遂に終わらせることを意図しながら，教唆行為

を行った場合（いわゆる未遂の教唆）にも教唆犯は成立すると解される。

【アジャン・プロヴォカトゥール】
　アジャン・プロヴォカトゥール（教唆する刑事巡査）とは、被教唆者が実行行為に着手したときに犯人として逮捕する目的で、人に犯罪を教唆する場合をいう。上述の説明からすると、これも一種の未遂の教唆であり、教唆犯が成立すると解される（ただし、犯人逮捕の目的でなされたという点において、その行為の違法性又は責任が阻却される余地があり得る。）。麻薬犯罪等の捜査で用いられる「おとり捜査」も、これと同様の構造を有するものである（麻薬及び向精神薬取締法58条は、一定の限度でおとり捜査を許容しているものと解される。）。

　数人が共謀して他人を教唆し犯罪を実行させた場合には、共謀共同正犯と同様、単なる共謀者も教唆犯（共謀共同教唆犯）として処罰することができる（最判昭23・10・23刑集2巻11号1386頁）。

② **教唆に基づく正犯の実行行為**

　被教唆者が教唆行為の結果、当該犯罪の実行を決意し、それを実行することによって初めて教唆犯が成立する（実行従属性）。ここにいう正犯の「実行」は、構成要件に該当し、かつ違法なものであることを要することは前述のとおりである（要素従属性－制限従属性説）。

　教唆行為と正犯者の実行行為との間には因果関係が必要である。正犯が実行の着手の前にいったん犯意を放棄し、その後教唆とは無関係に新たに犯意を生じたときは、その決意に基づく行為は、教唆との間の条件関係を断たれるから、結局教唆行為による犯罪の実行はなかったことになり、教唆犯は成立しない。

　　最判昭25・7・11刑集4巻7号1261頁は、甲が乙に対しA方への住居侵入強盗を教唆し、乙は、右教唆に基づいてA方へ侵入したものの同宅の母屋に入れず、いったんはあきらめて帰りかけたが、同行していた丙らが強硬に隣家のB方へ押入ろうと主張したことに動かされて、結局B方へ侵入し強盗を働いたという事案につき、甲の教唆行為と乙のB方への侵入強盗との間の因果関係には疑問があるとしている。

(3) **教唆犯の処分**

　教唆犯には「正犯の刑を科する。」(刑61Ⅰ)正犯の刑を科するとは,正犯に適用すべき法定刑の範囲内で処罰するという意味である(最判昭25・12・19刑集4巻12号2586頁)。したがって,正犯が既遂であれば既遂の教唆犯が,未遂であれば未遂の教唆犯が成立し,それぞれの法定刑の範囲内で処断される。

　しかし,教唆犯が処罰されるためには,正犯が現実に処罰されたことを必要とするものではない(大判明44・12・18刑録17輯2211頁)。また,教唆犯の宣告刑を正犯者のそれよりも重くすることは差し支えない。

　なお,拘留・科料のみを法定刑とする軽い罪の教唆については,特別の規定(例えば,軽犯罪法3条)がなければ処罰されないことに注意する必要がある(刑64)。

(4) **間接教唆**

　教唆犯を教唆することを間接教唆という。間接教唆者も教唆犯として処罰される(刑61Ⅱ)。

　間接教唆者を更に教唆した場合を再間接教唆又は順次教唆というが,これについても間接教唆と同様,教唆犯として処罰されるとするのが判例である(大判大11・3・1刑集1巻99頁)。

4　幇助犯(従犯)

(1) **幇助犯の意義**

　正犯を幇助した者を,**幇助犯**(又は**従犯**)という(刑62Ⅰ)。

　幇助犯に関しても,共同正犯(特に共謀共同正犯)との区別が問題となる。理論上両者は容易に区別できるが,現実の事件においてはその判断に迷う場合が少なくない。幇助者が,共同正犯者と意思を通じた上で,実行行為と密接な関係にある幇助行為を行う場合などが特にそうである。3の

第2編　犯　　罪

教唆犯に関する説明で述べたのと同様，一言で言えば「他人の犯罪」に加功したという実態を有する場合が幇助犯であるが，具体的には共謀（特に，共同犯行の意識の要件）の存否を判断してこれを決することになろう。

(2) **幇助犯の成立要件**

① **幇助行為**

幇助とは，正犯者でない者が，正犯の実行を援助し，容易ならしめることである。幇助の方法には制限がない。物質的援助（金銭の貸与，実行に供する凶器の提供，犯行現場への案内等）でもよいし，精神的援助（助言，奨励等）でもよい。精神的幇助と教唆との違いは，前者が，犯罪の決意を有している者につきその決意を強固にするものであるのに対し，後者は犯罪の決意を有しない者に決意を生ぜしめるものである点に求められる。

不作為による幇助もあり得る。正犯者の犯罪行為を阻止して結果の発生を防止すべき法律上の義務を負う者が，その義務に違反して正犯者の犯罪行為を阻止せずにその遂行を容易にした場合，例えば選挙長が，違法投票を目撃しながらこれを制止しなかった場合などがこれに当たる（大判大3・3・9刑集7巻172頁）。

幇助者と被幇助者とは，必ずしも意を通じていることを必要としない。したがって，幇助者が被幇助者の知らないうちに幇助行為をするような場合にも幇助犯は成立する（**片面的幇助犯**）。例えば，知り合いの乙が賭場を開帳して利益を得ようとしているのを知った甲が，乙を手助けしてやろうと考え，乙の知らない間に客のAを乙の賭場に案内して賭博をさせたような場合には，賭博開帳幇助の罪が成立する（大判大14・1・22刑集3巻921頁）。

幇助は実行行為を援助することであるから，実行行為の前に行うことも可能であるし（例えば，凶器の貸与），また実行行為の最中に行うこ

ともできる（例えば，見張り）。さらに，実行行為の一部が既に行われているときでもよい。正犯者が実行行為の一部を終了した後に，その犯罪に関与してその後の実行行為を容易にする行為をすれば**承継的幇助犯**となり，承継的共同正犯と同様の問題を生じる（→364頁参照）。

　　しかし，実行行為終了後における幇助（便宜上「事後従犯」と呼ばれることがある。）は無意味であり，ここでいう幇助犯には当たらない。もっとも，その行為が，他の構成要件（例えば，犯人蔵匿罪，盗品等譲受け罪）に該当することはあり得る。

② **被幇助者（正犯者）の実行行為**

　幇助犯が成立するためには被幇助者が犯罪の実行に着手することを要することはいうまでもない（実行従属性）。

　教唆の場合と同じく，幇助の場合においても，幇助行為が正犯の実行を容易にしたという因果関係が必要である。しかし，幇助行為が行われなかったならば，正犯は実行されなかったであろうというような厳格な条件関係までは必要でない。物理的に正犯の犯行を容易にしたというだけではなく，心理的に犯行を容易にしたという関係（精神的幇助）が認められさえすれば，幇助の因果関係としては十分であると解される。このことを指して，幇助の因果関係は促進的因果関係で足りるといわれることもある。したがって，例えば，殺人の実行者丙に対し，甲が短刀を，乙がけん銃をそれぞれ貸与し，その結果丙は両凶器を殺人の現場に持参したものの，殺害行為自体には乙のけん銃のみを使用し，甲の短刀を使わなかったというような場合には，乙のみならず，甲にも殺人幇助罪が成立する。丙は予備的凶器として短刀を持参したという安心感を持って殺害行為に及んだという点で，甲は丙の殺人の実行を心理的に容易にしたという関係が認められるからである。

　この問題については，次の判例が参考になる。

第2編　犯　罪

【134】「思うに，甲は，現実には，当初の計画どおり地下室で本件被害者を射殺することをせず，同人を車で連れ出して，地下室から遠く離れた場所を走行中の車内で実行に及んだのであるから，被告人の地下室における目張り等の行為（注　けん銃音が建物の外部に漏れることを防止するためのもの）が甲の現実の強盗殺人の実行行為との関係では全く役に立たなかったことは，原判決も認めているとおりであるところ，このような場合，それにもかかわらず，被告人の地下室における目張り等の行為が甲の現実の強盗殺人の実行行為を幇助したといい得るには，被告人の目張り等の行為が，それ自体，甲を精神的に力づけ，その強盗殺人の意図を維持ないし強化することに役立ったことを要すると解さなければならない。しかしながら，原審の証拠及び当審の事実取調べの結果上，甲が被告人に対し地下室の目張り等の行為を指示し，被告人がこれを承諾し，被告人の協力ぶりが甲の意を強くさせたというような事実を認めるに足りる証拠はなく，また，被告人が，地下室の目張り等の行為をしたことを，自ら直接に，もしくは乙らを介して，甲に報告したこと，又は，甲がその報告を受けて，あるいは自ら地下室に赴いて被告人が目張り等をしてくれたのを現認したこと，すなわち，そもそも被告人の目張り等の行為が甲に認識された事実すらこれを認めるに足りる証拠はなく，したがって，被告人の目張り等の行為がそれ自体甲を精神的に力づけ，その強盗殺人の意図を維持ないし強化することに役立ったことを認めることはできないのである。」（東京高判平2・2・21判タ733号232頁）

また，近時の最高裁の判例には，危険運転致死傷罪につき，正犯者において自動車を運転するに当たって，職場の先輩で同乗している被告人の意向を確認し，了解を得られたことが重要な契機となっている一方，被告人において，正犯者がアルコールの影響により正常な運転が困難な状態であることを認識しながら，同車発進に了解を与え，その運転を制止することなくそのまま同車に同乗してこれを黙認し続け，正犯者が危険運転致死傷の犯行に及んだ場合に，同罪の幇助罪が成立するとしたもの（最決平25・4・15刑集67巻4号437頁）があり，正犯者への働きかけという観点からは外形上の積極性が乏しい了解や黙認行為について，なお精神的幇助による幇助犯を認めた事例として参考になる。

(3) **幇助犯の処分**

幇助犯の刑は，「正犯の刑を減軽」される（刑63）。「正犯の刑を減軽」

するとは，正犯が処罰される場合に適用される法定刑を減軽した刑で処断するという意味である。

なお，拘留・科料のみを法定刑とする軽い罪の幇助については，特別の規定（例えば，軽犯罪法3条）がなければ処罰されない（刑64）。

(4) **間接幇助等**

幇助犯を教唆した者も従犯の刑を科される（刑62Ⅱ）。

幇助犯を幇助することを**間接幇助**という。間接幇助者については，間接教唆の場合のように，これを処罰し得る旨の明確な規定がないので，その可罰性が問題となる。間接幇助者も結局正犯の実行を容易にしたものと認められる場合には本来の幇助犯として処罰してよいと解される。この点，最高裁判例も同様に解しているようである。

【135】「被告人が，甲又はその得意先の者において不特定の多数人に観覧せしめるであろうことを知りながら，本件の猥せつ映画フィルムを右甲に貸与し，甲からその得意先である乙に右フィルムが貸与され，乙においてこれを映写し十数名の者に観覧させて公然陳列するに至ったという本件事案につき，被告人は正犯たる乙の犯行を間接に幇助したものとして，従犯の成立を認めた原判決の判断は相当である。」（最決昭44・7・17刑集23巻8号1061頁）

【中立的行為による幇助】

近時，「中立的行為による幇助」という問題が議論されている。中立的行為による幇助とは，たとえば，金物屋の店員が，殺人に使うつもりで包丁を買おうとしている人物に対して包丁を販売したところ，その人物が実際にその包丁を使って殺人をした場合，店員に殺人幇助罪が成立するか，あるいは，タクシーの運転手が，銀行強盗を計画している犯人を犯行現場となる銀行までタクシーで送り届けた場合に，運転手に強盗幇助罪が成立するか，といった問題であり，要するに，日常的な行為であり，適法にも違法にも用いることのできるいわば価値的に中立的な行為をもって，犯罪を促進する効果を生じさせた場合に，協力者に幇助犯が成立するか否かという問題である。

この問題についての学説は多岐にわたっており，たとえば，①提供した便益が日常生活上ごくありふれており，協力者が便益を供与しなくとも，正犯者において同等の給付を容易に得られたであろう場合には幇助犯の成立は認められないと

第2編　犯　罪

するもの，②「許された危険」の議論を共犯においても妥当させ，一方で正犯者を介しての法益侵害の危険性が認められる場合でも，他方で協力者の便益提供に社会的有用性も認められる場合には，行為の危険性と有用性を比較考量し，後者が上回る場合には許された危険として違法性を阻却するとするもの，③幇助犯の故意として，違法行為への一般的な利用可能性の認識だけでは足りず，違法行為の遂行に利用されることについての相当高度かつ具体的な予見が必要であるとするものなどがある。

最高裁は，被告人が，ファイル共有ソフト（Winny）を開発・公開しインターネットを利用する不特定多数の者に提供したところ，正犯者がこれを利用して著作権者の許諾を得ずにゲームソフトや映画の著作物をインターネット利用者に自動公衆送信し得るようにして著作物の公衆送信権を侵害したため，著作権法違反幇助の罪で起訴されたという事案において，以下のとおりの判断を示し，被告人には幇助犯の故意が欠けるとして無罪とした。

【136】「刑法６２条１項の従犯とは，他人の犯罪に加功する意思をもって，有形，無形の方法によりこれを幇助し，他人の犯罪を容易ならしむるものである…すなわち，幇助犯は，他人の犯罪を容易ならしめる行為を，それと認識，認容しつつ行い，実際に正犯行為が行われることによって成立する。…もっとも，Ｗｉｎｎｙは，１，２審判決が価値中立ソフトと称するように，適法な用途にも，著作権侵害という違法な用途にも利用できるソフトであり，これを著作権侵害に利用するか，その他の用途に利用するかは，あくまで個々の利用者の判断に委ねられている。また，被告人がしたように，開発途上のソフトをインターネット上で不特定多数の者に対して無償で公開，提供し，利用者の意見を聴取しながら当該ソフトの開発を進めるという方法は，ソフトの開発方法として特異なものではなく，合理的なものと受け止められている。新たに開発されるソフトには社会的に幅広い評価があり得る一方で，その開発には迅速性が要求されることも考慮すれば，かかるソフトの開発行為に対する過度の萎縮効果を生じさせないためにも，単に他人の著作権侵害に利用される一般的可能性があり，それを提供者において認識，認容しつつ当該ソフトの公開，提供をし，それを用いて著作権侵害が行われたというだけで，直ちに著作権侵害の幇助行為に当たると解すべきではない。かかるソフトの提供行為について，幇助犯が成立するためには，一般的可能性を超える具体的な侵害利用状況が必要であり，また，そのことを提供者においても認識，認容していることを要するというべきである。すなわち，ソフトの提供者において，当該ソフトを利用して現に行われようとしている具体的な著作権侵害を認識，認容しながら，その公開，提供を行い，実際に当該著作権侵害が行われた場合や，当該ソフトの性質，その客観的利用状況，提供方法などに照らし，同ソフトを入手する者のうち例外的とはいえない範囲の者

第6章 共　　犯

が同ソフトを著作権侵害に利用する蓋然性が高いと認められる場合で，提供者もそのことを認識，認容しながら同ソフトの公開，提供を行い，実際にそれを用いて著作権侵害（正犯行為）が行われたときに限り，当該ソフトの公開，提供行為がそれらの著作権侵害の幇助行為に当たると解するのが相当である…以上によれば，被告人は，著作権法違反罪の幇助犯の故意を欠くといわざるを得（ない）」（最決平23・12・19刑集65巻9号1380頁）

　上記の判例【136】は，被告人の行為が客観的には幇助行為に該当することを認めつつ，「被告人が…蓋然性が高いことを認識，認容していたとまで認めるに足りる証拠はない」というやや微妙な表現ではあるものの，結論として幇助犯の故意が欠けるとして無罪という結論を導いている。

　この問題については，前記①ないし③の考え方が相互に排他的であるわけではないと思われるところであり，事案の実体に即し，客観的構成要件該当性の段階，違法性の段階，故意の段階といった犯罪論の体系のいずれの段階の問題であるのかを明らかにしつつ，妥当な結論を導く理論構成を探究すべきものと考えられる。今後の議論の深化が期待されるところである。

第2編　犯　罪

第5　共犯と身分

1　身分犯の意義と分類

　　行為者に一定の身分のあることが構成要件要素となっている犯罪を**身分犯**という（→46頁参照）。ここにいう**身分**とは，男女の性別，内外国人の別，親族関係，公務員としての資格のように，「すべて一定の犯罪行為に関する犯人の人的関係である特殊の地位又は状態」である（最判昭27・9・19刑集6巻8号1083頁）。

　　　判例は，身分の範囲をかなり広く解している。特殊なものでは，例えば，(a) 横領罪（刑252）における「他人の物の占有者」，(b) 偽証罪（刑169）における「法律により宣誓した証人」，(c) 常習賭博罪（刑186Ⅰ）における「常習者」などにつき，いずれも身分としているが，更に判例は，(d) 覚せい剤犯罪や麻薬犯罪における「営利の目的」（覚せい剤取締法41条の2Ⅱ等）のように，行為者の内心にのみ関わる事実についてもこれを身分であると解している（最判昭42・3・7刑集21巻2号417頁）。

　　身分犯に関しては，真正身分犯と不真正身分犯の分類が重要である。**真正身分犯**とは，例えば収賄罪（刑197）のように，行為者が一定の身分を有することによって初めて可罰性が認められる犯罪である（このような身分を「構成身分」ないし「構成的身分」という。）。これに対し，**不真正身分犯**とは，例えば常習賭博罪のように，身分がなくともその行為の可罰性は認められるものの，行為者が一定の身分を有する場合について通常の場合（上例では，単純賭博罪〔刑185〕）より重い法定刑が規定されている犯罪をいう（このような身分を「加減身分」ないし「加減的身分」という。）。

2　共犯と身分の意義と問題点

　　単独犯の犯罪形態をとる限り，身分犯固有の問題が生じることはほとんど

ないといってよい。身分犯に関し困難な問題が生ずるのは共犯においてである。身分のある者（身分者）と身分のない者（非身分者）とが共犯関係に立った場合にはどのような取扱いをすべきであろうか，これが**共犯と身分**の問題にほかならない。

この点に関し，刑法65条は，「犯人の身分によって構成すべき犯罪行為に加功したときは，身分のない者であっても，共犯とする。」（１項），「身分によって特に刑の軽重があるときは，身分のない者には通常の刑を科する。」（２項）と規定している。同じく共犯と身分に関する処分を規定したものでありながら，同条の１項と２項とでは，全く異なった取扱いがなされている。すなわち，１項は，単独で行った場合には身分犯として処罰できない場合でも，共犯として行った場合には身分犯として処罰することができるという意味で身分の連帯的作用を明示し，それに対し２項は，身分の有無によって刑の軽重があるときは，それぞれの関与者の身分の有無に応じた刑を科するという個別的作用を規定している。そこで同条の解釈をめぐって，(a) この１項・２項と前述の真正身分犯・不真正身分犯の区別とはどのような対応関係にあるのか，(b) １項・２項はいずれもすべての共犯形式に対し適用があることを予定したものなのか，それとも各項により適用される共犯形式に違いがあるのか，など種々の困難な問題が生ずる。以下，順次この問題を検討しよう。

3 刑法65条と真正身分犯・不真正身分犯

刑法65条１項・２項と真正身分犯・不真正身分犯の区別とはどのような対応関係にあるのであろうか。学説上は種々の考え方が主張されているが，大別すると，① 刑法65条は，その１項において真正身分犯に関する共犯の処理を規定し，その２項において不真正身分犯に関する共犯の処理を規定したものと解する説と，② １項は真正身分犯・不真正身分犯を通じて，身分犯

における犯罪の成立の問題を規定し，2項は，不真正身分犯について科刑の問題を規定したものと解する説，の2説に分けることができる。

　両説は，真正身分犯についてはその結論に差異はないが，不真正身分犯の取扱いに関し差異を生ずる。例えば，非身分者の甲が，身分者の乙に犯罪を教唆して，乙がその犯罪を実行したとしよう。この犯罪が，強姦罪のような真正身分犯の場合には，いずれの説によっても，甲には65条1項により強姦罪の教唆犯が成立する。これに対し，教唆にかかる犯罪が保護責任者遺棄罪のような不真正身分犯の場合には，①説によると，非身分者の甲には65条2項により単純遺棄罪の教唆犯が成立するのに対し，②説によると，甲には65条1項により保護責任者遺棄罪の教唆犯が成立し，65条2項により刑だけが単純遺棄罪のそれによることになろう。

①説が今日の多数説である。刑法65条の文言解釈の点はともかくとして，②説のように共犯の成立と科刑の問題とを分離させて考えることには疑問の余地があろう。したがって，①説の処理を採るべきであるが，近時は，どうしてそのような処理が正当化されるのか，すなわち，なぜ真正身分犯については身分が連帯的に作用し，不真正身分犯については身分が個別的に作用するのかについて，理論的な基礎付けを目指した見解が唱えられている。この見解は，以下のとおり，65条1項は行為の違法性に関係する身分（違法身分）が連帯的に作用することを，65条2項は専ら行為の責任に関係する身分（責任身分）が個別的に作用することをそれぞれ規定したものであるとして，65条の解釈を刑法の体系と連結させる。すなわち，真正身分犯の身分＝構成身分は，その身分があることによってはじめて，法益侵害惹起の可能性が基礎付けられるのであり，行為の違法性に影響を与える身分といえる。他方，不真正身分犯の身分＝加減身分は，その身分があることにより，法益侵害惹起についての責任を加重し，あるいは減軽するものであり，専ら行為者の非難可能性に影響を与える身分といえる。以上によれば，真正身分犯について65条1項により連帯的処理を行い，不真正身分犯について65条2項により個別的処理を行うことは，「違法は連帯的に，責任は個別的に」という基本思想

に立つ前述の制限従属性説の考え方（→385頁参照）にも沿うものとなり，65条の規定が理論的にも基礎付けられるといえる。以上の見解は，違法・責任身分説などと呼ばれる。違法や責任といった概念の理解において結果無価値論に親和的な考え方ではあるが，行為無価値論からも，違法身分，責任身分という用語を用いるか否かを別とすれば，その考え方の実質については賛同することが可能である。

判例も，基本的に，①説に立っていると思われる（もっとも，判例は，違法・責任身分説を明示的に採用しているわけではない。）。判例は，非身分者の共犯関係の処理につき，おおむね，真正身分犯については刑法65条1項を適用し，不真正身分犯については同条2項のみを適用するという扱いをとるようである。下記【137】の最高裁判例は，麻薬密輸入の事件に関し，不真正身分犯の処理につき下記のような判断を示している（後掲【140】の判例についても同様）。

【137】「麻薬取締法64条1項は，同法12条1項の規定に違反して麻薬を輸入した者は1年以上の有期懲役に処する旨規定し，同法64条2項は，営利の目的で前項の違反行為をした者は無期若しくは3年以上の懲役に処し，又は情状により無期若しくは3年以上の懲役及び500万円以下の罰金に処する旨規定している。これによってみると，同条は，同じように同法12条1項の規定に違反して麻薬を輸入した者に対しても，犯人が営利の目的を持っていたか否かという犯人の特殊な状態の差異によって，各犯人に科すべき刑の軽重の区別をしているものであって，刑法65条2項にいう『身分ニ因リ特ニ刑ノ軽重アルトキ』に当たるものと解するのが相当である。そうすると，営利の目的をもつ者ともたない者とが，共同して麻薬取締法12条1項の規定に違反して麻薬を輸入した場合には，刑法65条2項により，営利の目的をもつ者に対しては麻薬取締法64条2項の刑を，営利の目的をもたない者に対しては同条1項の刑を科すべきものといわなければならない。」（最判昭42・3・7刑集21巻2号417頁）

ただし，判例は，業務上横領罪（刑253）に関しては特殊な取扱いを認めている。業務上横領罪は，占有者という構成身分と業務者という加減身分とが混在する特殊な形態の犯罪であるため，全く身分を有しない非占有者が共犯者として加功した場合には，非占有者についても刑法65条1項によりいっ

たん業務上横領罪の共犯が成立するとした上，同条2項により単純横領罪の刑を科すべきものとするのである。業務上占有者という身分は，非占有者に対する関係では全体として構成身分と加減身分とを併せ持ったものとみるのであろう。

【138】〔事案〕ある村の村長である被告人甲と，同村の助役である被告人乙が，同村の収入役丙と共謀して，収入役丙の保管にかかる中学校建設資金の寄付金を，酒食等の買入れ代金の支払に使用し，もって寄付金を費消して横領したというものである。一，二審判決は，被告人甲・乙につき業務上横領罪の成立を認め，その刑で処断したのに対し，最高裁は，下記のような理由を述べてこれを誤りとした。
〔判旨〕「丙のみが…村の収入役として同村のため右中学校建設資金の寄付金の受領，保管その他の会計事務に従事していたものであって，被告人両名はかかる業務に従事していたことは認められないから，刑法65条1項により同法253条に該当する業務上横領罪の共同正犯として論ずべきものである。しかし，同法253条は横領罪の犯人が業務上物を占有する場合において，特に重い刑を科することを規定したものであるから，業務上物の占有者たる身分のない被告人両名に対して同法65条2項により同法252条1項の通常の横領罪の刑を科すべきものである。」（最判昭32・11・19刑集11巻12号3073頁）

そこで，前記①説を前提として，次に真正身分犯・不真正身分犯それぞれに関する共犯の個別問題を検討することとしよう。

4 真正身分犯と共犯（刑法65条1項）

刑法65条1項の関係では，同項の「犯罪行為に加功したとき」が具体的にどのような共犯形式を予定しているのかが争われている。「他人の犯罪」である身分犯を教唆・幇助することは，何ら身分がなくともなし得ることであるから，加担犯に関しては刑法65条1項は当然の規定というべきであろう。問題は，共同正犯である。共同正犯も「正犯」の一種であるが，このように構成身分を欠く者も共同「正犯」者になり得るのであろうか。具体的事例としては，例えば，公務員でない者も収賄罪の共同正犯になり得るのか，女性も強姦罪の共同正犯になり得るのかなどが議論の対象とされている。

第6章 共　　犯

　この点については，学説上，①　刑法65条1項にいう「加功」には，共同正犯と加担犯の両方が含まれると解する説と，②　加担犯に限られると解する説の2説が有力に主張されているが，今日では，①説が多数説である。判例も，一貫して，身分のない者につき共同正犯の成立を肯定している。下記最高裁判例は，その代表的なものである。

【139】〔事案〕被告人甲女は，夫の浮気の相手であるA女に恨みを抱き，同女に恥辱を与えて日頃のうっ憤を晴らそうと考え，知人の乙男，丙男，丁男とA女を強姦することを共謀し，まず甲女がA女を押し倒すとともに，乙男と一緒にA女の身体を押さえつけてその反抗を抑圧し，丙男がA女を姦淫したというものである。女性は自ら姦淫行為に及ぶことは絶対に不可能であるから強姦罪の共同正犯にはなりえないとする弁護人の主張に対し，最高裁は，下記のような判断を示した。

〔判旨〕「強姦罪は，その主体が男性に限られるから，刑法65条1項にいわゆる犯人の身分に因り構成すべき犯罪に該当するものであるが，身分のない者も，身分のある者の行為を利用することによって，強姦罪の保護法益を侵害することができるから，身分のない者が，身分のある者と共謀して，その犯罪行為に加功すれば，同法65条1項により，強姦罪の共同正犯が成立すると解すべきである。従って，原判決が，被告人A女の原判示所為に対し，同法177条前段，60条，65条1項を適用したことは，正当である。」（最決昭40・3・30刑集19巻2号125頁）

　真正身分犯の共同正犯を否定する説の論拠は，非身分者は身分犯の実行行為をなし得ないというものであるが，上記判例の事案に見るように，非身分者である女性も強姦の手段としての暴行に加わるという形で実行行為の一部分担をすることができるから，その論拠は理由がないというべきである。のみならず，共同正犯の「正犯」性に関する前述のような本書の考え方（→344頁）からすると，共同正犯が正犯たるのゆえんは，形式的に実行行為の全部又は一部を行うことにあるのではなく，犯罪者が共謀を通じ，相互に利用・依存しあって，各自が「自己の犯罪」を実行することにあるのであるから，非身分者も身分者と犯罪の共謀を行うことにより真正身分犯の共同正犯となり得るものと解される。したがって，多数説・判例の立場が妥当である。

5 不真正身分犯と共犯（刑法65条2項）

　刑法65条2項は，不真正身分犯について共犯が成立する場合の個別的処理を規定している。加減身分も構成要件要素の一つになっているものであるから，同項にいう「通常の刑を科する」とは，犯罪自体は身分犯の共犯が成立し，単に科刑のみ非身分犯のそれによるという趣旨ではなく，そもそも構成要件該当性の段階から，非身分者の行為は，非身分犯の共犯の構成要件に該当して，その罪の刑を科される趣旨であると解すべきである。

　なお，ここにいう「共犯」が，加担犯のみならず，共同正犯をも含むことについては争いがない。

　以上につき，場合を分けて，具体的に検討しよう。

(1) **不真正身分犯の共同正犯につき，共謀者の中に身分者と非身分者とがいる場合**

　例えば，賭博常習者甲と非常習者乙とが共謀の上，賭博を行った場合には，刑法65条2項により，甲については常習賭博罪の共同正犯が，乙については単純賭博罪の共同正犯が成立する。この場合，非身分者である乙については，刑法65条1項により，いったん常習賭博罪の共同正犯が成立し，刑のみ同条2項により単純賭博罪のそれによると解すべきではなく，当初から単純賭博罪の構成要件該当性を肯定すべきである。下記【140】の判例は，廃止された尊属殺人罪に関するものであるが，同様に解しているように思われる。

【140】「刑法200条の罪は犯人の身分により特に構成すべき犯罪ではなく，単に卑属親たる身分があるため，特にその刑を加重するに過ぎないものであるから直系卑属でない共犯者に対しては刑法65条2項によって処断すべきものと解するを相当とする。…しかるに所論第一審判決は被告人Aの所為は刑法200条，65条1項，60条に該当とする旨判示しているのであるからこの点においては違法のそしりを免れない。」（最判昭31・5・24刑集10巻5号734頁）

(2) **正犯が身分を有し，加担犯が身分を有しない場合**

　例えば，賭博の非常習者甲が，賭博常習者乙の賭博行為を幇助したような場合である。この場合は，非身分者である甲には，非身分犯である単純賭博罪の幇助犯が成立すると解すべきである。この点については，学説上異論をみない。

(3) **正犯が身分を持たず，加担犯が身分を有している場合**

　(2)とは逆に，例えば，賭博常習者甲が，非常習者乙の賭博行為を幇助したような場合である。この点については，若干の説の対立があるものの，判例・多数説は，正犯である乙については単純賭博罪が，幇助犯である甲については常習賭博罪の幇助犯が成立すると解している。刑法65条2項は責任身分を個別的に処理するという考え方に基づいていると解するならば，判例・多数説の扱いが妥当であろう。

【141】「刑法第186条第1項は同法第185条通常賭博罪の加重規定にして，その加重は，賭博を反覆する習癖を有する者に限り，その共同実行正犯たる他人に影響を及ぼさざる点より観察して，これを一身に属する特殊状態に因るものと認むべく，従て犯人の身分に因る加重なりと解すべきものとす。…従て，2人共に賭博をなし，その1人に対しては常習賭博罪が成立し，他の1人に対しては通常賭博罪が成立する場合に，その従犯が犯罪の当時賭博の常習を有するにおいては（従来賭博の常習ありたると，その従犯たる行為をなすによりて初めてその習癖が成立したるとを問わず），その者に対しては刑法65条2項の趣旨により同法186条第1項を適用したる上，一般従犯に関する減軽をなすべきものとす。」（大連判大3・5・18刑録20輯932頁）

第2編 犯　　罪

第6　共犯の錯誤

1　共犯の錯誤の意義と問題点

　　正犯者が実行した犯罪事実と，他の共同正犯者又は教唆者・幇助者の認識していた犯罪事実とが一致しない場合を**共犯の錯誤**という。

　　　共犯の錯誤のうち，正犯者が，他の共同正犯者又は教唆者・幇助者の認識以上の実行行為をした場合を，特に**共犯の過剰**という。

　　共同正犯又は加担犯においても，自己が認識・認容した以上の犯罪事実については刑事責任を問われないことが責任主義の当然の帰結であるから，共犯の錯誤，特に共犯の過剰の場合に，発生した事実と異なる認識を有する共犯者は，どの限度で刑事責任を負うのかが問題となる。単独正犯における錯誤理論—判例の立場によれば法定的符合説（抽象的法定符合説）—を，共犯の場合にどのように適合させていくのかがここでの課題である。

　　共犯の錯誤は，大別すると正犯の実行行為に関する錯誤と共犯形式相互間の錯誤の二つに分けられ，前者は更に共同正犯の錯誤と加担犯の錯誤に分けることができる。

2　共同正犯の錯誤

　　共同正犯の錯誤とは，共謀にかかる犯罪事実の内容と右共謀に基づき実行された犯罪事実との間に食い違いがある場合である。この場合にも，具体的事実の錯誤と抽象的事実の錯誤とがあることは単独正犯の場合と同様である（→116頁参照）。場合を分けて検討しよう。

(1)　具体的事実の錯誤の場合

　　　Aを殺害する旨の共謀にもかかわらず，実行担当者がBをAと誤認してBを殺害してしまったような場合である。法定的符合説（抽象的法定符合

説）によれば，共謀者全員に殺人罪の共同正犯が成立することはいうまでもない（大判昭6・7・8刑集10・312）。

(2) **抽象的事実の錯誤の場合**

甲・乙・丙の3名がAに対し暴行又は傷害を加える旨の共謀をしたにもかかわらず，実行担当者丙が殺害の意思でAを包丁で突き刺し死亡させてしまったような場合である。

このような場合，法定的符合説（抽象的法定符合説と具体的法定符合説の双方を含む。）によれば，原則として，発生した重い犯罪についての共同正犯の成立は否定されるが，共謀にかかる犯罪の構成要件と発生した犯罪の構成要件とが実質的に重なり合う限度で共同正犯の成立が認められる。下記【142】最高裁判例は，その旨を明快に判示したものである。

【142】〔事案〕暴力団組長甲，同組組員乙ほか5名の者が，警察官Aに暴行又は傷害を加える旨の共謀をして，同警察官のいる派出所の前でAに対し挑戦的な罵声を浴びせていたところ，これに応対したAの言動に立腹した上記乙が，未必の殺意をもって所携のくり小刀でAの下腹部を1回突き刺し，同人を失血死させたというものである。一審は，甲ら7名の者の上記所為は，刑法60条，199条に該当するが，乙を除くその余の6名は傷害又は暴行の故意で共謀したものであるから，同法38条2項により同法60条，205条の罪の刑で処断するとする適条を行った。弁護人は，乙を除く6名の者に殺人罪の成立を認めた一審の適条は誤りであると主張したが，これに対し，最高裁は，下記のような判断を示した。

〔判旨〕「殺人罪と傷害致死罪とは，殺意の有無という主観的な面に差異があるだけで，その余の犯罪構成要件要素はいずれも同一であるから，暴行・傷害を共謀した被告人甲ら7名のうちの乙が前記H派出所前でA巡査に対し未必の故意をもって殺人罪を犯した本件において，殺意のなかった被告人甲ら6名については，殺人罪の共同正犯と傷害致死罪の共同正犯が重なり合う限度で軽い傷害致死罪の共同正犯が成立するものと解すべきである。すなわち，乙が殺人罪を犯したということは，被告人甲ら6名にとっても暴行・傷害の共謀に起因して客観的には殺人罪の共同正犯にあたる事実が実現されたことにはなるが，そうであるからといって，被告人甲ら6名には殺人罪という重い共同正犯の意思はなかったのであるから，被告人甲ら6名には殺人罪の共同正犯が成立するいわれなく，もし犯罪としては重い殺人罪の共同正犯が成立し刑のみを暴行罪ないし傷害罪の結果的加重

犯である傷害致死罪の共同正犯の刑で処断するにとどめるとするならば，それは誤りといわなければならない。」(最決昭54・4・13刑集33巻3号179頁)

【犯罪共同説と行為共同説】

上記判例の事例において，殺人を実行した乙に殺人罪が成立することは当然であるが，問題は，その余の甲ら6名の共謀者との間において，どの範囲で共同正犯が成立するかである。すなわち，甲ら6名の共謀者に傷害致死罪の共同正犯が成立することから，乙においてもその限度で共同正犯が成立するにすぎないのか，端的に乙には殺人罪の共同正犯が成立するといってよいのか，という問題である。

このように共同正犯者間で罪名の一致を要するかという問題は，従前，行為共同説と犯罪共同説との対立として論じられてきた。

行為共同説とは，共同正犯は行為を共同にするものだから，犯罪行為の全部にわたって共同する必要はなく，その一部の共同でもよいとする説である。この説によれば，必ずしも，共同正犯者間で罪名が一致する必要はない。

それに対し，**犯罪共同説（完全犯罪共同説）** とは，共同正犯は犯罪を共同にするものであるから，各共同正犯者は全く同じ犯罪についてのみ共同正犯が成立し，したがって，各共謀者の罪名も一致しなければならないという説である（この説は，罪名を一致させることによる結論の不当性を救済するために，刑法38条2項を用いて各共謀者ごとに科刑の個別化を図る。）。

しかし，上記犯罪共同説（完全犯罪共同説）によると，前記【142】最高裁判例の事案においては，暴行・傷害の共謀をしたにとどまる甲ら6名についても，いったん殺人罪の成立を肯定せざるをえなくなり，構成要件的故意を肯定する判例の傾向に反することになる。そこで，近年，上記犯罪共同説（完全犯罪共同説）を一部修正して，**部分的犯罪共同説**－すなわち，やはり共同正犯は犯罪を共同にするものであるが，その共同は部分的なものでもよいとする考え方－が次第に有力になってきている。しかしここまでくると，行為共同説と犯罪共同説との間には，ほとんど実質的な差異がないということになろう。

前掲【142】最決昭54・4・13は，行為共同説か，又は部分的犯罪共同説の立場にあると解されていたところであるが，近時，最決平17・7・4刑集59巻6号403頁は，殺意のある被告人と殺意のない保護責任者との共同正犯の事案において，被告人には殺人罪が成立し，殺意のない保護責任者との間では保護責任者遺棄致死罪の限度で共同正犯となる旨判示した。本件は，被告人が保護責任者たる親族から重篤な患者に対する治療を全面的に委ねられていたという状況下で，未必的な殺意をもって，必要な医療措置を受けさせないまま放置して患者を死亡させたという事案であり，被告人が結果発生に至る因果経過を全面的に掌握していたという点に留意が必要ではあるが，上記の判示自体は，より部分的犯罪共同説

に親和的なものということができよう。

3 加担犯の錯誤

加担犯の錯誤とは，加担者が加担行為の際に認識していた犯罪事実と，正犯者が現に実行した犯罪事実との間に食い違いがある場合である。

この場合も，考え方は共同正犯の錯誤の場合と全く同一であると解してよい。したがって，甲が乙に対して窃盗を教唆したところ，乙が強盗を犯した場合には，甲については軽い窃盗罪の教唆犯が成立する（最判昭25・7・11刑集4巻7号1261頁）。

4 共犯形式相互間の錯誤

例えば，既に犯罪の決意をしている人に対し，まだその決意をしていないものと誤信して犯罪を教唆したような場合（教唆の意思で，結果は精神的幇助）である。

このような場合，共同正犯と加担犯，あるいは加担犯相互間においては修正された構成要件としての共犯形式が異なるだけであって，相互に実質的な重なり合いを認めることができるから，結局刑法38条2項の趣旨にかんがみ，錯誤が共犯形式相互間にみられる場合には，その中の軽い形式の共犯が成立すると解すべきである（上記の設例の場合には，幇助犯が成立）。

【間接正犯と共犯の錯誤】
　例えば，医師甲が，患者Aを殺すため，看護婦乙に事情を明かさないまま致死量の毒薬の入った注射器を渡し，薬だからAに注射するように命じたところ，乙はそれが毒薬であることを看破し，甲がAを殺害しようとしていることを認識したが，乙もかねてからAには不快な思いを抱いていたことから，そのままそれをAに注射して同人を殺害したとしよう。この場合，甲は殺人の間接正犯を犯す認識であったが，客観的には教唆に当たる事実が実現されている。これが間接正犯と共犯の錯誤の問題である。

　このような錯誤の処理については，学説上，(a) 利用者の認識に従って間接正犯

の成立を認めるべきであるとする考え方，(b) 客観的に生じた事実を基準に教唆犯を認めるべきであるとする考え方，(c) 共犯と錯誤の処理に準じ，前述の共犯形式相互間の錯誤の理論をここでも適用し，間接正犯の構成要件と加担犯の構成要件とが実質的に重なり合う限度で，軽い加担犯の成立を認めようとする考え方が主張されている。

　困難な問題ではあるが，現に「道具」でなくなっているにもかかわらず間接正犯の成立を認めるのも，また，間接正犯の認識に基づき意図した結果が発生しているにもかかわらず，当初から加担犯の認識しかなかったかのように扱うのも，問題が残る。このようなケースについては，(c)の考え方のように，共犯の錯誤の一種であるとして，法定的符合説（構成要件的符合説）の趣旨にのっとって解決するのが妥当であろう。すなわち，間接正犯の故意は，他人を道具として利用し，特定の犯罪を実現する意思であるから，広い意味では教唆の故意を含んでいると解すべきであり，軽い教唆犯の限度で実質的な符合を認めてよい。したがって，間接正犯の故意で教唆の事実が生じた場合も，また逆に教唆の故意で間接正犯の事実が生じた場合も，いずれにせよ軽い教唆犯が成立すると解すべきである。

第7章 罪　　数

第1　犯罪の成立と個数

1　罪数論の意義と問題点

　ある行為が犯罪構成要件に該当し，違法かつ有責であると認められるとき，犯罪が成立する。そして，犯罪が成立すると，原則として（処罰条件が課せられていたり，処罰阻却事由が存在したりしない限り），国家に行為者に対する刑罰を科する権利，すなわち**刑罰権**が発生する。一人の行為者が1個の犯罪を犯したときは1個の刑罰権が発生し，数個の犯罪を犯したときは原則として数個の刑罰権が発生する。犯罪の個数は，同時に刑罰権の個数なのである。

　犯罪の個数を**罪数**という。ある事実，ある行為について罪数がいくつであるのかを決定することは，上記のように刑罰権の個数を決定することであるから，重要な問題である。それとともに，罪数の問題は，刑事訴訟法上も，公訴事実の同一性（単一性）や既判力の範囲の関係で重要な意味を持っている。

　罪数の決定により，一人の行為者に複数の犯罪が成立した場合を**犯罪の競合**という。犯罪が競合する場合には，刑罰権も複数存在するわけであるから，一人の行為者に対し刑罰を科する場合，どのような処理を行えばよいかが問題となる。これが，併合罪や科刑上一罪の問題である。この点は，本来は刑罰論の分野に属する問題であるが，便宜上，罪数の分野で一括して論じられるのが通常である。

　そこで，以下においては，まず罪数決定の基準について論じた後，特殊な

第2編 犯　　罪

一罪について説明し，次項で犯罪の競合の処理について検討することとしたい。

2　罪数決定の基準

　罪数決定の基準を何に求めるかという問題に関しては，かつては意思標準説，行為標準説，法益標準説等の諸説が主張されていたが，今日では，**構成要件的評価の回数**によって罪数を決定する**構成要件標準説**が判例・通説となっている。同説によれば，ある事実が一つの構成要件によって1回の評価を受けるものであるときは1罪であり，2回の評価を必要とするときは2罪である。構成要件標準説は，犯意・行為・法益等を構成要件という法的指標を通して総合的に斟酌するものであり，妥当なものといえよう。

　　構成要件的評価を決する上で，被害法益の個数が1個か数個かということはかなり重要な基準であるといえる。前述のとおり，すべての構成要件は何らかの形で法益を保護するものである以上，構成要件的評価において，被害法益の個数が意義を持つのはむしろ当然のことといえよう。特に，殺人罪や傷害罪のように，被害法益が被害者の一身に専属する人格的法益である場合は，罪数も被害者の数に応じた数となる。殺人罪の場合，たとえ1個の殺害行為しか行っていなくとも，一人を殺せば1罪，二人を殺せば2罪となるし，傷害罪の場合，同一人に対し，手で顔を殴って打撲傷を負わせ，更に刃物で腕を切ったという場合にも，傷害罪は1罪であって，傷害の数は関係がない。しかし，これが財産罪のように，一身専属性が弱くなると，異なった基準で罪数が決定されることになる。例えば，窃盗罪の場合は，所有者の数によるのではなく占有侵害の回数によって罪数が決定される。すなわち，Aの居室から，A所有の背広とB所有のカメラを盗んだ場合は1罪であり，Cの居室からCの背広を盗み，次いでDの居室からDのカメラを盗んだ場合は2罪となる。

　　犯意の個数や行為の個数も，罪数を決定する上で基本的な意義を有している。例えば，甲がAを殺そうと思い殺害行為に着手したが失敗に終わり，一度はあきらめたが，数年後再び殺害の意思を抱いて，Aに対し，殺害行為を行い今度はその目的を遂げたとしよう。この場合最初の殺害行為と2度目の殺害行為とは，同じくAという人の生命に対する法益侵害を行おうとするものであるから，一括して殺人罪で評価できるかが問題であるが，犯意は単一とはいえず，また行為も1個であるとは到底いえないから，むしろ殺人未遂罪と殺人既遂罪という二つの罪で評価するのが

適切であろう。
　いずれにしても，構成要件的評価の回数の問題は，各構成要件ごとに個々的に判断するほかない。刑法各論において論じられるべき問題である。

3　特殊な一罪

　前述のとおり，構成要件標準説によれば，1個の構成要件によって1回の評価を受ける事実が**一罪**である。

　しかし，最終的に一罪と認められるものの中でも，特殊な場合として，数個の構成要件に該当するかのような外観を有する場合（法条競合）や数個の行為が包括して1回の構成要件的評価を受ける場合（包括一罪）がある。以下，この二つの場合について分説する。

　なお，包括一罪を除くその余の本来的一罪を**単純一罪**と称する場合がある。

(1)　法条競合

　1個の行為が，幾つかの構成要件（法条）に該当するような外観を有しているが，そのうちの一つの構成要件を適用することによって，他の構成要件の適用が当然に排除されることがある。これを**法条競合**という。

　　法条競合は，1個の行為でいくつかの構成要件に該当するように見えるところから後述の観念的競合に類似しているが，観念的競合はもともと数罪成立しているが処断上一罪の扱いを受けるにすぎないものであるのに対し，法条競合の場合は構成要件的には1回の評価しか受けないから本来的な一罪である。

　法条競合が認められるのは，次のような場合である。

　　i　特別関係
　　　1個の行為が，一般規定と特別規定の関係に立つ2個以上の構成要件に該当するように見える場合である。この場合には，通常，特別規定に当たる構成要件を優先して適用する（特別法は一般法に優先する。）。例えば，業務上横領罪（刑253）の規定を適用する場合には，別途横領罪（刑252Ⅰ）の規定は適用されない。
　　　また，行為が数個ある場合であるから，特別関係そのものではないが，これと同視して考えることができるものとして結合犯がある。**結合犯**とは，数個の異種類の構成要件が結合して1個の構成要件を形成している場合である。例えば，強

第2編　犯　　罪

盗強姦罪（刑241前）がこれに当たる。強盗強姦罪は，一般規定である強盗罪及び強姦罪に対する特別規定に当たるため，強盗強姦罪を適用する場合には，強盗罪と強姦罪はいずれも別途には適用されないのである。

ⅱ　吸収関係

1個の行為が，ある構成要件と，これを包括評価する構成要件の両方に該当するように見える場合がある。この場合には，前者は後者に吸収される。例えば，人を殺す際にその衣服を損傷した場合には，器物損壊罪は殺人罪に吸収される。

また，行為が数個ある場合であるから，吸収関係そのものではないが，これと同視して考えることができるものとして不可罰的事前行為（共罰的事前行為）と不可罰的事後行為（共罰的事後行為）とがある。**不可罰的事前行為（共罰的事前行為）** とは，基本的犯罪に対する準備的行為に当たるため，基本的犯罪が成立するときはそれに吸収評価される行為をいう。例えば殺人罪が成立するときに，殺人のための凶器準備などの予備行為（刑201）は，殺人罪に吸収される。他方，**不可罰的事後行為（共罰的事後行為）** の例としては，窃盗罪成立後の盗品等の損壊行為（刑261）などが窃盗罪に吸収される場合が挙げられるが，その意義や根拠については前述した（→52頁参照）。

もっとも，吸収関係については，複数の法益侵害が現に存在していることから，後記の包括一罪として理解すべきであるとの見解も有力である。

ⅲ　補充関係

1個の行為が，ある構成要件と，これを補充する意義を有するにすぎない構成要件の両方に該当するように見える場合は，前者を優先して適用する。例えば，傷害罪（刑204）を適用するときは，「暴行を加えた者が人を傷害するに至らなかったときは」として傷害罪が成立しない場合を補充的に処罰することを予定している暴行罪（刑208）については，これを別途適用する余地がなくなるのである。

ⅳ　択一関係

1個の行為が，相互に両立し得ない関係に立つ2個以上の構成要件に同時に該当するように見える場合である。この場合には，法解釈上一方の構成要件を優先して適用し，その場合，他方の構成要件の適用は排斥される。例えば，他人の事務処理者であって，委託に基づいて他人の物を占有する者による背任行為が，同時に委託物の横領も構成する場合には，横領罪（刑252）と背任罪（刑247）とが競合するが，通常，法定刑の重い横領罪を適用し，その場合には，背任罪は別途適用しない。

(2) 包括一罪

包括一罪（広義）とは，数個の行為があって，それぞれ独立して特定の

構成要件に該当するように見えるが，すべての行為が構成要件的に包括して評価され一罪とされる場合である。数個の行為がいずれも同一の構成要件に該当するように見える場合を**同種の罪の包括一罪**といい，それぞれ異なる構成要件に該当するように見える場合を**異種の罪の包括一罪（混合包括一罪あるいは混合的包括一罪）**という。同種の罪の包括一罪は，言わば典型的な包括一罪であるのに対し，異種の罪の包括一罪は後述の科刑上一罪にかなり近似した性格を有している。いずれにしても，包括一罪とは，外見的に複数の犯罪が別個に成立しているように見えるが，全体を一罪として処断すれば足り，併合罪又は科刑上一罪として取り扱うべきではない場合の総称である。複数の構成要件の充足があるにもかかわらず，一罪として処断すれば足りると評価される理由としては，法益侵害の一体性と主観面を含む行為の一体性が挙げられるのが例であるが，「一体性」といっても，厳密に同一であることまで要求されるものではなく，もう少し幅のある概念として捉えるのが相当であろう。

① 同種の罪の包括一罪

 i 常習犯・営業犯（職業犯）

構成要件によっては，初めから数個の同種類の行為の反復を予想しているものがある。いわゆる常習犯，営業犯などがこれに当たる。いずれにおいても，反復された数個の行為は数個の犯罪を構成するのではなく，全体として一罪を構成する。これらを**集合犯**ということもある。

常習犯とは，常習性を有する行為者が実行行為を反復することを予想している構成要件である。例えば，常習賭博罪（刑186Ⅰ）の場合，賭博常習者が賭博行為を1回行ったときはもとより，数回又は数十回反復して行っても1個の常習賭博罪が成立するにすぎない。

営業犯（職業犯）とは，業として実行行為を反復することを予定す

る構成要件である。例えば，わいせつ文書販売罪（刑175）の場合，「販売」概念の中に反復的な有償譲渡行為が予想されているから，わいせつ文書を数名の者に販売しても1個のわいせつ文書販売罪が成立するにすぎない。

ii **接続犯**

同一の犯意に基づき時間的・場所的に近接した条件のもとで数個の同種類の行為が行われ，その間に事実上分離できないような密接な関連のある場合を**接続犯**という。接続犯は全体として包括一罪を構成する。例えば，単一の犯意に基づき同じ倉庫から一晩のうちに引き続いて数回にわたって米俵数俵を盗みだしたときは，全体が窃盗罪の包括一罪となる（最判昭24・7・23刑集3巻8号1373頁）。

iii **狭義の包括一罪**

1個の構成要件が，同一の法益侵害に向けられた数種の行為を規定している場合において，その全部を一連の行為で行うときは包括して一罪が成立する。これを**狭義の包括一罪**と呼んでいる。

例えば，人を逮捕して引き続き監禁する場合は，全体として刑法220条の包括一罪が成立する（最判昭28・6・17刑集7巻6号1289頁）。また，1個の欺く行為により財物を交付させ（1項詐欺）財産上の利益を得た（2項詐欺）場合には，全体として刑法246条の包括一罪が成立する（大判大12・12・8刑集2巻934頁）。

【様々な包括一罪】

近時の判例には，上記iないしiiiに必ずしも当てはまらない事案類型についても包括一罪を認めたものが複数ある。

【143】〔事案〕街頭募金の名の下に通行人から現金をだまし取ろうと企てた者が，約2か月間にわたり，事情を知らない多数の募金活動員を通行人の多い複数の場所に配置し，募金の趣旨を立看板で掲示させるとともに，募金箱を持たせて寄付を勧誘する発言を連呼させ，これに応じた通行人か

ら現金をだまし取ったという街頭募金詐欺の事案である。

〔判旨〕「本件においては，個々の被害者，被害額は特定できないものの，現に募金に応じた者が多数存在し，それらの者との関係で詐欺罪が成立していることは明らかである。弁護人は，募金に応じた者の動機は様々であり，錯誤に陥っていない者もいる旨主張するが，正当な募金活動であることを前提として実際にこれに応じるきっかけとなった事情をいうにすぎず，被告人の真意を知っていれば募金に応じることはなかったものと推認されるのであり，募金に応じた者が被告人の欺もう行為により錯誤に陥って寄付をしたことに変わりはないというべきである。

　この犯行は，偽装の募金活動を主宰する被告人が，約2か月間にわたり，アルバイトとして雇用した事情を知らない多数の募金活動員を関西一円の通行人の多い場所に配置し，募金の趣旨を立看板で掲示させるとともに，募金箱を持たせて寄付を勧誘する発言を連呼させ，これに応じた通行人から現金をだまし取ったというものであって，個々の被害者ごとに区別して個別に欺もう行為を行うものではなく，不特定多数の通行人一般に対し，一括して，適宜の日，場所において，連日のように，同一内容の定型的な働き掛けを行って寄付を募るという態様のものであり，かつ，被告人の1個の意思，企図に基づき継続して行われた活動であったと認められる。加えて，このような街頭募金においては，これに応じる被害者は，比較的少額の現金を募金箱に投入すると，そのまま名前も告げずに立ち去ってしまうのが通例であり，募金箱に投入された現金は直ちに他の被害者が投入したものと混和して特定性を失うものであって，個々に区別して受領するものではない。以上のような本件街頭募金詐欺の特徴にかんがみると，これを一体のものと評価して包括一罪と解した原判断は是認できる。」（最決平22・3・17刑集64巻2号111頁）

【144】「検察官主張に係る一連の暴行によって各被害者に傷害を負わせた事実は，いずれの事件も，約4か月間又は約1か月間という一定の期間内に，被告人が，被害者との上記のような人間関係を背景として，ある程度限定された場所で，共通の動機から繰り返し犯意を生じ，主として同態様の暴行を反復累行し，その結果，個別の機会の暴行と傷害の発生，拡大ないし悪化との対応関係を個々に特定することはできないものの，結局は一人の被害者の身体に一定の傷害を負わせたというものであり，そのような事情に鑑みると，それぞれ，その全体を一体のものと評価し，包括して一罪と解することができる。」（最決平26・3・17刑集68巻3号368頁）

第2編 犯　　罪

　　上記【144】の判例においては，主観面を含む行為の一体性について，個別の暴行行為の犯意そのものはその都度生じたとしても，具体的な事実関係を前提としてなおこれを肯定し得ると判断されていると思われる。また，上記【143】の判例は，被害者が異なる事案においてもなお包括一罪を認めたものとして注目されるのであるが，当該事案における街頭募金詐欺の特徴を指摘した上での判断であり，限定的な判示であると解するのが相当であろう。

② **異種の罪の包括一罪（混合包括一罪・混合的包括一罪）**

　　判例（特に下級審判例）は，従前から，主として強盗罪の事案に関し，数個の行為が異なる構成要件に該当するように見える場合にも包括一罪の成立を認めている。具体的にどのような要件があれば異種の罪の包括一罪（**混合包括一罪・混合的包括一罪**）の成立が認められるのかについては，いまだ十分解明されていない問題であるが，従前の判例は，おおむね数個の行為の犯意の同一性，時間的・場所的近接性，同一の機会性，両行為の密接関連性，被害法益の実質的同一性などを理由に混合包括一罪の成立を肯定しているようである。

　　判例上は，下記【145】の判決に見るように居直り強盗の事案に関しては，ほぼ一貫して包括一罪の成立が認められてきたが，最高裁が，下記【146】のとおり，初めて窃盗罪又は詐欺罪と2項強盗による強盗殺人未遂罪との包括一罪を認めるに至ったことが注目される。

　　【145】「甲の財物を窃取した後，引き続き現場において甲に対し脅迫を加え更に財物を強取しようとしたが，未遂に終わった場合には，窃盗既遂罪と強盗未遂罪との包括一罪として重い強盗未遂罪の刑によって，処断すべきである。」（大阪高判昭33・11・18高刑集11巻9号573頁の判決要旨）

　　【146】「甲と乙とが，当初は丙を殺害してその所持する覚せい剤を強取することを計画したが，その後計画を変更し，共謀の上，まず甲において，覚せい剤取引の斡旋にかこつけて丙をホテルの一室に呼び出し，別室に買主が待機しているかのように装って，覚せい剤の売買の話をまとめるためには現物を買主に見せる必要がある旨申し向けて丙から覚せい剤を受け取り，これを持って同ホテルから逃走した後，間もなく，乙が丙のいる部屋に赴き拳銃で狙撃したが殺害の目的を遂げなかったという本件事案（…）においては，…窃盗罪又は詐欺罪といわゆる2

－416－

項強盗による強盗殺人未遂罪との包括一罪が成立する。」(最決昭61・11・18刑集40巻7号523頁)

第2編 犯　　罪

第2　犯罪の競合

1　犯罪の競合とその基本的処理

　一人の行為者に複数の犯罪（**数罪**）が成立している場合を**犯罪の競合**（又は実在的競合）という。

　犯罪が競合する場合には，原則として，各犯罪は一定の範囲で併合罪のグループを構成し，そのグループ内で加重された単一の刑を形成する。しかし，例外的に，複数の犯罪が，特殊な理由から刑を科する上で一罪として取扱われる場合もある。これが**科刑上一罪**である。科刑上一罪には，**観念的競合**（刑54Ⅰ前）と**牽連犯**（刑54Ⅰ後）とがある。

2　観念的競合

　観念的競合（一所為数法）とは，1個の行為が数個の罪名に触れる場合である。刑を科する上では，一罪として扱われ，その数個の罪のうち最も重い罪について定められた刑で処断する（刑54Ⅰ前）。

　観念的競合は，行為が1個であり，犯罪的意思も通常1個であるから一罪に近いと考えられ，本来は数罪であるにもかかわらず，上記のような特別の扱いを受けるのである。

　ところで，観念的競合における「一個の行為」とは，「法的評価をはなれ構成要件的観点を捨象した自然的観察のもとで，行為者の動態が社会的見解上1個のものとの評価を受ける場合をいう」（最大判昭49・5・29刑集28巻4号114頁）。

　したがって，例えば，(a)　同一の日時・場所において，無免許で，かつ酒に酔った状態で自動車を運転した場合，道路交通法上の無免許運転罪と酒酔い運転罪とは観念的競合の関係にあり（最大判昭49・5・29刑集28巻4号151頁），また，(b)　信

号機の表示する信号に従って一時停止することなく漫然交差点に進入し人身事故を発生させた場合，業務上過失傷害罪と道路交通法上の信号無視の罪とは観念的競合の関係にある（最決昭49・10・14刑集28巻7号372頁）。それに対し，(c) 酒に酔った状態で，自動車を運転中に過失により人身事故を発生させた場合，業務上過失致死罪（現在の過失運転致死罪）と酒酔い運転罪とは観念的競合ではなく，併合罪の関係にある（最大判昭49・5・29刑集28巻4号114頁）。また，制限速度を超過した状態で継続して自動車を運転した場合の2地点における速度違反の行為も併合罪となる（最決平5・10・29刑集47巻8号98頁）。その他，近時の判例として，児童ポルノを不特定又は多数の者に提供するとともに，不特定は多数の者に提供する目的で所持した場合には，児童ポルノ提供罪と児童ポルノ提供目的所持罪とは併合罪になるとしたもの（最決平21・7・7刑集63巻6号507頁），児童福祉法34条1項6号違反の児童に淫行させる罪と児童にさせた淫行を撮影してする児童ポルノ製造罪とは，行為に一部重なる点はあるものの，両行為が通常伴う関係にあるとはいえないことや，両行為の性質等に鑑み，観念的競合ではなく併合罪になるとしたもの（最決平21・10・21刑集63巻8号1070頁）などがある。

「数個の罪名」は，異なる罪名である（異種類の観念的競合）か，同じ数個の罪名である（同種類の観念的競合）かを問わない。例えば，職務執行中の警察官に暴行を加えて傷害を与えた場合（公務執行妨害罪と傷害罪が観念的競合）は前者の例であり，1個の爆弾を爆発させて数人を一度に殺した場合（数個の殺人罪が観念的競合）は後者の例である。

3　牽連犯

牽連犯とは，数個の犯罪が，それぞれ「手段→目的」又は「原因→結果」の関係にある場合をいう。観念的競合の場合と同じく，刑を科する上では，一罪として扱われ，その数個の罪のうち最も重い罪について定められた刑で処断する（刑54Ⅰ後）。

牽連犯も，本来は数罪ではあるが，前述の結合犯に近い性質を有しているところから，科刑上は一罪として扱われるのである。

「手段→目的」又は「原因→結果」の関係にあるかどうかは，犯罪の性質

第2編　犯　　罪

上，類型的にそのような関係にあるかどうか（客観的牽連関係の有無）によって決せられる（最大判昭24・7・12刑集3巻8号1237頁）。たまたま犯人が他の犯罪の手段とする意思である犯罪を行った場合（例えば，殺人罪の凶器にする刃物を盗んだ場合）や，類型的にではなく，具体的場合にたまたま「手段→目的」又は「原因→結果」の関係があるにすぎない場合（例えば，保険金詐欺目的の放火と保険金詐欺）は，牽連犯とはならない。

　逆に，牽連犯が成立するためには，数罪の間に客観的牽連関係が認められれば足り，主観的牽連関係があることを要しない。例えば，甲がAを殺す目的でA方に住居侵入の上，中にいたA・B・Cの3名を殺害したという場合，A殺害は住居侵入の目的ではあるが，B・C殺害は甲の住居侵入の目的とはなっていない。しかし，この場合でも，住居侵入罪と殺人罪とは類型的に「手段→目的」又は「原因→結果」の関係が認められるから，牽連犯はAに対する殺人罪と住居侵入罪との間だけではなく，B・Cに対する殺人罪と住居侵入罪との間にも認められる（最決昭29・5・27刑集8巻5号741頁）。

　　判例が牽連犯の関係を肯定した主な例としては，(a)　住居侵入と殺人，傷害，強姦，放火，強盗，窃盗（住居侵入罪は，通常他の犯罪の手段として用いられる関係があるから，多くの犯罪と牽連犯となる。），(b)　文書や有価証券の偽造罪とその行使，(c)　偽造した文書や有価証券の行使とこれに基づく詐欺などがある。
　　他方，判例が牽連犯の関係を否定した主な例としては，(d)　保険金詐欺目的の放火と保険金詐欺，(e)　殺人と死体遺棄，(f)　窃盗教唆と盗品等の有償譲受け，(g)　強盗殺人とその犯跡を隠すための放火などがある。
　　さらに，近時の判例においては，不正アクセス行為の禁止等に関する法律3条所定の不正アクセス行為を手段として私電磁的記録不正作出の行為が行われた場合であっても，同法8条1項の罪（不正アクセス罪）と私電磁的記録不正作出罪（刑法161条の2第1項）とは牽連犯の関係にないとしたものがある（最決平19・8・8刑集61巻5号576頁）ほか，恐喝の手段として監禁が行われた場合であっても，両罪は，犯罪の通常の形態として手段又は結果の関係にあるものとは認められず，牽連犯の関係にはないと解するのが相当であるとして，従来これを牽連犯としてきた大審院判例を変更したもの（最判平17・4・14刑集59巻3号283頁）がある。総じて判例は新たな牽連犯を認めることには極めて慎重であり，また，従来の罪数関係，

第 7 章　罪　数

特に監禁罪と他罪との罪数関係についても，上記最判平17・4・14の趣旨に鑑み再検討する必要があろう。

【かすがい現象】

本来併合罪の関係にある甲罪と乙罪について，別に丙罪が犯され，なおかつ，丙罪と甲罪，丙罪と乙罪が科刑上一罪の関係に立つ場合，この3罪の罪数処理が問題となる（たとえば，殺人目的で建物内に侵入した者が，A及びBを順次殺害した場合，Aに対する殺人罪とBに対する殺人罪は併合罪であるが，建造物侵入罪とAに対する殺人罪，建造物侵入罪とBに対する殺人罪は，それぞれ科刑上一罪である牽連犯となり，全体としての罪数処理が問題となる。）。

判例は，まず，丙罪と甲罪及び丙罪と乙罪がいずれも牽連犯となる場合に，甲罪，乙罪及び丙罪が全体として科刑上一罪になるとしたもの（最決昭29・5・27刑集8巻5号741頁。上記のように甲罪と乙罪がいずれも殺人罪で丙罪が住居侵入罪であった事案）がある。このような場合，丙罪が甲罪と乙罪の間に入ってこれらを繋ぎ止めるかすがいのような働きをするため，これをかすがい現象と呼ぶことがある（もっとも判例がそのような文言を用いているわけではない。）。さらに，判例は，丙罪が単純一罪ではなく包括一罪の場合にも同様の処理を認めている（最判昭33・5・6刑集12巻7号1297頁など。近時では，児童ポルノ提供罪と児童ポルノ提供目的所持罪は併合罪であるとしつつ，その児童ポルノが刑法上のわいせつ物に該当し，児童ポルノ提供罪とわいせつ物販売罪及び児童ポルノ提供目的所持罪とわいせつ物販売目的所持罪がいずれも観念的競合の関係に立つときには，わいせつ物販売罪と同販売目的所持罪が包括一罪の関係にある場合，全体が一罪になると判示した最決平21・7・7刑集63巻6号507頁も結論として同様である）。

学説においては，甲罪と乙罪のみが起訴されれば併合罪として刑の加重がされる（刑45前段）のに，丙罪が起訴されることによって一罪として処理され，かえって処断刑が軽くなるとして，批判的な見解が多い。

4　併合罪

(1)　併合罪の意義とその処理

ある行為者が，A罪，B罪，C罪の三つの罪を犯したとしよう。犯罪の競合の場合であるが，A・B・Cが前述の観念的競合又は牽連犯の関係にあれば，上記3罪は刑を科する上では一罪として扱われ（刑54），行為者

に対し1個の刑が言い渡されることになる。

それでは，A・B・Cが観念的競合でも牽連犯でもない純然たる数罪の関係にあった場合には，どのような処理をすればよいのであろうか。前述のとおり，国家の刑罰権は各犯罪ごとに存在しているのであるから，各犯罪ごとに刑を定めて，数個の刑を言い渡すという考え方もあり得る（これを**併科主義**という。）。例えば，A罪については懲役2年，B罪については懲役3年，C罪については懲役1年とそれぞれ刑を定めて判決で言い渡し，トータルとして6年の懲役刑を執行するのである。ローマ法ではこのような考え方が採られていたようである（「犯罪の数に相応する刑罰」という法格言がある。）。

しかし，現行刑法は，このような考え方は採らなかった。刑法は，原則として，数罪をいくつかのグループにまとめるとともに，各グループごとに単一の刑を言い渡すという方法を採用したのである（これを**単一刑主義**という。）。この数罪のグループを**併合罪**という。

```
【併科主義】                    【単一刑主義】
A罪→懲役2年言渡  ┐ 併せて6   A罪 ┐
B罪→懲役3年言渡  ├ ⇨年の懲役 B罪 ├ ⇨4年言渡⇨執行
C罪→懲役1年言渡  ┘ を執行    C罪 ┘
```

確かに，一つ一つの罪の罪責を算術的に合算すれば，複数の犯罪に対する評価を尽くせるというものではなかろう。刑法は，数罪といえども，それらは同一人格の発露として犯されたものであるということにかんがみ，それら数罪に対しては単一の刑を定めることとした上，数罪を犯したことに対する評価は裁判官の具体的な刑の量定にゆだねるものとしたものと解される。

刑法上，例外的に併科主義がとられている場合としては，罰金（刑48Ⅰ），拘

留・科料（刑53）がある（ただし，刑法46条の例外がある。）。財産刑であること，あるいは軽微な刑であることが考慮されたものである。また，没収も，付加刑であることやその保安処分的性格から併科主義がとられている（刑49）。

単一刑主義を採った場合の問題は，第1に，単一の刑を科すべき数罪のグループをどのような基準で画するかであり，第2に，このようにして併合罪の範囲が定まると，各併合罪グループに属する数罪の中から，どのような方法で単一の刑を導き出すかである。前者は併合罪の範囲の問題であり，後者は併合罪の処理方法の問題である。以下，前者の問題については次に検討し，後者の問題については後に「刑罰の適用」の箇所で述べることとする。

(2) **併合罪の範囲**

刑法は，原則として，確定裁判を経ていない数罪を併合罪とし（刑45前），ただ，禁錮以上の刑に処する確定裁判があった場合には，その確定裁判のあった罪とその裁判確定前に犯した罪とを併合罪とするとした（同条後）。

「確定裁判」とは，確定した裁判，すなわち上訴などの通常の不服申立の方法をもって争うことのできない状態に至った裁判のことである。確定裁判は，執行猶予付きでもよい。「確定裁判を経ていない」とは，裁判が確定していないことをいう。審理中であるか否かを問わない。

刑法45条前段と後段との関係については，解釈上若干の疑義があるが，今日の有力説は，前段と後段との間には時間的な前後の関係があるのであって，後段は前段のいう状態の発展を示しているものと解している。この解釈によると，刑法45条は，次のように読むのが正しいということになろう。

「(a) それぞれまだ確定裁判を受けていない数個の罪がある場合には，その全部が一つの併合罪グループを構成する（これを実務上，**45条前段の併合罪**という。）。

(b) もし，そのうちの1個又は数個の罪について，初めて一つの禁錮以

上の刑に処する確定裁判があったときは，ただ，その確定裁判を受けた1個又は数個の罪とその裁判が確定する前に犯した1個又は数個の罪とだけが一つの併合罪グループを構成し（これを実務上，**45条後段の併合罪**という。），また，裁判確定後に犯された1個又は数個の罪が別個の併合罪グループを構成する（これも45条前段の併合罪である。）。」

すなわち，ある者が数個の罪を犯した場合に，客観的に（発覚又は訴追の有無にかかわらず），それぞれまだ確定裁判を受けていない数個の罪があるという状態が存在し得るわけであるが，刑法45条前段は，上記のような状態を指して，その数個の罪のグループを併合罪とするといっているのである。そのような併合罪のグループ全部については同時に一つの裁判があって確定するという経過をたどるのが通常であるが，まれにそのような経過をたどらないで，そのうちの1個又は数個の罪についてだけ最初に一つの禁錮以上の刑に処する裁判が確定するという事態も起こり得る。刑法45条後段は，そのような例外的な場合には，確定裁判を境に，併合罪グループが前後二つのグループに分割されることを明らかにしたものと解される。

これを具体的設例に基づいて検討してみよう。

① 過去に刑事裁判を受けたことがある場合でも，その裁判が，今回の各罪の犯行の前に確定しているときは，A罪・B罪・C罪は一つの併合罪グループ（刑45前）を形成する。

第7章 罪　数

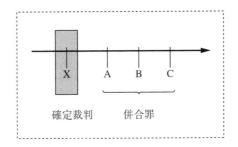

② 問題は，数罪の間に確定裁判が介在している場合である。

まず，A・B・C・D・Eの各罪が順次犯された場合に，Cにつき罰金刑に処する裁判が確定しても，AからEの一つの併合罪グループは分割されない（刑45前）（しかし，この場合，既にC罪については罰金刑が確定しているから，残りのA，B，D，Eの各罪について単一刑形成の処理がなされることになる－刑法50条）。

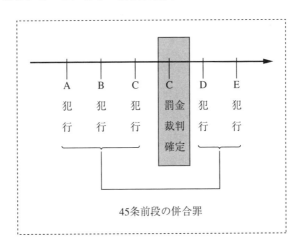

③ しかし，A・B・C・D・Eの各罪が順次犯されたとした場合において，Cにつき禁錮以上の刑に処する裁判が確定したときは，A・Bと確定裁判のあったCとは一つの併合罪グループを形成し（刑45後），他方，上記裁判確定後のD・Eについては別個の併合罪グループを形成する

－425－

第2編　犯　　罪

（刑45前）。

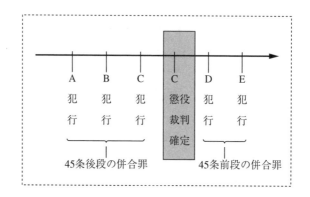

④　なお，継続犯や営業犯，常習犯等の包括一罪は，いずれも本来の一罪であって一体としてとらえられるべきものであるから，その犯されている途中に，別罪について禁錮以上の刑に処する裁判が確定しても，継続犯や包括一罪は確定裁判によって前後に分断されるものではない。いずれも犯罪の終了時を基準として併合罪関係を論ずるべきである（継続犯につき最決昭35・2・9刑集14巻1号82頁，常習犯につき最決昭39・7・9刑集18巻6号375頁）。

　したがって，下図のようにA・B・C・Dの各罪が順次犯された場合において，B罪の裁判確定の前後にまたがってC罪の犯行（例えば，監禁行為）がなされたときは，C罪を前後に分断して処理すべきではない。その犯行の最終時点を基準にして，C罪はD罪と一つの併合罪グループを形成するのである。

第7章　罪　数

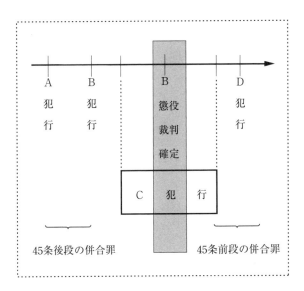

第3編 刑　　罰

第1章　刑罰の意義と種類

第1　刑罰の意義

　刑罰は，国家が，犯罪に対する法律効果として，犯罪者に科する一定の法益のはく奪である。
　刑罰の本質又は正当化根拠については，前述のとおり（→10頁参照），応報刑主義・一般予防主義・特別予防主義の三つの考え方があるが，現代の刑罰は，あくまでも**応報**を本質的内容とした上で，更にその範囲内で犯罪者の改善・更生のための**特別予防**的な意味合いや，**一般予防**的役割を加味して考えるのが相当である（→13頁参照）。
　【刑罰と保安処分】
　　刑罰と似て非なるものに保安処分がある。**保安処分**とは，社会に危険を及ぼす行為をするおそれのある者に対して，国家が，その危険性を矯正し，又はその者を社会から隔離することを目的とする処分である。刑罰が応報を本質とするのに対し，保安処分は専ら特別予防を目的とし，応報的要素を全く含まない点にその違いがある。
　　現行刑法典には保安処分に関する規定がなく（もっとも，没収のうち刑法19条1項1号，2号所定の事由に基づくものは，保安処分に近い性質を有している。），立法による保安処分の新設の当否が論議されているのが現状である。
　　特別刑法上は，売春防止法17条の補導処分が保安処分としての性質を有していると解されている。

第2　刑罰の種類とその内容

1　刑罰の種類

　現行刑法が規定している刑罰は，**死刑・懲役・禁錮・罰金・拘留・科料・没収**の7種類である（刑9）。

　なお，罰金に代わる処分として**労役場留置**があり（刑18），没収に代わる処分として**追徴**がある（刑19の2等）。

　刑罰は，はく奪される犯罪者の法益の種類によって，生命刑（死刑），自由刑（懲役，禁錮，拘留），財産刑（罰金，科料，没収）に分けることができる。

　死刑・懲役・禁錮・罰金・拘留・科料を**主刑**といい，没収を**付加刑**という（刑9）。主刑とは，判決においてそれだけ独立して言い渡すことのできる刑罰であり，付加刑とは，主刑が言い渡される場合に限って，これに付加して言い渡すことのできる刑罰である。

【刑罰に類似する諸制度】

　　罰金に類似する民事上，行政上の制裁として，**過料**（会社法976等）や**反則金**（道路交通法第9章）等がある。これらは，応報的色彩がなく，対象者に経済的な苦痛を与えることにより心理的な抑止を図ろうとするものである。

　　また，刑の言渡しを受けると，これに伴って，犯罪者は種々の法令に基づいて**資格制限**を受ける（例えば，禁錮以上の刑に処せられると，国家公務員にはなれない〔国家公務員法38②〕など）。旧刑法は，資格制限を名誉刑（名誉をはく奪する刑罰）として規定していたが，現行刑法は，これを刑罰とはせず，各種の法令が刑の言渡しの付随的効果として資格制限を規定するにとどめている。

　　ただし，選挙犯罪を犯した者に対する公職選挙法252条所定の**公民権停止**（選挙権及被選挙権の一定期間の停止）は，かなり名誉刑の色彩が濃い処分である。

第3編　刑　罰

2　死　刑

　死刑は，生命をはく奪することを内容とする刑罰で，現行刑法上最も重い刑罰である（刑10Ⅰ，9）。死刑を科することのできる犯罪は，刑法典においては，現住建造物等放火罪（刑108），殺人罪（刑199），強盗殺人罪（刑240後）などの12種だけであり，特別刑法上は，爆発物取締罰則1条違反の罪（爆発物使用罪）等5種あるにとどまる。

　死刑は「人間存在の根元である生命そのものを奪い去る冷厳な極刑」（後掲【147】最判昭58・7・8）であるため，古くから死刑を刑罰として肯定すべきか否かがさかんに議論されてきた。我が国においても，明治以来，死刑を廃止すべきであるとする考え方が根強く主張されてきている。**死刑廃止論**の根拠を整理すると，おおむね，(a)　死刑は法の名においてする殺人にほかならないのであるから人道主義上許されない，(b)　死刑には，犯罪を防止するだけの抑止力がない，(c)　誤判によって刑が執行された後では救済の方法がない，の3点に集約できる。このうち，(a)は，各人の世界観につながる問題で科学的論争の対象とすることができないが，(b)，(c)の主張はかなりの説得力がある。しかし，死刑は，確かに精神異常者の犯罪や激情的犯罪に関しては抑止力はないとしても，その他の凶悪犯罪に対し抑止力が全くないとは言い切れないように思われる。また，確かに，誤判の危険性は否定できないとしても，そのことから直ちに死刑の全面廃止を主張するのはやや短絡的というべきではないだろうか。誤判の問題は，死刑に限られたことではなく，死刑の場合に特に弊害が大きいというなら，むしろ誤判が生じないよう特に死刑事件に関しては手続を慎重にする方向で解決すべきものと思われる。

　なお，総理府が平成6年9月3日付けで発表した「基本的法制度に関する世論調査」の結果によれば（調査は，平成6年9月に，全国の20歳以上の男女3000人を対象に面接で行われ，うち2113人から回答を得たというものである。），死刑に関しては，「死刑廃止反対」が73.8％を占め，「死刑廃止賛成」は13.6％であったということである。ちなみに，それぞれの根拠の中で最も多かったのは，廃止反対者に関しては「凶悪犯罪は命をもって償うべきだ」（51.2％）というものであり，廃止賛成者に関しては「人を殺すことは人道に反し野蛮である」（41.5％）というものである。

　前述のような死刑廃止論の根拠や死刑に対する国民意識に照らすと，現状では，差し当たり死刑を存置し，その発動は，罪責が重大で，罪刑の均衡の見地からも一般予防の見地からもやむを得ないと考えられるなど，万人を首肯させるに足りる凶悪犯の場合に限って適用すべきものと考えられる。この点に関し，最高裁が，いわ

ゆる連続ピストル射殺事件（永山事件）において，下記のように死刑適用の一般的基準を明らかにしたことが注目される。

【147】「死刑制度を存置する現行法制の下では，犯行の罪質，動機，態様ことに殺害の手段方法の執拗性・残虐性，結果の重大性ことに殺害された被害者の数，遺族の被害感情，社会的影響，犯人の年齢，前科，犯行後の情状等各般の情状を併せ考察したとき，その罪責がまことに重大であって，罪刑の均衡の見地からも一般予防の見地からも極刑がやむをえないと認められる場合には，死刑の選択も許される。」（最判昭58・7・8刑集37巻6号609頁）

この基準を適用して，死刑の選択がやむを得ない場合にあたるとは言い難いとして被告人に死刑を科した第一審判決及びこれを是認した原判決を破棄し，無期懲役が選択された例として，最判平8・9・20刑集50巻8号571頁がある。

死刑の執行方法としては，過去には，はりつけ，火あぶり，石うち，車裂きなどが行われたが，現在では，このような残虐な方法は行われておらず，現行刑法は，刑事施設内において絞首して執行するものとして，絞殺の方法によっている（刑11Ⅰ）。

なお，死刑は「残虐な刑罰」（憲36）に当たらないかという問題がある。この点につき，最高裁判例は次のような見解を示している。

【148】「死刑は，…まさに窮極の刑罰であり，また冷厳な刑罰ではあるが，刑罰としての死刑そのものが，一般に直ちに同条（注－憲法36条）にいわゆる残虐な刑罰に該当するとは考えられない。ただ死刑といえども，他の刑罰の場合におけると同様に，その執行の方法等がその時代と環境とにおいて人道上の見地から一般に残虐性を有するものと認められる場合には，勿論これを残虐な刑罰といわねばならぬから，将来若し死刑について火あぶり，はりつけ，さらし首，釜ゆでの刑のごとき残虐な執行方法を定める法律が制定されたとするならば，その法律こそは，まさに憲法36条に違反するものというべきである。」（最大判昭23・3・12刑集2巻3号191頁）

その上で，最高裁は，現行の絞首刑は残虐な刑罰ではないとしている（最判昭28・11・19刑集7巻11号2226頁）。

罪を犯すとき18歳に満たない少年に対しては，裁判の時点で成人に達しているか否かを問わず，死刑を科することはできない（少年法51条）。

第3編　刑　罰

3　懲役・禁錮・拘留

　懲役・禁錮・拘留は，いずれも拘禁によって犯罪者の自由をはく奪することを内容とする刑罰（自由刑）であり，懲役・禁錮・拘留の順に重い（刑10Ⅰ，9）。

　懲役は，刑事施設に拘置し所定の作業（**刑務作業**）に服させる（刑12Ⅱ）。**禁錮**は，刑事施設に拘置するだけで，定役に服させられない（刑13Ⅱ）。懲役と禁錮との差異は，所定の作業に服させられるか否かに求められる。

　　ただし，禁錮受刑者も，刑務作業に就くことを請うときは，この作業を許すことができる（刑事収容施設及び被収容者等の処遇等に関する法律93）。これを**請願作業**という。現実には，禁錮受刑者の大半は請願作業に従事している。いったん請願作業を許された者は，正当な理由がなければこれをやめることができず，したがって禁錮受刑者も実質上懲役受刑者と同様の扱いを受けることになるから，刑の執行の段階では，懲役刑と禁錮刑とでは実質的にほとんど差がなくなっているのが現状である。

　懲役及び禁錮は，それぞれ無期と有期の区別があり，無期は終身，有期は1月以上20年以下である（刑12Ⅰ，13Ⅰ）。死刑又は無期懲役・禁錮を減軽して有期懲役又は禁錮とする場合には，30年以下とする（刑14Ⅰ）。また，有期刑を加重する場合には30年に至ることができ，減軽する場合には1月未満とすることができる（刑14Ⅱ）。

　刑法は，ほとんど大部分の犯罪について懲役を科するものとしているのに対し，禁錮を科するものとしている犯罪は，内乱罪（刑77），公務執行妨害罪（刑95），騒乱罪（刑106），業務上失火罪（刑117の2），業務上過失致死傷罪（刑211）など十数種であるにすぎない。

　　古くから，懲役刑は殺人・放火・強盗などの破廉恥犯に対する刑罰であり，これに対し，禁錮刑は，政治犯や過失犯などの非破廉恥犯に対する刑罰であると考えられてきた。特に政治犯に対しては，通常の犯罪者とは異なってその名誉を重んじる処遇（具体的には所定の作業に服させない方法）を行うべきであるとする名誉拘禁の考え方から，禁錮刑を科すべきものとされてきたのである。刑法が，内乱罪について自由刑としては禁錮刑のみを規定し，公務執行妨害罪について選択刑として禁

錮刑を規定しているのは，このような考え方に基づくものである。

しかし，今日，禁錮刑が適用されている圧倒的多数は過失犯（特に業務上過失致死傷罪）であり，『平成26年司法統計年報　刑事編』によれば，平成26年に全国の地方裁判所の刑事第一審事件で禁錮刑の言渡しを受けた者3070人のうち，3067人（99.9％）は業務上過失致死傷罪及び過失運転致死傷罪を含む過失傷害の罪で有罪となっている。

拘留は，1日以上30日未満で，刑事施設に拘留される（刑16）。所定の作業に服させられない。拘留は比較的軽微な罪について法定刑として規定されている（例えば，刑法では暴行罪〔刑208〕，侮辱罪〔刑231〕など，特別刑法の関係では軽犯罪法など）。

現実に拘留刑が適用されているのは，その圧倒的多数が軽犯罪法1条所定の各罪である。

4　罰金・科料

罰金と科料は，いずれも一定額の金銭を徴収することを内容とする刑罰である。罰金は禁錮に次いで重く，科料は主刑の中では最も軽い刑罰とされている（刑10Ⅰ，9）。

刑法上，**罰金**は1万円以上であり，これを減軽する場合には1万円未満に下げることができる（刑15）。**科料**は1000円以上1万円未満である（刑17）。罰金と科料とは，その金額が異なるにすぎず，両者に質的な差異はない。

罰金・科料は，利欲犯罪，比較的軽微な法益に関する犯罪，過失犯などにおいて法定刑として規定されていることが多い。刑法において最も多用されている刑罰が懲役刑であるのに対し，特別刑法の分野では，罰金刑がその中心的な刑罰として極めて重要な役割を営んでいる。殊に，両罰規定等による法人処罰において罰金刑の果たす役割は看過できないものがある。

罰金・科料の全部又は一部を完納することができない者は，一定の期間刑事施設に附置された労役場（刑事収容施設及び被収容者等の処遇に関する

第3編　刑　　罰

法律287Ⅰ）に留置され，労役を課せられる（刑事収容施設及び被収容者等の処遇等に関する法律288）。これを**労役場留置**という。その期間は，罰金については1日以上2年以下，科料については1日以上30日以下であり，罰金を併科した場合，又は罰金と科料とを併科した場合は，1日以上3年以下，科料を併科した場合は1日以上60日以下である（刑18Ⅰ，Ⅱ，Ⅲ）。判決において罰金・科料の言渡しを行うときは，必ず，労役場留置の言渡しも一緒に行う（刑18Ⅳ－実務では，例えば，「被告人を罰金3万円に処する。その罰金を完納することができないときは，金5000円を1日に換算した期間被告人を労役場に留置する。」というような判決主文を用いる。）。

　なお，少年に対しては，労役場留置の言渡しをすることができない（少年法54条）。法人についても同様である。

5　没　　収

(1)　没収の意義と種類

　没収は，犯罪に関係のある特定の物の所有権を所有者からはく奪して国庫に帰属させる刑罰である。没収は付加刑であり，主刑を言渡す場合にだけ言い渡すことができる（実務では，例えば，「被告人を懲役10年に処する。押収してある登山ナイフ1本（平成28年押第1234号）を没収する。」というような判決主文を用いる。）。

　没収が科せられる趣旨には，大きく分けて二つあり，第1は，当該物件から再び犯罪が発生するのを防止しようというものであり，後述の組成物件，供用物件や生成物件等の没収，覚せい剤取締法における覚せい剤の没収などは，この趣旨に基づくものである。第2は，犯罪によって犯罪者が得た利益を不当に犯罪者に得せしめないで，これを国家がはく奪しようというものであり，後述の取得物件やその対価として得た物等の没収，公職

選挙法における収受した利益の没収などはこの趣旨に基づくものである。

没収には，没収の要件を満たしていても対象物を没収するかしないかが裁判官の裁量にゆだねられている**任意的没収**と，その要件を満たしている限り必ず対象物を没収しなければならない**必要的没収**とがある。前者の一般規定として刑法19条があり，必要的没収を定めた各規定は，一般法である刑法19条に対する特別法に当たる。必要的没収の例としては，刑法典では賄賂の没収（刑197の5）が，特別刑法の分野では覚せい剤取締法41条の8による覚せい剤等の没収や，公職選挙法224条による収受した利益等の没収が挙げられる。必要的没収については，これを認める各規定にその対象物や没収の要件等が規定されているので，以下においては，刑法19条の任意的没収について説明する。

(2) **任意的没収の対象**

任意的没収の対象は，次の4種類に限られる（刑19Ⅰ）。

なお，拘留又は科料のみに当たる犯罪については，没収対象物が組成物件の場合を除き，特別の規定がある場合でなければ没収を科することができない（刑20）。後述の追徴についても同じである。

(a) **犯罪行為を組成した物（刑19Ⅰ①）**

犯罪行為を組成する物とは，構成要件要素となっている物件，すなわちその存在なしには犯罪が成立しないという物件である。実務では**組成物件**と呼んでいる。例えば，偽造私文書行使罪（刑161）における偽造私文書や，わいせつ文書頒布罪（刑175）におけるわいせつ文書などがこれに当たる。

(b) **犯罪行為に供し又は供しようとした物（刑19Ⅰ②）**

現に犯罪行為に利用され，又は利用しようとして準備された物である。実務では**供用物件**と呼んでいる。前者の例としては，殺人罪に用いた日

本刀や，詐欺罪に利用した偽造文書が挙げられる。後者の例としては，殺人のために買い入れたが，結局殺人の実行行為に使用しなかった日本刀などが挙げられよう。

(c) **犯罪行為より生じた物，犯罪によって得た物又は犯罪行為の報酬として得た物（刑19Ⅰ③）**

犯罪行為より生じた物とは，犯罪行為によって新たにできた物である。実務では**生成物件**と呼んでいる。例えば，各種偽造罪における偽造通貨，偽造文書，偽造有価証券，偽造印章などがこれに当たる。

犯罪行為によって得た物とは，犯行当時既に存在していたものであって，犯罪行為によって犯人が取得した物である。実務では**取得物件**と呼んでいる。例えば，賭博罪（刑185）によって得た金品や，わいせつ文書販売罪（刑175）によって得た販売代金などがこれに当たる。

なお，窃盗罪によって得た財物もこれに当たるが，犯人以外の者に属する場合が多い（刑19Ⅱ）から，没収できないのが通常である。

犯罪行為の報酬として得た物とは，犯罪行為をしたことの対価として取得した物である。例えば，窃盗幇助の謝礼として得た財物や公然わいせつ罪（刑174）を構成するショーの出演料などがこれに当たる。

(d) **(c)に記載した物の対価として得た物（刑19Ⅰ④）**

例えば，盗品等の売却代金がこれに当たる。前述のとおり，盗品等それ自体はほかに所有者がいるため没収することができないのが通常であるが，当該盗品等を売却するなどして対価を得た場合には，本号に該当し，これを没収することができるのである（最判昭23・11・18刑集2巻12号1597頁）。

(3) **没収の要件**

上述した没収の対象物（以下「没収対象物」という。）を現実に没収す

るためには，下記の二つの要件を満たさなければならない。

① **没収対象物が裁判の時に現存していること**

　物を没収するためには，没収の裁判をする時点で現に没収対象物が存在していなければならない。過去には没収対象物の要件を満たしていても，裁判の時点までに消費，紛失，破壊などで没収対象物が存在しなくなったときはもとより，加工，混同などにより没収対象物の同一性が失われた場合にも，没収の言渡しを行うことはできない。したがって，例えば，小麦粉約22kgが没収対象物としての要件を満たす場合でも，これにあめその他の材料を加えて加工したせんべいは，小麦粉との間に同一性を欠くから没収することができない（東京高判昭26・11・9判特25号41頁）。

　なお，主物（例えば，刀）が没収対象物であるときは，従物（例えば，さや）も一括して没収することができる。

　　没収の要件が物の一部のみについて存する場合の取扱いは問題が多い。実務では，偽造文書などに関し問題となることがある（例えば，一通の手形の裏書部分だけの偽造の場合など）。判例は，偽造部分と真正部分とが不可分一体をなしている場合や，真正部分が独立して効力を有しない場合には全体を没収することができるが，偽造部分と真正部分とが分割可能であって，真正部分が有効なときには，偽造部分のみを没収すべきであるとしている（大判明37・9・2刑録12輯795頁，大判明39・7・29刑録10輯1790頁等）。

② **没収対象物が犯人以外の者に属していないこと（刑19Ⅱ本）**

　犯人以外の者が，その物につき所有権・用益物権・担保物権を有しない場合に限って没収することができるという趣旨である。

　ここにいう「犯人」の中には，共犯者（既に訴追を受けているか否かを問わない。）を含むから，共犯者の物については没収が可能である。

　また，たとえ没収対象物が裁判の時点では犯人以外の者に属する場合でも，その者が，犯罪後，情を知って没収対象物を取得した場合には，

なお没収することができる（刑19Ⅱ但）。

　ただし，上記共犯者が共同被告人になっている場合を除き，刑事事件における被告人以外の者（「第三者」）の所有に属する物を没収する場合（いわゆる**第三者没収**の場合）には，「刑事事件における第三者所有物の没収手続に関する応急措置法」の定める手続により，第三者に対し没収手続に参加する機会を与えなければ，没収を行うことはできない。

(4) **追徴**

　刑法19条1項3号・4号に掲げる没収対象物の全部又は一部を没収することができないときは，その物の価額を追徴することができる（刑19の2）。

　追徴とは，本来没収できるはずの物が没収不能になった場合に，その没収すべき物の価額に相当する金額を国庫に納付すべきことを命ずる処分である。没収に代えて追徴すべき金額は，その物の授受当時の価額による（最大判昭43・9・25刑集22巻9号871頁）。

　なお，刑法19条の2の規定する追徴は任意的追徴であるが，没収の場合と同様，追徴が必要的とされる場合があることに注意する必要がある（刑197の5，公職選挙法224，国際的な協力の下に規制薬物に係る不正行為を助長する行為等の防止を図るための麻薬及び向精神薬取締法等の特例等に関する法律13Ⅰ等）。なお，刑197の5については，この規定による没収・追徴は，必要的に行うべきものであるが，収賄の共同正犯者が共同して収受した賄賂については，これが現存する場合には，共犯者各自に対しそれぞれ全部の没収を言い渡すことができるから，没収が不能な場合の追徴も，それが没収の換刑処分であることに徴すれば，共犯者ら各自に対し，それぞれ収受した賄賂の価額全部の追徴を命じることができるとした判例がある（最決平16・11・8刑集58巻8号905頁）。

第2章　刑罰の適用

第1　刑罰の適用過程

1　刑罰の適用の意義

　犯罪が成立すると，原則として，その犯罪者に対して国家の刑罰権が発生する。しかし，それはいまだ観念的なものであって，裁判所の判決によって確定され初めて現実的な執行が可能なものとなる。ところで，裁判所が具体的な刑罰権を確定するためには，構成要件に該当する犯罪事実を認定し，これに対して刑罰法規が規定する刑罰を適用しなければならない。その際，適用されるべき刑罰の種類及び量が犯罪の種類ごとに確定していれば，その適用は容易であるが，現行刑法は，同一の犯罪に対するものでも数種の刑罰を規定している場合があり，また，大半の犯罪については刑罰の上限と下限のみを定めて，具体的な刑罰の量の決定については，その範囲内における裁判所の合理的な裁量にゆだねている。また，刑法は，一定の場合に，刑罰を加重したり，減軽したり，あるいは免除したりすることを認めているので，裁判所は，具体的な犯罪事実に対していかなる種類の刑罰を選択し，それをいかに加減し，いかに量定するかを決めなければならないことになる。このことを通常，**刑罰の適用**又は**刑罰の具体化**という。

2　刑罰適用の過程－法定刑・処断刑・宣告刑の区別

　刑罰適用の過程は，大きく分けて次の三つの段階に画することができる。
　第1は，裁判所が，証拠によって確定された犯罪事実に対し，刑法の各本条の規定を具体的に適用することによって，当該犯罪事実に対応する法定刑

第3編　刑　　罰

が導き出され，確定するに至る段階である。**法定刑**とは，刑罰法規の各本条に犯罪構成要件に対応するものとして規定されている刑罰をいう。例えば，殺人罪の場合，刑法199条に定められた刑罰，すなわち死刑，無期又は5年以上の懲役がこれに当たる。

　第2は，このようにして導き出された法定刑に対し，科刑上一罪の処理，刑種の選択，刑の加重減免，併合罪の処理等の種々の修正を行うことにより，裁判所が最終的に選択可能な刑の幅（上限と下限）が確定されるに至る段階である。このような修正により導き出された刑を**処断刑**といい，上記のように法定刑に修正を加えて処断刑を導出することを**処断刑の形成**という（なお，特に修正を必要としない場合には，法定刑がそのまま処断刑となる。)。

　第3に，このように形成された処断刑の枠内で，裁判所が，具体的に被告人に言い渡す刑（**宣告刑**）を決定する段階である。これを**宣告刑の決定**という。

　そこで，以下においては，上記三つの段階について順次説明を行うこととする。

第2　構成要件及び法定刑を示す規定の適用

構成要件及び法定刑を示す規定の適用についてはあまり問題はない。
　ただ，法定刑の規定の仕方に関し，以下の各点を認識しておく必要があろう。
(1)　刑法の各本条の法定刑は，刑罰の種類（これを**刑種**という。）が一つに限定されている場合（例えば，詐欺罪－懲役刑のみ）と，選択的に規定されている場合（「又は」という言葉が使用されている場合。例えば，傷害罪－懲役又は罰金），更には併存的に規定されている場合（「及び」という言葉が用いられている場合。例えば，盗品等の有償譲受け罪〔刑256Ⅱ〕－懲役及び罰金）とがある。選択的に規定されている場合を**選択刑**という。併存的に規定されている場合を**併科刑**という。併科刑については，各刑罰がいずれも科

-440-

せられることになる（これを**併科**という。）ので，注意を要する。

　　特別刑法の中には，別の条文で刑を併科できる旨規定されている場合がある。例えば，売春防止法15条などがこれに当たる。

(2)　死刑・無期懲役・無期禁錮を除くその余の主刑は，いずれも上下の幅を持った形で法定刑が規定されている。懲役・禁錮・拘留に関しては，その幅の上限を**長期**といい，下限を**短期**という。罰金・科料に関しては，その上限を**多額**といい，下限を**寡額**という（刑10Ⅱ）。そして，それぞれの刑の重さを**刑量**と称している。

　　刑法の条文の文言上は，刑の上限下限が明記されていないかに見える場合がある。例えば，詐欺罪（刑246）の法定刑は「10年以下の懲役」であり，下限が明らかではないように見える。過失致死罪（刑210）の「50万円以下の罰金」も同様であり，他方，強盗罪（刑236）の法定刑は「5年以上の有期懲役」となっており，逆に長期が不明のように見える。しかし，以上のように個々の刑罰法規において上限・下限が明記されていない場合には，当然，総則規定である刑法12条から17条の各規定によって，上限・下限が定まることとなるのである。したがって，詐欺罪の短期は1月以上であり（刑12Ⅰ），過失致死罪の寡額は1万円以上（刑15），強盗罪の長期は20年以下（刑12Ⅰ）となる。

(3)　刑罰法規の中には，ほかの規定の法定刑を引用しているものがある。この場合には，当該引用にかかる他の刑がその罪の法定刑となる。例えば，偽造公文書行使罪（刑158Ⅰ）は「…した者は，…した者と同一の刑に処する」と規定しているが，これは偽造公文書等を行使した者は，当該文書を偽造したなどの場合と同じ法定刑によるという意味であるから，具体的な刑は公文書偽造罪（刑155Ⅰ）等の法定刑によることになる。また，事後強盗罪（刑238）は「…したときは，強盗として論ずる」と規定しているが，これは法定刑についても強盗罪（刑236）のそれと同じであるという趣旨である。

第3編　刑　　罰

第3　処断刑の形成

1　処断刑形成の順序

　処断刑の形成は，実務上一般に次の順序に従って行われている（もとより，次の①～⑥が常に問題となるわけではない。）。

　　　　　①　科刑上一罪の処理
　　　　　②　刑種の選択
　　　　　③　累犯加重
　　　　　④　法律上の減軽
　　　　　⑤　併合罪の加重
　　　　　⑥　酌量減軽

　③～⑥については，その順序が刑法72条に規定されており，また②が③～⑥の処理に先んじて行われるべきことは刑法69条等からうかがわれるところである。①の処理をどの段階で行うべきかについては，学説上争いがある（⑤とともに行うべきであるとする有力説がある。）が，判例は一貫して，上記のように，まず科刑上一罪の処理をすべきものとしている（大判明42・3・25刑録15輯328頁等）。

　以下，①～⑥の各処理について説明する。

　なお，それぞれの具体的処理方法の例示として，被告人甲が犯した下記の三つの犯罪に関する処断刑形成の例を445頁に適条表にして示しておいたので，それぞれの処理の説明を理解する際の参考にして欲しい（以下の説明では，「被告人甲の設例」として引用する。なお，適条表の〔　〕内はそれぞれその段階での処断刑を示している。）。

　(a)　甲は，窃盗の目的で，平成27年3月31日，Aの家に侵入した。
　(b)　そして，甲は，A宅に侵入後，机の引き出し等を開けるなどして金品を物色していたところ，たまたまAが帰宅したため，何も取らず直ちに逃走したが，Aに追い付かれそうになったので，「殺すぞ」と怒号しながら，Aの顔を殴り，そのためAは全治2週間の打撲傷を負った。

(c) さらに，甲は，平成27年4月4日深夜，強姦の目的で，B女を殴って道端に突き倒し，姦淫しようとしたところ，B女がすっかりおびえているのを見て急にかわいそうになり，そのまま何もしないで帰宅した。

なお，甲には，覚せい剤取締法違反の罪で有罪となり懲役10月の刑を言い渡された前科が一つあり，その刑は4年前に受け終わっている。

2　科刑上一罪の処理

観念的競合及び牽連犯は，科刑の上では一罪として扱われるため，2個以上の罪が観念的競合又は牽連犯となるときは，「最も重い刑」で処断する（刑54Ⅰ）。「最も重い刑により処断する」とは，その数罪のうちの最も重い刑を定めている罪の法定刑によって処断するという趣旨とともに，他の罪の法定刑の最下限よりも軽く処断することはできないという趣旨を含んでいる（最判昭28・4・14刑集7巻4号850頁）。「最も重い『罪の』刑により処断する」わけではないからである。したがって，被告人甲の設例の場合には，(a)の住居侵入罪と(b)の強盗致傷罪とが牽連犯の関係にあるが，刑法10条2項前段によれば強盗致傷罪の刑の方が重いから，その法定刑により処断するということになる（→適条表参照）。これに対し，例えば，登記書類に貼付してある印紙を剥離して窃取した場合には，窃盗罪（10年以下の懲役又は50万円以下の罰金）と公用文書毀棄罪（刑258－3月以上7年以下の懲役）とが成立し，両罪は観念的競合となるとするのが判例であるが（大判明44・2・21刑録17輯142頁），この場合，刑法10条2項前段によれば窃盗罪の方が重いから，原則として窃盗罪の法定刑によることになり，公用文書毀棄罪に罰金刑の選択刑が定められていないこととの関係から，解釈上，窃盗罪の法定刑のうち，罰金刑を選択することは許されないこととなる。また，他方で，刑の下限については公用文書毀棄罪の方が窃盗罪のそれより重いので，上記の判例の趣旨からすれば，短期は公用文書毀棄罪の「3月以上」によることにな

り，結局，科刑上一罪の処理によって「3月以上10年以下の懲役」という処断刑が形成されることになる。また，数罪が科刑上一罪の関係にある場合において，その最も重い罪の刑は懲役刑のみであるがその他の罪に罰金刑の任意的併科の定めがあるときは，最も重い罪の懲役刑にその他の罪の罰金刑を併科することができるとするのが判例である（最決平19・12・3刑集61巻9号821頁）。この判例の趣旨からすれば，最も重い罪の刑は懲役刑であるがその他の罪に罰金刑の必要的併科の定めがあるときは，最も重い罪の懲役刑にその他の罪の罰金刑を必要的に併科すべきことになろう。

第2章　刑罰の適用

	(a)の犯罪事実	(b)の犯罪事実	(c)の犯罪事実
構成要件（及び法定刑）を示す規定の適用	**住居侵入罪**成立 ∴　刑130前を適用 〔3年以下の懲役又は10万円以下の罰金〕	**強盗致傷罪**成立 ∴　刑240前（刑238）を適用 〔無期又は6年以上の懲役〕	**強姦未遂罪**成立 ∴　刑179，177前を適用 〔3年以上の有期懲役〕
科刑上一罪の処理	(a)(b)の犯罪は**牽連犯**の関係 ∴　刑54Ⅰ後，10Ⅱ前により，一罪として，刑の重い強盗致傷罪の刑で処断 　　〔無期又は6年以上の懲役〕		
刑種の選択	有期懲役刑を選択 　　〔6年以上20年以下の懲役〕		
累犯加重	被告人には**累犯前科**がある ∴　刑56Ⅰ，57により累犯加重 　（ただし刑14Ⅱの制限を受ける） 　　〔6年以上30年以下の懲役〕	左に同じ 〔3年以上30年以下の懲役〕	
法律上の減軽			(c)は**中止未遂** ∴　刑43但，68③により刑の減軽 〔1年6月以上15年以下の懲役〕
併合罪の加重	以上各罪は刑法45前の併合罪の関係 ∴　刑47本，10Ⅱ前により，刑の重い(a)(b)の罪の刑に法定の加重（ただし刑14Ⅱの制限を受ける） 　　　　　　　〔6年以上30年以下の懲役〕		
酌量減軽	犯罪の情状からすると，上記の処断刑ではなお重いので酌量減軽を行う ∴　刑66，71，68③により刑の減軽 　　　　〔3年以上15年以下の懲役〕		
宣告刑の決定	以上のように加重・減軽して形成された処断刑の範囲内で，被告人を懲役4年に処することとする。		

【刑の軽重の比較の基準】

　刑の軽重を比較する場合の基準については，刑法10条に定めがある。1項は刑種どうしの軽重が問題となった場合の比較の基準，2項は同じ刑種の中で，刑量が異なる場合の軽重が問題となった場合（例えば，10年以下の懲役と1年以上10年以下の懲役とでは，どちらが重いか）の比較の基準，3項は刑種も刑量も同じ場合の刑の軽重の比較（例えば，業務上横領罪と詐欺罪の両方を犯した場合に〔ともに10年以下の懲役〕いずれが重いか）の基準がそれぞれ規定されている。

　なお，法定刑に選択刑や併科刑が規定されている場合に，どの刑罰を基準として軽重を比較するのかという問題がある。例えば，詐欺罪の刑（10年以下の懲役）と盗品等の有償譲受け罪の刑（10年以下の懲役及び50万円以下の罰金）とでは，いずれが重いのであろうか。一見すると，懲役刑の刑量は同じであるから，罰金刑が併科される分だけ盗品等の有償譲受け罪の刑の方が重いように見える。しかし，判例（最判昭23・4・8刑集2巻4号307頁）は，刑法施行法3条3項の趣旨に従って，選択刑又は併科刑がある場合には，重い方の刑種を比較の対象にすべきであるとしており（これを**重点的対照主義**という。），実務においてもこの考え方は既に定着している。そうすると，上記の例の場合，盗品等の有償譲受け罪については，重い方の刑罰である（刑10Ⅰ）懲役刑のみが詐欺罪との比較の対象となるから，結局，刑法10条3項により，当該詐欺罪と盗品等の有償譲受け罪の犯情の軽重によって刑の軽重が決定されることになろう。

　科刑上一罪の処理を経た数罪は，刑種の選択以後の処断刑の形成過程においても，いずれも一罪として取り扱われる（→適条表参照。ただし，刑法54条2項参照）。

3　刑種の選択

　法定刑に選択刑がある場合，あるいは科刑上一罪の処理を行った後にも，なお刑種の選択の余地があるときは，その数種類の刑から犯罪の具体的な情状に応じた1種類の刑罰を選択しなければならない。この刑種の選択は，裁判所の裁量による。その際，刑種の選択は刑の量定（量刑）の一部であるから，他の犯罪事実の存在，内容をその事情の一つとして考慮することは当然に許され，したがって，併合罪関係にある複数の罪のうちの1個の罪につい

て死刑又は無期刑を選択する際には，その結果科されないこととなる刑に係る罪を，これをも含めて処罰する趣旨で，考慮できるというべきであり，当該1個の罪のみで死刑又は無期刑が相当とされる場合でなければそれらの刑を選択できないというものではない（最決平19・3・22刑集61巻2号81頁）。

　　　特別刑法の中には，併科刑を選択できる場合がある。例えば，覚せい剤取締法41条の2第2項などがこれに当たる。

　被告人甲の設例では，無期懲役刑と有期懲役刑のいずれも選択可能であるが，裁判官は，強盗致傷の事案が犯情さほど悪質ではないことにかんがみ，有期懲役刑を選択したのである。

4　累犯加重

　広義において累犯とは，刑罰に処せられた者がその執行を受け終わった日（又はその執行の免除を受けた日）から一定期間内に，更に犯した犯罪のことである。執行を受け終わった（又は執行の免除を受けた）犯罪のことを前犯といい，一定の期間内に犯された犯罪のことを後犯という。刑法が**累犯（再犯）**としているものは，広義の累犯のうち，次の①～③の各要件を備えたものである（刑56Ⅰ）。

① 　前犯として，懲役に処せられた者の犯罪であること（なお，これに準ずべき場合として－刑56Ⅱ，Ⅲ）。

② 　前犯の刑の執行を受け終わった日（又は執行の免除を受けた日）から5年以内に後犯が犯されたこと

　　　5年の期間は，受刑の最終日の翌日から起算し（最判昭57・3・11刑集36巻3号253頁），初日を算入して計算する。この5年内に，後犯の全部が行われる必要はなく，その実行行為の一部でも行われれば②の要件を満たすものと解される（最決昭43・11・7刑集22巻12号1335頁）。

③ 　後犯につき処断刑が有期懲役であること

以上の要件を具備している場合には、この段階までに形成された有期懲役刑は、その長期を2倍にするという処理を行う（刑57）。しかし、それが30年を超えることはできない（刑14Ⅱ）。このような処理がなされるのは、累犯者は、有罪の言渡しのみならず、現実に刑の執行まで受けたにもかかわらず、短期間の間に、性懲りもなくまた犯罪を繰り返したものであって、初犯者より非難可能性の程度が高いからである。

3犯以上の者についても同様である（刑59）。3犯というのは前犯と後犯、後犯と3犯、前犯と3犯のそれぞれの間に刑法56条の要件が備わっている場合である（最判昭29・4・2刑集8巻4号399頁）。

5　法律上の減軽

法律上の減軽とは、刑法の各条項で、刑を必ず減軽しなければならないと規定されている場合（**必要的減軽事由**）、又は刑を減軽することができると規定されている場合（**任意的減軽事由、裁量的減軽事由**）に行う刑の減軽である。必要的減軽事由としては、心神耗弱（刑39Ⅱ）、中止未遂（刑43但）、幇助犯（刑63）等があり、任意的減軽事由としては、障害未遂（刑43本）、過剰防衛（刑36Ⅱ）、過剰避難（刑37Ⅰ但）、法律の錯誤（刑38Ⅲ）、自首・首服（刑42）などがある。

　自首とは、犯罪を犯した者が、まだ捜査機関に発覚する前に、自ら進んで捜査機関に対して、自己の犯罪事実を申告し、その処分を求めることである。「発覚する前」とは、犯罪事実が捜査機関に認知されていないとき、又は犯罪事実は認知されているが、犯人がだれであるかが認知されていないときである。したがって、その双方が明らかになっていて、ただ犯人の所在だけが明らかでない場合は含まれない（最判昭24・5・14刑集3巻6号721頁）。申告は、必ずしも犯人自らする必要はなく、他人を介して行ってもよい（最判昭23・2・18刑集2巻2号104頁）。
　首服とは、親告罪を犯した者が、まだ捜査機関に発覚する前に、自ら進んで告訴権者に対して、犯罪事実を告げて、その処分を求めることである。

任意的減軽事由がある場合には、刑を減軽するかどうかは裁判所の自由な

第2章　刑罰の適用

裁量にゆだねられている。実務では，法定刑の下限を下回る刑で処断する必要がある場合に限って減軽を行うのが通例である。

法律上の減軽をする場合は，その段階で形成されている処断刑に対し，次の例により減軽を行う（刑68）。減軽事由がいくつあっても，減軽は1回しかすることができない（刑68，最判昭24・3・29裁判集刑事8号455頁）。

① 死刑を減軽するときは，無期又は10年以上30年以下の懲役あるいは禁錮（刑14Ⅰ）とする。
② 無期の懲役又は禁錮を減軽するときは，7年以上30年以下の有期の懲役又は禁錮（刑14Ⅰ）とする。
③ 有期の懲役又は禁錮を減軽するときは，その刑期，すなわち長期・短期を共に2分の1とする。
④ 罰金を減軽するときは，その金額，すなわち多額・寡額を共に2分の1とする。
⑤ 拘留を減軽するときは，その長期を2分の1とする。
⑥ 科料を減軽するときは，その多額を2分の1とする。

累犯加重の場合には，懲役刑の長期のみを加重したのに対し，法律上の減軽の場合には，長期のみならず短期もまた減軽することに注意すべきである。

被告人甲の設例では，(c)の犯罪が中止未遂（必要的減軽事由）であるため，刑法68条3号に従い，累犯加重により加重された刑が上限・下限ともに2分の1に減軽されている。

6　併合罪加重（併合罪の処理）

(1)　単一刑の言渡し

前述のような方法で（→423頁参照）併合罪の範囲が画され，併合罪グループが形成されると，今度は，その併合罪グループの中でどのような方法で単一の刑を導き出すかが問題となる。この点につき，刑法は，同一の

-449-

併合罪グループを構成する数罪を同時に審判するときは、下記の処理方法によって、各併合罪グループごとに単一の刑を言い渡すべきものと規定している。

① 併合罪のうち、1罪につき死刑に処すべきときは、没収を除くほか他の刑を科さない（刑46Ⅰ－吸収主義）。

② 併合罪のうち、1罪につき無期懲役・禁錮に処すべきときは、罰金、科料及び没収を除くほか他の刑を科さない（刑46Ⅱ－吸収主義）。

③ 併合罪中2個以上の有期の懲役・禁錮に処すべき罪があるときは、原則として、最も重い罪の刑（軽重の比較は刑10による。）の長期にその半数を加えたものを処断刑の長期とする（刑47本－加重単一刑主義）。

ただし、上記処断刑の長期の形成に関しては、下記二つの制限があることに注意を要する。

　(a) 長期は各罪につき定めた刑の長期を合算したものを超えることはできない（刑47但）。

　　例：詐欺罪と業務妨害罪（刑233－懲役刑選択）が併合罪
　　　　→詐欺罪の長期10年＋業務妨害罪の長期3年＝13年
　　　　　＜　重い詐欺罪の長期10年×1.5＝15年

　(b) 長期は30年を超えることはできない（刑14Ⅱ）。

　　例：いずれも累犯加重された強盗罪と詐欺罪とが併合罪
　　　　→30年　＜　重い累犯加重された強盗罪の長期30年×1.5＝45年

なお、短期については、上述のような加重はしない。しかし、併合罪加重の基本となった罪よりも刑の短期が重い罪がある場合には、その併合罪の処断刑の短期は当然その重いものによると解されている（東京高判昭35・4・19高刑集13巻3号255頁）。

　　例：詐欺罪と私文書偽造罪（刑159Ⅰ）
　　　　→長期　重い詐欺罪の長期10年×1.5＝15年
　　　　　短期　私文書偽造罪＝3月　＞　詐欺罪＝1月

第 2 章　刑罰の適用

④　罰金と他の刑とは併科する（刑48Ⅰ）。

　　2 個以上の罰金については，各罪の多額を合算した額をもって処断刑の多額とする（刑48Ⅱ－加重単一刑主義）。

>　例：過失致死罪（刑210）と名誉毀損罪（刑230－罰金刑選択）
>　　→50万円＋50万円＝100万円（以下で処断）
>　　寡額については，刑法48条 2 項の合算はしない。

⑤　拘留・科料・没収の処理については，前述した（→422頁参照）。

　　被告人甲の設例では，(a)(b)(c)の各犯罪事実が 1 つの併合罪グループを形成している（ただし，(a)(b)についてはそれ以前に牽連犯として一罪の処理を受けている。）ため，上記③の処理方法により，(a)(b)(c)の罪について「6 年以上30年以下の懲役」という単一刑が導き出されている。

(2)　余罪の処理

　　刑法45条後段の併合罪グループのうち，既に禁錮以上の刑に処する確定裁判のあった罪以外の罪を，実務上「**余罪**」と称している（具体例をあげると，425頁③例のA罪・B罪がこれに当たる。）。

　　余罪をどのように処理するかは，一個の問題である。余罪を含む併合罪グループについては，既にその一部が確定裁判を経ている以上，余罪については不問に付するという立法例もある（吸収主義）。しかし，現行刑法は，このような立場をとらなかった。後に余罪が発覚した場合には，改めて余罪について処断を行い（刑50），既に確定裁判のあった罪と余罪とが，もと同一の併合罪グループに属していたことにともなう調整は，刑の執行の段階で行うことにした（刑51）。その結果，原則として確定裁判の刑と余罪の刑とは併せて執行されるが，特に有期懲役・禁錮刑については，その最も重い罪について定めた刑の長期にその半数を加えたものを超えることができないという制限を設けている（さらには，刑法14条 2 項は，執行の段階にも適用される結果，同一併合罪グループの二つ以上の有期刑を併せて執行する場合には，30年を超えることができない。）。

余罪が1罪だけの場合には，余罪について更に処断すれば足りる（刑46条以下の併合罪加重をしてはならない。）。余罪が数罪ある場合には，余罪と確定裁判のあった罪とは刑法45条後段の併合罪であるが，余罪相互間には，更に刑法45条前段を適用すべきであるとするのが判例の立場である（最決昭34・2・9刑集13巻1号82頁）。そこで，余罪相互間において，刑法46条以下の併合罪処理を行って単一刑を導き出す作業が必要である。

余罪が一罪又は数罪あるとともに，確定裁判後においても併合罪グループが形成されている場合（425頁③例のような場合）には，併合罪グループが二つ存する以上，各々別個に併合罪処理（ただし，1罪の場合には不要）を行って単一刑を導き出す必要がある。その結果，判決の主文も二つとなる（これを実務では「**主文二つの場合**」という。その場合の主文は，例えば，「被告人を判示第1の罪について懲役3年に，判示第2の罪について懲役8月に処する。」というような形になる。）。

7 酌量減軽

酌量減軽とは，犯罪の情状が酌量すべきものであるときに，裁判所が裁量により，その点を酌量してその刑を減軽することである（刑66）。「犯罪の情状」とは，犯罪行為の軽重や犯人の性格，環境や犯罪後の情況など，量刑に当たって考慮されるべき一切の事情である。「酌量すべきもの」であるときとは，犯罪の情状に照らして，併合罪加重までの処理によって形成された処断刑の下限によってもなお刑が重きに失するような場合である（大判昭7・6・6刑集11巻756号）。法律上の加重減軽をした場合でも，なお酌量減軽をすることができる（刑67）ことは当然である。

減軽の方法は，法律上の減軽の場合と同一である（刑71）。

被告人甲の設例では，併合罪加重までの処理によって，一応「6年以上30年以下の懲役」という処断刑が形成されていたが，裁判官は，各犯罪事実の内容や被告人

の前科などにかんがみて懲役4年程度が相当ではないかと考えたため，酌量減軽を行って，処断刑の下限を懲役3年まで減軽したのである。

第4　宣告刑の決定

以上の経過によって処断刑が決定されると，その範囲内で被告人に科すべき具体的な刑，すなわち**宣告刑**を定めなければならない。宣告刑を定めることを**刑の量定（量刑）**といい，裁判所の合理的な裁量にゆだねられる。刑法典は刑の量定の基準については，何ら規定していないが，犯罪行為に対する被告人の責任の限度を超える刑罰を科することはできないと解すべきである（量刑における責任主義。→253頁参照）。しかし，犯罪行為の責任の範囲内である限り，犯人の年齢・性格・経歴及び環境，犯罪の動機・方法・結果及び社会的影響，犯罪後における犯人の態度その他の事情を考慮し，犯罪の抑制及び犯人の改善更生に役立つように量定することは当然可能であり，またそうすべきものであろう。

なお，広い意味での量刑には，単に宣告刑を決定することだけではなく，その刑の執行を猶予するか否かの決定も含まれる。後述するとおり，刑の執行猶予が許されるのは一定の要件を満たす場合だけであるが，そのような執行猶予の可能な事件については，実務では，宣告刑の決定以上に，執行猶予を付するか否かの決定は重要な意味を持っている。

【刑の免除】
　刑の免除とは，有罪ではあるが，刑を科さないという裁判である。刑の免除事由があるときは，裁判官は，刑の言渡しをせず，刑の免除の言渡し（刑訴334）をすることができる（もっとも，必ず刑の免除をしなければならない場合もある－例えば，刑244Ⅰ等。）。刑の免除は，後述の刑の執行の免除や刑の執行猶予と異なるので注意する必要がある。
　刑の免除事由には，中止未遂（刑43但），過剰防衛（刑36Ⅱ），過剰避難（刑37Ⅰ但），親族間の犯人蔵匿・証拠隠滅（刑105），放火予備（刑113但）等がある。いずれも刑

第3編　刑　　罰

を免除するかしないかについては，裁判官の裁量にゆだねられている。

第3章　刑罰の執行

　犯罪者に対し判決で刑罰が言い渡され，判決が確定すると，その刑罰は現実に執行されなければならない。刑罰の執行は，原則として，検察官の指揮により行われる（刑訴472）。刑罰の執行は，国家の刑罰権が現実化する過程である。

　ただし，刑罰の全部又は一部が現実に執行されない場合もあり得る。刑の執行猶予，刑の執行の減軽・免除の場合がそれである。

第1　各種刑罰の執行

1　死刑の執行

　死刑の言渡しを受けた者は，その裁判確定後執行に至るまで刑事施設に拘置され（刑11Ⅱ），確定後，原則として，6箇月以内になされる法務大臣の命令によって，命令後5日以内に執行される（刑訴475，476）。死刑は，刑事施設内で絞首の方法で執行する（刑11Ⅰ）。

2　懲役・禁錮・拘留の執行

　懲役，禁錮及び拘留は，刑事施設において，いずれも刑事収容施設及び被収容者等の処遇等に関する法律の定めるところに従って執行する（刑12Ⅱ，13Ⅱ，16）。これらの自由刑の執行に関しては，下記の諸点に留意する必要がある。

(1)　**刑期の計算**

　刑期は，裁判確定の日から起算する（刑23Ⅰ）。しかし，当然のことな

がら，実際に拘禁されていない日数は，裁判確定後であっても刑期に算入しない（刑23Ⅱ）。受刑の初日は時間を論じることなく全一日として計算される（刑24Ⅰ）。

　刑が確定したときに受刑者が拘禁されている場合には，確定事由により起算日が異なる。上訴期間満了等の期間経過により確定する場合には，期間の最終日の午後12時をもって確定するから，その翌日から刑期が起算される。他方，上訴の取り下げ等により確定する場合には，取り下げのなされた時刻が何時であるかを問わず，取り下げのあった日から刑期が起算されることになる（刑24Ⅰ）。
　また，刑が確定したときに拘禁されていない受刑者に対しては，検察官が執行のためにこれを呼び出し，出頭した者を収容するか，又は収容状を執行して身柄を拘束することになるが，この場合には，刑法23条2項により拘禁された日から刑期が計算され，また現実に身柄を拘束された時刻が一日のうちの何時であるかを問わず，刑法24条1項により，その日は刑期の計算上は1日として計算されることになるのである。

刑期満了による釈放（放免）は，満了の翌日に行われる（刑24Ⅱ）。

(2) **未決勾留日数の算入**

未決勾留日数とは，裁判確定前に，勾留状により拘禁（刑訴60）されていた日数である。刑法21条は，未決勾留日数は，その全部又は一部を**本刑に算入**することができるとしている。すなわち，裁判所の裁量により，被告人が勾留されていた日数の全部又は一部（例えば，60日）を，判決の主文で言い渡す刑（例えば，懲役1年）に算入することができる（したがって，実務では，これを**裁定算入**と呼んでいる。）。「本刑に算入する」というのは，算入された日数だけ本刑は執行されたものとみなされるという意味である。未決勾留は，もともと公判審理や刑の執行のために被疑者・被告人の身柄を保全する制度であって，刑罰とは目的や本質を全く異にするものであるが，犯罪者から自由をはく奪しているという点では自由刑の執行と共通するものがあるため，刑法は，衡平の見地から，本刑への算入を

認めることとしたのである。

　「本刑」とは，未決勾留の理由となった罪について科せられる刑（宣告刑）をいう。もっとも，同一の被告人に対する数個の公訴事実を併合して審理する場合（いわゆる客観的併合の場合）には，一つの公訴事実による勾留の効果が他の公訴事実にも及ぶから，無罪・免訴となった公訴事実について発せられた勾留状による未決勾留日数を，他の公訴事実についての本刑に算入することは許される（最判昭30・12・26刑集9巻14号2996頁）。また，併合罪関係にある数罪を併合審理して刑を言い渡す場合，刑法46条2項により刑を科さないとされた公訴事実に係る未決勾留日数を非勾留事実に係る罪に対する無期懲役刑及び罰金刑にそれぞれ算入することも許される（最決平18・8・31刑集60巻6号489頁）。さらに，勾留事実に係る罪を含む併合罪関係にある数罪についての刑に未決勾留日数を算入する場合，「本刑」に算入したことになるから，非勾留事実に由来する罰金刑に対し，これと併合罪として処断された他の事実に係る未決勾留日数を算入することも許される（最決平18・8・30刑集60巻6号457頁）。次に，被告人に対し，確定裁判の介在により，2個の刑が言い渡される場合には，算入すべき本刑と未決勾留日数を特定して主文で明示すべきである。この場合，未決勾留日数の裁定通算は，まず，勾留状が発せられた罪に対する刑を本刑としてこれに算入すべきである（最判昭39・1・23刑集18巻1号15頁）。

未決勾留日数の算入は，本刑とともに判決の主文で言い渡す（判決の主文は「被告人を懲役5年に処する。未決勾留日数中60日をその刑に算入する。」というような形式をとる。）。算入するか否かは裁判所の自由な裁量にゆだねられている。

　裁判所の裁量により算入できる未決勾留日数（算入可能な未決勾留日数）は，勾留の初日（勾留状執行の日）から判決言渡しの前日まで（実刑の場合），保釈等により釈放された場合は釈放当日までの現実に拘禁された日数である（最判昭43・7・11刑集22巻7号646頁，最決昭46・9・21裁判集刑事181号529頁）。起訴前の勾留期間を含む。
　もっとも，実務では，算入可能な未決勾留日数全部が本刑に算入されること（これを実務では**全部算入**という。）はまれであり，大半の事件では，算入可能な日数のうち一部のみが算入されている（これを実務では**一部算入**という。）。一部算入を行う場合の基準としては，未決勾留日数のうち，当該事件の捜査及び審理に通常必要な期間を超えた部分に限って算入するというのが実務の大勢である。
　未決勾留日数は，自由刑だけではなく，罰金や科料に対しても算入することが

できる（ただし，実際に行われるのはまれである。）。財産刑に算入する場合には，未決勾留日数の1日を金額に換算して算入を行うのが実務の通例である（判決の主文は，通常「未決勾留日数中60日を，その1日を金5000円に換算して，その刑に算入する。」という形になる。）。

なお，上訴提起期間中及び上訴申立て後の未決勾留日数について，法律上当然に通算される場合があることに注意しなければならない（刑訴495）。これを**法定通算**といい，前述の裁定算入と区別している。

(3) **仮釈放等**

自由刑（又は労役場留置）の執行を受けている者を，刑期（又は労役場留置期間）の満了前に条件付きで釈放する制度として，懲役又は禁錮受刑者に対する**仮釈放**と拘留受刑者又は労役場留置中の者に対する**仮出場**とがある。これらは，刑期の満了に先立って受刑者を自由な社会に解放し，社会生活に慣れさせてその自主的な改善を促進するとともに，定期刑の画一的な執行による無用な拘禁を避けることを目的とする制度である。

ア　仮釈放は，懲役又は禁錮に処せられ，有期刑についてはその3分の1，無期刑については10年を経過した者で，改悛の情がある者に対して，行政官庁（地方更生保護委員会）の処分によって行われる（刑28）。仮釈放を許された者は，残余の刑期の期間保護観察に付され（更生保護法40），一般遵守事項及び特別遵守事項（更生保護法50ないし55）を遵守しなければならない。

仮釈放の処分を取り消されることなく残りの刑期に相当する期間を経過した場合には，刑の執行は終了したものとして，残余の刑期の執行を免除されることになる。

仮釈放を許されている者に次の事由がある場合には，仮釈放の処分を取り消すことができる（刑29）。仮釈放を取り消されたときは，残りの刑期間，刑の執行を受けなければならない。

① 仮釈放中に更に犯罪を犯し，罰金以上の刑に処せられたとき
② 仮釈放前に犯した他の犯罪について，罰金以上の刑に処せられたとき
③ 仮釈放前に他の犯罪について罰金以上の刑に処せられた者について，その刑罰の執行をするとき
④ 仮釈放中に一般及び特別の遵守事項を遵守しなかったとき

イ 仮出場は，拘留に処せられた者及び労役場留置中の者に対して，情状により，何時でも，行政官庁の処分によって行われる（刑30）。

仮出場については，取消の制度がない。

3 財産刑の執行

罰金・科料・没収・追徴等の財産刑は，検察官の命令によって執行する。この命令は執行力のある債務名義と同一の効力を有するので，その執行の手続は，民事執行法その他強制執行の手続に関する法令に従ってされる（刑訴490）。執行によって得た物は国庫に帰属する。

罰金・科料・追徴については，仮納付の制度がある（刑訴348，493，494）。

なお，罰金及び科料の不完納による労役場留置の執行をするには，裁判確定後，罰金については30日以内，科料については10日以内は，本人の承諾を必要とする（刑18Ⅴ）。罰金又は科料の幾分かを納めた場合には，罰金又は科料の金額と留置期間との割合に従って，その納めた金額に相当する日数を控除した期間，労役場に留置することになる（刑18Ⅳ，Ⅵ）。

第2 執行猶予

1 執行猶予の意義とその目的

刑の執行猶予とは，刑の言渡しをした場合において，一定期間その執行を

猶予し，その期間を無事に経過した場合には刑の言渡しを失効させ，条件に違反した場合には執行猶予を取り消して刑の執行をしようとするものである。

これは，単に刑罰の執行方法だけの問題ではなく，刑を量定する際にも極めて重要な意義を有することは前述したとおりであるが，便宜上ここで説明する。

自由刑の執行には弊害が少なくない。職を失うこともあるし再就職も困難なことが多い。犯罪には責任のない家族に対しても有形・無形の多大の負担をかけるであろう。受刑者自身も刑務所の悪風に感染する危険を否定できないし，「刑務所帰り」の烙印は容易に消えそうにない。このような諸々の原因により，出所後の社会復帰も容易には進まないのが現状である。執行猶予制度は，刑罰，殊にこのような自由刑を執行することによる弊害を回避しながら，他方，条件に違反した場合には刑が現実に執行されるという心理的強制を有罪となった犯罪者に課することによって，犯罪者自身の自覚に基づく改善・更生を図るところにその目的がある。執行猶予は，今日の刑事司法において極めて重要な役割を営んでいる。

なお，従来は，刑の執行猶予について，刑の全部の執行を猶予する（以下「全部執行猶予」という。）か否かという二者択一の選択肢しか用意されていなかったが，平成25年法律第49号により，刑の一部の執行猶予という制度が創設され，一定の要件の下，刑の一部についてのみその執行を猶予すること（以下「一部執行猶予」という。）も可能になった。

近年，我が国においては犯罪をした者のうち再犯者が占める割合が少なくない状況にあることから，再犯防止のための取組が喫緊の課題となっており，効果的かつ具体的な施策を講ずることが求められていた。このように犯罪をした者の再犯防止・改善更生が重要な課題となっているところ，そのためには，施設内処遇後に十分な期間にわたり社会内処遇を実施することが有用な場合があると考えられた。

そこで，宣告した刑期の一部については実際に刑に服させる（実刑）とと

もに，その残りの刑期の執行を猶予することにより，施設内処遇に引き続き，必要かつ相当な期間，刑の執行猶予の言渡しの取消しによる心理的強制の下で，社会内における再犯防止・改善更生を促すことを可能とする刑の言渡しの選択肢を増やすべく，刑の一部の執行猶予制度が導入されたのである。

2 全部執行猶予の要件

全部執行猶予は，通常の場合（刑25Ⅰ）と，現に執行が猶予されている期間中に再び罪を犯し，再度その執行を猶予する場合（刑25Ⅱ）とでその要件を異にする。通常，便宜的に，前者を**初度の執行猶予**，後者を**再度の執行猶予**と呼びならわしている。

(1) 初度の執行猶予の場合（刑25Ⅰ）

① 前に禁錮以上の刑に処せられたことがないか，又は禁錮以上の刑に処せられたことがあっても，その執行を終わった日（又はその執行の免除を得た日）から5年以内に禁錮以上の刑に処せられたことがないこと

　「前に」というのは，執行猶予の判決の言渡しの前に，という意味であって，前の罪と今度の罪との犯行時の先後は問わない（最判昭31・4・13刑集10巻4号567頁）。「禁錮以上の刑に処せられた」とは，その刑を言い渡した判決が確定したことを意味し，現実に刑が執行されたという意味ではないから，その刑の執行が猶予された場合（刑25Ⅱ参照）も含まれる（最判昭24・3・31刑集3巻3号406頁）。

　なお，刑法45条後段の併合罪の場合，確定裁判が懲役又は禁錮の刑の執行を猶予する判決の場合には，刑法25条1項を適用してさらに執行猶予を言い渡すことができる（最大判昭32・2・6刑集11巻2号503頁）が，確定裁判が懲役又は禁錮の実刑判決の場合には，執行猶予を言い渡すことができない（最判平7・12・15刑集49巻10号1127頁）。また，執行猶予の判決が確定した後に，それと刑法45条後段の併合罪の関係にある余罪が発覚した場合には，その余罪についても執行猶予の判決をすることができる（最判昭31・5・30刑集10巻5号760頁）。

② 3年以下の懲役若しくは禁錮，又は50万円以下の罰金を言い渡す場合

であること

③　執行猶予を相当とするに足りる情状が存すること

　　刑事裁判実務では，一般に，犯罪事実と情状の両面から執行猶予の適否を考えている。まず，犯罪事実の関係では，犯罪自体比較的軽微で，かつ悪質でないことが必要である。この点で常習的な犯罪，営利的な犯罪などは悪質であり，執行猶予に適さないものとされている。次に，情状の関係では，再犯可能性がないこと又は少ないこと，財産犯に関しては被害弁償がなされていることなどが重視されているようである。

(2) **再度の執行猶予の場合（刑25Ⅱ）**

①　前に禁錮以上の刑に処せられ，その刑の全部の執行の猶予中であること　ただし，その執行猶予が保護観察付きで，その保護観察期間内に更に罪を犯した場合には，再度の執行猶予は許されない（もっとも，保護観察の期間内であっても，保護観察の仮解除を受けている者は，その仮解除が取り消されるまでの間は，保護観察に付されていなかったものとみなされる－刑25の2Ⅲ）。

②　1年以下の懲役又は禁錮を言い渡す場合であること

③　情状が特に酌量すべきものであること

3　一部執行猶予の要件

(1) **刑法による一部執行猶予**

　　刑法上，刑25Ⅰ又はⅡの要件を満たす者については，宣告刑の一部についてその執行を猶予することが可能である（刑27の2Ⅰ）。

　　要件としては，以下の①ないし③ということになる。

①　前に禁錮以上の刑に処せられたことがないか，前に禁錮以上の刑に処せられたことがあっても，その刑の全部の執行を猶予されたか，又は前に禁錮以上の刑に処せられたことがあっても，その執行を終わった日又はその執行の免除を得た日から5年以内に禁錮以上の刑に処せられたこ

とがないこと
② 3年以下の懲役又は禁錮を言い渡す場合であること
③ 犯罪の軽重及び犯人の境遇その他の情状を考慮して，再び犯罪をすることを防ぐために必要であり，かつ，相当であると認められること

(2) 薬物使用等の罪を犯した者に対する刑の一部執行猶予に関する法律による一部執行猶予

　薬物使用等の罪を犯す者は，一般に，薬物への親和性が高く，薬物事犯の常習性を有する者が多いと考えられるところ，これらの者の再犯を防ぐためには，刑事施設において物理的に薬物を遮断するなど，薬物への傾向を改善するための処遇を行うだけでなく，これに引き続き，薬物の誘惑のあり得る社会内においてもその処遇の効果を維持・強化する処遇を実施することが有用であると考えられることから，薬物使用等の罪を犯した者に対する一部執行猶予に関しては，「薬物使用等の罪を犯した者に対する刑の一部執行猶予に関する法律」（以下「薬物法」という。）により，刑法27条の2第1項各号に掲げる者以外のもの，すなわち，累犯者であっても，刑の一部執行猶予制度の対象とする刑法の特則が定められた。

　要件は，以下の①ないし③である。
① 薬物法2Ⅱに規定する薬物使用等の罪を犯した者であること
② ①の罪又はその罪及び他の罪について3年以下の懲役又は禁錮を言い渡す場合であること
③ 犯情の軽重及び犯人の境遇その他の情状を考慮して，刑事施設における処遇に引き続き社会内において薬物法2Ⅰに規定する規制薬物等に対する依存の改善に資する処遇を実施することが，再び犯罪をすることを防ぐために必要であり，かつ，相当であると認められること

　なお，薬物使用等の罪を犯した者であっても，刑27の2Ⅰ各号に該当する者については，刑法上の一部執行猶予の対象となることに注意が必要で

ある。

4 執行猶予の期間とその言渡し

執行猶予の期間は，全部か一部か，初度か再度かを問わず，裁判確定の日から1年以上5年以下である（刑25Ⅰ，27の2）。執行を猶予するか否か，また具体的な執行猶予期間を何年にするかは裁判所の自由な裁量にゆだねられている。

執行猶予は，刑の言渡しと同時に判決又は略式命令によって言い渡される（刑訴333Ⅱ，461）。その判決主文は，全部執行猶予であれば，「被告人を懲役3年に処する。この裁判確定の日から4年間その刑の執行を猶予する。」という形式をとるのが通常である。

『平成26年司法統計年報　刑事編』によれば，平成26年に地裁で有期懲役・禁錮の判決を受けた者のうち，執行を猶予された者の割合（執行猶予率）は，懲役刑の言渡しを受けた者については56.0%であり，禁錮刑の言渡しを受けた者については97.4%である。

5 保護観察付執行猶予

刑の執行猶予は，対象者に対する矯正保護機関の指導監督・補導援助などの個別処遇が結び付けられることによって，より一層の特別予防の効果を期待することができる。そこで，刑法は，初度の執行猶予の場合及び刑法上の一部執行猶予の場合には裁量的に，再度の執行猶予の場合及び薬物法による一部執行猶予の場合には必要的に犯罪者を保護観察に付することとしている（刑25の2Ⅰ，27の3，薬物法4Ⅰ）。保護観察の実施等については，更生保護法に詳細な規定があり，保護観察は，対象者を補導援護し，指導監督することによって行われる（更生保護法49，57，58等）。

6　執行猶予の効果

　執行猶予の言渡しが取り消されることなく，猶予期間を経過すると刑罰の言渡し自体が将来に向かって効力を失う（刑27）。単に刑の執行が免除されるだけではない。したがって，刑の言渡しによって生じた各種法令による資格制限も，これによって消滅する。

　しかし，刑の言渡しを受けたという事実自体は消滅するものではないから，言渡しを受けた者が将来再び罪を犯した場合，裁判官は，その刑の量定に際し，過去に執行猶予付きの有罪判決を受けたという事実を被告人に不利益に斟酌することは当然許される（最決昭33・5・1刑集12巻7号1293頁）。

7　執行猶予の取消し

　執行猶予の言渡しは，一定の事由がある場合に取り消される。取消決定が確定すると，判決で言い渡された刑罰が現実に執行されることになる。

(1) 必要的取消事由（刑26）

　ア　刑の全部の執行猶予の必要的取消し（刑26）

　　① 猶予の期間内に，更に罪を犯し，禁錮以上の刑に処せられ，その刑の全部につき執行猶予の言渡しがないとき

　　② 猶予の言渡し前に犯した他の罪について，禁錮以上の刑に処せられ，その刑の全部につき執行猶予の言渡しがないとき

　　③ 刑に処せられてから5年を経た者及び刑に処せられ執行を猶予された者を除き，猶予の言渡し前に，他の犯罪について禁錮以上の刑に処せられていたことが発覚したとき

　イ　刑の一部の執行猶予の必要的取消し（刑27の4）

　　① 猶予の言渡し後に更に罪を犯し，禁錮以上の刑に処せられたとき

　　② 猶予の言渡し前に犯した他の罪について禁錮以上の刑に処せられた

第3編　刑　罰

とき
③　刑に処せられてから5年を経た者を除き，猶予の言渡し前に他の罪について禁錮以上の刑に処せられ，その刑の全部について執行猶予の言渡しがないことが発覚したとき（ただし，薬物法に基づく一部執行猶予の場合を除く。）
(2)　裁量的取消事由
　ア　刑の全部の執行猶予の裁量的取消し（刑26の2）
　　①　猶予の期間内に，更に罪を犯し，罰金に処せられたとき
　　②　保護観察に付された者が，遵守事項を遵守しなかったことについて，情状が重いとき（もっとも，その不遵守が保護観察の仮解除中のものであったときを除く。）
　　③　猶予の言渡し前に，他の犯罪について禁錮以上の刑に処せられ，その刑の全部の執行を猶予されていたことが発覚したとき
　イ　刑の一部の執行猶予の裁量的取消し（刑27の5）
　　①　猶予の言渡し後に更に罪を犯し，罰金に処せられたとき
　　②　保護観察に付された者が遵守事項を遵守しなかったとき
　禁錮以上の刑についての執行猶予が，同一人について二つ以上存在している場合において，そのうち一つの言渡しが取り消されたときは，他の執行猶予の言渡しも取り消さなければならない（刑26の3，27の6）。
　執行猶予の取消しの手続については，刑事訴訟法に規定がある（刑訴349，349の2）。

第3　刑の執行の減軽及び免除

　執行猶予のほかにも，現実に刑罰が執行されない場合として，(a)　時効による刑の執行の免除（刑31－後述），(b)　外国で受けた判決による執行を受けた

者に対する刑の執行の減軽又は免除（刑5），(c) 恩赦の一種としての刑の執行の免除（恩赦法8－後述）などがある。

第4章　刑罰権の消滅

　刑の言渡しの裁判の確定によって具体化した国家の刑罰権は，刑罰の執行の終了，仮釈放期間の満了，刑の執行猶予期間の満了などによって消滅するが，さらに，(a)　犯人の死亡，(b)　刑の時効の完成，(c)　恩赦などによって消滅する。

1　犯人の死亡

　刑罰は，罪を犯した者だけに科せられる一身専属的なものであるから，当然，犯人が死亡すれば刑罰権も消滅する。

　法人が消滅した場合（解散の場合には清算の結了により消滅する）も同様である。

　ただし，財産刑については例外がある（刑訴491，492）。

2　刑の時効の完成

　有罪判決により刑の言渡しがなされても，一定期間内にその刑が執行されないことによって刑罰権を消滅させる制度を**刑の時効**という。刑の時効が完成した場合には，刑の執行が免除されることになる（刑31）。

　　刑の時効制度が認められた根拠については諸説あるが，犯罪に対する社会の応報感情が時間の経過とともに次第に緩和され，やがて現実の処罰の要求がなくなることを根拠としているものと解すべきである。

　刑の時効の期間については刑法32条に規定されている。

　なお，刑の時効は，一定の事由がある場合にその進行を停止し（刑33），また中断する（刑34）。

　　刑の時効と類似するものに**公訴の時効**がある。公訴の時効とは，犯罪があったと

きから一定期間内に公訴が提起されないことによって公訴権とともに刑罰権をも消滅させる制度である。公訴の時効については，刑事訴訟法に規定がある（刑訴250～255）。刑の時効は，確定判決後の刑罰権に関する消滅時効であるのに対し，公訴の時効は，確定判決前のそれである点に両者の違いが認められる。

3　恩　赦

恩赦とは，司法機関の権限によらず，行政権によって刑罰権の全部又は一部を消滅させ，又は軽減させる制度をいう。憲法は，恩赦を内閣の権限としている（憲73⑦）。

恩赦には，大赦・特赦・減刑・刑の執行の免除・復権の5種類がある（恩赦法1）。その詳細については恩赦法に規定されている。

4　刑の消滅（法律上の復権）

刑の消滅は，刑の執行を受け終わった（又は執行の免除を得た）後，一定の期間を経過することによって，その刑の言渡しが効力を失うという制度である。それによって各種法令の資格制限などを消滅させる点に眼目がある。恩赦の復権と趣旨が類似するところから，**法律上の復権**ともいわれる。

その要件・効果については刑34の2に規定されている。

索　引

あ　行

あおる …………………………384
アジャン・プロヴォカトゥール …388
あてはめの錯誤 …………………291
アルコール中毒 …………………267
安全体制確立義務 ………………175
安楽死 ……………………………208
意識的過失 ………………………113
意思支配可能性 …………………35
意思責任論 …………………254, 256
意思疎通 …………………………353
意思の連絡 ………………………353
意思方向説 ………………………203
意思表示説 ………………………203
異種の罪の包括一罪 ………413, 416
異種類の観念的競合 ……………419
一故意犯説 ………………………128
一罪 ………………………………411
一部行為の全部責任の原則 ……345
一部算入 …………………………457
一厘事件 …………………………184
一所為数法 ………………………418
一般刑法 …………………………2
一般的正当行為 …………………189
一般予防 …………………………428
一般予防主義 ………………10, 13, 428
違法 ………………………………29

違法共犯論 ………………………341
違法減少説 ………………………319
違法拘束命令 ………………191, 309
違法性 ………………………………31, 177
違法性阻却事由 … 31, 177, 186, 214, 250
違法性阻却事由の錯誤 ……240, 305
違法性に関する事実の錯誤 ……302
違法性の意識 ……………………285
違法性の意識の可能性 …………286
違法性の錯誤 ……………………291
違法性の実質 ……………………177
違法性の程度 ……………………186
違法性・有責性推定機能 ………31, 39
違法の相対性 ……………………183
違法の客観性 ……………………186
違法は連帯的に，責任は個別的に
　　　　　　　　　　　……385, 398
違法身分 …………………………398
違法要素 …………………………182
違法類型 …………………………30
意味の認識 ………………………110
因果関係 ……………………………53, 85
因果関係の錯誤 ……………117, 135
因果関係の中断 …………………90
因果的共犯論 ……………………341
因果的行為論 ……………………34
飲酒酩酊 …………………………267
陰謀 ……………………………64, 310

索　引

陰謀罪 …………………311
丑の刻参り ……………330
裏返しの違法性の意識論 …292
営業犯 …………………413
縁座 ……………………253
応報刑主義 ………10, 13, 428
おとり捜査 ……………388
恩赦 ……………………469

か　行

概括的故意 ……………111
改定律令 …………………2
外部性 ……………………36
外務省機密漏えい事件 …194
寡額 ……………………441
確信犯（人） …………287
覚せい剤中毒 …………267
確定的故意 ……………111
確定裁判 ………………423
学派の争い ……………12
科刑上一罪 ………418, 443
加減身分 ………………396
過失 ………31, 112, 141, 259
過失行為 ………55, 147, 279
過失推定説 ………………46
過失の競合 …………172, 370
過失犯 …………55, 141, 278
過失犯の共同正犯 ……370
過失併存説 ……………169
かすがい現象 …………421
加担犯 ……………337, 382

加担犯の錯誤 …………407
加担犯の従属性 ………382
加重単一刑主義 ………450
過剰避難 ………………247
過剰防衛 ………………235
可罰的 ……………………28
可罰的違法性 …………183
狩勝トンネル事件 ……245
仮刑律 ……………………2
仮釈放 …………………458
仮出場 …………………458
科料 ……………………433
過料 ……………………429
カルネアデスの板 ……242
川治プリンスホテル火災事故 …175
簡易鑑定 ………………271
完結した構成要件 ………59
慣習刑法の排除 …………17
間接教唆 ………………389
間接正犯 ……………77, 275
間接正犯の実行の着手時期 …314
間接正犯と共犯の錯誤 …407
間接的安楽死 …………209
間接幇助 ………………393
完全犯罪共同説 ………406
勘違い騎士道事件 ……306
カント ……………………12
監督過失 ………………171
観念的競合 ………418, 443
管理過失 ………………171
危険の現実化 ……………95

- 471 -

索　引

危険犯 …………………………49
記述的構成要件要素 ……………58
既遂 ……………………………310
規制的機能 ………………………6
帰責 ……………………………252
帰責における責任主義 …………252
期待可能性 ……31, 191, 257, 261, 308
期待可能性の程度 ………………257
危難 ……………………………244
規範違反説 ……………………179
規範的構成要件要素 …………58, 109
規範的責任論 …………………256
基本的構成要件 ………………60, 310
基本行為 ………………………48
義務の衝突 …………………207, 309
客観主義 ………………9, 254, 313
客観的危険説 …………………331
客観的構成要件要素 …………42, 109
客観的責任 ……………………253
客観的相当因果関係説 …………92
客観的注意義務 ………………155
客観的予見可能性 ……………153
客体の錯誤 ……………………116
客体の不能 ……………………330
旧過失論 ………………………146
旧刑法 …………………………2
吸収関係 ………………………412
吸収主義 ……………………450, 451
急性アルコール中毒 ……………267
旧派 ……………………………12
急迫 …………………………217, 239

急迫不正の侵害 ……………216, 239
教育刑主義 ……………………11
狭義の共犯 ……………………337
狭義の特別刑法 …………………3
狭義の包括一罪 ………………414
教唆 ……………………………389
教唆行為 ………………………387
教唆する刑事巡査 ……………388
教唆犯 ………………………337, 386, 387
行政刑法 ………………………3, 5
行政取締法規 …………………3, 5
行政犯 ……………………6, 50, 288
共同意思主体説 ………………349
共同実行 ……………………343, 350
共同正犯 ……………………337, 343
共同正犯の錯誤 ………………404
共同正犯の中止 ………………379
共同犯行の意識 ……………353, 362
共同謀議 ………………………352
共罰的事後行為 ……………52, 412
共犯 ……………………………336
共犯と身分 ……………………396
共犯の錯誤 ……………………404
共犯の処罰根拠 ………………340
共犯関係からの離脱 …………374
共犯関係の解消 ………………374
共犯従属性説 …………………383
共犯独立性説 …………………383
共犯の過剰 ……………………404
共謀 …………………………343, 347
共謀共同教唆犯 ………………388

索　引

共謀共同正犯 …………………343, 347
共謀内容の変遷 ………………………359
共謀の同一性・連続性 ………………359
業務 ……………………………………158
業務上特別の義務ある者 ……………247
業務上過失 ……………………………158
供用物件 ………………………………435
極端従属性説 …………………………385
挙動犯 …………………………………48
緊急救助 ………………………………222
緊急行為 …………………………189, 214
緊急避難 ……190, 214, 220, 242, 249
禁錮 ……………………………429, 432, 455
銀行ギャング事件 ……………………348
禁止規範 …………………………4, 256
禁止の錯誤 ……………………………291
近代派 …………………………………12
偶然防衛 ………………………………222
具体的危険説 …………………………332
具体的危険犯 …………………………50
具体的事実の錯誤 …………………116, 123
具体的符合説（具体的法定符合説）
　　　　　　　　　　………………120, 123
クリーンハンズの法理 ………………165
久留米駅事件 …………………………183
企て ……………………………………312
経過規定 …………………………24, 25
刑期 ……………………………………455
傾向犯 …………………………………56
形式的意義における刑法 ……………1
形式的違法性 …………………………178

形式的客観説 …………………………313
形式的自手犯 …………………………79
形式犯 …………………………………50
刑事施設 …………………………432, 433
刑事政策説 ……………………………319
刑事責任 ………………………………252
刑事犯 …………………………………6
刑事未成年者 …………………………272
刑種 ……………………………………440
刑種の選択 ……………………………446
刑責 ……………………………………252
継続犯 …………………………………52
刑の一部執行猶予 ……………………462
刑の時効 ………………………………468
刑の執行の免除 …………………453, 466
刑の執行猶予 ……………………453, 459
刑の消滅 ………………………………469
刑の全部執行猶予 ……………………461
刑の変更 ………………………………25
刑の免除 ………………………………453
刑の量定 …………………………262, 453
刑罰 ………………………………10, 428
刑罰の具体化 …………………………439
刑罰の適用 ……………………………439
刑罰の本質 ……………………………428
刑罰権 ……………………29, 32, 409, 439
刑罰法規 ………………………………1
刑罰理論 ……………………………8, 10
刑法 ………………………………1, 5
刑法各論 ………………………………2
刑法総論 ………………………………2

索　引

刑法典 …………………………1, 5	謙抑主義 ……………………8, 29
刑法の機能 ………………………6	牽連犯 ……………………419, 443
刑法の適用範囲 …………………23	故意 …………………31, 53, 106, 259
刑法理論 ………………………8, 11	故意の連続性 ……………278, 280
刑務作業 ………………………432	故意犯 …………………………55
啓蒙主義 …………………………12	故意犯処罰の原則 ………106, 141
刑量 ……………………………441	行為 ………………………33, 42
激情犯人 ………………………287	行為規範 …………………4, 256
結果回避可能性 ………144, 148	行為共同説 ……………………406
結果回避義務 …………144, 148	行為支配 ………………………78
結果回避措置 ……………………148	行為時法 ………………………24
結果行為 …………………274, 276	行為者主義 ………………………9
結果責任 ………………………253	行為者責任論 …………………254
結果的加重犯 ……………48, 109	行為者標準説 …………………308
結果的加重犯の共同正犯 ………380	行為主義 …………………………9
結果犯 …………………………48	行為責任論 ……………………254
結果無価値論 ……………178, 200	行為・責任能力同時存在の原則
結果予見可能性 ………144, 148	……………………………265, 274
結果予見義務 …………………144	行為の客体 ……………………46
結合犯 …………………………411	行為の結果 ……………………47
決定論 …………………9, 11, 12	行為の主体 ……………………44
原因行為 …………………274, 275	行為の状況 ……………………53
原因において自由な行為 ………274	行為能力 ………………………263
厳格故意説 ……………………285	行為無価値論 …………………178
けんかと正当防衛 ………………234	行為論 …………………………34
減刑 ……………………………469	広義の共犯 ……………………338
現在の危難 ……………………244	攻撃の意思 ……………………226
現実説 ……………………………9	絞首 ………………………431, 455
限時法 …………………………24	構成身分 ………………………396
限定責任能力 …………………264	構成要件 …………………29, 38
現場共謀 …………………354, 362	構成要件該当性 …………30, 39

-474-

構成要件的過失	53, 149
構成要件的結果	48
構成要件的故意	53, 106, 260
構成要件的行為	42
構成要件的錯誤	116
構成要件的符合説	119
構成要件の確定	41
構成要件の実質的重なり合い	131
構成要件の修正形式	60
構成要件の充足	310
構成要件標準説	410
構成要件要素	38, 41
構成要件論	30
公訴時効	468
行動統御能力	266
公布	23
光文社事件	197
公民権停止	429
拘留	429, 432, 455
国際人権規約	15
個人的責任	253
誤想過剰避難	304
誤想過剰防衛	239, 304
誤想避難	247
誤想防衛	239
誇張従属性説	385
国家標準説	309
古典派	12
異なる構成要件内の錯誤	116
混合的方法	265
混合包括一罪	413

さ 行

再間接教唆	389
罪刑の均衡の原則	21
罪刑専断主義	14
罪刑の法定	16
罪刑法定主義的機能	38
罪刑法定主義	14, 29
罪刑法定主義の派生原則	16
財産刑	429, 459
財産刑の執行	459
最小従属性説	384
罪数	409
罪数決定の基準	410
罪責	252
裁定算入	456
再度の執行猶予	462
再犯	447
裁判規範	5, 6
裁判権	25
裁判時法	24
裁量的減軽事由	448
作為	42
作為義務	68
作為犯	43
作為の可能性・容易性	68, 74
錯説に基づく被害者の承諾	202
殺害型安楽死	209
猿払(さるふつ)事件	18, 22
3徴候説	212
三罰規定	46

索　引

資格制限 …………………429	実体的デュープロセスの理論 ………16
自救行為 ……………190, 214, 249	社会秩序維持機能 ………………7
死刑 ………………430, 455	社会的危険性 …………………254
死刑の執行 …………………455	社会的行為論 …………………34
死刑廃止論 …………………430	社会的責任論 …………………254
施行 …………………23	社会的相当性 ……………181, 187
施行期日 …………………23	社会的相当性説 …………………187
事後従犯 …………………391	社会倫理秩序 …………………187
自己の犯罪 …………………344	酌量減軽 …………………452
事実の錯誤 …………………115	惹起説 …………………341
自首 …………………448	自由刑 …………………429
自手犯 …………………79	自由刑の執行 …………………455
自招の危難 …………………244	集合犯 …………………336
自招の侵害 …………………232	修正された構成要件 …………………60
事前共謀 …………………354	重過失 …………………159
自然的行為論 …………………34	集団犯 …………………336
自然犯 …………………6	重点的対照主義 …………………446
実害犯 …………………50	従犯 …………………389
実行共同正犯 …………………343	主観主義 ……………9, 254, 313
実行行為 ……………62, 312, 343	主観的違法要素 …………………182
実行従属性 …………………383	主観的危険説 …………………331
実行の終了 …………………63	主観的構成要件要素 ……………41, 53
実行の着手 ……………63, 312	主観的正当化要素 …………………203
執行猶予　→刑の執行猶予	主観的相当因果関係説 …………………92
実在説 …………………9, 13	主観的責任 …………………253
実在的競合 …………………418	主観的超過要素 …………………56
実質的意義における刑法 …………………1	主刑 …………………429
実質的違法性 …………………178	取得物件 …………………436
実質的客観説 …………………313	シュナイダーの分類 …………………268
実質的行為責任 …………………256	首服 …………………448
実質犯 …………………50	主文二つの場合 …………………452

索　引

順次教唆 …………………389
順次共謀 ……………356, 359
純粋安楽死 ………………208
障害未遂 …………………317
情況証拠からの事実の推認 ………113
消極的安楽死 ……………209
承継的共犯 ………………364
承継的幇助犯 ……………391
条件関係 ……………………86
条件説 ………………………89
常習犯 ……………………413
常習犯人 …………………287
状態犯 ………………………51
少年 ………………………272
条例 …………………………18
職業犯 ……………………413
職権行為 …………………191
処断刑 ……………………440
処断刑の形成 ……………442
初度の執行猶予 …………461
処罰条件 ……………32, 110
処罰条件（処罰阻却事由）に関する
錯誤 ………………………116
処罰阻却事由 ………32, 110
植物状態 …………………211
白地刑罰法規 ………………18
素人間の並行的評価 ……110
侵害 ………………………221
侵害の急迫性 ………217, 226
侵害犯 ………………………49
人格責任論 …………254, 261

人格形成責任論 …………254
人格的行為論 ………………34
人格的適性 ………………263
新過失論 …………………146
新旧比照 ……………………24
人権保障機能 ………………7
真摯な努力（真摯性の要件）………325
心神耗弱 …………………265
心神喪失 …………………265
真正不作為犯 …………43, 65
真正身分犯 ………………396
人的違法論 ………………186
人的処罰阻却事由 …………32
新派 …………………………12
信頼の原則 …………157, 160
心理学的要素 ……………265
心理強制説 …………………10
新律綱領 ……………………2
心理的責任論 ……………256
推定的被害者の承諾 ……204
数故意犯説 ………………127
数罪 ………………………418
性格責任論 ………………254
請願作業 …………………432
制限故意説 ………………286
制限従属性説 ……………385
政治犯 ……………………432
精神的幇助 ………………390
精神の障害 ……263, 265, 266
精神薄弱 …………………266
精神病 ……………………266

索　引

精神病質 …………………266, 268	接続犯 …………………………414
生成物件 ………………………436	積極的安楽死 …………………209
正対正 …………………………215	絶対的不定期刑 …………………17
正対不正 ………………………215	絶対的不能 ……………………332
正当化事由 ……………………187	折衷的相当因果関係説 …………92
正当業務行為 …………………193	是非弁識能力（是非弁別能力）……266
正当行為 ………………………189	先行行為 …………………………70
正当防衛 ………………………214	宣告刑 …………………………440
正犯 ………………77, 344, 382	宣告刑の決定 …………………453
生物学的要素 ……………265, 268	選択刑 …………………………440
成文法主義 ………………………16	専断的治療行為 ………………205
生命刑 …………………………429	全逓東京中郵事件 ……………185
生来性犯罪人 ……………………12	全逓名古屋中郵事件 ……185, 198
政令 ………………………………17	煽動 ……………………312, 384
世界主義 …………………………27	全農林警職法事件 ……………197
世界人権宣言 ……………………14	全部算入 ………………………457
責任 ……………………29, 252	善良な市民のマグナカルタ ……8
責任要素 ………………………258	訴因 ……………………40, 361
責任過失 ………………………259	相対的意思自由論 ………………13
責任共犯論 ……………………340	相対的不定期刑 …………………17
責任減少説 ……………………319	相対的不能 ……………………332
責任故意 ……………………106, 259	相当因果関係説 …………………91
責任主義 ……………………252, 275	遡及処罰禁止の原則 ……16, 20, 23
責任説 …………………………286	属人主義 …………………………26
責任能力 …………31, 259, 263, 274	即成犯 ……………………………51
責任の本質 ……………………253	属地主義 …………………………26
責任身分 ………………………398	組成物件 ………………………435
責任無能力 ……………………264	そそのかす ……………………384
積極加害の意思（積極的加害意思）……226	尊厳死 ……………………208, 212
石油カルテル生産調整事件 …290, 295	

索 引

た 行

対向犯 …………………………337
第五柏島丸事件 ………………258
第三者没収 ……………………438
第三の錯誤 ……………………304
大赦 ……………………………469
代罰規定 ………………………45
退避義務論 ……………………232
対物防衛 ………………………220
多額 ……………………………441
択一関係 ………………………412
択一的故意 ……………………111
多衆犯 …………………………336
他人の犯罪 ……………382, 386, 390
打撃の錯誤 ……………………117
たぬき・むじな事件 …………298
タリオの法 ……………………10
単一刑 …………………………449
単一刑主義 ……………………422
段階的過失 ……………………167
短期 ……………………………441
単純一罪 ………………………411
単純行為犯 ……………………48
単純酩酊 ………………………267
団体的責任 ……………………253
単独犯 …………………………336
注意義務 ………………………144, 155
注意義務の懈怠 ………………144
中間時法 ………………………24
中止行為 ………………………321, 325

中止犯 …………………………319
中止の任意性 …………………321
中止未遂 ………………………319, 379
抽象的危険犯 …………………50
抽象的事実の錯誤 ……………116, 123
抽象的符合説 …………………118
抽象的法定符合説 ……………119
中立的行為による幇助 ………393
懲役 ……………………………429, 432, 455
超過的内心傾向 ………………56
長期 ……………………………441
徴表説 …………………………9
超法規的責任阻却事由 ………308
直接過失 ………………………171
直接正犯 ………………………77
直近過失 ………………………168
直近過失一個説 ………………168
治療型安楽死 …………………209
治療行為 ………………………189, 205
追徴 ……………………………429, 438
罪となるべき事実 ……………361
つり橋爆破事件 ………………246
適正手続 ………………………15
適法行為の期待可能性 ………257
転嫁罰規定 ……………………45
伝統的過失論 …………………146
同一構成要件内の錯誤 ………116
同価値性の原則 ………………67
道義的責任論 …………………254
道具理論 ………………………77
統合失調症 ……………………266

- 479 -

索　引

同時犯 …………………………360
同種の罪の包括一罪 ………………413
同種類の観念的競合 ………419
等置原則 ……………………67
同等性の原則 ………………67
当罰的 ………………………28
盗犯等防止法における正当防衛の
　特例 ………………………240
徳島市公安条例事件 ………21
特赦 …………………………469
特定委任 ……………………17
特別関係 ……………………411
特別刑法 ……………………3, 4
特別予防 ……………………428
特別予防主義 ………10, 11, 13, 428
独立教唆 ……………………312, 384
独立幇助 ……………………384
閉じられた構成要件 ………59

な　行

内心の傾向 …………………56
永山事件 ……………………431
日大仮処分事件 ……………362
日本アエロジル工場塩素ガス流出
　事件 ………………………166, 172
任意的共犯 …………………337
任意的減軽事由 ……………448
任意的没収 …………………435
認識ある過失 ………………113
認識説 ………………………107
認識なき過失 ………………113

認容 …………………………107, 113
認容説 ………………………107
練馬事件 ……………………348, 353, 356
脳死 …………………………211, 212
脳死説 ………………………212

は　行

罰金 …………………………429, 433
羽田空港ロビーデモ事件 …289
破廉恥犯 ……………………432
反撃行為 ……………………228
犯罪 …………………………29
犯罪共同遂行の合意 ………347, 352
犯罪共同説 …………………406
犯罪事実の認識（犯罪事実の表象）
　……………………………107
犯罪事実の認容 ……………107
犯罪成立要件 ………………28, 30
犯罪人の引渡し ……………26
犯罪能力 ……………………263
犯罪の競合 …………………409, 418
犯罪の共同実行 ……………343
犯罪の情状 …………………452
犯罪の被害者 ………………47
犯罪理論 ……………………8
犯罪類型 ……………………29
犯罪論 ………………………28
反則金 ………………………429
犯人の死亡 …………………468
犯人のマグナカルタ ………8
被害者の承諾 ………………189, 198

索　引

非決定論 …………………9, 11, 254	不注意 ……………………………143
必要的共犯 ………………………336	普通刑法 …………………………3
必要的減軽事由 …………………448	復権 ………………………………469
必要的没収 ………………………435	不定期刑 ……………………17, 273
非難可能性 ……………252, 259, 309	不能犯 ……………………………330
避難行為の相当性 ……………243, 245	部分的犯罪共同説 ………………406
避難の意思 ……………………243, 244	フランクの公式 …………………324
百円札模造事件 ………………290, 296	文理解釈 …………………………19
表現犯 ……………………………57	併科 ………………………………441
表象説 ……………………………107	併科刑 ……………………………440
病的性格（精神病質）……………268	併科主義 …………………………422
病的酩酊 …………………………267	平均人標準説 ……………………308
開かれた構成要件 ……………59, 370	併合罪 …………………409, 418, 421
被利用者標準説 …………………315	併合罪加重 ………………………449
ビンダーの分類 …………………267	併合罪グループ ……………423, 449
フェリー …………………………12	併合罪の処理 ……………………449
フォイエルバッハ ………………12	併合説 ……………………………319
附加刑 ……………………………429	併発的事実の錯誤 ………………127
不確定的故意 ……………………111	ヘーゲル …………………………12
不可罰的事後行為 ……………52, 412	ベッカリーア ……………………12
不可罰的事前行為 ………………412	片面的共同正犯 …………………353
福岡県青少年保護育成条例事件……21	片面的幇助 ………………………390
複雑酩酊 …………………………267	ボアソナード ……………………2
復讐 ………………………………2	保安処分 …………………………428
不作為 …………………………34, 42	防衛行為の相当性 ……………216, 228
不作為による安楽死 ……………209	防衛の意思 ……………216, 222, 226
不作為の因果関係 ………………89	法益 ………………………………7
不作為犯 …………………………43	法益権衡の原則 …………229, 245, 246
不真正不作為犯 …………………65	法益衡量説 ………………………180
不真正身分犯 ……………………396	法益侵害 …………………………310
不正 ………………………………219	法益侵害説 ………………………178

-481-

索　引

法益保護機能 …………………7
包括一罪 ………………………412
包括的委任 ……………………18
謀議 ……………………310, 361
法規の不知 ……………………291
法規範 …………………………4
忘却犯 …………………………35
法条競合 ………………………411
幇助 ……………………………389
幇助行為 ………………………390
幇助犯 ……………337, 382, 389
法人処罰 …………………45, 433
法人の消滅 ……………………468
法人の犯罪能力 ………………44
包摂の錯誤 ……………………291
法定刑 …………………………440
法定通算 ………………………458
法定的符合説（抽象的法定符合説）
　……………………119, 123, 125
法定犯 …………………………6
法定犯の自然犯化 ……………6
法的な作為義務 ………………68
法の自己保全 ……………215, 218
法の不知 ………………………291
法文の明確性の理論 …………16
方法の錯誤 …………………117, 125
方法の不能 ……………………330
法律上の復権 …………………469
法律的事実の錯誤 ……………300
法律の錯誤 ………………240, 290, 303
法律の不知 ……………………293

法令行為 ……………………189, 191
保護観察 ………………………464
保護観察付執行猶予 …………464
保護主義 ………………………27
保護法益 ……………………7, 47
補充関係 ………………………412
補充の原則 ……………………243, 245
補充を必要とする構成要件 …59
保障機能 ……………………7, 38
保障者的地位（保障人的地位） …69
没収 ……………………………434
本刑 ……………………………456

ま　行

丸正事件 ………………………194
慢性アルコール中毒 …………267
未決勾留日数の算入 …………456
未遂 ……………………………310
未遂の教唆 ……………………388
未遂罪 …………………………311
未遂犯 …………………………310
未遂犯の処罰根拠 ……………310
自ら招いた正当防衛状況 ……232
ミネオネット号事件 …………246
未必的認識（未遂の認識）…111, 280
未必の故意（未必的故意）…111, 281
身分 ……………………………396
身分犯 ……………………46, 396
無意識的過失 …………………113
無価値判断 ……………………178
明確性の原則 …………………20

索　引

迷信犯 …………………333
名誉刑 …………………429
名誉拘禁 ………………432
命令規範 ……………4, 256
目的 ………………………56
目的的行為論 ……………34
目的なき故意ある道具 …83
目的犯 ……………………56
目的論的解釈 ……………19
もま・むささび事件 …298

や　行

弥彦神社餅まき事件 …144
山田鋼業所事件 …195, 197
有責 ……………29, 252, 263
有責性 ………………31, 252
許された危険 …………157
要素従属性 ……………384
抑止刑 ……………………11
余罪 ……………………451
予備 ……………………311
予備罪 …………………311
予備罪の共同正犯 ……380
予備罪の中止 …………329
45条後段の併合罪 ……424
45条前段の併合罪 ……423

ら　行

リスト ……………………12
量刑 ……………………453
量刑における責任主義 …253, 453

利用者標準説 …………315
両罰規定 …………45, 433
類推解釈 …………………19
類推解釈禁止の原則 ……19
累犯 ……………………447
累犯加重 ………………447
連座 ……………………253
連続ピストル射殺事件 …431
労役場留置 ………429, 434
労働争議行為 ……189, 194
ロンブローゾ ……………12

- 483 -

刑法総論講義案（四訂版）

2016年6月	第1刷発行
2018年5月	第2刷発行
2019年9月	第3刷発行
2022年9月	第4刷発行

監　修　　裁判所職員総合研修所
発行人　　松　本　英　司
発行所　　一般財団法人　司　法　協　会
　　　　　〒104-0045　東京都中央区築地1-4-5
　　　　　第37興和ビル7階
　　　　　出版事業部
　　　　　電話　(03)5148-6529
　　　　　FAX　(03)5148-6531
　　　　　http://www.jaj.or.jp

落丁・乱丁はお取り替えいたします。　　　印刷製本／中和印刷(株) (75)
ISBN978-4-906929-51-1　C3032　¥3612E